JN233973

都市・建築空間の科学

―環境心理生理からのアプローチ―

日本建築学会 編

技報堂出版

日本建築学会環境工学委員会
建築環境心理生理研究の現状刊行WG

主 査	松原	斎樹	京都府立大学 人間環境学部環境デザイン学科
幹 事	土川	忠浩	兵庫県立姫路工業大学 環境人間学部環境人間学科
	西名	大作	広島大学 大学院工学研究科社会環境システム専攻
執筆者	秋田	剛	東京電機大学 工学部建築学科 (1.3)
	稲垣	卓造	大同工業大学 工学部建築学科 (4.4.1〜4.4.3)
	井上	容子	奈良女子大学 生活環境学部人間環境学科 (4.2)
	岩田	三千子	摂南大学 工学部建築学科 (4.1)
	永村	一雄	大阪市立大学 大学院生活科学研究科居住環境学分野 (5.3)
	垣鍔	直	足利工業大学 工学部建築学科 (2.2)
	川井	敬二	熊本大学 大学院自然科学研究科環境共生科学専攻 (1.1)
	齋藤	輝幸	名古屋大学 大学院環境学研究科都市環境学専攻 (2.3)
	土川	忠浩	前出 (2.4)
	土田	義郎	金沢工業大学 工学部建築系 (1.2)
	西名	大作	前出 (5.1)
	松原	斎樹	前出 (5.2)
	光田	恵	大同工業大学 工学部建築学科 (3.2)
	宮本	雅子	滋賀県立大学 人間文化学部生活文化学科 (4.3)
	山岸	明浩	県立新潟女子短期大学 生活科学科 (2.1)
	山中	俊夫	大阪大学 大学院工学研究科建築工学専攻 (3.1)
	山本	早里	筑波大学 芸術学系 (4.4.4, 4.4.5)

（所属は2002年10月現在　五十音順　ゴシックは執筆箇所）

はじめに

　都市・建築空間に関する科学的研究は，自然科学的なものから人文・社会科学的なものまで多様な発展を遂げている。その中でも，近年とりわけ注目されているのが，環境心理生理分野に属するものである。

　環境心理生理学分野に対する関心は年々高まっているが，研究分野の歴史としては浅い分野に属する。このため適切な学術書はあまり多くなく，この分野の研究を始めようとする者にとっては，学術雑誌の論文などを検索する作業から入らざるを得ない。また，これまでのこの種の書物では視環境要因や音環境要因など各環境要因ごとの専門的なものが中心であり，心理生理分野としての横断的な書物も少ない。したがって，この分野の研究動向が把握でき，かつ具体的な研究のやり方を解説する手頃な書物が発行されることは，たいへん有意義であると考える。

　本書は，まず音，熱，空気，光，という各環境要因ごとに心理生理研究との関係について紹介するが，それだけにとどまらず，総合的なアプローチとして，景観評価に関する異文化間比較研究，複合環境評価研究，統計手法についてトピックス的に取り上げており，さまざまな切り口から環境心理生理学研究についての情報を提供している。

　読者対象としては，大学・大学院において，環境心理生理分野の研究を行う学生・院生，および企業などでこの種の研究を始めようとする研究員などを考えている。基礎学力としては大学の建築系，住居系，環境デザイン系などの学科の学部4年生程度を目標としたが，実際にはややハイレベルになってしまったかもしれない。しかし，各分野で活躍されている執筆者を揃えた本書は，環境心理生理研究を志す人には必読の書と言えよう。

　ここで，出版に至るまでの経緯について少し触れておきたい。本書の出版に直接携わったのは，日本建築学会環境工学委員会建築環境心理生理研究の現状刊行WG（1999.4～2003.3）であるが，内容的には，その前身である日本建築学会心理生理研究の到達点WG（1997.3～1999.3）の活動に負うところが大きい。この二つのWGのメンバーはまったく同一であったが，「多忙につき刊行WGへの参加は遠慮したい」という到達点WG委員の方にもご無理を承知でお願いし，ご参加いただいた。無理なお願いを受け入れていただいた委員の皆様には，とりわけ深く感謝したい。

　心理生理研究の到達点WGでは，委員の研究発表を公開研究会という形で連続的に行ったが，その研究発表の予稿集の原稿をたたき台として，本書の草稿を執筆していただいた。本書の主旨としては，各分野の研究動向が初学者にもわかるようにできる

だけ多くの文献をとりあげてレビューすることと，具体的な研究事例を紹介することを含む章からなるような書物を目標とした。その後，WG委員だけでは十分に心理生理分野の研究を網羅できないということで，委員からの推薦によって数名の執筆者の方に加わっていただいた結果，本書ができあがった。

本書の作成のプロセスにおける特徴の一つに，かなり厳しい相互査読および主査・幹事の査読を取り入れたことがある。主査・幹事の査読は一度ならず二度にわたり，内容をよりよくしたい一心で，時には執筆者に対してやや失礼な物言いになることもあったようにも思うが，そのようなプロセスを経ることによって，本書の「質」は確実に高まったと確信している。

しかし，それでもなお，完璧とは言い難いと思われるので，お気づきの点があれば遠慮なくご指摘をお願いしたい。

最後に，本書の出版に至る過程でいろいろとお世話になった，技報堂出版編集部 石井洋平氏，飯田三恵子氏，日本建築学会事務局 米澤香織氏，およびその他の多くの皆様に感謝の意を表したい。

2002年10月

日本建築学会環境工学委員会 建築環境心理生理研究の現状刊行WG
主査　松原斎樹

都市・建築空間の科学
―環境心理生理からのアプローチ―

第1章　音環境と心理・生理研究●1
    1.1　音環境の心理評価…3
        1.1.1　研究の背後にあるもの…5
        1.1.2　環境騒音評価研究…5
        1.1.3　音環境評価研究における心理学的背景…8
        1.1.4　人間−環境系に関する認知心理学的モデル…9
        1.1.5　感情のシステム…10
        1.1.6　試論的な記述…12
        1.1.7　おわりに…15

    1.2　情報伝達の音のデザイン…17
        1.2.1　はじめに…19
        1.2.2　情報伝達のための音とは…19
        1.2.3　情報伝達の音の規格…21
        1.2.4　音の印象の影響…23
        1.2.5　音の立上り・立下りによる印象変化…24
        1.2.6　高齢者にとっての聞き取りやすさ…25
        1.2.7　家庭内背景音下での報知音の聴取閾値…26
        1.2.8　今後の展望…29

    1.3　脳波を用いた音環境評価…31
        1.3.1　はじめに…33
        1.3.2　脳波と聴覚誘発電位…33
        1.3.3　心理・生理科学における大脳と聴覚に関する研究…34
        1.3.4　建築環境学における脳波を用いた音環境評価に関する研究…35
        1.3.5　作業者の大脳における聴覚情報処理…37
        1.3.6　問題点と展望…41

第2章　熱環境と心理・生理研究●45
    2.1　上下気温分布の心理・生理影響…47
        2.1.1　はじめに…49
        2.1.2　上下気温分布と人体の心理・生理反応の関係…49
        2.1.3　居住空間における上下気温分布の性状…50
        2.1.4　上下気温分布が居住者の心理・生理反応に与える影響に関する研究の事例紹介…51
        2.1.5　おわりに…54

    2.2　人体からの蒸汗量の測定…57
        2.2.1　はじめに…59
        2.2.2　全身からの蒸汗量の測定…59

    2.2.3 局所蒸汗量の測定…60
    2.2.4 局所蒸汗量測定に関する研究事例紹介…63
    2.2.5 おわりに…64

  2.3 変動風環境の評価…67
    2.3.1 はじめに…69
    2.3.2 気流に関する基準…69
    2.3.3 変動風環境に関する評価要素…70
    2.3.4 気流の影響に関する既往の研究…70
    2.3.5 暑熱環境から変動風環境への移動時における生理・心理反応…72
    2.3.6 おわりに…76

  2.4 放射環境の評価と人体形状モデル…79
    2.4.1 はじめに…81
    2.4.2 放射に関する人体形状モデル…81
    2.4.3 放射環境の生理・心理反応…83
    2.4.4 放射環境指標…84
    2.4.5 研究事例・人工気候室内における立位人体に及ぼす熱放射の影響に関する実験的研究…85
    2.4.6 おわりに…86

第3章　空気環境と心理・生理研究●89
  3.1 建物における必要換気量…91
    3.1.1 はじめに…93
    3.1.2 換気哲学の変遷…93
    3.1.3 人間の体臭と換気…94
    3.1.4 体臭に関する研究の事例紹介…97
    3.1.5 必要換気量の算出…99
    3.1.6 今後の研究課題…99

  3.2 臭気の評価と制御方法…103
    3.2.1 はじめに…105
    3.2.2 臭気の評価指標…105
    3.2.3 臭気評価の考え方と各指標の有用性…106
    3.2.4 臭気の制御方法の考え方…107
    3.2.5 室内の臭気の評価と制御方法に関する研究…107
    3.2.6 臭気濃度を指標として臭気の許容レベルを検討した研究紹介…110
    3.2.7 おわりに…113

第4章　視環境と心理・生理研究●115

4.1　加齢を考慮した視覚特性と視環境…117
- 4.1.1　はじめに…119
- 4.1.2　眼球光学特性の加齢変化…119
- 4.1.3　視力の加齢変化…119
- 4.1.4　色覚の加齢変化…122
- 4.1.5　コントラスト感度の加齢変化…122
- 4.1.6　住宅の適正照度に関する研究事例紹介…123
- 4.1.7　おわりに…127

4.2　視覚特性を考慮した明視環境の評価…129
- 4.2.1　はじめに…131
- 4.2.2　明視性の評価構造…131
- 4.2.3　明視環境の要件…131
- 4.2.4　視認能力…132
- 4.2.5　視認能力の個人差の取扱い方法…134
- 4.2.6　明視性の検討方法…138
- 4.2.7　明視性に関する実験事例…141
- 4.2.8　おわりに…144

4.3　室内の色彩計画とその評価…147
- 4.3.1　はじめに…149
- 4.3.2　室内色彩の実態…149
- 4.3.3　室内色彩の心理的評価…149
- 4.3.4　光源の演色性…151
- 4.3.5　光源の種類と室内色彩の心理的影響についての研究事例…152
- 4.3.6　高齢社会における室内色彩計画…155
- 4.3.7　おわりに…156

4.4　建築の外部色彩と街並みの色彩評価…157
- 4.4.1　はじめに…159
- 4.4.2　都市における色彩の実態…159
- 4.4.3　色彩規制の提案…164
- 4.4.4　最近の景観色彩評価の研究…166
- 4.4.5　おわりに　170

第5章　心理・生理研究の総合的アプローチ●173

5.1　景観評価における異文化間比較研究…175
- 5.1.1　はじめに…177
- 5.1.2　異文化間比較研究の意義…177
- 5.1.3　異文化間の相違性を強調する研究…179
- 5.1.4　異文化間の共通性を強調する研究…179
- 5.1.5　相違性と共通性をともに認める研究…180
- 5.1.6　西洋文化圏と東洋文化圏の比較…183
- 5.1.7　ほかの個人属性による影響との比較…184
- 5.1.8　異文化間の比較を用いた理論的検討…186
- 5.1.9　国内における異文化間比較研究…188
- 5.1.10　河川景観評価における異文化間比較…188
- 5.1.11　おわりに…193

5.2　複合環境の評価研究とそのフィロソフィ…197
- 5.2.1　はじめに…199
- 5.2.2　複合環境評価の考え方…199
- 5.2.3　光環境と温熱環境…200
- 5.2.4　騒音と温熱環境，光環境などの複合…202
- 5.2.5　視覚環境と音環境の複合…203
- 5.2.6　非特異的尺度を用いた研究の事例紹介…204
- 5.2.7　おわりに…207

5.3　統計的手法の留意点…209
- 5.3.1　再考の背景…211
- 5.3.2　研究の性格と手法…211
- 5.3.3　平均―なにが代表なのか―…212
- 5.3.4　分散と高次モーメント―偏りを表すもの―…212
- 5.3.5　母集団と標本―全体のとらえ方―…213
- 5.3.6　まず分布ありき―モーメントとパラメータと母数―…213
- 5.3.7　標本―分布の分布―…213
- 5.3.8　検定―集団を弁別する―…214
- 5.3.9　標本数―数の信仰―…214
- 5.3.10　あらためて統計的アプローチを考える―参考書とともに―…215

索引　219

第1章
音環境と心理・生理研究

　建築における音環境の問題は，従来から研究の流れとして大きく分けて二つあった。一つは，室内における音の響き方に関する議論であり，室内音響という分野を形成している。この分野では，音の聞き取りやすさや美しさといったことについて，さまざまな視点から論じられている。もう一つは，騒音のような，聞きたくない音の伝搬を制御する，という立場からの議論である。

　しかし，最近の研究事例をみていくと，それだけでは収まりきれないような音の環境を扱うことも多くなってきている。サウンドスケープの研究は，聞こえてくる音のマイナス面を評価するだけではなく，プラス面に気付くことで，より積極的に都市の音環境にかかわることを促すものである。

　また，音を評価する方法論としても，物理的・主観的方法に加えて，脳波などを用いた生理的な方法にも研究の蓄積がみられるようになってきた。これは音の評価の視点が，うるささや聞き取りやすさといった従来からのものに加え，より根源的な「認識」に対して主観性を排除した検証にいたる研究が行われるようになったためである。

　ここで取り上げたテーマは，一見すると建築環境とは直接は関与していないようにみえるものもあるかもしれない。しかし，視点を空間内にいる人間においてみれば，静的な箱としての建築物のみならず，音のように移り変わりの大きい環境の状態も，ともに大きな影響を及ぼすものである。環境デザインとは総合的な環境の構築であり，その場にいる人間が快適に過ごすことができるようにするものである。視覚的なもののデザインと同様に音のデザインについても配慮することで，より機能的で，より精神的豊かさを実感できる空間の設計に寄与することだろう。

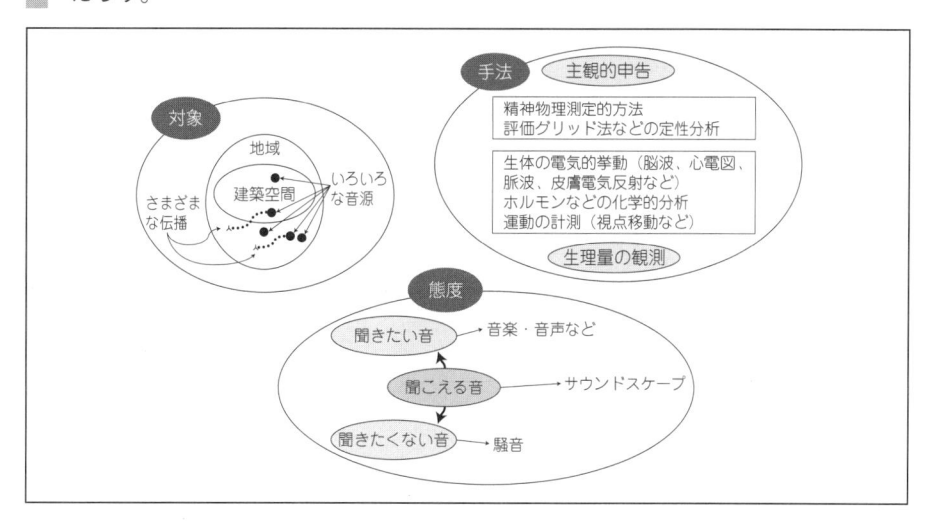

1.1 音環境の心理評価

　これまで「騒音評価」という言葉で，人々の暮らしに不快感をもたらす大きな要因という面に，環境工学としての音環境への取組みがなされてきた。一方で，環境から到来する音はそれ自体不快ではなく，たとえば季節や天候を居ながらにして感じる情報源などとして，人々にさまざまな心理的効果をもたらすものである。音環境心理評価研究において，産業の発展や人口集中とともに増大した騒音問題の改善を目指すことは，現実社会の状況からして当然重要であり，さらに今は一歩進んで，質的に快適な音環境の創造のために環境工学としていかに取り組むか考える時である。ここではこうした研究へのアプローチ（視野・対象要因・研究手法など）を，その背後にある心理学的体系を含めて論じる。

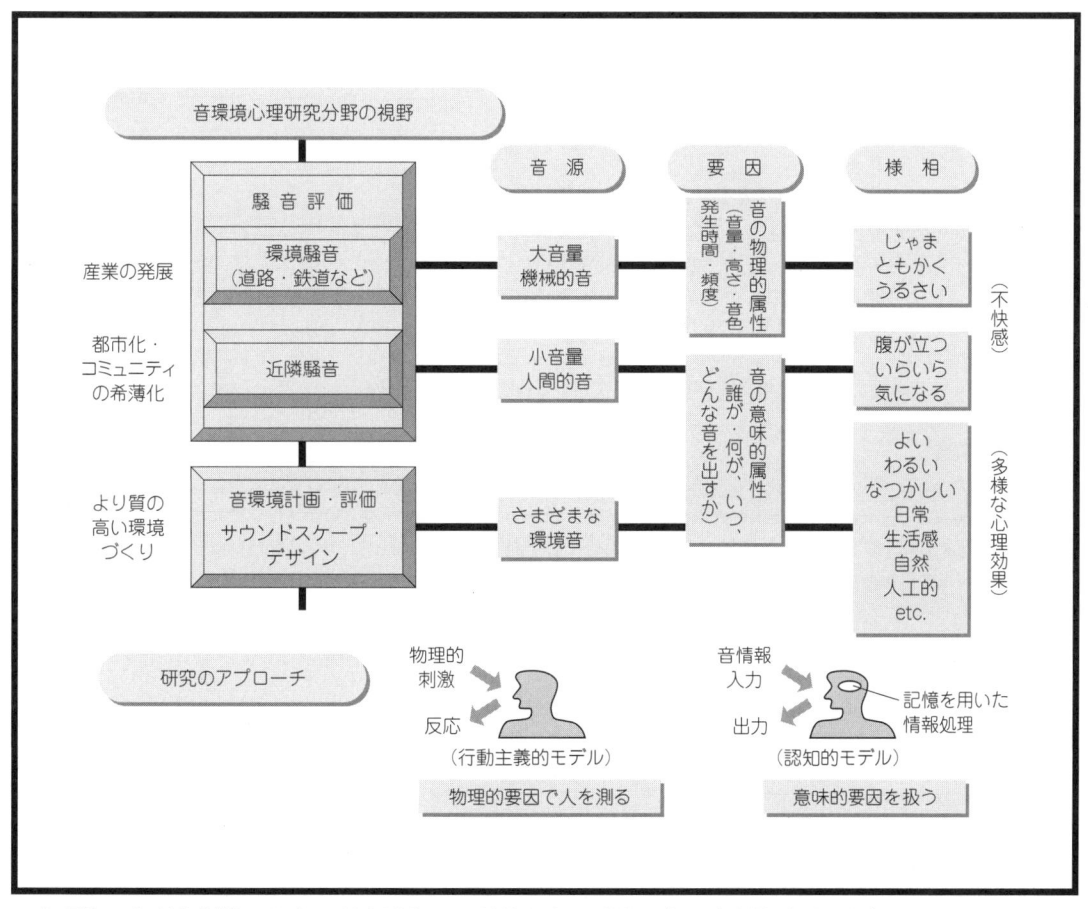

　音環境の心理的影響に関する研究対象は，環境騒音，近隣騒音，音環境計画・評価の3つに，おおまかに分類できる。これらはそれぞれ異なった社会的背景をもつと同時に，着目する心理評価概念や音環境要因も異なる。このことは，研究の前提となる人間-環境系モデルが相異し，それぞれに応じた研究のアプローチが求められることを意味する。

■基礎知識

・音環境 vs. 音響空間，環境音 vs. 主体音

　いずれも学術用語として皆が認識しているものではないが，これらの語を定義しておくことを通じて，本章が対象とする範囲を明確にしたい。音環境とは，環境を音からとらえた断面であり，環境音がそれを構成する。環境音とは，それを聞く主体が，それを聴くため，あるいは情報伝達のために発したのではない音。逆に，そのために発した音をここでは仮に主体音と呼び，主体音を聴くための空間を音響空間と呼んでおく。本章で取り上げるのは主として「音環境」，「環境音」にかかわる分野である。

・騒音 vs. 音環境

　両者は対立する用語ではない。騒音は不快感という視点から見たときの環境音の断面であり，不快感のみを対象とするとき，騒音評価あるいは騒音防止計画などのいい方をする。一方で，不快感のみではない，たとえば「よい」，「にぎやか」といったプラス面を含めた心理的影響・効果を対象とするときは音環境評価・計画，といういい方が慣例的になされているようである。

・サウンドスケープ

　単なる名詞ではなく，視点・思想的背景を含めてとらえるとよい。提唱者であるカナダの作曲家 M. シェーファー[26]は，音楽（「楽音」）と環境音（「雑音」）の分離が，人々に環境音への関心を失わせ，結果としてその無秩序な増大をもたらしたと主張する。人々に環境音を音楽のように聴取する態度があれば，よりよい音環境の創造に結びつく，というわけである。彼に続く者達は一貫して「環境音を聴く」ことに強い関心をもっている。環境音が聴取対象となることは，秋の虫の音を想像すれば誰もが納得できよう。こうした，環境音に向かい合う姿勢・観点を前提とした音環境が「サウンドスケープ」の意味するところと考えればよい。

・等価レベル，等価騒音レベル，昼夜等価騒音レベル

　音圧レベルや騒音レベルは対数化した値なので，平均値を求める場合そのまま平均しても意味がない。一度エネルギーを表す元の物理量に比例する次元に戻して平均し，それをもう一度レベルで表す必要がある。これを等価レベルという。式で表すと，音圧レベル L_t の時間 T における等価レベル L_{eq} は，$L_{eq} = 10 \log_{10} \left(\frac{1}{T} \int_T 10^{\frac{L_t}{10}} dt \right)$ となる。これに A 特性の周波数重み付けをしたものが，等価騒音レベル（L_{Aeq}）である。また，1日24時間の騒音レベルについて，人への影響の大きい夜間のレベルに 10 dB を加えたうえで求めた等価騒音レベルを，昼夜等価騒音レベル（L_{dn} または DNL）と呼び，米国などで環境基準指標として用いられている。

・記憶構造

　従来からの記憶システムのモデルである長期記憶・短期記憶という二元的な記憶貯蔵モデルは，2つの貯蔵の境界が明確でないこと，知識の運用を表現できないことなどから，短期記憶は長期記憶が活性状態にあるものとするような一元的な記憶モデルが一般的である[23]。一元的な記憶全体を指す用語として単に「記憶」などの語が用いられるが，従来の概念との区別のためにここでは「記憶構造」とした。

・スキーマ（schema）[22], [24]

　知識表現などにおいてスキーマは一般に「知識の枠組み」などと説明されることが多いが，文献[25]のように，記憶情報の表現法（表象システム）の一概念であり，ある対象や概念などに関する静的・動的な記憶情報の総体であるものとしてとらえた方が理解しやすいと思われる。事物などに関する「対象スキーマ」，「よい」，「わるい」など概念に関する概念スキーマなど，種々のスキーマ表象の様相がある。

　スキーマは階層的かつ入り組んでおり，たとえば対象スキーマにはその対象の特徴などの属性情報に関するスキーマ群や概念スキーマ群が含まれる。またスキーマは記憶構造全体にかかわる情報を表現することもある。すなわち，環境からの情報入力を決定するのはその時点で活性状態にあるスキーマ群全体としての入力要求であるが，この全体を Neisser は「定位スキーマ（orienting schema）」と呼ぶ。また気分（ムード）と呼ばれる概念は，感情に関するスキーマ群の活性状態の総体である。

　コンピュータ・プログラミングにおける「オブジェクト」（対象に関する属性変数と操作のメソッドなどがセットになったもの）はこれと類似の概念といえる。

1.1.1 研究の背後にあるもの

本節の目的は，音環境心理評価研究の現状と方向性について概観するとともに，それぞれの研究の背後にある人間-環境系記述の立場や考え方を議論することにある。後者について，音環境心理評価においては，自動車騒音や航空機騒音などの環境騒音評価のように，騒音レベルといった物理量と人間の評価とを関係づけようとする分野と，近隣騒音問題やサウンドスケープのように音がもつ意味を重視すべき分野が混在する。これは，心理学でいえば行動主義的心理学と認知心理学という，相反する立場が混在することとなる。音環境心理評価研究が騒音公害問題を対象とした環境騒音評価研究から発展してきた経緯もあって，量的な指標で人間の心理を測ろうとする行動主義的なアプローチは広く定着し，多くの研究の蓄積がある。一方で近隣騒音問題のように，物理量だけでは記述できなさそうな対象には人の記憶など人間内部の情報処理活動に焦点を当てる認知心理学的なアプローチが必要であろうが，これについてはいまだ研究者間でコンセンサスが得られていないように思われる。

本節では以上を踏まえ，はじめに現時点でのこの研究分野の主幹としての環境騒音評価研究について，蓄積されてきた成果をレビューするとともに今後の方向性を概観する。続いて音がもつ意味や感情など人の心の動きを考察するための認知心理学的な概念体系について解説したのち，この観点から近隣騒音問題など環境音の「質」が主要因となる研究の位置づけについての試論を通して認知的アプローチの有用性を例示する。

1.1.2 環境騒音評価研究

(1) 研究の視野

交通機関や工場から発生する環境騒音がもたらす不快感の評価は，従来から音環境心理評価研究の主幹といえる。研究成果は環境基準や都市計画などの政策へと貢献するものであり，数多くの大規模な騒音訴訟をみても，その社会的重要さは疑う余地がない。とりわけ道路・鉄道・航空機などによる交通騒音問題については音源周辺地区のみならず都市計画レベルまで広く影響が及ぶ。本項ではこの交通騒音評価研究に焦点を当て，既往研究のレビューを通して研究分野の流れや方向性について解説する。

交通騒音評価研究の成果は現実の施策において活用されることが重要であることから，研究手法としては騒音に曝露された住民を対象としたアンケート調査(社会調査：social survey)と騒音実測が重視され，実際に研究の多くはこれである。一方で，調査ではなく統制された条件での実験による研究は少数だが，基礎段階の考察に有用であろう。

研究の方向性としては，曝露-反応関係(dose-response relationship)，すなわち，住民が曝されている騒音の量と不快感反応(主観的なうるささ評価)との関係を見いだす研究が主流といえる。派生的な問題として，住居の立地，建築条件，周囲環境などの非騒音的要因が騒音の不快感に及ぼす影響に関する研究がある。また基礎的な問題としては，不快感との対応のよい物理的指標(現在は国際的に等価騒音レベルあるいは昼夜等価騒音レベルが多く使用されている)を見いだすための研究，あるいは，精度よく住民の不快感を把握できるような，アンケート調査用の不快感評価尺度の作成に関する研究などがある。以下，これらそれぞれの研究動向について概観する。

(2) 曝露-反応関係

曝露-反応関係に関する調査は数多くの国で早くから行われているが，その一つの転機になったのが1978年にSchultz[1]により発表された「曝露-反応関係に関する総括曲線」である(図1.1-1)。これは種々の騒音源(一般道路交通，高速道路，列車，航空機)の影響に関する18の調査結果から，昼夜等価騒音レベル(L_{dn}またはL_{dn}："day-night equivalent level")で表された一日を通した騒音レベルと，アンケート調査結果の"% highly annoyed"(「大きく不快」と回答された比率)との関係が，騒音源の種類によらず1本の関数曲線で記述されることを見いだしたものである。この論文以降，曝露量の指標に昼夜等価騒音レベルあるいは等価騒音レベル(L_{eq})，住民反応の指標に% highly annoyedを用いることが一般的になり，さ

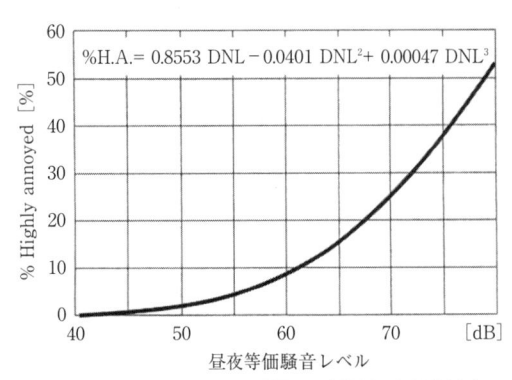

$$\%H.A.= 0.8553\,DNL - 0.0401\,DNL^2 + 0.00047\,DNL^3$$

図1.1-1　Schultzによる曝露-反応関係の総括曲線[1]

らにその後の曝露-反応曲線に関する多数の研究の呼び水となった。

(3) 各種音源の影響の差異

　Schultzの後，曲線が音源によらず1つなのか航空機や道路といった音源によって異なるのかについて，多くの調査研究と議論がなされた。Fidell[2),3)]はSchultzを支持し，Hall[4)]は音源ごとに関係が異なる様子がみられるとしながらもSchultzの総括曲線も受容できるとした。一方，Kryter[5)]はSchultzが用いたデータを再分析し，同じ騒音レベルの場合，航空機騒音は鉄道や道路交通騒音よりも5～10dB相当分，高い不快感を引き起こすと発表した。この米国音響学会誌に掲載されたKryterの論文の同一誌上にはSchultzとKryterの激しい議論[6),7)]が展開されており，たいへんおもしろい。ほかにもFieldsら[8)]やMoehler[9)]は鉄道騒音がほかの音源よりも不快感が小さいとし，Miedima[10)]は航空機，鉄道，道路交通の3種の音源についてそれぞれに異なった関係曲線を提案した。

　以上数多くの調査研究の蓄積を通して，現段階では大勢として音源ごとに曝露-反応曲線が異なるとの認識が国際的には主流となっているようである。このことはヨーロッパ諸国において環境基準設定の際に鉄道騒音の基準値を5dB甘くする，いわゆるRailway bonusの採用など現実の施策にも表れている。一方，わが国においては，田村[11)]はヨーロッパ諸国での研究結果とおおむね同様の傾向を得たが，加来ら[12)]は逆に鉄道騒音の影響の方が大きいと報告し，矢野ら[13)]は九州における調査結果から道路交通騒音の影響が鉄道騒音に比べて必ずしも大きくないことを示した。次項でも述べるように，曝露-反応関係にはこのような社会的要因や地域差などの非騒音的要因の影響があり得る。したがって，他地域での結果を踏まえながら地域ごとの実態について調査を通して明らかにする必要があるものと考えられ，今後とも継続的な研究の蓄積が重要な意味をもつ。

(4) 非騒音的要因の影響

　騒音の不快感が，騒音そのもの以外の要因（非騒音的要因）の影響を受けることが知られている。Job[14)]は多国にわたる調査研究のレビューを通して，騒音曝露量の不快感の調査回答データへの寄与率はたかだか20％程度であり，音源に対する態度や騒音に対する敏感さなどの個人要因の方が寄与率が高い，という点で多くの調査が共通していることを指摘している。こうした騒音の不快感に影響を与える非騒音的要因については数多くの研究がなされているが，ここでは，それらを総括したFields[15)]の論文を紹介したい。これは世界各国にわたる数多くの調査研究結果のレビューとデータの再分析を行ったもので，取り上げられた調査研究数は数百に及び，調査のサンプル数（アンケート回答者数）の合計は数万に及ぶ。この膨大なデータに基づいた考察は，すべての騒音評価研究者にとって，研究分野全体の概観を可能とする非常に有用なものである。

　ここでFieldsは「メタ分析：meta analysis」によって，個人的・状況的要因が騒音の不快感に及ぼす影響の有無について論じている。メタ分析とは「分析の分析」といった意味であり，ここでは研究結果を多数集めて，ある要因の影響があるとの分析結果を出している研究がいくつ，影響がないとする研究がいくつ，といった考察が行われている。たとえば論文中で，「年輩の住民は若い住民よりも騒音への不快感反応が大きい」という仮説について，Yesの結果を出している研究結果が16％，逆であるとの結果を出しているものが31％，残りの53％はどちらでもないという結果であり，全体として，年齢と騒音の不快感との間に関係は認められない，といった具合である。結論として以下のことが示されている。

① 9種の人口統計的変数（年齢，性別，社会的地

位，収入，教育水準，家の所有，住居の形式，居住年数，音源からの恩恵［雇用関係・使用関係］），居住者が家にいる時間数，アンケートの形式，そして周囲の暗騒音の状況は，騒音の不快感に重要な影響を及ぼさない。
② 同じ騒音レベルでも，騒音の状況が安定しているケースよりも，騒音レベルが増大した結果そのレベルになったというケースの方が，騒音の不快感が大きいかどうかについては，調査結果がばらついているため現段階では結論を出せない。
③ 昼夜等価騒音レベルが55 dB以下でも騒音の不快感は存在し，それは騒音レベルの大きさと正の相関があること，および騒音の不快感が3種類の環境への態度（恐怖感，その騒音が防止できるとの確信，騒音への敏感さ）と関係があることについては，多くの研究結果が強く支持している。
④ 環境に対する2種類の態度（音以外の不快感，騒音源が重要であるとの判断）が騒音の不快感に影響を及ぼすことと，家屋の遮音性が不快感を減じることについては，研究成果の多数決により弱いながらも支持された。

ところで，これらの結論は「論文結果の多数決」であることを理解するべきである。すなわち，国や地域特有の状況があったとしても，判定結果には現れてこない。したがって，仮に自分の調査結果がこの研究の結論と異なるものであったとして，それは間違いではなく，新たな発見であるかもしれない。

(5) 騒音曝露量の指標

騒音曝露量の指標として，現在はDNLやL_{eq}という，A特性重み付き音圧レベルの1日の平均値が広く採用されているが，より住民反応との対応のよい指標を見いだす方向にも研究の余地がある。たとえばRylander[16]が提案するMNL (maximum noise level)理論は，騒音事象数（たとえば車の通過台数）が一定の値より大きい場合，不快感は騒音事象数にかかわらずピークレベルのみによって決定されるとするものである。A特性重み付き音圧レベル以外に指標を見いだしたものとして，かつてKryter[17]により提案されたPNL (perceived noise level)は現在WECPNL（重み付き平均PNL）として航空機騒音評価に広く使用されている。またTachibanaら[18]はオクターブバンド音圧レベルの算術平均値が騒音の大きさ感と一定の範囲でよく対応するとの実験結果を近年提示した。こうしたよりよい指標を求める努力は今後も継続されるべきである。

(6) 研究成果の蓄積

環境騒音による不快感は地域特性など非騒音的要因に左右されることから，ある地域での騒音影響はほかの地域との比較によって，より明確に把握することが可能となる。ここで，研究を比較検討し成果を蓄積していくためには，騒音と不快感の測定法が研究間で同一，または測定値が換算可能であることが望ましく，さらに，調査の公表時にほかの研究者が利用できるように，調査条件に関する十分な情報を掲載することが重要である。これについては，騒音影響に関する国際委員会ICBEN (International Commission of Biological Effect of Noise)のTeam6 (Community Response to Noise Team)により，騒音調査研究の成果に記載すべき項目についてのガイドライン，および騒音不快感評価に関する国際標準尺度が近年発表された[19],[20]。調査研究の成果を広く有効に活用するために，こうした動きに注意を払うべきであろう。

(7) 今後の環境騒音評価研究の方向性

以上，環境騒音評価研究を概観した。今後の研究のあり方についてFields[15]は次のように指摘する。「今後の騒音評価に関する研究は，ある要因による不快感の差について，それが何dBの効果に相当するかという点から分析し，研究成果同士を直接的に比較できるような結果を提示すべきである」。この指摘は二つの重要性を含んでいる。すなわち，要因の効果をデシベル［dB］という数値に置き換えて表現することは，研究成果を現実の政策に反映させるために重要であり，またそうした研究成果を比較可能なものとすることは，得られた知見を蓄積させ，地域特性，文化特性の影響を見いだすのに重要である。現実として音響的・非音響的各要因の影響比較に関して，「差がみられた」との言及にとどまり数値的な知見を提

示していない研究例は多く，この点において今後の研究の余地はまだまだ多いといえる．

1.1.3　音環境評価研究における心理学的背景

以上に述べた環境騒音評価研究は，人間と音環境のかかわりについて，騒音レベルなど物理量を用いて記述しようとする．しかしほかの領域，すなわち近隣騒音問題や音環境評価研究（不快だけでない，主にプラス側の心理評価を対象とする研究）においては，「量」ではなく，音の種類やその背後にある意味といった「質」が重要な要因となる．こうしたテーマに対して，これまでしばしば挑戦が行われてきたものの今一つ成功していないように思える．やはり数値的に把握し難いものは現代の工学的研究にとって不得手なようである．それでも物理的な数値で人の心を測ることには（直感的にも）限界があり，やみくもに「より正確に」数量的に人間の心理を測る方向に進むことは現実的ではないと考えられる．したがって，まずは数量的に記述的できない研究対象が存在することを認識したうえで，どの範囲まで数量的に把握可能であるかのビジョンをもつこと，把握不可能な対象にどのように取り組むかの方法論をもつことが重要であろう．このような，通常あまり表に出ない，個々の研究の背景にある考え方の枠組みを議論するのが本項の目的である．

ところで，人の心を扱う音環境評価研究分野として，心を記述するためのベースを心理学に求めるのは妥当であろう．実際に，騒音レベルなど物理量という環境の客観的な記述と人間の心理とをダイレクトに結びつけようとする考え方は，20世紀半ば過ぎまで心理学において主流であった行動主義（behaviorism）と呼ばれる心理学体系をベースにしている．これは20世紀の科学の発展とともに，それと同じ方法論が心理学に取り入れられてできた体系といわれる．人間が心の中でどのように環境からの情報を知覚・蓄積・処理しているかについては不確定かつ把握不可能だとしてブラックボックスと見なし，事実として観察可能な環境からの刺激（stimulus）とそれに対する人間の反応（response）との直接的な対応関係のみを考察の対象とした（これはS−R系モデルと呼ばれる：図1.1-2）．今となっては人間をこのようなモデルで把握可能だというのは大胆な発想と思うが，行動主義も，それ以前の心理学体系への批判的立場から生じたもののようであり，一つの時代の流れとみればよいであろう．また，S−R系のモデルもすべてが否定されるわけではない．たとえば35℃の気温や80dBの騒音にはたいていの人が不快感を覚えるものであり，そうした一定の範囲においてはこのモデルは有用である．ここで，騒音レベルと人間の不快感との関係を見いだそうとする騒音評価研究の指向が，行動主義的心理学のベースのうえに立つものであることは明らかであろう．それでも環境騒音については，実際に物理量で記述できる部分があると考えられ（1.1.6（2）参照），社会的現実として環境基準のような数値的規制が求められることから，このアプローチは正当化される．

刺激（S）　→　人間　→　反応（R）
　　　　　　（ブラックボックス）

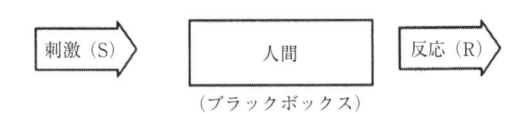

図1.1-2　行動主義的な人間-環境モデル

一方で「量」ではなく「質」，すなわち心の中の記憶情報に左右される現象を扱うためには，行動主義的心理学は適さず，認知心理学（cognitive psychology）をベースにするのがよいと考えられる．心的プロセスをブラックボックス視する行動主義的心理学に対して，認知心理学ではそれこそが探究の中心だからである．認知心理学は1960年代頃からコンピュータ・サイエンスの影響を受けながら行動主義に取って代わるように発展してきた体系であり，たとえば人工知能などの進展と深い関係がある．そこでは環境と人間のやりとりも「刺激」・「反応」といった言葉ではなく，環境からの「入力」と環境への「出力」という用語を用い，それらを司るものとして人間の「情報処理」を解明しようとする指向をもつ．

さて，我々は建築環境工学のために人の心理を把握していくものであるから，心理学的理論の追究というよりは，我々が必要とする概念体系を取り入れる，という立場で心理学とかかわればよい

であろう。そこで次項以降，記憶情報と環境認知プロセスといった認知心理学の基本的概念，および感情に関する理論について概観する。感情については音環境と人のかかわりにおいて重要であるため，とくに一項を設けた。

1.1.4 人間-環境系に関する認知心理学的モデル

1960年代後半にNeisser[21]は「認知心理学(cognitive psychology)」をタイトルにもつ著作を発表したが，このころに認知心理学が確立したとみてよさそうである。それによれば環境と人との関係は，従来の関数的関係ではなくフィードバックを含む循環的なモデルとして表現されるが(図1.1-3)，このような人間-環境系のとらえ方は認知心理学において典型的である。

さて，認知心理学的体系の概略を紹介するのが本節の目的であるが，ここでは認知心理学分野におけるいくつかの総括的な文献の内容を集成して筆者が作成した，人の環境認知機構モデルの概念図[25]を用い(図1.1-4)，人間-環境系の主な様相について解説する。環境と人とのかかわりが認知心理学的な体系でどのように表現されるか理解する

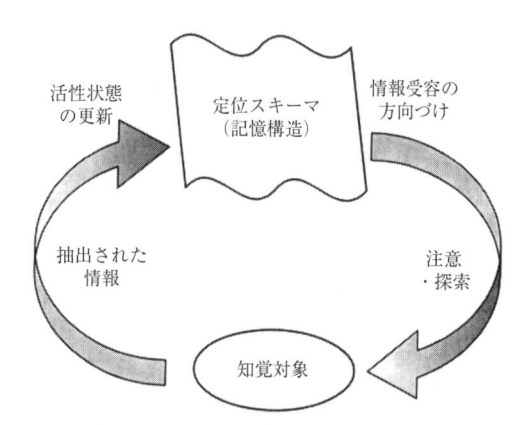

図1.1-3 認知心理学的な人間-環境モデル[22]
(Neisserによる知覚循環モデル)

一助になればよいと考えている。

(1) 循環的な認知プロセス[22]

環境の知覚対象から情報は感覚器で受容され，ごく短い間情報を保持して基本的な情報処理を行う感覚レジスタを通って記憶構造へと到達する。どの情報を受け入れるかの方向づけは，定位スキーマ(その時点における記憶構造上で活性状態にあるスキーマの総体)により決定され，入力された情報によりスキーマの活性状態は更新されて次の情報受け入れの方向づけがなされる。

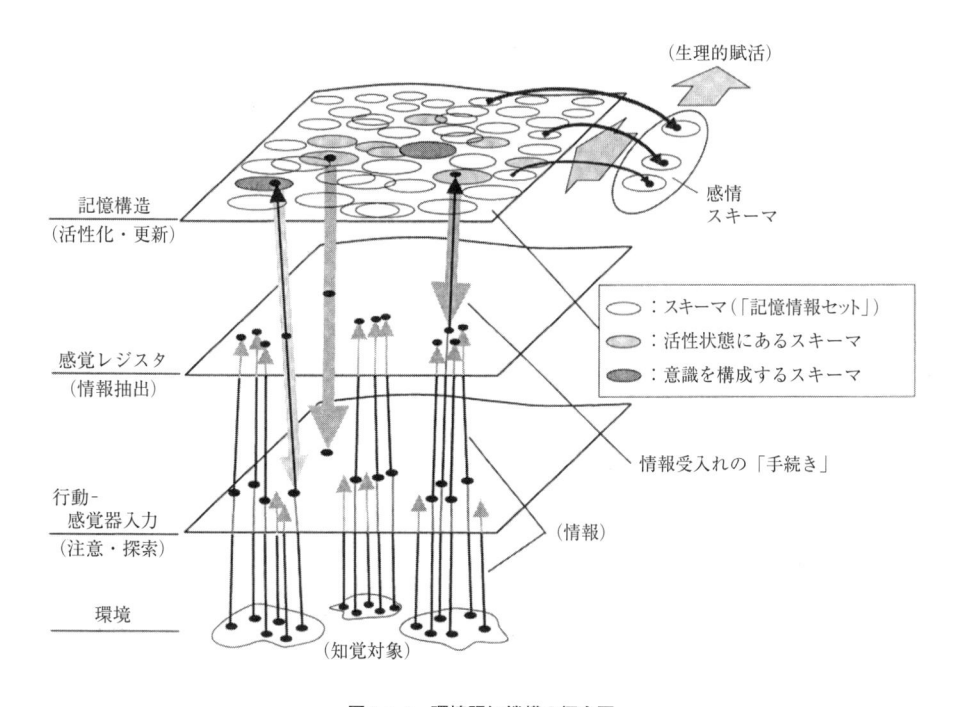

図1.1-4 環境認知機構の概念図

(2) 環境情報と記憶情報の関係[22]

環境の知覚対象（環境音など）から何らかの情報を得るためには，その対象に関するスキーマが活性状態にあることが必要である。すなわちその対象スキーマに含まれる入力手続き記憶情報に従って情報探索・受け入れが行われ，同スキーマ中の意味的記憶に従って情報は意味づけられる。言い換えれば，スキーマに含まれるやり方でしか対象を認知できないともいえる。極端な例では，同じハエでもヒトからみれば不潔であり害悪といった意味づけがなされるが，カエルからみれば食べ物である。極端でない例として，同じ環境音でも聞いた人それぞれに印象が異なることは，人それぞれがもつ対象スキーマの相異によるものといえる。

(3) 循環の開始点[22]

Neisserは循環的認知プロセスの開始点には生得的なスキーマ（basic schema：基本的スキーマ）が存在すると仮定し，それは常に活性状態にあって，たとえば「大きな音」，「素早い動き」といった未分化で単純な情報認知を行うものと考えた。基本的スキーマはそこから発達する対象スキーマすべてに継承されるとされ，成長した後でもこの常に活性状態にある基本的スキーマの働きによって，対象が何であれ大きな音を発するものや素早く動くものには即座に注意が向けられることになる。誰にでも共通して生じるこうした反応は，聞きたくない騒音によって意識が取られてしまう，といった不快感と関係がある。

(4) 意識[24]

意識とは「自覚していること」といったものを指す概念である。概念図において意識は活性状態にあるスキーマがいくつか選択されたものによる構成物と表現される。選択されるスキーマの数は1～数個と容量が限られており，選択は環境からの情報入力と同様に時々刻々の認知循環において決定される。意識を構成するスキーマに含まれる情報は集中的に深く分析されることとなるが，これが意識が存在する理由といえる。

(5) 不随意的な意識化[22], [24], [26]

騒音問題の様相の一つは，聞こえてきた音について意志に反して意識させられることにあり，それはその時点で進行中の思考や平穏状態を妨害する。こうした不随意的な意識化をもたらすものは，先述した基本的スキーマによる「大きな音」，「痛み」などの情報受容や，待機型態度（1.1.5(3)参照）による特定の対象情報の検出といった，常に活性状態にあるスキーマの働きである（騒音影響との関連については1.1.6(2)参照）。

1.1.5 感情のシステム

以上，認知心理学的観点からみた人間-環境系モデルについて概観した。続いて本項ではこの認知機構を駆動するものとしての感情について解説する。

(1) 人を動かすもの

般若心経のいう色即是空，空即是色（形あるものは実体がなく，実体のないものがすなわち形である）の言葉をとりあえずそういうものだと受け容れることは難しくない。しかし，ならばなぜ我々がこの世のさまざまな実体のないものに価値を見いだし，かつそれにとらわれて生きているのかについて経中には説明されていない。何が人を動かしているのであろうか。同様に，前項に述べたようにNeisser[22]によれば人間の心が情報認知を行うとともに自身を更新していく循環的なプロセスを絶えず繰り返しながら生きているというが，何がその循環を駆動しているかについて彼は触れていない。

なぜ人は実体のないものに価値を見いだし，それへと向かう意識的または無意識的な意志により知覚循環プロセスを動かし続けているのだろうか？

これに対する認知心理学的な解答が「感情」である。ここでは感情のシステムについての一つの理論を紹介しながら人を動かすものについて解説する。

「感情」とはどのようなものだろうか。私たちは普段は「理性的」に行動しているのに，時に「感情的」になって，多くの場合それは行動の失敗を引き起こしてしまう。感情というシステムの働きは怒りにせよ歓喜にせよ一見して人を誤った行動へと導くもののように思える。これに対して感情は

本来「最適な行動へと人を導くシステム」であるという立場からの感情システムに関する理論が，認知心理学の領域で提案されてきた[26]~[28]。騒音に腹を立てることでますます不快感が増すといった状況が多々ある音環境心理評価にかかわる者としては，こうした感情システムを理解することは重要と考える。いくつかの有力な理論の中で，直感的なわかりやすさと(日本の読者にとっての)文献アクセスの容易さの点からここでは戸田のアージ理論を取り上げて，感情システムの成り立ちと働きを概観する。

(2) 感情システムに関する戸田のアージ理論[26]

戸田は感情(を中心とした内的なシステム)を「野性合理性」をもつ最適行動選択システム，言い換えれば「野性環境を背景としての遺伝的に基本枠が設定された適応的な行動選択・実行用の心的ソフトウェア」ととらえ，現代においてもそのシステムの基本的な枠組みは変化しないまま機能していると仮定する。これは野性環境にあっては感情の働きのままに行動していることが個体としてあるいは種としての生き延びにもっとも有効であったという仮定であり，戸田の理論はこれを感情の生起に関する基本的な手掛りとしている。たとえば「恐れ」感情は危険からの逃避行動の励起，「怒り」感情は縄張り侵入などルール違反者に対する加罰行動の励起のために生起する感情と解釈される(図1.1-5)。もちろん現代の文明環境では「怒り」など感情に任せていると何かと不都合が多い。その場だけなんとかなればよかった野性環境と違い，文明環境では事がその場限りでは済まないからである。筆者も経験するが，衆前で研究発表するときにあがってしまうのも，アージ理論によれば「強大な敵(？)に対する恐れ」の発現であり，逃げ出したい衝動に駆られている状態だと説明される。しかし現代では逃げていては本人にとって将来的にマイナスになってしまう。感情とはこのような性格をもち，人類数百万年の中で形成され，ここ1万年ほどの文明環境の中でも基本的に変化しないまま遺伝しているものと，戸田の理論では仮定されている。野性合理性をもつ感情を理性で抑える必要が高まってきた現代は，野性環境と比べてストレスのかかる環境と考えてよい。

ここで「アージ(urge：駆り立てること)」とは感情の拡張概念であり，人間をさまざまな行動に駆り立てる人間内部の心理生理的システムである「アージ・システム」の働きが表れたものと定義される。喜怒哀楽などいわゆる感情のほか，「好奇心」は周囲の世界を知ることにより生き延びのための知識を得ることを励起するアージであり，「食欲」はいうまでもなく生き延びのためのアージということになる(それぞれ，「認知アージ」，「生理的アージ」と位置づけられるものの一例であり，これが「アージ」が「感情」の拡張概念と定義されるゆえんである)。アージ理論は，およそ人の行動のモチベーションを，すなわちNeisserのモデルでいえば循環的プロセスの駆動力を，アージ・システムの働きによるものととらえる。

(3) 態度，気分〜感情に関する概念

ここではアージ・システムに関する重要な概念である態度とムード(気分)について述べておく。これらは音環境の心理的影響を表現するうえでも有用となる。

a. 感情的態度

個々の対象に関する記憶情報のセットのうち，感情に関係する情報を指す。「好き」，「嫌い」などの「評価型態度」と「憎しみ」などの「待機型態度」の少なくとも2種が存在するとされる。評価型態度は特定のアージに関する対象スキーマ中の静的な情報であり，それが付随する対象の出現は，そのアージを生起しやすくしたり，ムードを変容させたりするといった効果をもつ。一方，待機型態

「怒り」感情：
　野性環境における
　　「縄張り防衛行動」，「ルール維持行動」を励起

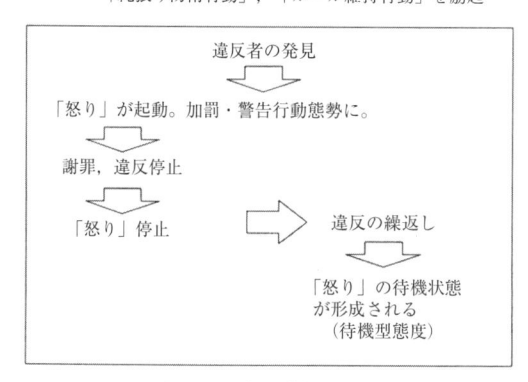

```
           違反者の発見
              ↓
「怒り」が起動。加罰・警告行動態勢に。
              ↓
       謝罪，違反停止
              ↓                    違反の繰返し
       「怒り」停止      ⇒           ↓
                              「怒り」の待機状態
                              が形成される
                              (待機型態度)
```

図1.1-5　怒り感情の図式

度は特定の対象が関与するアージの生起の繰返しにより「アージの待機状態」が形成されたものとされる。待機型態度はその特定対象に関するスキーマ中にあって常に活性状態にあるものと考えられ，この待機状態によってその対象の発見が容易になり，発見とともに即座にアージが生起することになる。

b．ムード

アージや行動の生起などに影響する心の状態である。感情の面からみた記憶の全体としての活性状態を指し，これはすなわちその時点で活性状態にあるスキーマに付随する感情的態度の総和といえる。例として，「いらいら」ムードは敵対する人（「敵」という評価型態度の付随した対象）の出現などにより形成され，これは怒りアージを起動させやすくするなどの効果がある。

1.1.6 試論的な記述

以上，音環境の心理評価を扱うための認知心理学的な観点と概念体系について解説した。本項ではこれを踏まえ，音環境心理評価研究のいくつかのテーマについて認知心理的な観点から考察する。

(1) 近隣騒音のメカニズム[29]

近隣騒音問題を引き起こす「気になる音」は，周囲のそれ以外の騒音よりもむしろ小さいなど，音量的には問題ないケースが少なくない。それでもたびたび新聞紙面に現れるように，それが原因で犯罪事件に発展するほど問題は深刻化する。ここでは気になる音はなぜ気になるのか，というテーマについて考察を行う。

冷静に考えてどうでもよさそうな小さな音が気になるのはなぜだろうか。隣の家のピアノの音は別に何か行為をじゃまするほどの大きな音でもないのに，気にし始めるとそればかり気になる。非常識だ，と隣人の性格まで疑い始める。この点，テレビの音が聞き取れなくなる，夜中に目が覚めてしまうといった，いかにも音量の影響の度合いが大きい道路交通騒音や鉄道騒音の問題とは様相が異なる。騒音レベルのような音量的指標で自動車や列車などの騒音を規制することは一般的だが，近隣騒音の不快感は音量の大小で測ることが難しいというのも一般的な事実である。

近隣騒音問題には，「怒り」，「恐れ」といった感情が伴うことが特徴である。つまりいらいらするのである。こうした感情について知ることが問題を解く鍵となる。

前項で述べたように「怒り」は，もともと侵入する敵，あるいは仲間の裏切りなどに対し，加罰行動をとるための準備態勢であったものとされる（図1.1-5）。「怒り」が起動することで戦いの意気込みが高められることによって，加罰対象である相手の方が少々強くても結果として勝てる可能性が高まる，一方で，非常に強大な，勝てる見込みの薄い敵が侵入したときには「怒り」ではなく「恐れ」を起動させ，一目散に逃亡することで生存の可能性が高まる，というように，これらの感情は生き延びに有効なものであったというわけである。「怒り」，「恐れ」感情の起動の鍵となるのは，縄張り侵入や掟破りといった「社会的ルールの違反」である。

こうした感情のシステムを前提とした観点から近隣騒音のケースを考えてみると実感させられることが多いと思う。気になる音の音源は「正体不明」だったり，「非常識」だったりしないだろうか？ いわば仮想敵が近くで何か音を出しているのである。これが野性環境ならば生命危機的な状況であり，加罰のために「怒り」を起動するか，逃亡のために「恐れ」を起動するか，あるいは片時も注意をそらすわけにいかないであろう。またいったん音が止んでも，再度の出現を警戒して，対象を見つけ出そうとする「待機型態度」ができていくであろう。これはすなわち特定の音に対して「いらいらする」，「気になる」，「小さな音でも見つけ出す」，という様相と結びつく。これらを生起させる要因はやはり「社会的ルール違反」である。戸田によれば現代社会で「常識」と呼ばれるものが「社会的ルール」にあたる。現代社会におけるコミュニティの希薄化とともに「常識」は近隣の居住者間で共有されにくくなっている。常識が通じないことは「敵」を意味し，したがって現代社会は近隣騒音問題が発生する土壌が形成されているといえる（→Topic）。

> ■Topic：
> 筆者が「寅さん」で知られる東京は葛飾柴又の天丼屋の主人の話を聞いたとき，「昔の家はよかったね，木造でさ，隣の音が聞こえるんだよ。これが安心感でね。今の家はコンクリートになっちまって，なんにも聞こえねえんだ。これじゃだめだよ…」という話を聞いて，まさに筆者の考えていたことであり驚いたことを覚えている。確かに，江戸からの下町のコミュニティが現存するこの地域では近所同士は仲間であり，仲間の音が聞こえることは野性環境でいえば自分の生存確率が高いことを意味するので，そこに安心感というムードが生起するはずである。反対に仲間の音が聞こえないことは不安感を生じさせるに違いない。

近隣騒音問題は認知的アプローチにより問題の理解と体系的な考察が可能となるものの典型例と筆者は考えている。

(2) 環境騒音と近隣騒音の異なる様相[25]

続いて環境騒音問題と近隣騒音問題の比較を通して，双方の位置づけと対策への考え方について考察する。

思考妨害や平穏妨害を引き起こす不随意的・自動的な意識化の原因は，騒音源の類型でいえば，環境騒音に典型的な大パワー・無意味音と近隣騒音に典型的な小パワー・有意味音であり，前者には生得的な基本的スキーマが関与し，後者には「怒り」，「恐れ」といった「敵」を前提とするアージが関係するものと考えられる。

生得的な記憶情報はすべての知覚対象に付随する（すなわち，発達に伴う学習以前の未分化の時点から存在する→1.1.4(3)参照）。したがって音源が何であっても大きな音ならば自動的に情報は受容され不随意的に意識化されるものと考えられる。また生得的であり経験にかかわらず保持されるものであることから，個人差が小さいことが期待される。

音が大きいことが問題となる環境騒音については，人間のもつこのような特性を考慮し，現有の環境基準のように受音側の個人差を問わずエネルギー的指標により一律に規制するのが，認知心理学的観点からみても妥当な対策と考えられる。一方でこれが有効であるのは，生得的・基本的な記憶情報が関与する範囲に本来的には限定されることを認識しておく必要があろう。

近隣騒音問題については，音量の大小よりもむしろ音源が敵か味方か，そして「社会的なルール」の存在が重要であることを先に述べた。これは，当事者間の和解とルールの共有が基本的な解決策となることを意味する。この点からみて，カラオケなどの時間制限や当事者間の話し合い，啓発など，「ルール作り」を中心とした行政的な近隣騒音対策[30]は妥当性が高いものと判断される。

以上，環境騒音と近隣騒音のメカニズムや採るべき対策の相違点について，認知的観点により明確な記述が可能となる。

(3) 音環境計画～環境音から受ける印象[25]

騒音という観点から環境音を排除するだけでなく，いわゆるサウンドスケープ・デザインなど，環境音がその背景にもつ意味に焦点を当て[31]，音の導入も視野に入れた音環境計画において，何かを感じさせる，あるいは感じさせないために環境音を取捨選択・配置することになる。このような場合，個々の環境音に対して我々が感じる全体的な印象をテーマとしている。心地よい音は不快な音とは違って自動的に意識化されないことから，人々は普段それを聞き流していることが多い。とすれば，それを対象とした研究の意義はどのようなものか？ これを考えておく必要があろう。

環境音がもたらす印象とは，それに関連した記憶情報のうち評価型態度に相当する面が表出したものと位置づけられる。ある評価型態度が付随する環境音の出現は，それと対応するムードやアージなどの生起に効果をもつことになる。一例として，環境音からイメージされる印象に関して，川井らが行った実験データの因子分析結果[32]では，第Ⅰ因子として「よい―わるい」という正負の評価，第Ⅱ因子として活気・落着きといった活動性，第Ⅲ因子としてふつう・非日常といった日常性などの印象のカテゴリが得られたが（**表1.1-1**），これらは以下のように解釈される。

① 「よい―わるい」評価はムードの正負方向の推移に関係する評価型態度と考えられる。「よくない音」の出現はムードを負の方向へ変容させる効果をもち，不快あるいは怒りといった感情

表1.1-1 音事象印象評価の因子構造(居室)[32]

因子の解釈 寄与率[%]	印象表現語 (相関+)-(相関-)	音事象群
第Ⅰ因子 評価性 好悪感 25.8	きたない-美しい 無機質-あたたか うるさい-しずかな 騒々しい-静かな	+機械 +交通 -生物 -無生物
第Ⅱ因子 活動性 14.9	ひと気のある-ひと気のない 元気な-無機的な 活動的な-静まり返った にぎやかな-閑散とした	+イベント +声 -物音 -無生物
第Ⅲ因子 生活感 日常性 6.7	生活感のない-生活感のある よそゆきの-生活感のある さびしい-生活感のある 非日常的な-日常的な	+花火大会 +交通サイン -物音

を生起させやすくすると考えられる。実験において「よい音」の典型例は自然音であったが，音に限らず，たとえば街路樹の視覚情報による騒音の喧噪感の心理的緩和効果[33]も同様の図式で表現できるものと思われる。

② 活動性は落着きやくつろぎ，活動的といったムードに関係すると考えられる。これらは主に行動に影響するムードであり，たとえば「読書」などは活動的ムードのときには生起しにくい行動といえる。イベントや人声などの「活動的な音」は，このような効果をもつものと位置づけられる。

③ 日常性は情報の受け入れに関係する評価型態度と考えられる。日常性が付随する対象に対して，あるいは日常的ムードにおいては情報の受け入れが生起しにくく，聞き流されやすくなると考えられる。対照的なムードの一つは「不安」であろう。アージ理論からみて「不安」は野性環境の中で「どこに危険な敵がいるかわからない状況」にあたり，少しの音にも意識が喚起されるような状態と考えられる。「ある程度の音があった方が勉強しやすい」，「無響室は非常に静かなのに快適ではない」などの状況は，このムードに関係する例としてあげられる。

以上，印象評価について考察した。結論として，いわゆるサウンドスケープ・デザインを含む音環境計画とは，こうした態度が付随する知覚対象を空間に配置することであり，それによりその場の利用者のムードを誘導するものと位置づけられる。

(4) 自由記述方式と選択方式[25]

住民に対する騒音意識調査のアンケート形式として自由記述方式と選択方式がある。ここでは一例として「どのような音が気になるか」といった質問項目で，該当する音名を記入者が記入するもの(自由記述方式)と，あらかじめ列挙された音名を選択するもの(選択方式)を取り上げ，それぞれの調査結果がもつ意味について考察を行う。

感情的態度の点から考えて，調査結果は自由記述方式では主として待機型態度が反映されたもの，選択方式は評価型態度と待機型態度の両方が反映されたものと考えられる。待機型態度は先に述べたように感情行動遂行の機会を待つ態度であるが，たとえば「怒り」感情に関する行動としては「他人に訴える」ことも含まれるであろう。このことからある対象に関して待機型態度が形成されていれば，自由記述においてその対象がまずはじめに表出することが予想される。これは選択方式の場合でも同様であるが，選択方式では列挙された音名に対し基本的に評価型態度に基づいた判断が行われると考えられる。

待機型態度は実際に感情の生起が繰り返された結果によるものであり，それが付随する環境音の出現は直接的に感情を生起するのに対し，評価型態度が付随する環境音の出現は感情を生起しやすくする効果をもつが，実際に感情が生起するとは限らない。したがって，調査が騒音による影響の実情把握を目的としたものならば自由記述方式を用いるべきであり，また将来的に起こり得る騒音影響の把握ならば選択方式が有効と考えられる。

(5) 実験室で研究可能な騒音の不快感[34]

騒音の不快感の評価研究において，実験室的に研究を行ったとして，そこで得られているのが現実の日常空間での不快感と同じものなのかどうか疑問視されている[35]。この両者の相違点について体系的に考察することは，実験室研究を行ううえ

表1.1-2 騒音の不快感類型(一次的影響)[34]

Ⅰ 聴覚的妨害	Ⅱ 認知的妨害	Ⅲ 基本的反応	Ⅳ 感情喚起
いわゆる「マスキング」。聴取妨害など感覚器・感覚情報貯蔵の段階における妨害	言語音入力と言語的心的作業(思考など)との競合といった，同一コードの情報による妨害	いわゆる「ノイジネス」。「大きな音・突然の音に注意を向ける」など，生得的・基本的なスキーマの働き	「怒り」・「恐れ」・「興味」など，学習・発達した感情の働き

で有用であろう。

音による不快感を表1.1-2に整理した。このほかに，感情喚起の結果として意識が占有されることによる妨害といった二次的影響が存在するが，ここではとりあえず一時的な影響に限って議論してみる。

実験室空間において，「聴覚的妨害」，「認知的妨害」，および「基本的反応」については，日常空間の再現が比較的容易と考えられる。すなわち，
① 妨害はその時点での騒音入力と進行中の心的作業との関係で決定されると考えられる。
② 基本的反応は，学習や経験，あるいはその時点で進行中の認知過程によらず，割込み的に生起すると考えられる。

これに対し，「感情喚起」については実験空間における再現は困難と考えられる。すなわち，感情の喚起はムードと感情的態度の両者によって決定されるが，これらの実験空間での再現が問題点となる。感情の実験室研究の困難さについては戸田[26]も言及するところであり，以上より，実験空間と日常空間での不快感の相違が予想されるのは「感情喚起」の様相においてである。

以上，「音の意味」がかかわる音環境心理評価研究における5つのトピックスについて認知心理的な観点から試論を行った。ここで紹介した認知心理学的アプローチにより新奇な研究手法や成果が即座に生成されるわけではない。しかしこれにより研究対象の本質を理解し，採用した研究手法により得られる成果がどのようなものかについて体系的に記述・考察することが可能となる点には大きな有用性があるものと考えられる。本項の試論はこの有用性を例証するものと考えている。

1.1.7 おわりに

本節では，環境騒音評価研究と認知心理学的観点という，これまで数多くの研究者が取り組んできたいわば伝統的なテーマと，これから研究体系を整備し発展すべきテーマにかかわる概念体系について総括した。伝統的なテーマにかかわるためには伝統を知り成果を共有する努力が重要であり，新たなテーマを進めるためには研究対象を記述可能な概念体系や方法論について熟考することが重要である。本節はこの両者を対象としたものであり，これからの音環境心理評価研究の方向性を示すものとして何らかの貢献ができれば幸いである。

参考文献

1) Schultz, T. J.: Synthesis of social surveys on noise annoyance, J. Acoust. Soc. Am., Vol.64, pp.377-405, 1978
2) Fidell, S., Schultz, T. J. and Green, D. M.: A theoretical interpretation of the prevalence rate of noise-induced annoyance in residential populations, J. Acoust. Soc. Am., Vol.84, No.6, 1988
3) Fidell, S., Barber, D. S. and Schultz, T. J.: Updating a dosage-effect relationship for the prevalence of annoyance due to general transportation noise, J. Acoust. Soc. Am., Vol.89, pp.221-233, 1991
4) Hall, F. L.: Community response to noise: Is all noise the same?, J. Acoust. Soc. Am., Vol.76, pp.1161-1168, 1984
5) Kryter, K. D.: Community annoyance from aircraft and ground vehicle noise, J. Acoust. Soc. Am., Vol.72, pp.1222-1242, 1982
6) Schultz, T. J.: Comments on K. D. Kryter's paper, "Community annoyance from aircraft and ground vehicle noise," J. Acoust. Soc., Am., Vol.72, pp.1243-1252, 1982
7) Kryter, K. D.: Rebuttal by Karl D. Kryter to comments by T. J. Schultz, J. Acoust. Soc. Am., Vol.72, pp.1253-1257, 1982
8) Fields, J. M. and Walker, J. G.: Comparing the relationships between noise level and annoyance in different surveys: A railway noise vs. Aircraft and road traffic comparison, J. Sound Vib., Vol.81, pp.51-80, 1982
9) Moehler, U.: Community response to railway noise: A review of social surveys, J. Sound Vib., Vol.120, pp.321-332, 1988
10) Miedema, H. M. E. and Vos, H.: Exposure-response relationship for transportation noise, J. Acoust. Soc. Am., Vol.104, pp.3432-3445, 1998
11) 田村明弘：道路あるいは鉄道が主音源となっている地域における戸外騒音に対する住民の反応，音響技術，Vol.21, pp.47-52, 1978
12) 加来治郎，山田一郎：音源種別による騒音反応の違いについて，音響学会騒音・振動研資，N-96-30, 1996
13) 矢野 隆，佐藤哲身，川井敬二，黒澤和隆：道路交通騒音と鉄道騒音に対する社会反応の比較，日本音響学会誌，Vol.54, pp.489-496, 1998
14) Job, R. F. S.: Community response to noise: A review of factors influencing the relationship between noise exposure and reaction, J. Acoust. Soc. Am., Vol.83, pp.991-1001, 1988
15) Fields, J. M.: Effect of personal and situational variables on noise annoyance in residential areas, J. Acoust. Soc. Am., Vol.93, pp.2753-2763, 1993
16) Rylander, R., Bjorkman, M., Ahrlin, U.: Dose-response relationship for traffic noise and annoyance, Arch Environ Health, Vol.41, pp.7-10, 1986
17) Kryter, K. D., Peasons, K. S.: Some Effects of Spectral Content and Duration on Perceived Noise Level, J. Acoust. Soc. Am., Vol.35, pp.866-883, 1963

18) Tachibana, H., et al., Validity of arithmetic average of sound pressure levels in octave bands as a loudness index, *J. Acoust. Soc. Jpn.*, Vol.E14, pp.197-204, 1993
19) Community response to noise team of ICBEN：Guidelines for reporting core information from community noise reaction surveys, J. *Sound Vib.*, Vol.206, pp.685-695, 1997
20) Community response to noise team of ICBEN：Standardized general-purpose noise reaction questions for community noise surveys：Research and a recommendation, *J. Sound Vib.*, Vol.242, pp.641-679, 2001
21) Neisser, U.：Cognitive psychology, New York：Appleton-Century-Crofts, 1967
22) U. ナイサー：認知の構図，サイエンス社，1978
23) 高野陽太郎編：認知心理学2記憶，東京大学出版会，1995
24) G. マンドラー：認知心理学の展望，紀伊國屋書店，1991
25) 川井敬二，平手小太郎，安岡正人：環境認知の観点からの人間-音環境系の記述に関する研究，日本建築学会計画系論文集，No.496, pp.9-14, 1997
26) 戸田正直：感情認知科学選書24，東京大学出版会，1992
27) Frijda, N. H., The emotions, Cambridge University Press, 1986
28) G. マンドラー：情動とストレス，誠信書房，1987
29) 川井敬二：五月の蝿はなぜ五月蝿い ～気になる音の構造～，建築雑誌，1997
30) 沖山文敏：近隣騒音対策について―川崎市生活騒音の防止に関する要綱を中心として―，騒音研究会資料，N-90-11, 1990
31) R. マリー・シェーファー：世界の調律，平凡社，1986
32) 川井敬二，平手小太郎，安岡正人：音環境認知構造に関する実験的研究―居住環境とテーマパークとの比較―，日本建築学会大会学術講演梗概集(D-2), pp.99-100, 1995
33) 田村明弘，鈴木弘之，鹿島教昭：植樹帯による喧噪感の緩和，日本音響学会誌，Vol.48, No.11, 1992
34) 川井敬二，平手小太郎，安岡正人：人間-音環境系の記述に関する認知心理学的アプローチ―感情の理論とアノイアンス―，日本音響学会秋季研究発表会講演論文集II, pp.709-710, 1997
35) 難波精一郎：ノイジネス・アノイヤンスについて，日本音響学会誌，Vol.44, pp.775-780, 1988

1.2 情報伝達の音のデザイン

　環境デザインにおいてはサインの設計も重要なポイントである。サインは視覚的なものとしてデザインされることもあるが，音である場合も，じつは多い。このような情報を伝える音は，基本的に聞き取りやすく，その音の印象が妥当であることが求められる。それを音の物理的状態から判断するための基礎資料が必要となってくる。ここでは，すでに規格や法令によって規定されている内容をはじめ，背景音の影響，高齢者への対応，音の印象といったことがらについてその概要を示し，今後の展望について記していく。

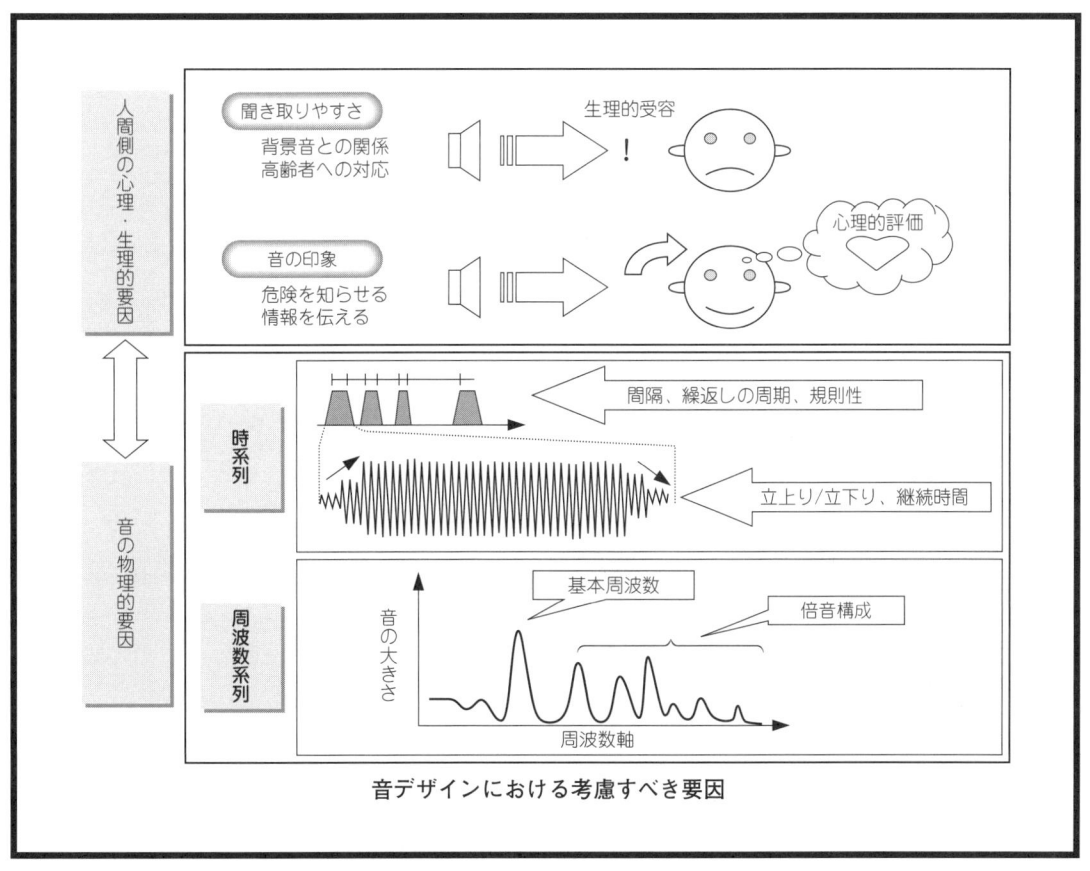

音デザインにおける考慮すべき要因

　音による情報伝達のデザインにおいて考慮すべき人間側の要求と，それを実現する際の物理的要因とを示した。基本的に聞き取りやすいことが必要である。背景音との関係の考慮や，聴力が低下した高齢者に対する対応も重要課題となっている。そのうえで，音のもたらす印象について知る必要がある。物理的要因としては，「時系列」上の要素と「周波数系列」上の要素が考えられる。時系列では音の大きさの変動を示すさまざまなパラメータが関係し，周波数系列では基本周波数に対するほかの周波数の組合せが関係してくる。音声や音楽のような複雑な情報をもつ音についても，どのようにしたら合理的で不快感をもたらさない音になるか検討が必要である。

■**基礎知識**

・シニフィエ（記号内容）とシニフィアン（記号表現）

　これらの言葉はフェルディナン・ド・ソシュール（1857-1913）の記号論における用語である。
　「シニフィエ」を「所記」と「シニフィアン」を「能記」のように訳すことも多いが，理解しやすいように本稿では「シニフィエ」を「記号内容」，「シニフィアン」を「記号表現」とする。音による情報の伝達を記号論的にとらえたとき，伝えたい情報自体が「記号内容」であり，音源のさまざまな物理的特徴が「記号表現」である。

・閾値

　人間が知覚できる物理量の限界に相当する値のことを閾値という。聴力に関する議論においては，下限値を指すことが多い。大きな音にさらされつづけた場合や，老化によって音圧の感知能力の低下による閾値の変動がみられる。一時的な閾値の上昇をTTS（Temporal Threshold Shift）という。永久的な閾値上昇はPTS（Permanent Threshold Shift）という。老化に伴うPTSは高い周波数ほど顕著である。

・明瞭度

　音がはっきり聞こえることが，紛れのない情報伝達には必要である。とくに音声の聞き取りやすさのことを「明瞭度」といっている。これは物理的な指標ではなく，発声された音声のうち何パーセントが正確に聞き取られたかを示す実験的な指標である。1つの言葉だけを聞き取ってその正答率を指標としたものが「単音節明瞭度」であり，文章全体の理解率を指標としたものが「文章了解度」である。

・ユニバーサル・デザイン

　運動機能や知覚に障害をもつ者であっても，十分健常者とともに使えるように考えたデザインをユニバーサル・デザインという。視覚的な合図だけで情報を伝えようとすると視覚障害者には何も伝わらないことになってしまう。このようなことにならないよう同じ内容を「音」によっても表すようにするなどの手段を講じることもユニバーサル・デザインの一環であるといえる。

1.2.1 はじめに

　音声言語は人間の重要なコミュニケーション手段である。人間は音声言語を発声することで，多くの情報をリアルタイムで伝えていくことができる。このとき音声は，相手の状態がどのようであっても，注意を喚起することができる。これは，情報伝達のうえで非常に大きな利点である。音声だけでなく音を用いた情報伝達はすべて同様な特徴がある。そのため，合図や警報などの言語以外の音による情報伝達も，非常に広い範囲で行われている。

　音による情報伝達という視点においては，不必要あるいは不適当な音で公共空間の音環境を乱し，環境の快適性を損なう元になってはならないはずである。また同時に，必要な情報を確実に，ストレスなく伝達しなければならないはずである。これらの問題については，今まで個別にしか扱われてこなかったのであるが，統一的な視点からこれらを見直すことが最近ようやく行われるようになってきた。

1.2.2　情報伝達のための音とは

(1) 歴史的な経緯

　情報伝達にかかわる研究としては，音声の聞き取りやすさを評価するための研究があげられる。明瞭度を指標として用いることで，電話の通話や実空間における言葉の聞き取りやすさを評価することが行われてきた。

　従来，明瞭度については健聴者のみを対象として，再生系・伝搬系の歪みの度合いを評価することが多かった。しかし，1990年代以降になってユニバーサル・デザインということが社会的風潮として顕著になり，聴力の衰えた高齢者にとっても聞き取りやすい環境づくりや，視覚障害者への配慮ということが重視されるようになってきている。そのため現在行われている音声の明瞭度に関する研究では，物理的条件そのものより人間側の条件に着目した研究もみられる[1]。

　また，明瞭度を物理的な指標から予測することが試みられている[2],[3]が，精度の高い予測は難しいというのが現状である。

　公共的空間にさまざまな目的の情報伝達音があふれるようになってくると，音のもたらす印象が人々の関心事となった。その一つのきっかけは，JR新宿駅・渋谷駅の発車ベルがメロディーに変えられたということであった[4]。このとき以降，駅だけでなく，さまざまな合図の音が音楽的ニュアンスの強い音へと変わっていく。

　しかし，公共的な音をデザインする際に有効な，イメージ・印象についての研究というのは非常に難しく，かなりの部分がデザイナーのセンスにゆだねられている。公共的な空間におけるサインデザインの一環として，確固たるものにするべくさまざまな調査も行われている[5]。

　1990年代後半に携帯電話が普及すると携帯電話の着信音がメロディーになり，いわゆる「着メロ」はごくあたりまえになってしまった。さらに自分で音階とリズムをつくることが可能な機種が出まわってくると，着メロブックなるものが売られるほどブームとなった。現在は，和音を出すことができたり，サンプリングされた現実音が使われたり，さらに高機能化している機種もある。インターネットへの接続機能も標準的になってからは，webからさまざまな着信音をダウンロードすることができるようになった。しかし，着信音は電車内などの公共的空間で聞こえると非常に不快である。そのあり方は社会的問題として注目に値する。

　このような流行とは別に，家電製品など身の回りの生活用品における報知音の問題も徐々に取り上げられるようになってきた。家庭内では洗濯機・炊飯器・ビデオなどあらゆる家電製品が音を使って機器の状態を伝達している。ピーという音が聞こえても一瞬何がどうなったのか判断に困ることがあったり，高齢者が聞き取りにくいような周波数の高い音であったり，さまざまな不満が使用者から寄せられるようになってきた。メーカーとしても，より聞き取りやすく，また，イメージのよい音を目指すようになった。このため，不必要に大きな音のものは徐々に影を潜めていったが，インタフェースの機能性の問題として早急に取り組まなければならない課題が多い。

　とりわけ，高齢社会を迎えたわが国の現状から，

高齢者への対応が急務である。家電製品の報知音などでは，伝達すべき情報に応じた音の鳴り方の統一・規格化が検討されつつある。1999年8月に家電製品協会は単一周波数の報知音に関するガイドライン案[6]を提案している。JISにおいてもそれに先立ちユーザビリティ（操作性）という点からの規格が出され，一部に報知音に関する理念的な規定がある[7]。2002年1月に家電製品の報知音に関する規格が定められた[8]。ある程度の具体性をもって周波数と音圧レベルの推奨値がここで示されている。

(2) 音による情報伝達の基本原理

情報伝達のための音を考えてみると，その伝達過程は**図1.2-1**のようであると考えられる。問題が生じるとすれば，ある段階から次の段階にいたる変換（伝達）過程においてである。発生源側では記号内容から記号表現への変換が適切であるか，伝搬途中では品質の変化が許容限度以下であるか，受容者側では記号表現から記号内容への変換が適切に行われるか，といった点が主な問題点となる。

まず音がきちんと聞き取れることが最低条件である。ただそれだけでは十分ではなく，意味のある情報として理解できることが必要である。そのため，理解しやすさを妨げないように，音の印象が情報の内容とかけ離れないようにしなければならない。また，日常的に用いられる音の場合には，不快感のない音であることも重要な要件である。基本的にこれらの要求を満足するような物理的条件の適正範囲を定めることが，この分野での課題である。

しかしながら，物理的条件の幅は大きく，物理的条件自体どのようなパラメータを設定したらよいのかという基本的なことから考える必要がある[9]。問題点を類型化して示すと，**表1.2-1**のようになる。**図1.2-1**と**表1.2-1**とを照らし合わせると，問題は記号発生源と記号受容者の間のいずれかの接点で生じていることがわかる。

表1.2-1　音記号における問題の類型化[9]

類型内容	説明
① 聴取不能	聞こえない
② 感知不能	正確に聞こえていても気がつかない
③ 解釈不能	正確に聞こえていても解釈できない
④ 解釈過誤	正確に聞こえていても解釈を間違える
⑤ 低信頼性	解釈できても信用できない
⑥ 騒音化	うるさい

①の聴取不能というのは，耳に到達する以前に音が減衰してしまい，物理的に聴覚閾値以下に下がることによって生じる。また，マスキングによって閾値上昇が生じて聞き取れないような場合もある。さらに，高齢者は聴力が衰えているので注意が必要である。

②の感知不能は，生理的には受容されているにもかかわらず，注意が向いていないために生じる。いわゆる「うわの空」という状態である。

③の解釈不能は，記号表現への変換の約束が決められていたとしても，記号受容者側がその約束を知らない場合に生じる。家電製品のような日常用いる機器においては，解釈のための約束を設けなくとも意味することが理解できるような仕組みがあると望ましい。あるとしても最低限の約束しか現実的には使うことができないからである。

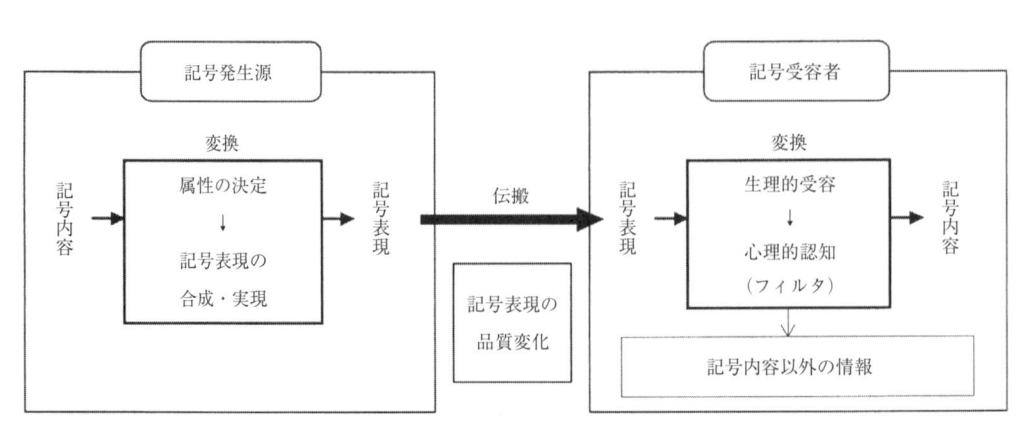

図1.2-1　記号発生源と記号受容者の情報伝達の全経路モデル[9]

④の解釈過誤では，③と異なり約束を了解している状況で生じる。間違えずに言葉を聞いていても誤解が生じるのと同じである。発信する側が考えている約束と，受容する側の考えている約束が微妙に異なっているときにも生じる。

⑤の低信頼性は，主にシステム上の問題としてとらえられる。誤報が続くとその情報は信頼されなくなってしまう。

⑥の騒音化とは，記号表現が受容者に不快な印象を与えることである。どんなに有用な情報であったとしてもそれが大きすぎたり，耳障りであったりすればうるさく感じる。また，不要な情報を否応なしに聞かされるという状況も不快感を増大させるものである。

1.2.3 情報伝達の音の規格

日本で施行されている法令には，汽笛，非常ベル，機械の運転の合図，道路警報施設，自動車警音器，緊急自動車サイレン，などがある。海外でもいろいろな取り決めがあると考えられるが，現在のところ系統的な規範があるわけではなく，個々の規約・法令は相互に独立して決められている。

ISO・JISには時間パターンや基本周波数について取り決めた規格がある。これらは状況や場所を限定した個別的な規格にとどまり，情報伝達の音を包括的に整合させるようなものはない。

ISOでは，実際の空間での音の出し方の規定が二つある。「ISO 8201非常時避難用の音響信号[10]」と「ISO 7731労働空間における危険の合図[11]」である。前者は時間的鳴動パターンを定めた規格であり，後者は背景音によるマスキングを考慮して周波数特性を決定するための規格である。

JISではT 1031に「医用電気機器の警報通則[12]」というものが定められている。警報の表示・発生・解除および停止に関する一般的要求事項や，その試験方法について規定している。

また，前述したように家電製品の操作性の観点からの規格[8]では，高齢者にとっての聞き取りやすさを確保するため，その周波数に制限が加えられ，時間的なパターンについてもいくつかの推奨パターンが定められた。

以下に，現在具体的な音のパターンが定められている規格の概要を述べる。

(1) 非常時避難用の音響信号

ISO 8201はISO TC43, Acousticsにおいて定められたものである。建物から避難する際の音響信号として音の時間的な鳴動パターンおよび音圧レベルを定めている。基本的なパターンとして「3つのパルス」を繰り返す時間波形が規定された（図1.2-2）。周波数についてはとくに規定はなく，1つのパルスの中で周波数が変化するようなパターンも許容している。

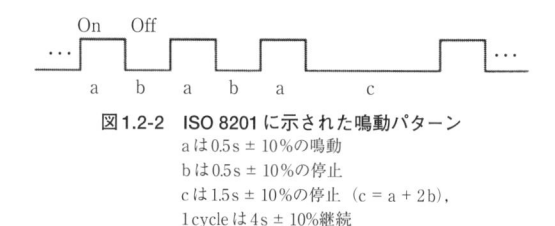

図1.2-2　ISO 8201に示された鳴動パターン
aは0.5s ± 10%の鳴動
bは0.5s ± 10%の停止
cは1.5s ± 10%の停止（c = a + 2b），
1 cycleは4s ± 10%継続

音圧レベルの規定は，時定数fast・周波数フィルタA特性で測定した音圧レベル（いわゆる騒音レベル）の60秒間の平均で65 dB以上としている。暗騒音が110 dBを超える場合には，補助的な合図として視覚的・触覚的信号を使うことも提示している。

(2) 労働空間における危険の合図

ISO 7731は人間工学分野のISO TC 159によって制定された規格である。工場などの比較的高いレベルの暗騒音の存在する労働空間において用いられる各種合図の音が，背景音にマスキングされないように周波数特性を決定することをねらいとしたものである。日本の労働安全衛生法および労働安全施行規則に定める機械の運転の合図[13]などはこれに相当する音である。アナウンスなどはこの規格では対象外としている。

音量についてはISO 8201とほぼ同等の内容である。周波数については基本的に300～3 000 Hzでなければならず，1 500 Hz以下であれば聴力の低下した人や騒音から耳を守るためのプロテクターをした人にも有効であるとしている。しかし，現実的にはあまり低い周波数では背景音のレベルが高いことが多いので，かなり大きな音を出さざ

るを得なくなるため兼ね合いが難しい。

ほかの音（マスカー）の存在により聞こうとした音（ターゲット）が聞こえなくなってしまうことがある。この現象をマスキングという。聞こえなくなるといってもターゲット側の音を十分大きくすれば聞こえないことはない。閾値が上昇していると考えられる。

ある特定の周波数のマスカーについて考えてみると，その周波数に近いほど閾値の上昇が大きく，徐々に影響が小さくなる。マスカーの周波数より低い周波数のターゲットの場合，ターゲットの周波数が低くなるにつれて急激にマスカーの影響がなくなる。しかし，マスカーより高い周波数のターゲットの場合，ターゲットの周波数が高くなってもかなり大きな閾値上昇がみられる。減少率は最大20 dB/oct.程度の傾きである。

マスカーの影響がどの程度の周波数範囲に及ぶかについては臨界帯域説という考え方がある。これは，聴覚機構には24個のフィルタがあり，マスキング量はこの帯域内のエネルギー量によって決まるとする説である。

マスキング閾値は，500 Hz以上の帯域においては，実験的に求めたマスキングの周波数特性に基づいて求め，500 Hz以下の帯域については臨界帯域説によって求めると，より正確であると考えられている[14]。しかし，その計算は煩雑になり，合図などの音の多くは500 Hz以上であるため，ISOではマスキング特性を安全側に簡素化した方法を用いている。その手順を図1.2-3に示す。

騒音のレベルを$LN(n)$（nは低い周波数帯域から1，2，3…）とし，マスキング閾値を$LT(n)$とする。対象とする音の音圧レベルと$LT(n)$を比較して，対象とする音の方が騒音を上回る領域があれば聞こえていることになる。安全側に（すなわち大きめに）なるような略算式である。

図1.2-4に例を示す。63～250 Hzは背景音のレベルがそのままマスキング閾値となる。500 Hzで背景音のレベルが小さくなっているがそれより低い周波数（250 Hz）の影響を受けて250 Hzのレベルから7.5 dBだけ小さい値がマスキング閾値となっている。1 000 Hzも250 Hzの影響を受けてマスキング閾値がその周波数の値そのものより大きく

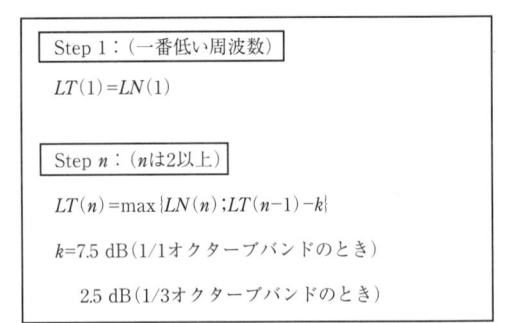

Step 1：（一番低い周波数）
$LT(1)=LN(1)$

Step n：（nは2以上）
$LT(n)=\max\{LN(n);LT(n-1)-k\}$
$k=7.5$ dB（1/1オクターブバンドのとき）
　2.5 dB（1/3オクターブバンドのとき）

図1.2-3　ISO 7731に示されたマスキング閾値を求める手順

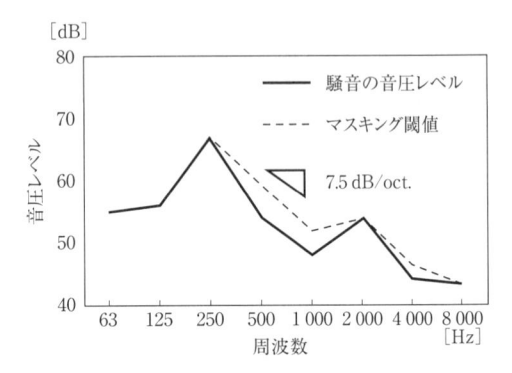

図1.2-4　マスキング閾値（MT）導出の例

なっていることがわかる。

なお，この方法に関しては被験者実験による検討例がある[15]。630 Hzにピークのある315～1 000 Hzの帯域ノイズをマスカーとし，630 Hzから上に1/3オクターブごとに設定した純音をターゲットとして聴取させた。各ターゲットがどの程度のレベルではっきり聞こえるかを求めた。このとき，ターゲットのレベルは被験者自身に調整させる調整法という方法をとり，聴取限界点としての閾値ではなく，余裕をもって聞き取れるレベルを求めた。

その結果，ISOが規定している1/3 oct.当たり-2.5 dBよりも低下率の大きい1/3 oct.当たり-4 dB程度で十分聴取可能であることが示された。このことより，適正な警告音設定という視点から，江川はISOの規定におけるパラメータkを4（1/3 oct.の場合）とした修正案を提案している。

これは，工場内に限らずあらゆる生活環境に対して適用可能なものである。しかし，家庭で発生する音は多様であり，工場のような一定した音環境ではない。典型的な家庭内の環境条件において

発生する音がどのような周波数特性であるかについては，今後のデータの蓄積が必要である[16),17)]。

(3) 医用電気機器の警報通則

この規格（JIS T 1031）によると，警報のランクは状態に応じて**表1.2-2**の3つに分けている。それぞれの警報について時間パターンと基本周波数が提示されている。また，最大音圧レベルについては，機器の操作面から1m離れた点のA特性音圧レベルで70dB以上とすることが求められている。基本波形については，方形波またはこれに近いもの，およびそれらの減衰波・複合波にすることを定めている。

ただし，実際の機器は必ずしも規格に沿って作られてはおらず，メーカー独自の仕様で作られていることが多い。

(4) 消費生活製品の報知音

現時点でもっとも新しいJIS S 0031という規格は，高齢者・障害者へ配慮した設計指針として規定されたものの一つである。ここでは，家電製品における報知音を機能的視点から「操作確認音」，「終了音」，「注意音」の3つに分類した。それぞれについて時間パターンの基本仕様を推奨している。また，基本周波数については高齢者が聞き取りにくくなる高周波領域を考慮して，目安として2.5kHzを超えないようにすることを提示している。

現行JISでは，用語，概念の統一がなされていないという問題がある。また，(3), (4)に述べたもの以外のJISにおける規格は，最低限の物理性能と試験法についての規定であり，音の鳴り方については触れられていない。

1.2.4 音の印象の影響

従来の規格や歴史的な音の使い方においては，音自体のもたらす印象の影響について十分考慮されているとはいえない。しかし，それらの要因に着目することは，情報を伝える音のデザインには重要なことである。

音の印象評価というと，音色の研究がバックグラウンドとなる[18)]。音色に関する研究は幅広く行われてきたが，最近は，用途に応じた音の評価が主に行われている。

警報音の印象についての調査では，異なる国における警報を比較し，ある国にとって危険を感じさせるような音であっても別の国にとってはそうならない場合があることが明らかにされた[19)]。また危険を感じさせるための一般的条件としては，周波数変化のある音（FM音）で，時間変動の周期の速い音であることを実験から明らかにした。

家電製品に使用する報知音を想定した，時間変動のパターンの聴感実験も行われている[20)]。ここでも時間間隔が長くなるほど切迫感が低下していくという結果が得られている。

実際の家電製品などで休止・吹鳴のパターンがどのように用いられているかについて調査し，意味する内容との適合性について考察しているものもある[21)]。その結果，音量設定が明らかに不適当なものがあることや，吹鳴パターンを判別しにくい音があることが浮かび上がってきた。

サイン音の擬音表現に着目した研究は，記号表現の重要性を示しているといえる[22)]。擬音表現がどのように分類でき，日本語音声の物理量とどのような関係があるかを検討したところ，音声の母音スペクトルとサイン音の基本周波数にとくに目

表1.2-2 JIS T 1031に示された警報の種類

警報の種類	状　態	周期 T [s] 断続時間 $T_1 : T_2$ [s] 基本周波数 f [Hz]
緊急警報	患者の異常，機器の異常，または操作のよくない状態で，緊急に処置しなければ患者の生命にさらに悪影響を与えるときに発する警報	0.5 0.25 : 0.25 1 000～2 000
警戒警報	患者の異常，機器の異常，または操作のよくない状態で，なるべく迅速な処置を要求するときに発する警報	1.25 0.75 : 0.5 500～600
注意報	正常な計測，治療条件などから逸脱したときに発する警報	5～∞ 1 : 4～1 : ∞ 300～400

立った傾向はみられず，母音の使用法はかなり恣意的なものであるとの示唆が得られた。また，撥音は定常部または減衰部の長い音に，促音は逆に短い音に，長音は定常部のとくに長い音に用いられるという関係がみられた。

音の印象測定の結果をニューラルネットワークによって推定するのは，新しい試みである[23]。ただ，各音色のパラメータを変えることで印象がどのように変わったかについての記述がないため，どのような傾向があったのか不明である。また，音の物理量の記述に不適切な点がみられる（音の大きさに電圧[V]を使用）のが残念であるが，サイン音の設計に際し，非線形に変化する印象を設計する一つの手法として注目に値する。

筆者は，音の微細な時間波形の違いによって，印象がどのように変化するかを，SD法によって評価した実験を行った[24]。以下にその概要を紹介する。

1.2.5 音の立上り・立下りによる印象変化

警報音や報知音のような音は圧電スピーカのような単純なデバイスで鳴動するため，一般的には急峻な立上り・立下りの時間波形となっている。それが音の聞き心地を悪くしている面がある。ここでは，音の立上り・立下りという過渡的な音圧レベルの変調で，音の印象がどのように変化するかを，被験者実験によって定量的に明らかにすることを目的とする。

(1) 実験方法

実験音の音圧レベルの時間波形（エンベロープ）は図1.2-5のような形で制御する。立上り・立下り時間は60 dB変化するのに要する時間である。

音の条件は表1.2-3のとおりとした。波形としてはもっとも基礎的な純音（正弦波）を対象とした。音の継続時間の500 msというのは報知音として比較的よく用いられる音の長さである。音源の基本周波数も家庭内で使用されるものは1 000～4 000 Hzが多いことから2 000 Hzとした。これらの音はパソコンによって作成し，CD-Rに音楽CD形式で記録した。

スピーカは被験者の正面に水平距離で2 mの位置に設置した。耳の高さが一定になるよう被験者の椅子の高さは変えられるようになっている。被験者は20歳代の男性13名，女性2名である。

表1.2-3に示すすべての組合せ（20個）の実験音は簡易無響室内において1人1人ランダムな順序で，1音につき2回提示される。被験者は聴取後に表1.2-4に示す20対の5段階形容詞尺度によって音を評価した。

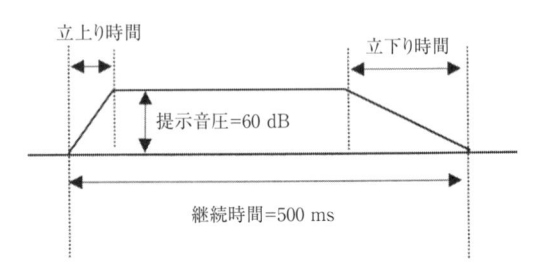

図1.2-5 時間波形のパラメータ設定

表1.2-3 実験音の設定

設定パラメータ	値の設定範囲
立上り時間	0, 20, 50, 100 [ms]
立下り時間	0, 20, 50, 100, 200 [ms]
継続時間	500 [ms]
提示音圧	60 [dB]
基本周波数	2 000 [Hz]

表1.2-4 評価に用いた形容詞対と因子負荷量

形容詞対	第1因子 金属性因子	第2因子 美的因子
はっきりした－ぼんやりした	0.957	－0.124
緊迫感のある－緊迫感のない	0.936	－0.221
鋭い－鈍い	0.934	0.004
大きい－小さい	0.924	－0.246
強い－弱い	0.901	－0.342
かたい－やわらかい	0.896	－0.224
丸みのある－とげとげしい	－0.871	0.309
迫力のある－物足りない	0.866	－0.351
やかましい－静かな	0.862	－0.361
穏やかな－あらあらしい	－0.851	0.402
目立つ－目立たない	0.846	－0.282
うるさい－うるさくない	0.808	－0.506
高い－低い	0.786	－0.103
落ち着いた－せわしない	－0.753	0.559
好ましい－好ましくない	－0.003	0.934
澄んだ－濁った	0.004	0.925
好き－嫌い	－0.459	0.798
快い－不快な	－0.505	0.781
自然な－不自然な	－0.529	0.774
美しい－汚い	－0.293	0.751

(2) 考察

SD法の結果は全員の値を平均し，SPSS（パソコン版ver.9）によって因子分析（主成分法）にかけた。固有値1.0を基準としたところ，2因子が抽出された。表1.2-4にバリマックス回転後の因子負荷量を示す。形容詞対の左側がプラスの側となっ

ている。全般的に第1因子に属する尺度が多くなった。寄与率は第1因子が57.5%, 第2因子が28.0%で, 合計85.5%となった。因子負荷量から, 第1因子は「金属性因子」, 第2因子は「美的因子」であると推定される。

音色を表す因子軸は, 「美的因子」, 「迫力因子」, 「金属性因子」の3つがほぼ普遍的に現れることが, 北村ら[25]などの一連の研究によってわかっている。今回の実験で「迫力因子」が現れなかったのは, 今回は過渡的な音圧の変化という基本的な一つの音の要素に着目したので, 音の属性がかなり限られたものとなっていたためである。そのため, 音に多様性をもたせられず, 全体的エネルギーである単発曝露レベルには差があるがピークの音量に差がなかったことが関与していると考えられる。「迫力のある」, 「あらあらしい」といった尺度は, 因子上は金属性の因子の中に含まれてしまった。

まず, 金属性因子に大きく影響しているのは, 立上り時間であるといえる。立上り時間が短いほど金属性の因子得点が高くなる。しかし, 立下り時間が長くなることで金属性の因子得点は低くなる。すなわち, 柔らかい印象になってくるということである。

また, 美的因子には立上り時間よりも立下り時間が大きく影響している。立下りが立上りより長くなる条件で美的因子が高くなる。

立上り時間が長すぎる条件(100 ms)では金属性因子も美的因子も低くなる。

(3) まとめ

全体的な機器の使いやすさというのは, 目に見えるスペックだけでははかれない。一見ささいな部分での人間の感性に対する考慮が大きな要因となってくる。

現在, 家電製品や生産現場の機器に使用されている音響デバイスに, 立上り・立下り時間を考慮したものはほとんどない。制御にある程度コストがかかるので仕方のないところである。しかし, 時間波形を少しだけ変えることで, 音の聞き心地が大きく改善するならば, デバイスレベルでの設計においても考慮されてよい時期に来ているのではないだろうか。

1.2.6 高齢者にとっての聞き取りやすさ

音自体の印象とともに従来あまり考慮されていなかった要因の一つとして加齢の影響がある。前項のマスキング閾値は健聴者の場合であるが, 高齢者などは聴力が低下してくるため, 健聴者とは状況が異なってくる。しかも, そのような人々は例外ではなく, 高齢社会を迎えた日本ではかなり高い比率で存在する。しかし, 高齢者のマスキング特性などは調査事例がいまだ少ないのが現状である。

明瞭度と年齢に関する基礎的な検証はある程度行われており, 聴力低下に伴って明瞭度も低下することが判明している[26]。高齢者の聴力については, ユニバーサル・デザインの一環としてさらに詳細な検討がされるようになってきている[27],[28]。

背景音にピンクノイズ, 報知音に純音, AM音, sweep音を用いて, 高齢者と若年者の報知音に対する印象の相違を検証すると, いずれの世代においても切迫感があるとされた音は, 周波数変調音であった[29]。これは, 先の印象に関する研究の結果と整合する[19],[20]。

実際の作業空間・生活空間においてはさまざまな背景音が存在する。明瞭度の低くなるこのような環境下で, 実際にどの周波数の音が聞き取りや

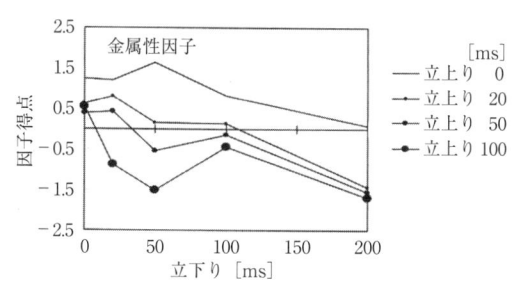

図1.2-6 金属性因子と立上り・立下り時間の関係

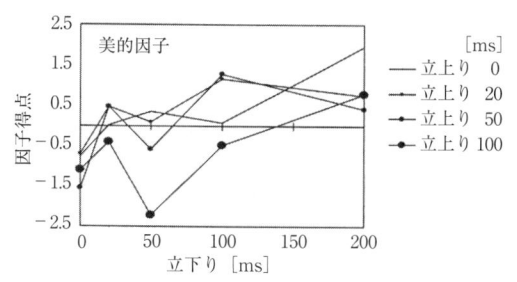

図1.2-7 美的因子と立上り・立下り時間の関係

すいかが問題となってきている。つぎに実証的に調べた事例を紹介する[30),31)]。

1.2.7 家庭内背景音下での報知音の聴取閾値

家電製品で使われる報知音の基本周波数は，2k～4kHzである場合が多い。このような音は，高齢者にとっては聞きづらい。高齢者は高い周波数ほど聴力が低下しているからである。しかし，ただ単に低い周波数にすると，生活の中で発生しているさまざまな背景音の領域にかかることが多くなり，マスキングのため聞こえにくくなることも考えられる。

そこで高齢者を被験者として，各種背景音が存在する状態で，基本周波数ごとに閾値を求める実験を行った。背景音がある条件下での聴取閾値の上昇の性状を把握することを目的としている。

表1.2-5 背景音の種類

掃除機1・2，野菜炒め，テレビ1・2，ステレオ，ピアノ1・2，ジャーポット，食器洗い，洗濯機，換気扇，食器洗い機

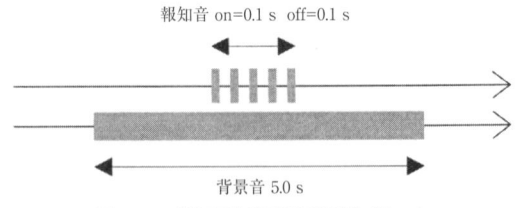

図1.2-8 報知音と背景音の時間パターン

写真1.2-1 実験室は簡易半無響室で，反射音は問題にならない程度に押さえてある。スピーカ正面に被験者は椅座する。実験者は実験音を提示し，被験者ごとの聴取閾値を読み取る。

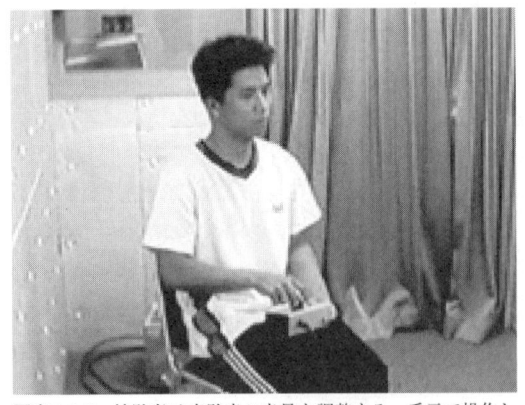

写真1.2-2 被験者は実験音の音量を調整する。手元で操作しているのがアテネータ。

(1) 実験方法

実験は被験者調整法によった。実験音は，表1.2-5に示すような構成とした。実験音の時間パターンとしては現存の家電製品では警告の目的に多く用いられている，鳴っている時間(on‐time)，休止している時間(off‐time)とも0.10sの5回繰返しのある音である(図1.2-8)。音の立上り，立下りに急激な音圧変化があると，「プチッ」といったノイズ(クリック)が知覚されるので，若干の勾配をつけてある。報知音の周波数は，現在主に使われている高音域から，高齢者の聴力損失の少ない中音域にかけた1，1.5，2，3，4kHzである。基本周波数以外の影響を排除するため，倍音を含まない純音とした。

背景音はモニター家庭で採取した実際に発生した音である。この背景音はDATに記録されたものなのでインタフェースボードを経由してパソコンに取り込んだ。これを5秒間分の音に整形して用いている。音圧レベルの水準は設けず，採取した状況をおおむね再現するように設定する。

背景音，報知音はそれぞれLch・Rchに配置したwavファイルにまとめ，これをCD‐Rに音楽CD形式で記録した。5秒間の背景音中のほぼ中

---

†1 調整法の場合，以下のような条件が必要になる。
・何dB減衰したか被験者にわからないように，目盛り表示がない。
・同様に位置を目安にできないようにスライド式ではなく，回転式である。
・無段階で一気に調節できる。
・本体から離れたところで調節できる。
このような条件を満たすアテネータは適当なものがあまり市販されていない。1.2.5で使用したアテネータも自作したものである。実験上，工夫の必要なところといえる。

1.2 情報伝達の音のデザイン

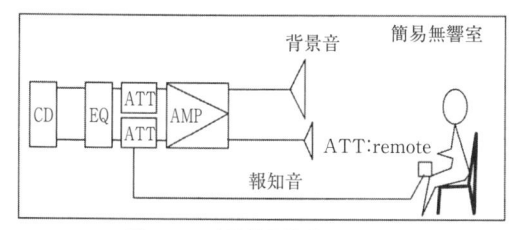

図1.2-9 実験機器構成システム

間に報知音が約1秒間鳴動する。

　実験システムは図1.2-9に示すような構成である。実験音はCDからアテネータ(ATT：減衰器[†1])とイコライザを通してアンプに接続し，スピーカより被験者に提示される。イコライザ(EQ)は1/3オクターブバンド幅のグラフィックイコライザである。再生系や室内音場の関係で平坦な特性にならない周波数特性を修正するために使用した。アテネータは，報知音と背景音のそれぞれの音圧レベルを調節するために用いる。2つのスピーカのうち，小型のフルレンジタイプのスピーカは報知音，もう1つの30cmウーファーを含む3ウエイスピーカは背景音の再生に使用した。

　報知音側のアテネータは被験者の手元に置く。可変抵抗によって無段階で音圧レベルが調節可能である。この値は本体側で0.1dBまで読み取ることができる。

　被験者はランダムに呈示される実験音を聴取し，アテネータにより報知音の音がぎりぎり聞こえる大きさ(聴取可能レベル)と，背景音と同じに聞こえる大きさ(等ラウドネスレベル)に調節する。何回でも繰返し調節可とした。報知音の呈示は，聞こえない音量から調整する上昇系列のみとしている。これは，下降系列を用いるといつまでも聞こえていると錯覚する事例が多かったためである。

　被験者は，高齢者40名(61～75歳の男女各20名)と，若者10名(19～21歳の男)の計50名である。実験の前後にオージオメータ(聴力検査装置)によって1kHzと4kHzの純音を用いた気導聴力検査を実施した。高齢者の被験者は，聴力検査の結果によって健聴群(18名：すべての周波数で聴力低下が25dB未満)と難聴群(22名：少なくとも1つの周波数で聴力低下が25dB以上)に分けた。

(2) 聴取閾値の周波数比較

　各背景音の周波数特性と，被験者群ごとの聴取閾値の平均値を図1.2-10に示す。周波数特性は提示した5秒間の等価レベル(L_{eq})を示している。そのため，変動の大きなテレビやピアノについては，聴取可能レベルが背景音よりかなり下回っているように見える。実際には，提示されている背景音が小さくなっている瞬間で評価されていると考えられる。

　背景音中には，テレビ，ピアノ，洗濯機など高音域成分の少ない音もある。その場合には，やはり元来の聴力の影響が顕著に現れ，高齢者の難聴群と若齢者群で大きな差がみられる。

　高齢者の聴力低下は高音域ほど大きいが，1kHzという比較的低い領域でも若齢者群より聴取可能レベルは大きな値となっており，加齢による影響は周波数全般に渡って生じていると考えられる。

　したがって，情報を伝達する音の大きさを設定するためのモデルとしては，総合的な閾値を知る必要がある。総合的な閾値のモデルとしては，マスキング閾値と通常の生理的な閾値のどちらか大きな方に影響されると考えるのが妥当である。とすると，生理的な閾値の影響を受けないような音圧の高い音であっても，高齢者では聴取可能レベルが高い傾向がある。これは，聴力低下によってマスキング閾値も変動している可能性を示唆している。1.2.3で述べた方法は高齢者のマスキング閾値を表していないことになりそうである。

　マスキングによる閾値と，聴覚的な閾値によって決まる総合的な閾値の定式的モデル化を行うとすると，以下のような関係であると推定される。

$$TT(f, y) = \max(MT(f, y),\ NT(f, y))$$

TT：総合的な閾値(total threshold)
MT：マスキングによる閾値
　　　(masked threshold)
NT：通常の聴覚的閾値(normal threshold)
f：周波数(frequency)[Hz]
y：年齢(age)[yeas old]

　対象とする年齢yにおいて，いずれかの周波数

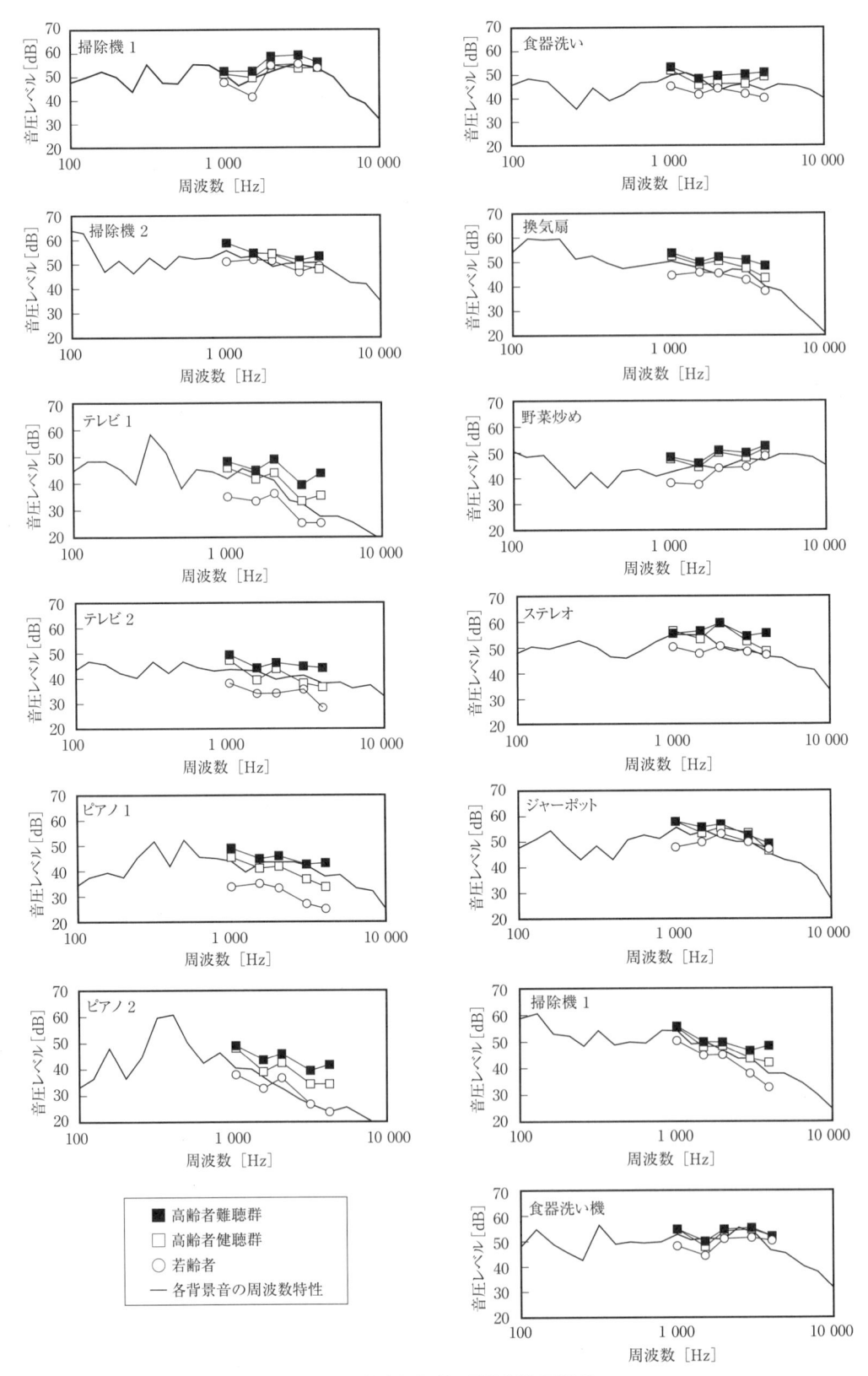

図1.2-10 被験者群ごとの聴取閾値の平均値

f で報知音の音圧レベル $L(f)$ が $TT(f, y)$ を上回ることが必要条件となる。NT を年齢の関数として定式化されたものはないが、非常に多くの被験者によるデータがある[27]。マスキング閾値が年齢によってどのように変動するかの明確なデータは現在までのところない。

(3) まとめ

実際的な場での聴取閾値は、背景音によってマスキングされることで変動する。家庭内の環境音の周波数特性はさまざまであり、2 kHz 以上の領域についてはとくに音源による差が大きい。そのためとくに高音域で閾値の変動が大きい。また加齢による聴力低下は、4 kHz 程度の領域から急激に大きくなることから3 kHz を超える音については、高齢者では閾値上昇が明白である。

これらの点を考えると、3 kHz を超える基本周波数の音を報知音として用いると、健聴者の聴力を元に音量を設定した場合は、聴力の衰えた高齢者には聞き取れないおそれが出てくる。このことを踏まえ、いくつかの生活環境音が、JIS[27]において音楽CDという形で出版されている。今後より多くの音源が拡充されることが望ましい。

1.2.8 今後の展望

情報伝達の音の取り決めに関しては、国際的にもできる限り統一されているのが望ましい。安全にかかわる情報についてはとくにそうである。しかしこれはまったく恣意的に統一するわけにはいかない。音の印象が音の意味に大きく影響するからである。さまざまな音がどのような印象傾向をもつのかという音響心理的な問題については、まだ解明されていない点も多く、継続的な調査が必要である。

また、使われてきた音の歴史的経緯を無視するわけにもいかない。国が異なれば音に対する文化習慣も異なる。国際的な標準を作ろうとした場合に、どのように合意形成して行くかという社会的な問題もある。

だれにとってもわかりやすく聞き取りやすい音のためには、高齢者への対応も重要なポイントの一つである。しかし、本文で示したように背景音の影響も考慮するとなると設定条件は単純ではなく、いろいろな状況に応じた解を求める努力が必要であろう。

最近では、単純な音だけではなく音楽や音声を比較的容易につくり、使用することができるような技術基盤ができてきた。音楽は音の識別をしやすくしたり、心地よい聴き心地をつくりだしたりできる可能性がある。また、音声によって聞き間違いを少なくしたり、理解しやすい操作性を実現したりできる可能性もある。

これらの調査研究に基づいて、今後はデザインガイドラインのようなものが整備されるべきであろう。それにより、よりわかりやすく、聞き取りやすい情報伝達の音が実現できるものと思われる。

しかしながら、このような音を安易に使用することは避けなければならない。それは、単にコスト上昇がさけられないという問題のみではない。情報量が増す分、騒音と感じる人が増える可能性もあるのである。不要な情報の押し付けは非常に不快感を増す。どのような場合にこういった情報量の多いインタフェースをとるべきか、慎重な検討を要する。現実に公共的な空間ではすでに音による情報が過多となっている場合も多い。

音環境を少しでもすっきりさせ、かつ、機能的な情報伝達を実現するには、音による情報伝達と生理心理的反応との関係を解明していかねばならない。これを音環境の具体的設計へ生かす試みがいっそう必要となってくる。

参考文献

1) 佐藤 洋, 吉野 博, 長友宗重：無意味三連音節明瞭度試験法による残響及び聴力損失が音声情報伝達に及ぼす影響の評価について, 日本建築学会計画系論文集, No.495, pp.9-13, 1997
2) 中島立視：音声伝送品質の設計・評価基準の必要性, 日本建築学会大会学術講演梗概集(D-1), pp.1-4, 1999
3) 橋本 修, 木村 翔：音声伝送性能を表す物理測定・評価法の問題点について, 日本建築学会大会学術講演梗概集(D-1), pp.5-8, 1999
4) 井出祐昭, 一色このみ：発車ベルの新概念 JR新宿駅・渋谷駅における音空間創造, 日本音響学会誌, Vol.47, No.4, pp.300-301, 1991
5) 山口 泰, 新原寿子, 前田耕造編：音によるサインデザイン活動領域形成のための調査研究事業報告, 社団法人日本サイ

ンデザイン協会，東京，1999
6) 家電製品協会編：家電製品における操作性向上のための報知音に関するガイドライン（案），家電製品協会，1999
7) 日本工業標準調査会：家電製品の操作性に関する設計指針，JIS C 9102，1996
8) 日本工業標準調査会：高齢者・障害者配慮設計指針—消費生活製品の報知音，JIS S 0031，2002
9) 土田義郎，平手小太郎，安岡正人：音による情報伝達についての基礎的考察，サウンドスケープ，Vol.2, pp.15-22, 2000
10) International Organization for Standardization：Acoustics - Audible emergency evacuation signal（非常時避難用の音響信号），ISO 8201, 1987
11) International Organization for Standardization：Danger signals for work place - Auditory danger signals（労働空間における危険の合図），ISO 7731, 1986
12) 日本工業標準調査会：医用電気機器の警報通則，JIS T 1031，1991
13) 労働安全衛生法，24条，および，労働安全施行規則107条
14) E. ツヴィッカー（山田由紀子訳）：心理音響学，西村書店，1992 など
15) 江川義之：工場内騒音環境下における警告信号音の設定法に関する研究，日本経営工学会誌，Vol.41, No.1, pp.43-50, 1990
16) 水谷美香，土田義郎：家庭内生活音の計測と評価，日本建築学会大会学術講演梗概集(E)，pp.755-756, 1997
17) 日本工業標準調査会標準部会消費生活技術専門委員会：消費生活製品の報知音等の設計指針—生活環境音データベース，TR S 0001，2002
18) 難波精一郎：音色の測定・評価法とその適用例，応用技術出版，1992
19) 水浪田鶴，桑野園子，難波精一郎：警告信号音の識別と音色について，日本心理学会第62回大会発表論文集，pp.489, 1998
20) 水谷美香，松岡政治，小松原明哲：長期休止時間を含む報知音の吹鳴パターンと聴取印象の関係について，人間工学，Vol.33, No.5, pp.325-333, 1997
21) 倉片憲治，松下一馬，久場康良，口ノ町康夫：家電製品の報知音の計測・第3報—発音パターンの分析—，人間工学，Vol.36, No.3, pp.147-153, 2000
22) 岩宮眞一郎：擬音語を用いたサイン音の分類，サウンドスケープ，Vol.2, pp.23-30, 2000
23) 小坂洋明，渡辺嘉二郎：ニューラルネットワークを用いた電子音評価システム，人間工学，Vol.35, No.4, pp.209-218, 1999
24) 土田義郎：音の立ち上り・立ち下りによる印象変化，日本デザイン学会 デザイン学研究 第47回研究発表大会概要集，pp.222-223, 2000
25) Kitamura et al.：Factor analytical research of tone colour, Proceedings of the 6th International Congress on Acoustics, A-5-11, 1968
26) Plomp, R., Mimpen, A. M.：Speech - reception threshold for sentences as a function of age and noise level, *J. Acoust. Soc. Am.*, Vol.66, No.5, pp.1333-1342, 1979
27) 倉片憲治，久場康良，口ノ町康夫，松下一馬：家電製品の報知音の計測—高齢者の聴覚特性に基づく検討—，人間工学，Vol.34, No.4, pp.215-222, 1998
28) 倉片憲治，松下一馬，久場康良，口ノ町康夫：家電製品の報知音の計測—高齢者の聴覚特性に基づく検討・第2報—，人間工学，Vol.35, No.4, pp.277-285, 1999
29) 川田章弘，福本一朗：若年者・高齢者を対象としたユニバーサル報知音に関する一考察，人間工学，Vol.36, No.5, pp.261-272, 2000
30) 土田義郎，松岡政治，小村二郎，大成直子：家庭内背景音下での報知音の聴取閾値，日本音響学会講演論文集I秋季(3-2-15)，pp.377-378, 1999
31) 大成直子，土田義郎，水谷美香，小村二郎，松岡政治，西田和子：家庭内生活背景音下における聞こえやすい報知音周波数の実験的検討，人間生活工学，Vol.3, No.2, pp.36-43, 2002

ほかの関連文献

32) Edworthy, J., Loxley, S. and Dennis, I.：Improving Auditory Warning Design；Relationship between Warning Sound Parameters and Perceived Urgency, *Human Factors*, Vol.33, No.2, pp.205-231, 1991
33) Hellier, E. J., Edworthy, J. and Dennis, I.：Improving Auditory Warning Design；Quantifying and Predicting the Effects of Different Warning Parameters on Perceived Urgency, *Human Factors*, Vol.35, No.4, pp.693-706, 1993
34) Patterson, R. D.：Guidelines for Auditory Warning Systems on Civil Aircraft, CAA Paper 82017, Civil Aviation Authority, London, November 1982
35) Patterson, R. D.：Auditory Warning Systems for High-workload environments, in Ergonomics International 85, I. D. Brown eds.(Taylor & Francis, London, 1985), pp.163-165.
36) Lazarus, H. and Höge, H.：Industrial safety：Acoustic signal for danger situations in factories, *Applied Ergonomics*, Vol.17, No.1, pp.41-46, 1986
37) Höge, H., Schick, A., Kuwano, S., Namba, S., Bock, M. and Lazarus, H.：ARE THERE INVARIANTS OF SOUND INTERPRETATION? THE CASE OF DANGER SIGNALS, Proceedings of the 5th International Congress on Noise as a Public Health Problem, Vol.2, pp.253-258, 1988
38) Bock, M., Lazarus, H. and Höge, H.：EFFECTS OF NOISE ON THE EFFICIENCY OF DANGER SIGNALS, Proceedings of the 4th International Congress on Noise as a Public Health Problem, Vol.1, 1983

1.3　脳波を用いた音環境評価

　人間の聴覚システムは，末梢器官である耳と中枢器官である大脳から構成されている。音波として耳から入力された音情報は，大脳に送られ処理を受けてはじめて音として認知される。大脳の活動は，頭皮上に置いた電極を介して，脳波という形でその一面をとらえることができる。脳波の解析により，音に対する人間の反応を大脳の活動具合の視点からとらえることを通して，音環境を評価しようとする試みがなされている。

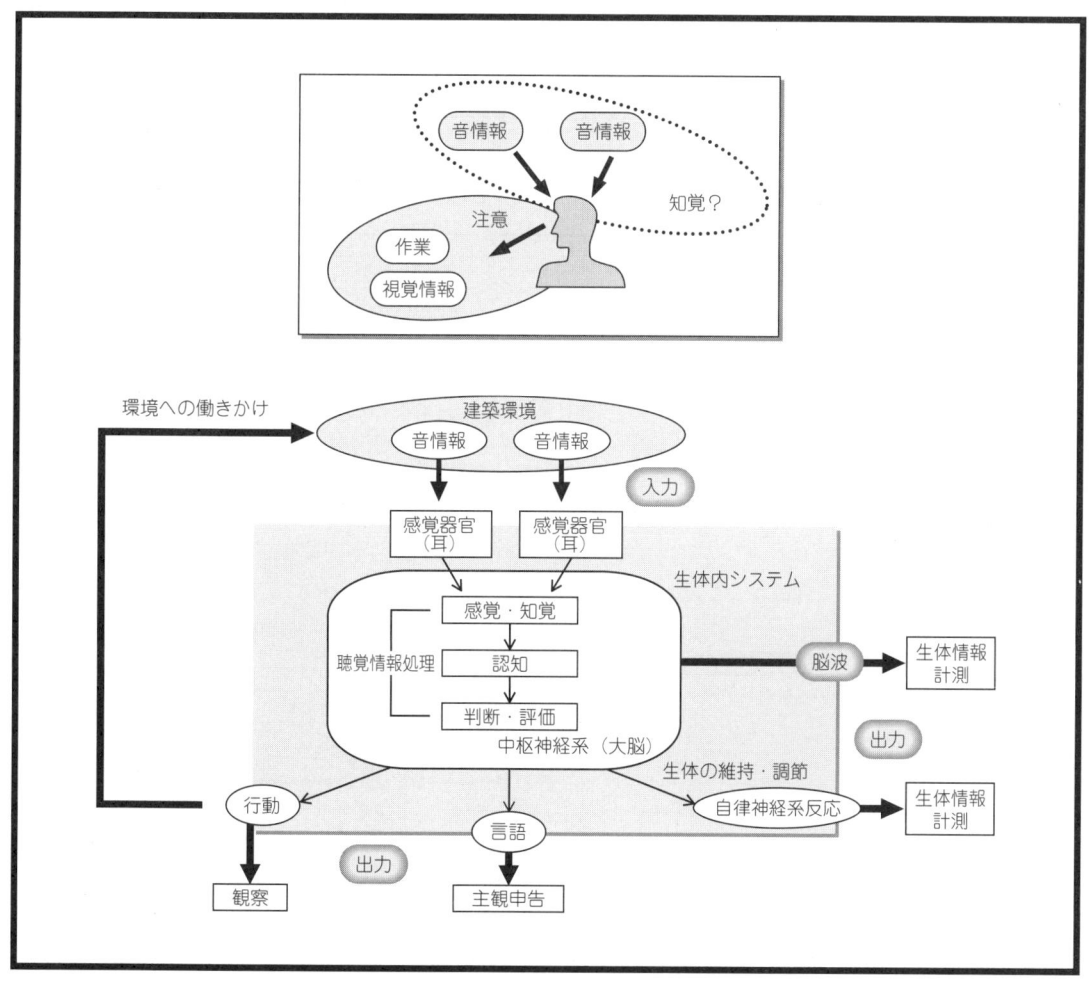

　環境から生体に入力され感覚された音情報に対する人の反応は，それに起因する行動の観察，それに対する評価などの主観申告，自律・中枢神経系の生体情報計測，などの手法により知ることができる。脳波の解析による音環境評価の利点は，ある人が特定の音情報に注意を向けていない状況（たとえば作業に集中していたり，何かを見つめていて音を聞き流しているとき）でも，まさにその「注意を向けていない」音情報に関連した大脳の活動，すなわち知覚反応を把握することが可能になるという点である。

■基礎知識

・事象関連電位と誘発電位

　事象関連電位とは，特定の事象に関連して大脳に生じる電気生理的活動を頭皮上から計測した電位変動のことを指す。とくに，時間的にその事象の後に生じるものを誘発電位という。音刺激呈示後に生じる事象関連電位が聴覚誘発電位ということになる。本節では，音刺激に対する生体反応として聴覚誘発電位を取り上げているが，音刺激に後続する電位変動でも，音以外の要因（注意の向きなど）がもととなって生じる電位変動は事象関連電位と表記している。

・シナプス後電位

　1つの神経細胞（ニューロン）は，その本体である細胞体とそこから長く伸びた軸索からなる。軸索の末端は次の神経細胞の細胞体に接している。この接している部分をシナプスと呼ぶ（図参照）。1つの神経細胞から次の神経細胞への情報の送信は，シナプスでのイオンのやりとりによって達成される。このイオン授受の結果，次の神経細胞内に生じる電気的な分布をシナプス後電位という。

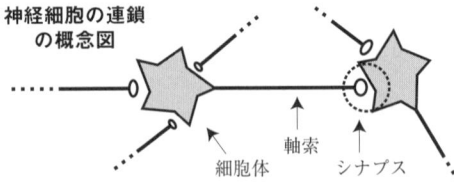

神経細胞の連鎖の概念図

細胞体　軸索　シナプス

・侵襲性

　大脳の活動を計測する際に，生体に何らかのダメージを及ぼすことを，侵襲的である，という。脳波計測は，頭皮上に電極を貼るだけで大脳の活動を知ることができ，特別に生体へのダメージは与えないため，非侵襲的測定法であるといえる。

・聴覚誘発電位の潜時と振幅

　聴覚誘発電位の潜時とは，音刺激呈示からあるピークが生じるまでの遅れ時間のことである。一方，振幅とは，あるピークと次のピーク（逆向き）との間の振幅差（絶対値）を指すことが多い。これは，計測の際に直流成分がノイズとして脳波に重畳した場合でも，誘発反応の大きさをとらえることを可能にするためである。

1.3.1 はじめに

日常的な生活の場面において，人間は常に聞き耳をたててすべての音を聞いているわけではない。たとえば，仕事をしているときや本を読んでいるときなどは，多くの音を「聞き流して」いる。そのような「聞き流して」いる音に対する人間の評価や反応を知りたいときに，主観的な申告でこれをとらえようとすると，まさにその実験者の意図自体が被験者の注意を対象の音に促すこととなる。その瞬間から，そこで得られたデータは「聞き耳を立てている」音への評価や反応，ということになってしまう。つまり，このような方法では，本来知りたかった「聞き流して」いる状況下での聞こえ方を探ることにはならないのである。このようなジレンマを多少なりとも解決してくれると期待できるのが，生体情報計測による，音を「聞き流して」いる環境下でのリアルタイムな生体反応の計測・解析手法である。なぜならば，人間の反応を生体情報の形で計測する手法は，ある環境の条件(物理的な要因)の下で人間が示す状態・反応を，主観申告に導くことなくみることを可能にするからである。

本節では，そのような生体情報計測手法を用いた音環境の評価に関するいくつかの研究事例の中から，とくに脳波を計測・解析対象としたものについて紹介する。まず，はじめに脳波そのものについて解説し，神経科学・認知科学などの心理・生理科学における音と脳波，および聴覚に関する研究を概観する。その後，建築環境学の音環境評価に関する研究に，それらの手法を応用した事例についてまとめる。

1.3.2 脳波と聴覚誘発電位

人間の頭から脳波(EEG：electroencephalogram)が記録されることを最初に報告したのは，ドイツのHans Berger(1929年)である。Bergerは多数の被験者からEEGを計測し，その中に2種類の基本的なパターンがみられることを示した。一つは比較的大きな振幅をもつ10〜11 Hzの規則的な電位変動であり，もう一つは小さな振幅の20〜30 Hzの周波数の不規則な電位変動であった。Bergerは，前者にα(alpha)，後者にβ(beta)と名づけた[1]。現在に至るまで脳波の主たる構成要素として取り上げられる機会の多い，α波やβ波と呼ばれるものは，これに由来している。脳波は頭皮上から常に計測できる自律的な生体信号であり，そのときの大脳の活動状態を反映していると考えられている[2](図1.3-1)。

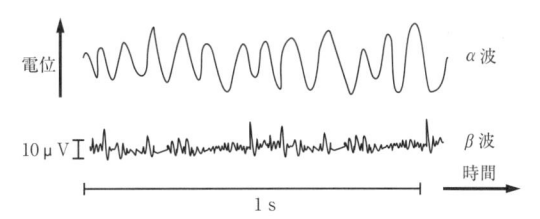

図1.3-1 脳波のα波とβ波の概念図

一方，Davisら[3],[4]，Davis[5]は音刺激や電気刺激に対して脳波の中に過渡的な電位変動が生じることを1930年代後半に報告している。これが大脳誘発電位と呼ばれるものであり，生体への刺激入力に対して短時間の間(刺激入力後0.3秒以内)に脳波記録上に生じる特徴的な電位変動のことを指す。以後，計測・解析機器の発達に伴い，聴覚刺激の生体への入力に対して生じる聴覚誘発電位(AEP：auditory evoked potential)に関しては，大脳の初期の聴覚情報処理に対応する10 ms以内の非常に初期的な誘発電位(聴性脳幹反応，ABR：auditory brain stem response)から，300 ms以内の長期の誘発電位，さらに注意の向きや音に対する構えなどの人間の心理的状態をも反映する300〜500 msの比較的反応が出るまでの時間が長いもの(事象関連電位，ERP：event related response)まで，幅広く研究がなされてきている。聴覚誘発電位は，ある特定の聴覚刺激が

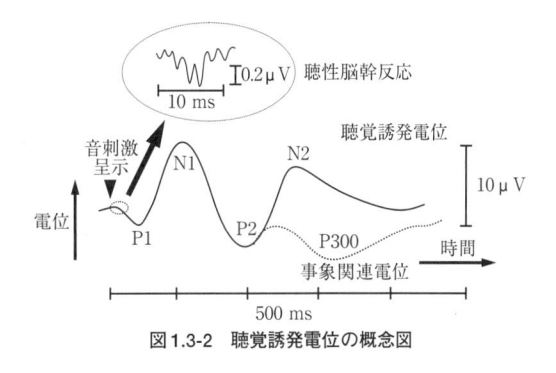

図1.3-2 聴覚誘発電位の概念図

引き金になって生じる大脳の聴覚情報処理活動を反映するものである(図1.3-2)。

このような脳波や聴覚誘発電位は，大脳皮質において生じる電気的な変化を頭外から計測したものである。その発生起源をつきとめることが長らく神経科学の課題であったが，近年になって大脳皮質の神経細胞(ニューロン)におけるシナプス後電位が重畳したものであることがわかってきている[6),7)]。脳波は，この結果頭皮上に生じる50μV程度の振幅をもつ微小な電位変動を，電極を介して拾い上げ，生体アンプで増幅する操作を経て記録したものである。一方，聴覚誘発電位は10μV程度の振幅の，脳波よりもさらに微弱な信号であり，自律的な脳波波形にも埋もれてしまってそのままでは読み取れないが，生体アンプで増幅した脳波を音刺激の立上りと同期させて加算・平均化する処理を経ることにより，計測することができる(図1.3-3)。脳波や聴覚誘発電位は，比較的簡便な方法により測定可能なので，音環境に対する人間の反応を大脳の活動状態という切り口からとらえるのに適した生体情報であるといえる。計測方法の詳細については，生理心理学・神経科学などの文献[2),8),9)]に詳しい。

図1.3-3 脳波と聴覚誘発電位の関係

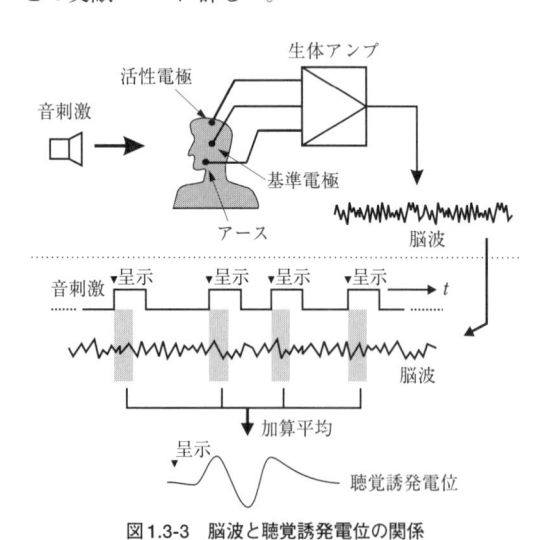

大脳の活動を計測する手法としては，脳波以外にも，脳磁界，MRI(核磁気共鳴画像，magnetic resonance imaging)やPET(ポジトロン断層法，positron emission tomography)といった大脳内の活動部位を特定しやすい手法もあり，医療の現場や神経科学の世界では多用されている。しかし，これらの手法は，装置自体が大がかりで運用にも費用がかかる，測定機器自体が大音量を発する，被験者に対して侵襲性を伴う，被験者の拘束性が高い，などの問題点を抱えている。建築環境学の音環境研究では，その最終的な目的が人間の聴覚そのものの仕組みを理解することではなく，人間の反応を通してよりよい音環境について知見を得ることである。よって，より非侵襲的で被験者の拘束性も低く，時間分解能も優れており，計測が手軽でノイズ対策が施しやすく，その結果さまざまな音環境要因を設定した被験者実験に対して適用しやすいといった理由から，人間の聴知覚反応をとらえる一つの技術・ツールとして脳波が用いられることが多い。

1.3.3 心理・生理科学における大脳と聴覚に関する研究

神経科学の分野では，聴覚の生理的なメカニズムを解明することが研究の目的となる。聴覚に関連した中枢神経系の仕組みを探るために，脳磁界，MRI，PETなどの機器・手法が用いられており，現在では大脳の聴覚に関連した活動部位特定が研究テーマとして盛んに取り上げられている[10),11)]。しかし，まだ脳波が大脳活動を知る手段として主流だった時代には，聴覚誘発電位(AEP)を用いて聴覚メカニズムを探る研究が多数行われていた。

Pictonら[12),13)]は，短潜時(音刺激入力から10 ms以内)から長潜時(500 ms以内)に至るAEPの波形構成(どれくらいの時間帯にどのような形のピークがみられるか)を明らかにし，その長潜時成分が呈示される音刺激に対する注意の向きによって異なる傾向となることを示した。また，Hillyard[14)]は注意の向きがAEPの長潜時成分に及ぼす影響についてまとめている。それによると，呈示される音に対して注意を向けていない場合にも，AEPの初期(短潜時)の成分に対しては，その反応の大きさを抑制するような働きが生じないこと，注意を向けているときには「注意」に関連した情報処理反応が，もともとのAEP波形に重畳する形で生じるため，AEPの長潜時成分に影響が出ること，が示されている。

一方，Davisら[15]，Antinoroら[16]は，AEPの長潜時成分の振幅が聴覚刺激の強度の増大に伴って大きくなることを報告している。また，力丸ら[17],[18]は，長潜時のAEPの潜時・振幅に影響を与えるのは，聴覚刺激の立上り速度と暗騒音からのレベル差であることを明らかにした。これらの研究は，長潜時のAEPが聴覚刺激のさまざまな物理的特性の影響を受けることを示している。

以上のように，AEPの長潜時成分は刺激の物理量と，人間の注意の向きなどの基礎的な心理状態の影響を受けることが示されてきた。これ以後，神経科学の世界では，計測機器の発達とともに測定手法を変えながら，脳の聴覚機能を解明する研究が続けられてきている。

このような神経科学に対し，認知科学の目標は人間の「心」の仕組みを解明することにある。聴覚誘発電位が注意の向きの影響を受けるという神経科学の知見に始まり，この分野ではとくに事象関連電位を手掛りとして，聴覚における「心」の現象，すなわち感覚よりもさらに高次な心理的過程である知覚・認知について研究がなされてきている。

Hillyard[14]が示した，注意の向きのAEPに対する影響については，音刺激の呈示から300 msほど後にみられるP300と呼ばれる陽性の事象関連電位（ERP）や，100 ms付近（聴覚誘発電位のN1ピーク）への陰性電位の重畳の形でみることができる。P300やN1の増大は，特定の注意を向けている聴覚刺激に対してのみ生じる反応として知られている[19],[20]（図1.3-4）。これらの研究に始まる一連の注意に関連して生じるERPについての研究は，背景のほかの音情報と分離して特定の音情報に選択的な注意が向いているときに，普通にすべての音を平等に聞いているときとは異なる聴覚情報処理関連過程が存在する，ということを示唆している。

また，前後の文脈から逸脱した音情報を聴いたときに，ミスマッチ陰性電位（MMN：mismatch negativity）と呼ばれる陰性の電位変動が，刺激呈示から400 ms程度の遅い時間帯に現れることがわかっている[21]。MMNは呈示される音刺激に注意を向けていなくても計測される。したがって，人間の聴覚は，音を聴こうとしているかどうかにかかわらず，それまでの文脈とは逸脱した音に対して，特異的な反応を示すことがわかる（図1.3-5）。このことは，文脈との照らし合わせをすることにより，文脈からはずれた音が文脈に適合した音よりも浮き上がって聞こえる可能性があることを示唆している。MMNをはじめとした長潜時（刺激入力から300 ms以降）のERPと心理現象との関連に着目した研究は，現在活発に行われている。

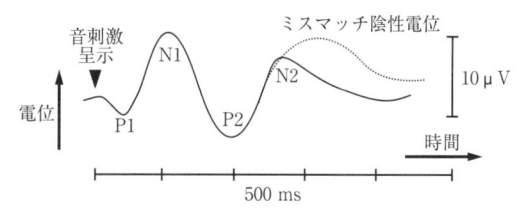

図1.3-5　ミスマッチ陰性電位の概念図

1.3.4　建築環境学における脳波を用いた音環境評価に関する研究

心理・生理科学の分野では，人間の聴覚のメカニズムや，それに関連した心のメカニズムに関心の重点があり，これを解明することがこの分野の研究の目的となっている。それに対して，建築環境学の分野では，神経科学や認知科学の既存の知見を参考にしつつ，よりよい音環境，つまり，人間の聴覚システムの特性に適った音環境を創造すること，そのための制御目標に関する知見を得ることが，研究の目的となる。建築環境学では，脳波・聴覚誘発電位の計測手法が，音環境に対する人間の反応をとらえるツールの一つとして利用されている。

音環境評価を目的として計測される大脳の生体情報には，自律的・背景的な電位変動である脳波と，特定の音刺激に対して発生する聴覚誘発電位・事象関連電位の2種類がある。はじめに，脳波を計測・解析することによって音環境と人間の

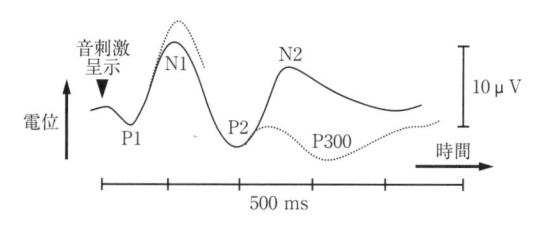

図1.3-4　「注意」の事象関連電位の概念図

関係について考察した研究について俯瞰してみる。

秋田ら[22]は，音刺激の強度の時間的な変動と，脳波の周波数成分(パワー値)のうちのいくつかが関連性をもって変化することを実験によって示した。また，古澤ら[23]は，環境音楽の種類によって，脳波のα波成分の振幅に違いがあることを報告し，音環境に対する生体反応の指標として脳波が有効である可能性を示唆した。また，仁科ら[24]は，執務空間の音環境について，脳波のα波成分の増大がより快適な生体の状態の増強に対応しているとの仮定に基づき，高周波音成分のある自然音を環境音として導入することにより，より快適な執務空間内の音環境を創造できるとしている。1.3.6で後述するが，α波成分の増大が必ずしも快適感と結びつかない可能性があり，脳波のα波成分の増減だけで快適性を論じることには慎重である必要があるものの，有意な効果が大脳活動にみられたことは事実であり，今後の研究の展開が期待されるところである。

以上の研究では，音環境の脳波への影響の有無が中心となって論じられているが，脳波の分布や周波数成分の増減がどのような生理・心理的な状態と対応しているか不明な点が多く，結論としてどのような音環境が人間に適したものであるか，という点を明らかにするには至っていない。

一方，安藤ら[25]，陳ら[26],[27]の研究では，聴覚刺激の時間軸上の性質(単一反射音遅れ時間・残響時間・テンポ)が，主観的プリファレンスに及ぼす影響と，脳波のα波成分継続時間の大脳半球間での左右差に及ぼす影響に関して論じている。それらの結果は，聴覚刺激の時間軸上の性質が大脳左半球から計測される脳波のα波成分継続時間にのみ影響し，主観的プリファレンスが高いときにそれが長くなることを示している。α波の継続時間が長いことは，生理現象的には大脳の活動が安定していることに対応していると考えられる。主観的な「好ましさ」の申告と大脳活動の安定度を連係させて音環境について考察しており，興味深い研究といえる。

また，佐野ら[28]は，音源と聴取者の関係性に着目し，音源のもつイベント的な意味が脳波の大脳半球間の左右差に及ぼす影響について報告している。それによると，音源に対して聴取者が何らかの形でコミュニケーションをとろうとする場合と，何の関係ももたずに聞き流している場合とでは，違った「聞こえ方」となることが示唆されている。この研究では，Davidsonら[29]の感情と脳波の左右差の関係についての一連の研究にも言及し，被験者に実験条件間で情動面の相違が生じているために，違った聞こえ方になるのではないか，と推論している。

以上のような研究は，音源・空間の特性や音に対する聴取態度によって，主観申告以前の大脳の生体反応の段階で明確な違いが生じることを示している。これらの基礎的な知見がきっかけとなって，音環境計画のための新しい研究が展開されていくことが期待される。

つぎに，音刺激の入力に対する大脳の聴覚情報処理活動を反映する聴覚誘発電位(AEP)を計測・解析対象として，人間の聴知覚特性に適した音環境について考察した研究について俯瞰してみる。

Andoら[30],[31]は，音の広がり感と関連のあるIACC(両耳間相互相関度)とAEPの後期成分のピーク(N2以降)の潜時の間に，IACCの増大に伴って潜時が短くなる傾向があることを示し，AEPの後期成分が反映すると思われる高次な聴覚情報処理過程において，両耳間の相関度をとらえるシステムが大脳に存在する可能性を示唆している。また，音声を聴覚刺激に用いた実験を行い，刺激の単一反射音遅れ時間とAEPの潜時および主観的プリファレンスの関係について論じ，長潜時のAEP(P2以降)のピーク潜時がプリファレンスの増大に伴って長くなることを明らかにしている。以上の結果をもとに，安藤ら[32]は，大脳の聴覚情報処理過程における主観的プリファレンス判断過程のモデル化を行い，それに合わせた音環境計画の考え方を提示している。

一方，藤井ら[33]，秋田ら[34]は，音の基本的な物理量である音量・周波数を変数とした基礎的な聴覚誘発電位計測に関する実験を行っている。それによると，AEPが計測されることは，そのために呈示された音刺激が聞こえていることの証拠となり，音量・S/N比・周波数といった音の物理的

要因と，注意の向きといった人間側の心理的要因によって，AEPの潜時・振幅に相違が生じるということを示している。これらの基礎的知見をもととして，音環境評価にAEP計測・解析の手法を応用可能であるとしている。

また，佐野ら[35), 36)]は，受動的に聴取しているときのAEPと，自発的な動作に伴って生じる聴覚刺激に対するAEPを比較し，「呈示される音と人間との間の関係性の有無」という聴取条件の違いにより，大脳の聴覚情報処理活動に違いが生じることを示している。

以上に紹介してきたように，脳波や聴覚誘発電位を手掛りとした音環境評価の試みは，建築環境学の分野でも多数なされてきている。いずれの研究も基礎的なものではあるが，いくつかの新しい知見を提供してきている。

1.3.5 作業者の大脳における聴覚情報処理[37)]

前項までにみてきたような，心理・生理科学や建築環境学における数々の既往研究を背景として，筆者らは，聴覚誘発電位を手掛りとして人間の聴知覚特性を探り，それに適った音環境のあり方を考察する，というスタイルで研究を続けてきている。本項では，それらの中から，作業時の人間はどのように「聞き流している」音の情報を知覚しているのか，という問題に注目して筆者らが行った研究について紹介する。

(1) 背景

「音楽をかけながら仕事をするとはかどるって言う人がいるけど，私は逆に気になって仕事が手につかなくなるんだよね。」研究の端緒は何気ない日常会話の中の一言にあった。耳は目のように閉じることができないから，いつも音は聞こえているはずである。それなのに，気になる人と気にならない人がいるのは，なぜか。楽音に限らず，音が気にならない，というのは，聞き流している（＝聞こえていない）から気にならないのであろうか。すると，音が気になるという人は，聞き流している人には聞こえていない音を聞いてしまっているのだろうか。音が気にならないという人が聞き流している音は，本当にその人には聞こえていないのだろうか。ではそもそも，聞き流す，とはどういうことなのだろうか。きっかけは単純であったが，中身を詳しく知るにはたいへんな問題であった。なぜならば，聞き流している音に対する人間の反応なので，主観的な申告の形で簡単に測ることができなかったからである。

このように，聞き流している音の聞こえ方について興味を抱き始めた当時，それとはまったく関係のないところで，筆者は生体情報計測の手法についても関心をもっていた。環境の影響を生体情報の形で測るということは，主観申告とは違った切り口から環境に対する人間の反応を測ることであり，このツールを使って環境を評価することができるのではないか，と考えていた。そのような生体情報の中で，大脳で音の情報が処理されていることの証拠となる聴覚誘発電位（AEP）を手掛りにすれば，聞き流している音の聞こえ方について，何かわかるのではないかと思われた。

以上のような経緯で，作業中の人が注意を向けていない（＝聞き流している）音が，大脳でいかに処理されて「聞こえて」いるか，という問題へのアプローチが始まった。

(2) 方法

聴覚誘発電位（AEP）は，音の立上り部分に対して生じる大脳の反応である。しかも，これを計測するためには脳波を加算平均する必要があるため，短音を繰り返し被験者に呈示しなければならない。したがって，AEPを計測しても，そのような短音の立上り部分に対する平均的な聴覚情報処理の形でしか，その音が聞こえているかどうかを検討することはできない。よって，定常的に流れる楽音がどう聞こえているか（あるいは聞き流しているか）という最初に抱いた疑問に対する答を直接的に得ることはできないが，AEPによって知ることができる基礎的な知覚反応から，これを類推することは可能であろうと考えた。

以上のような考察を背景に，本研究[37)]では，AEPを手掛りとしたはじめの一歩の研究として，できるだけシンプルな実験方法で基礎的知見を得ることを心掛けたため，被験者に呈示する短音は，被験者間で共通に無意味であることが期待されるピンクノイズとし，その音量と，被験者がそ

れに対して聞き耳を立てているか，聞き流しているか(注意の向き)，という二つの要因の効果についてのみ検討する実験を行った。

実験では，単純計算作業に被験者を集中させることにより音を聞き流す状態を故意に作り出した。このときに計測されるAEPと，音を意識して聞いている状態で計測されるAEPとを比較することで，聞き流しているときの聴覚情報処理の特徴について知見を得ることとした。また，AEPの計測部位は，大脳の左右両半球の処理を総体的にとらえることができ，頭皮上のすべての計測部位の中で最大値を示すことが知られている頭頂部のみとし，ここから計測されるAEPの後期成分（頭頂部緩反応，SVR：slow vertex response）を解析対象とした。実験条件・方法の詳細は，表1.3-1に示すとおりである。

(3) 結果

実験の各条件で計測されたAEPのピーク潜時とピーク間振幅(図1.3-6)を分析した結果，①呈示される聴覚刺激の強度が大きく呈示のタイミングが予期可能なときに潜時が短くなる，②聴覚刺激の強度が大きく聞き耳を立てているときほど振幅が大きくなる，ただし，③作業に集中するように教示し，聴覚刺激を聞き流している場合でも，70 dBA程度の大きさの聴覚刺激ならば，聞き耳を立てている場合と同等に十分大きな振幅となる，しかし，④50 dBAの聴覚刺激に対しては，同じ強度でも，聞き耳を立てているときには大きな振幅のAEPが計測されるが，聞き流しているときにはより小さな振幅にしかならない，という傾向がみられた(図1.3-8)。

これらの結果のうち，聴覚刺激に聞き耳を立て

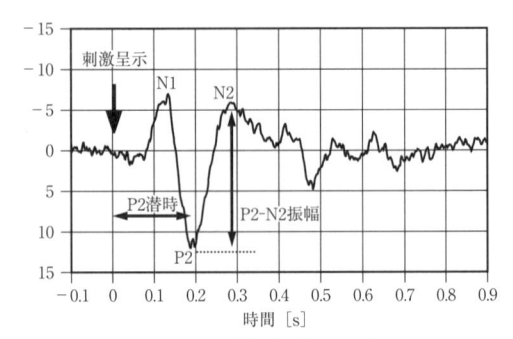

図1.3-6　聴覚誘発電位の例

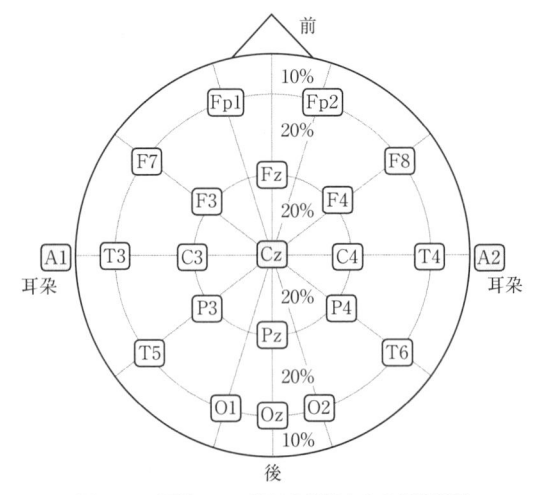

図1.3-7　国際10-20法による頭皮上の電極配置

表1.3-1　実験の概要[38)]

```
実験場所：半無響室内
被 験 者：男性10名，女性2名

聴覚刺激：ピンクノイズ（立上り速度3 dB/ms，継続時間1s）
    強度：33，40，50，70 dBA（受聴点）
    刺激呈示間隔：1～15sでランダム
    1試行当たり呈示回数：70回（約9分／試行）
暗 騒 音：ピンクノイズ（30 dBA）

聴取条件：
  ［条件X］被験者に閉眼安静の状態を指示し，呈示される聴覚刺激を聞くように教示した。
  ［条件Y］被験者に開眼の状態を指示し，被験者の前面約60 cmの位置にあるノート型コンピュータの液晶ディスプレイ
        （白黒）に表示されるランダムな動きをする線の先端を，頭部を動かさないようにしながら視線で追うように教
        示した。聴覚刺激に対する聴取態度に関する教示は行わなかった。
  ［条件Z］被験者に開眼の状態を指示し，繰り返し呈示される聴覚刺激を気にしないようにしながら，被験者前面のノート型コン
        ピュータの液晶ディスプレイ上に休みなく出題される加減算問題の，結果の正誤判別作業を行わせた。この作業の進行
        は，聴覚刺激の呈示タイミングとは無関係であり，被験者には課題になるべくすばやく正確に答えるように教示した。

脳波計測：単極導出
活性電極：頭頂部（国際10-20法のCz点（図1.3-7））
基準電極：両耳朶（国際10-20法のA1，A2点の短絡）
```

ているか，あるいはそれを聞き流しているか，という聴取条件の効果は，②③④の振幅に関する結果にみてとることができる。AEPの潜時は，聴覚刺激が呈示されてからそのピークを生じるニューロンが活動するまでの時間であるから，大脳の聴覚情報処理速度に対応していると考えられる。それに対して，ピーク間振幅の大小は，隣接する2つの極性（正負の向き）の違うピークの大きさ，つまり，それらのピークの時間帯に同期して活動するニューロンの数，あるいは個々のニューロンの活動量の大小に対応している。そのため，ピーク間振幅は大脳の聴覚情報処理反応量を反映すると考えられる。ここで行った実験では，AEPの振幅の大小が聴覚刺激強度の大小と対応していることから，これが音の大きさ知覚の大小とも対応しているのではないかと考えられる。これらの対応関係をもとにして，実験で得られた結果の②③④を心理現象に拡張して解釈すると，以下のようなことがいえる。

すなわち，70 dBAのような大音量の音情報は，聞き流していようが，聞き耳を立てていようが，同様に大きい音として知覚される。一方，50 dBA程度の大き過ぎもせず，小さ過ぎもしない，適度な音量の音情報は，聞き流している場合に，聞き耳を立てている場合よりも小さく知覚される可能性がある。しかし，実験前の予想に反して，聞き流している場合でも，音情報は大脳で処理されており，その意味では「聞き流している音」でも「聞こえている」といえる。

AEPが反映する大脳の聴覚情報処理過程はきわめて原初的なものであるので，意識などに関連したさらに高次な心理過程での現象を論ずるには，生体情報計測とは別のアプローチによる検討の余地はあるが，知覚レベルで考えれば，ここで得られた結果を音環境計画に生かすことも可能である。たとえば，監視作業のような，視線方向への注意集中を伴う仕事に従事している人に，音を使って何らかの情報（注意喚起や警告など）を伝えようとする場合や，音を聞き流している日常生活の場で，サイン音を人に確実に聞き取られるように計画する場合には，一定以上の強度の音を使う（この実験の条件内でいえば，70 dBA以上の大きな音にする）必要があるといえる。もし，聴取位置で50 dBA程度の，それほど大きくない音を注意喚起やサイン音として使うと，実際には，計画者が期待した大きさ感覚を生じずに，より小さな

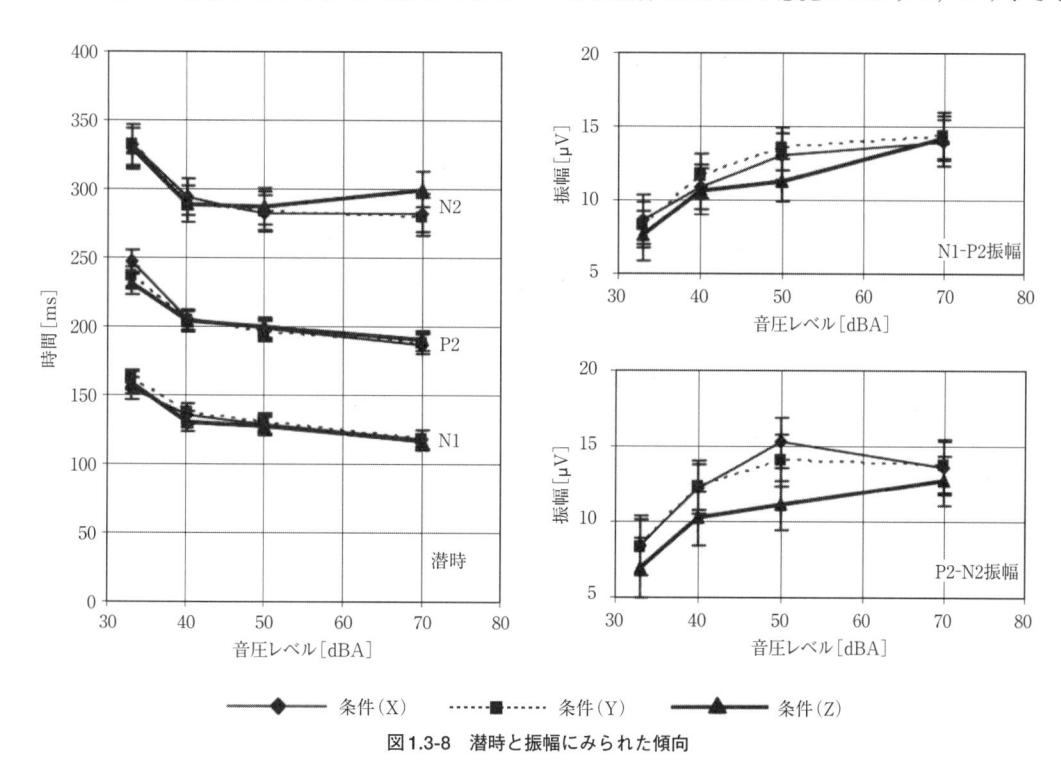

図1.3-8 潜時と振幅にみられた傾向

音として知覚されることとなってしまい、それがもととなって、重要な情報が聞き落とされたり、音自体が聞き取りにくいものとなったりすることも予想される。

(4) 他分野の成果との関連

以上のように、得られた結果をもとに音環境計画への適用について考えてみたが、この実験の結果を既存の神経科学の結果と対照してみると、今後検証すべき研究の方向性が示唆される。たとえば、Karlin[39]は感覚刺激の入力の予期可能性が誘発電位の波形に影響を及ぼすとしているが、これは筆者らの得た結果の一部に一致している。すなわち、周期的に音情報が繰り返され、立上りのタイミングが予期可能なほど、その情報の大脳における処理速度が速くなる、という点である。この結果は、サイン音のように音で情報伝達を行う場合には、周期性をもたせて繰り返し呈示することによって、聞き手側に音に対する予期（構え）の姿勢が生成され、その音がより聞き取りやすいものとなるのではないか、ということを予想させる。

また、Kramerら[40]は、呈示される聴覚刺激とは無関係な作業の存在が、AEPの振幅を減少させる方向に影響を及ぼすことを示し、それを大脳の有限な処理能力の配分による結果だとした。本実験で得られた結果にこの考えをあてはめれば、呈示される音刺激を聞き流している条件では、視覚に関連した情報処理に、大脳の有限な処理能力の大きな部分が配分されており、音情報の処理には、少ししか配分されていない、ということになる。これが原因となって、50 dBA程度の音量の音情報において、AEPの振幅がより小さくなる傾向が生まれたとすれば、同じ物理的条件の音情報でも、人間側の処理能力の配分の事情で、聞き取りにくいものとなる可能性があることが示唆される。

一方、Rothら[41]は、作業の種類がERPの長潜時成分（P300など）に影響を及ぼすが、P2‐N2の時間帯の振幅には影響がない、としている。この結果は、筆者らの結果とは相容れないものであるが、Rothらが被験者に課した作業は、①受動的聴取、②視覚的追跡作業、③聴覚刺激に対する反応時間課題であったため、①②の条件では作業負荷が小さく、被験者が聴覚刺激とは違う方向に注意を向けきれていないことに由来していることが考えられる。これらのことから、人が行う作業や注意の向きには、作業負荷量や注意配分量のよう

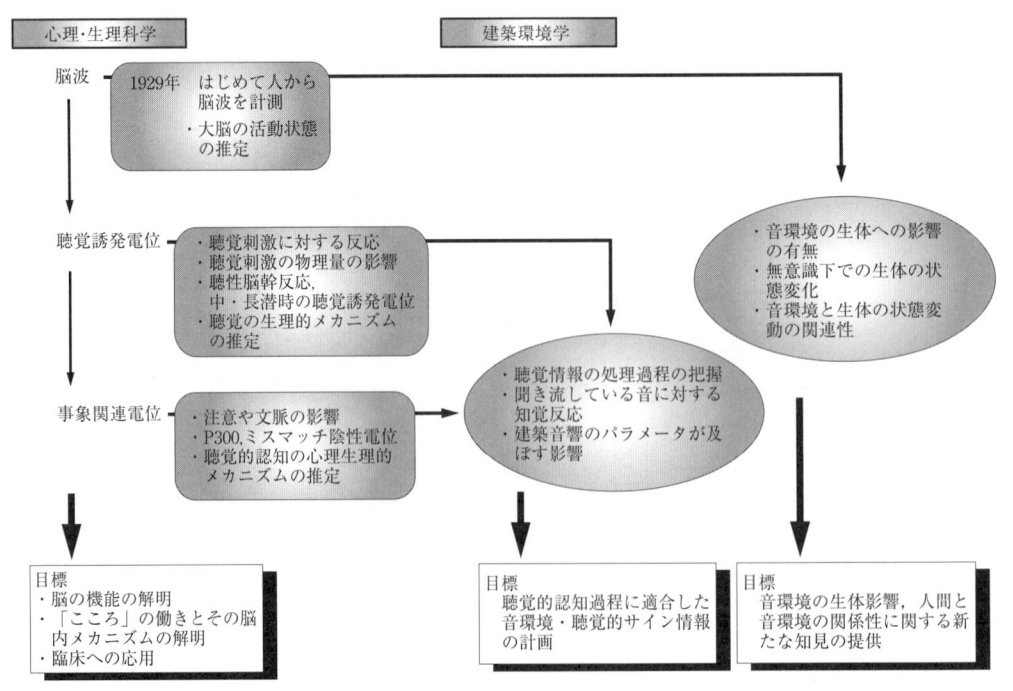

図1.3-9 各分野における脳波・聴覚誘発電位・事象関連電位を手掛りとした聴覚・音環境に関する研究の流れ

なものがあり，その大小や向きに起因して，特定の聴覚情報に対する処理反応の大小が定まる可能性があること，それに伴ってその聴覚情報の聴き取りやすさや理解しやすさの大小が決まる可能性が示唆される。

1.3.6 問題点と展望

以上のように，脳波や聴覚誘発電位を手掛かりとして，音環境を評価する試みについて，既存の神経科学・認知科学での知見を，いかに建築環境学の音環境研究に適用してきたか，という点から研究を俯瞰し，一例として筆者自身のアプローチについても紹介した（図1.3-9）。脳波・聴覚誘発電位計測の手法により，主観申告を中心とする既往の音環境評価研究とは異なった切り口から新しい知見が得られてきているが，この手法にも問題点と限界があり，それをきちんと理解したうえで利用する必要があると考えられる。

脳波・聴覚誘発電位計測の問題点としては，電極を頭皮上に多数貼り付けたり，筋電などのアーティファクトが重畳するのを避けるためになるべく動かないように教示したりするというように，被験者に対して少なからず拘束があること，環境電磁界の影響を受けやすく記録される脳波に交流障害が生じやすいこと，計測装置が大がかりで被験者に対する拘束性もあるため，実験室実験向きであり，実験条件の設定が非日常的になりがちで設定範囲にも限界があること，解析に多大な時間を要する割には得られる情報がピーク潜時・振幅の大小や周波数特性程度であり，主観申告に比べて情報量が少ないこと，などがあげられる。

また，聴覚誘発電位や事象関連電位は，それが生じるきっかけとなる聴覚刺激に対する反応であることが明確であるため，大脳における聴覚関連の情報処理過程と対応させて，解釈が一義的に定まる。しかし，脳波はもともと自律的に存在するもので，その律動のメカニズム自体も生理学的に完全に明らかになっているわけではないため，脳波への実験要因の影響の有無を論じることはできても，それ自体が何を意味するのかを理解するのは難しい。

たとえば，「○○をすると，脳内にα波が流れ，快適感が得られる云々」などという文章を，研究書以外の一般的なものに見かけるが，結論からいえば，α波は脳の中を流れるものではないし，α波が生じた結果として快適感が得られるというものでもない。

Berger[42]は，リラックスした覚醒状態において後頭部から10 Hzの脳波が記録され，それに便宜上アルファという名称をつけたに過ぎない。その電位変動の起源はニューロン一つ一つの中で生じる電気的な変化である。けっして，脳内をα波という波が流れているわけではない。それに，安静時にα波が計測されるという事実は，α波が出てさえいれば快適である，ということを意味しない。これは，原因と結果の関係を慎重に考えれば明白なことである。

脳波のα波の出現や増減に関しては，数々の外的・内的要因に対する結果として論ぜられた研究がある。安静閉眼時にα波が後頭部の頭皮上から大きく計測されるのは周知の事実であるが，たとえば，吉田[43), 44)]は快適感とαリズムのゆらぎとの関連について調べ，主観的に心地よく感ずる状態でα波に$1/f$型に近いゆらぎ特性がみられる，としている。一方，α波は成人（14～16歳以上）の脳波だけにみられるものであり，それより若い子供や幼児からは計測されない。また，森ら[45)]

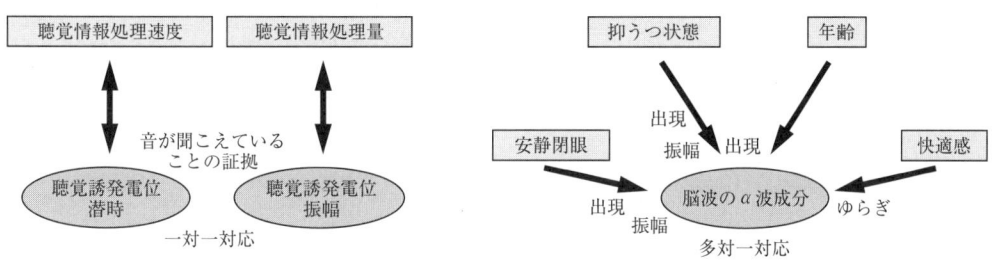

図1.3-10 脳波・聴覚誘発電位と心理現象との対応

によれば，抑うつ状態では健常状態に比較してαパワーが増大することもある．

以上に示した事実は，α波が単に出現したり増減したりする事実だけをもって，快適感が変化したかどうか，というようなことを一概に論じられないことを示している（図1.3-10）．それどころか，実験の計画次第では，得られた脳波の周波数分析結果が，何が原因となって得られたものなのか，そして結局それが何を意味するものなのか，という大事な点が不明瞭なものとなる恐れすらある．

そのような手法としての問題点や限界もあるが，きちんとした実験計画にのっとって実験を行い，要因に対する効果と誤差を明確に把握することで，主観評価では引き出せないような環境要因に対する生体反応や，意識にはのぼらないかもしれない生体への効果を探り，従来とは異なった角度から音環境－人間系をみることが可能となると考えられる．そのようなツールとして，脳波計測・解析は有効な手段である，というのが筆者の見解である．

力丸[46]は，使用法さえ正しければ，と限定したうえで，聴覚誘発電位が知覚測定に有効であるとしている．脳波や聴覚誘発電位が計測されるのは，その生成メカニズムが存在しているからである．その生理学的な意味や機能に立ち返り，生理的なメカニズムに関する知識に基づいて，得られた生体の反応を考察し，そのときに何が生体の中で起こっていたのかについて知り，音環境と人間の関係について推論していく姿勢が，このような手法を研究に用いる際には必要であろう．

参考文献

1) Andreassi, J. L. : Psychophysiology : Human Behavior and Physiological Response Third Edition, Lawrence Erlbaum Associates, 1995
2) 宮田 洋：新生理心理学1巻 生理心理学の基礎，北大路書房，1998
3) Davis, H., Davis, P. A., Loomis, A. L., Harvey, E. N. and Hobart, G. : Human brain potentials during the onset of sleep, *Journal of Neurophysiology*, Vol.1, pp.24-38, 1938
4) Davis, H., Davis, P. A., Loomis, A. L., Harvey, E. N. and Hobart, G. : Electrical reactions of the human brain to auditory stimulation during sleep, *Journal of Neurophysiology*, Vol.2, pp.500-514, 1939
5) Davis, P. A. : Effects of acoustic stimuli on the waking human brain, *Journal of Neurophysiology*, Vol.2, pp.494-499, 1939
6) 丹羽真一，鶴 紀子：事象関連電位，新興医学出版社，1997
7) 柴崎 浩，米倉義晴：脳のイメージング―脳のはたらきはどこまで画像化できるか―，共立出版，1994
8) J. ハセット：精神生理学入門，東京大学出版会，1987
9) Pivik, R. T., Broughton, R. J., Coppola, R., Davidson, R. J., Fox, N. and Nuwer, M. R. : Guidelines for the recording and quantitative analysis of elecrtroencephalographic activity in research contexts, *Psychophysiology*, Vol.30, pp.547-558, 1993
10) Pantev, C., Hoke, M., Lehnertz, K., Lutkenhoner, B., Fahrendorf, G. and Stober, U. : Identification of sources of brain neuronal activity with high spatiotemporal resolution through combination of neuromagnetic source localization (NMSL) and magnetic resonance imaging (MRI), *Electroenceph. Clin. Neurophysiol.*, Vol.75, pp.173-184, 1990
11) Pantev, C., Bertrand, O., Eulitz, C., Verkindt, C., Hampson, S., Schuierer, G. and Elbert, T. : Specific tonotopic organization of different areas of the human auditory cortex revealed by simultaneous magnetic and electric recordings, *Electroenceph. Clin. Neurophysiol.*, 94, pp.26-40, 1995
12) Picton, T. W., Hillyard, S. A., Krausz H. I. and Galambos, R. : Human auditory evoked potentials. Ⅰ: Evaluation of components, *Electroenceph. Clin. Neurophysiol.*, Vol.36, pp.179-190, 1974
13) Picton, T. W. and Hillyard, S. A. : Human auditory evoked potentials. Ⅱ: Effects of attention, *Electroenceph. Clin. Neurophysiol.*, Vol.36, pp.191-199, 1974
14) Hillyard, S. A. : Electrophysiology of human selective attention, *Trends in Neurosciences*, Vol.8, pp.400-405, 1985
15) Davis, H., Bowers, C. and Hirsh, K. : Relations of the human vertex potential to acoustic input : loudness and masking, *J. Acoust. Soc. Am.*, Vol.43, pp.431-438, 1968
16) Antinoro, F., Skinner, P. H. and Jones, J. J. : Relation between sound intensity and amplitude of the AER at different stimulus frequencies, *J. Acoust. Soc. Am.*, Vol.46, pp.1433-1436, 1969
17) 力丸 裕，平松幸三，高木興一，山本剛夫：騒音のレベル変化量が聴覚誘発緩反応に与える影響，日本音響学会誌，Vol.38, No.2, pp.91-99, 1982
18) 力丸 裕，平松幸三，高木興一，山本剛夫：聴覚誘発脳波（緩反応）に及ぼす騒音の立上がり速度の影響，日本音響学会誌，Vol.37, No.2, pp.55-64, 1981
19) Hillyard, S. A., Hink, R. F., Schwent, V. L. and Picton, T. W. : Electrical signs of selective attention in the human brain, *Science*, Vol.182, pp.177-180, 1973
20) Näätänen, R., Gaillard, A. W. K. and Määntysalo, S. : Early selective-attention effect on evoked potential reinterpreted, *Acta Psychologica*, Vol.42, pp.313-329, 1978
21) Näätänen, R. : The role of attention in auditory information processing as revealed by event-related potentials and other brain measures of cognitive function, *Behavioral and Brain Sciences*, Vol.13, pp.201-288, 1990
22) 秋岡 剛，平手小太郎，安岡正人：音刺激による心理生理的状態変化に関する基礎的研究，日本建築学会大会学術講演梗概集(D), pp.893-894, 1993
23) 古澤隆彦，涌井 健，武内 隆，貫 行子：環境音楽のオフィス空間への適用，日本建築学会大会学術講演梗概集(D), pp.1703-1704, 1994
24) 仁科エミ，当摩昭子，佐藤仁人，不破本義孝，河合徳枝，

大橋 力：執務空間の音環境改善の研究—その2. 生体情報を指標とする音環境改善効果の評価—, 日本建築学会大会学術講演梗概集(D-1), pp.779 - 780, 1995

25) 安藤四一, 陳炯堯：On the analysis of autocorrelation function of α-waves on the left and right cerebral hemispheres in relation to the delay time of single sound reflection, 日本建築学会計画系論文集, No.488, pp.67 - 73, 1996.10

26) 陳炯堯, 安藤四一：On the relationship between the autocorrelation function of the α-waves on the left and right hemispheres and subjective preference for the reverberation time of music sound field, 日本建築学会計画系論文集, No.489, pp.73 - 80, 1996.11

27) 陳炯堯, 流郷博史, 安藤四一：Relationship between subjective preference and the autocorrelation function of left and right cortical α-waves responding to the noise-burst tempo, 日本建築学会計画系論文集, No.497, pp.67 - 74, 1997.7

28) 佐野奈緒子, 秋田 剛, 平手小太郎, 安岡正人：声と機械音を含む環境音の聴取後における脳波の頭皮上分布について, 日本建築学会大会学術講演梗概集(D-1), pp.702 - 703, 1998

29) Davidson, R. J. and Hugdahl, K.：Brain assymmetry, The MIT Press, 1995

30) Ando, Y., Kang, S. H. and Nagamatsu, H.：On the auditory-evoked potential in relation to the IACC of sound field, *J. Acoust. Soc. Jpn.*(*E*), Vol.8, pp.183 - 190, 1987

31) Ando, Y., Kang, S. H. and Morita, K.：On the relationship between auditory-evoked potential and subjective preference for sound field, *J. Acoust. Soc. Jpn.*(*E*), Vol.8, pp.197 - 204, 1987

32) 安藤四一, 渡辺 猛：音環境と聴覚・大脳生理, 日本音響学会誌, Vol.45, No.10, pp.794 - 799, 1989

33) 藤井利幸, 秋田 剛, 平手小太郎, 安岡正人：聴覚誘発電位測定による音環境評価に関する基礎的研究 その1—音圧レベル・音程変化が聴覚誘発電位に及ぼす影響—, 日本建築学会大会学術講演梗概集(D), pp.1995 - 1996, 1994

34) 秋田 剛, 藤井利幸, 平手小太郎, 安岡正人：聴覚誘発電位測定による音環境評価に関する基礎的研究 その2—呈示音に対する注意量による聴覚誘発電位の変化—, 日本建築学会大会学術講演梗概集(D), pp.1997 - 1998, 1994

35) 佐野奈緒子, 秋田 剛, 菊池吉晃, 平手小太郎, 安岡正人：自発的な行動に起因する聴覚情報処理の特異性について—聴覚誘発電位測定による聴覚情報の知覚に関する研究 その3—, 日本建築学会大会学術講演梗概集(D-1), pp.771 - 772, 1995

36) Sano, N., Akita, T., Kikuchi, Y., Hirate, K. and Yasuoka, M.：A preliminary study of the scalp-potential elicited by the auditory stimuli triggered by voluntary movements, 日本音響学会講演論文集, I, pp.463 - 464, 1997.10

37) 秋田 剛, 藤井利幸, 平手小太郎, 安岡正人：聴覚誘発電位を手掛りとした作業時の大脳の聴覚情報処理に関する研究, 日本建築学会計画系論文集, No.507, pp.61 - 69, 1998.5

38) 秋田 剛, 平手小太郎, 安岡正人：聴覚誘発電位を手掛りとした聴取時及び作業時の大脳の聴覚情報処理に対する慣れの影響に関する研究, 日本建築学会計画系論文集, No.522, pp.97 - 105, 1999.8

39) Karlin, L.：Cognition, preparation, and sensory-evoked potentials, *Psychological Bulletin*, Vol.73, No.2, pp.122 - 136, 1970

40) Kramer, A. F., Trejo, L. J. and Humphrey, D.：Assessment of mental workload with task-irrelevant auditory probes, *Biological Psychology*, Vol.40, pp.83 - 100, 1995

41) Roth, W. T., Dorato, K. H. and Kopell, B. S.：Intensity and task effects on evoked physiological responses to noise bursts, *Psychophysiology*, Vol.21, pp.466 - 480, 1984

42) Berger, H.：Über das Elektrenkephalogramm des Menschen, *Archives Psychiatric Nervenkrankhen*, Vol.87, pp.527 - 570, 1929

43) 吉田倫幸：脳波のゆらぎ計測と快適評価, 日本音響学会誌, Vol.46, No.11, pp.914 - 919, 1990

44) 吉田倫幸：感性・快適性と心理生理指標, 日本音響学会誌, Vol.50, No.6, pp.489 - 493, 1994

45) 森 隆夫, 遠藤俊吉：うつ病と脳波：定量脳波分析による新しい展開, 医学のあゆみ, Vol.160, pp.758 - 762, 1992

46) 力丸 裕：誘発反応を利用した聴覚機能計測についての検討, 日本音響学会講演論文集, I, pp.407 - 408, 1998.9

第2章
熱環境と心理・生理研究

　人体の暑さ寒さの感覚に影響する環境を一般的に温熱環境という。この温熱環境を形成する要因としては，温度，湿度，気流，放射熱の4つの環境側条件（温熱4要素）と，代謝量（運動量），着衣量の2つの人体側条件がある。これらの要因は，当然のことながら状態値として独立しているわけではなく，人体と環境との熱交換（人体の熱平衡式）において意味づけられている。たとえば，室内での空気温度（室温）の定義は，厳密に考えれば人体の室内での状態や位置関係などによって，代表する室温の場所が異なるのが容易に想像できる。また，これらの要因は互いに関連しており，いわば温熱環境はこれら6つの条件（温熱6要素）が総合された環境といえよう。

　温熱環境研究の歴史は，これら一つ一つの条件の生理・心理への影響の解明と，温熱環境の評価・設計のための合理的な総合指標（たとえばET*，PMV，HOTV）の創造であり，それは今なお続けられている。

　上述の温熱要素は温熱環境形成の直接的要因であるが，それに加えて年齢，性別，生活地域などのいわば個人の背景的条件（個人差）のような間接的要因による違いや，環境条件の空間的分布状態（不均一性）や非定常性（時間的変動）の生理・心理に及ぼす影響，そしてその評価・設計方法についても研究が必要となってきている。しかし，これら個人差，不均一性，非定常性に関する問題はたいへん複雑で，多大な労力を必要とするために，まだ多くの研究課題が残されており，今後の研究が大いに期待されている。

　本章では，温熱要素のうち，温度，湿度，気流，放射熱を中心とした研究動向を解説する。まず，温度の不均一性に関して，室内の上下気温分布の生理・心理影響をテーマとするもので，気温分布の成因，気温分布の調査結果，人工気象室内での被験者実験による生理・心理反応の測定結果を示して，研究の経過と方向性を示す。二つ目は，湿度（蒸汗）に関するもので，人体からの発汗量の測定と暑熱環境の評価について解説する。ここでは筆者が開発した蒸汗量測定装置を中心に，温熱環境における蒸汗研究の経緯や測定法を紹介し，今後の課題と方向性について示す。三つ目は気流に関するもので，非定常環境としての変動風の評価をテーマとするものである。ここでは変動風自体の表現と，その生理・心理的影響の評価要素について整理し，これまでの研究成果と今後の方向性について示す。四つ目は放射熱に関するもので，人体と環境との放射熱量を算定するのに必要な人体の形態係数の測定を中心に，人体と空間の形態的取扱いや放射環境評価の方向性を示す。

2.1 上下気温分布の心理・生理影響

室内熱環境の設計においては，対象となる室内空間の気温条件が設計・制御指標として多く用いられている。ここで検討が必要な点は，熱環境に関して設計・制御される気温条件が，居住空間においてどのような代表性を有するかである。実際の建築室内空間における気温条件は，季節や時間経過により変化し，空間の広がりの中で熱的な分布を呈しており，この分布性状が居住者の室内温熱環境の評価に大きく影響を与えている。

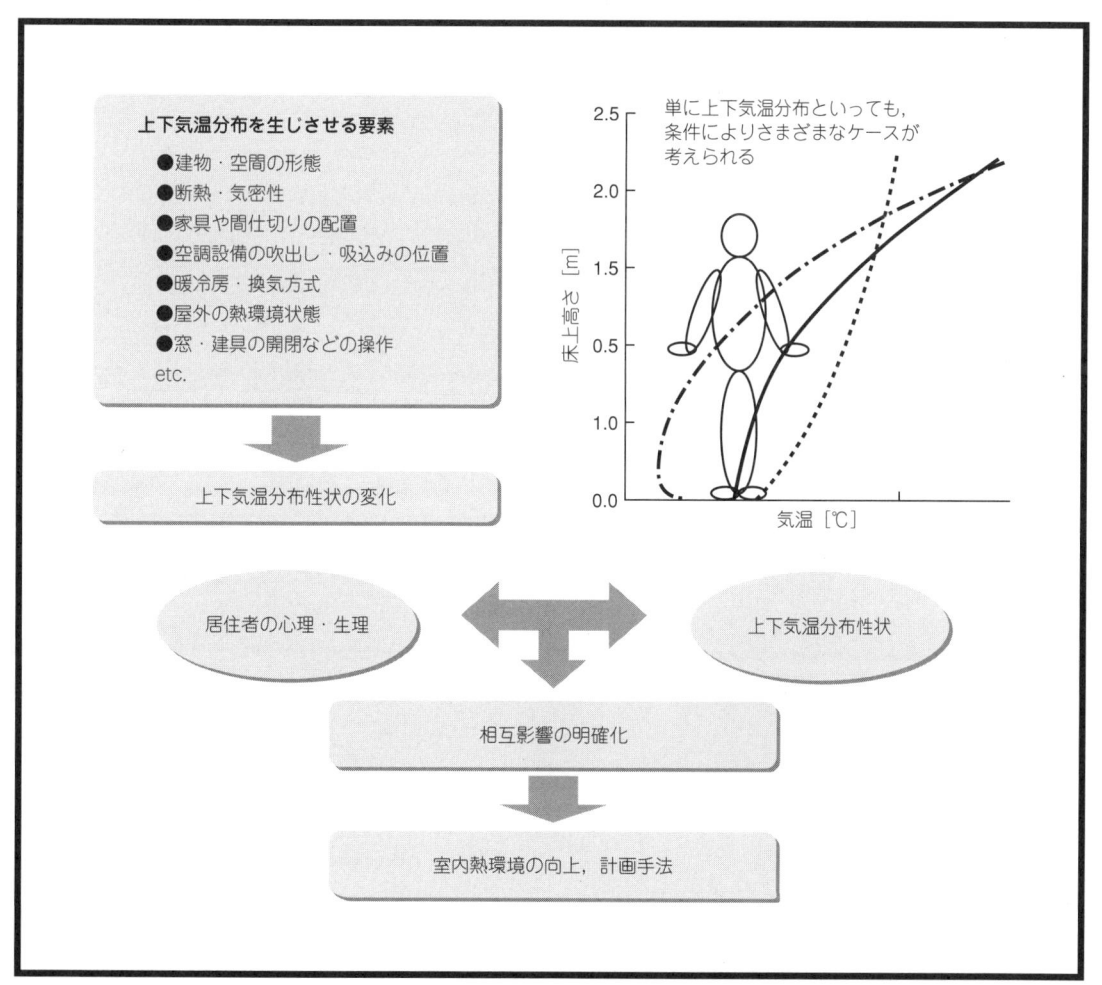

室内空間における気温の分布を生じさせる要素には，建物の形態，断熱気密性の良否，家具や間仕切の配置，空調設備の吹出し・吸込み口の位置などがあり，居住者の生活行為も気温の分布に影響を及ぼしている。気温に空間的分布が生じた場合，室内のある点における気温が居住者の快適範囲にあっても，居住者の空間的位置関係や人体の部位によっては不快感を与える場合がある。したがって，室内熱環境の向上や計画手法を考える場合，気温の分布性状と人体心理・生理反応との相互影響を明らかにし，気温分布を加味した熱環境の評価が必要である。

■基礎知識
・上下温度差
　一般的に，床面から天井面へ移行するに従い気温は上昇し，上下気温分布が生じている。とくに，冷暖房時には上下温度差が大きくなりやすく，居住環境としては「頭寒足熱」の逆の状態になり不快を感じる。

・室間温度差
　上下温度差は空間の垂直方向の温度分布であるが，室間温度差は空間の水平方向での温度分布の一つである。住宅で部屋別に冷暖房を行なう場合などでは，冷暖房を行なっている部屋とトイレや浴室などの冷暖房を行なっていない部屋との間に温度差を生じ，熱的なストレスを人体に与える。

・PMV
　Fangerにより提案された指標であり，熱的に快適付近での熱環境条件と人体条件に対し，＋3（hot：暑い）から－3（cold：寒い）までの温冷感の平均予測申告値を算出する。快適とされるのは0（neutral：中立）の場合である。

・SET＊（新標準有効温度）
　Gaggeらにより提案された新有効温度（ET＊）をもとに，標準状態（相対湿度50％，室内気流0.1〜0.15 m/s，着衣量0.6 clo）において定めた指標である。本指標は，熱環境条件と人体条件に対し，人体の熱収支モデルを用いて体感温度を算出し，その快適域が示されている。

2.1.1 はじめに

現在，熱環境指標として一般的に用いられているPMVやSET*は，気温や放射，湿度，気流の熱環境条件と着衣量や代謝量の人体条件を総合的に表現しようとするものであり，熱的快適性を検討するには有用な指標である。

しかしながら，これらの熱環境指標では，室内の熱環境条件および人体条件に対し，ある特定の位置あるいは全体としての値を用いて表されており，実際の環境で生じる不均一性にかかわる条件は組み込まれていない。このようなことから，実際の環境に即した熱環境の評価を行うためには，この熱環境の不均一性状を加味することが必要であると考える。

不均一な熱環境を呈する要素には，気温，放射熱，気流，湿度があり，これらは複合的に関連し熱環境の快適性に影響を及ぼすが，本節ではとくに上下気温分布性状と居住者への影響について説明する。

2.1.2 上下気温分布と人体の心理・生理反応の関係

夏期や冬期の冷暖房時に，足元の寒さや冷え，あるいは頭部のほてりを感じた経験のある人は多いと思う。では，どの程度の上下気温の分布が居住者に不快感や冷えなどの心理・生理的な影響を与えるのであろうか。このような上下の気温分布によって生じる上下温度差が人体の心理・生理反応に与える影響については，主に実験室実験による研究が行われてきた。

Olesenら[1]は，上下温度差と不快感の関係を明らかにする被験者実験を行っている。実験は，被験者が実験室内の気温を調整しながら全身の熱的な中立域を保てる状態において，上下温度差の程度と不快感の申告率との関係を明らかにしている。実験結果より，不快感の申告率が5％以下となる上下温度差の上限値は3℃としている。この研究成果はASHRAE STANDARD[2]にも引用され，局所的な不快感を防ぐためには，居住域において床上1.7mと床上0.1mの上下温度差を3℃以内とするように述べられている。

わが国においては，上下気温分布と人体の心理・生理反応の関係に関する研究に先立ち，局所的な不快感や皮膚温に関する研究が行われており，小林，田中ら[3],[4]の気温と風速が異なる気流の人体下半身への影響，田中，中村ら[5],[6]の床面付近冷気の人体への影響に関する研究がある。これらの先行研究を進めたものとして，清水ら[7],[8]は上下気温分布が温冷感に与える影響に関する研究を行っている。この実験では，着衣・椅座・軽作業の男女の被験者を対象に，複数の室中央付近の温度と上下温度差の条件を設定し実験を行っている。実験の結果，①男性よりも女性の方が床付近の冷気の影響が大きいこと，②不均一の環境では全身温冷感と快適感が明確な対応を示さないことなどを指摘している。

さらに，近年になりオフィスなどで導入されているパーソナル空調で起こり得るデスクの天板を境とした上半身と下半身での温度差を想定し，その人体影響について実験による詳細な検討を坊垣ら[9]が行っている。実験は着衣・椅座位の被験者の腰から下を囲むBOXを設けることにより，上半身と下半身の温度を別々に制御している。このようなBOXを用いた実験方法を試みることにより，上半身と下半身を自由な温度条件に曝露させることができ，多様な上下温度差の設定が可能になっていると考えられる。温度性状の具体的な設定では，上部温度の方が下部温度よりも高い場合，同じ場合，および低い場合の3種類とし，おのおのに複数の温度条件を設定している。実験の結果，①胸部や額の皮膚温は温度条件による変化は少ないが末梢部の皮膚温は周囲温度が低いと低下し，とくに女性の温度低下が著しいこと，②平均皮膚温は上下平均温度との相関が強く上下温度差にはあまり影響を受けていないこと，③上下温度差のある環境下では全身温冷感に対する影響は下部温度よりも上部温度の方が大きいこと，④上部温度の方が下部温度よりも低い温度性状の方が許容温度差は大きいことなどを指摘している。BOXを用いて人体を上半身と下半身に分けたほかの実験としては田中ら[10]の研究があり，下部の気温を一定とし上部の気温を変化させた実験結果より，上部気温の変化が手指，足指，手背といった末梢部

の皮膚温に影響を与えることなどを明らかにしている。

2.1.3 居住空間における上下気温分布の性状

上下気温分布は，建築の冷暖房・換気方式や断熱気密性，居住者の環境調節行為，屋外気候の季節・日変化などさまざまな要素が影響し生じる。建築の熱環境設計において，居住者の心理・生理に影響を及ぼす上下気温分布を抑制することは，考慮しなければならない一つの視点である。このようなことから，室内熱環境の評価項目として上下気温分布の性状が計測され，建築条件とのかかわりについての検討がなされている。上下気温分布を含む室内熱環境の実態調査は多様な建築を対象に実施されているが，ここではオフィスと住宅におけるいくつかの研究事例について紹介する。

(1) オフィスの研究事例

オフィス空間における熱環境要素の分布性状についての実測調査より考察を行っている事例には，鹿島ら[11]の研究がある。調査は，冷暖房期の物理環境測定と熱環境についての在室者の申告調査を実施し，主に室内空気分布（温度・気流速度分布）の実態および問題点とその形成要因について検討を行っている。調査の結果，①暖房時において上下温度差が形成されやすいこと，②室内代表点による室温制御では床近傍空気温が曜日・時間・位置により大きく異なること，③足もとの寒さを避けるため設定室温が高めに維持されがちであり頭部の暑さの原因となりやすいこと，④暖房時においては足もとの寒さと頭部の暑さが全身の寒暑感を強く支配すること，⑤上下温度差の抑制には建物の断熱気密化が基本となるが，夜間や休日などの非空調時間帯における床スラブの過度の冷却防止が肝要であること，などが指摘されている。

一方，熱環境だけではなく音・光・空気・空間環境も含めたオフィスにおける居住環境の総合的な評価手法に関する研究として宮ら[12]〜[16]は，1987年から1989年度に行われた建設省官民連帯共同研究「室内環境の最適化システムの開発」に伴う一連の成果をふまえ，オフィスにかかわる居住後評価手法（POEM-O）を提案し，その運用に関する検討を行っている。POEM-Oの中では，熱環境の評価指標として上下温度差と在室者の温度感が取り入れられており，5段階の評価基準が設定されている。POEM-Oの調査実施上の問題点・課題には，①測定日の設定，②作業量の問題，③測定器の総合化・一体化があげられている。

また，近年多くの事務所建築などに付設される大空間のアトリウムの上下気温分布と空間構成，および環境調節手法の関連について，吉野ら[17]は文献調査を実施している。調査では，アトリウムの空間構成を形態により7分類，規模により3分類，隣接空間との関係により4分類し，環境調節手法を居住域の環境調整，頂部の環境調整，日射遮蔽，その他の4分類し検討を行っている。調査の結果，上下気温分布に関し夏期の日中には，①高層の中庭型のアトリウムは頂部がかなり高温となるが熱だまり以外は温度差が小さく安定しており，低層の場合は熱だまり以外にも緩やかな温度勾配が付くこと，②ガラス面の割合の大きい事例ではアトリウム全体に渡って大きな温度成層が生じること，③日射遮蔽，頂部での換気により熱だまりにおける温度上昇は緩和されることなどが指摘された。また，冬期については，上下温度差は小さくなるが，多くの事例において居住域での温度低下がみられることなどを明らかにしている。

(2) 住宅の研究事例

わが国の住宅の熱環境に対する先駆的な調査研究としては，絵内ら[18],[19]の寒冷地の北海道における住宅を対象とした熱環境調査があり，住まい方と熱環境の関係についての検討を行っている。調査は，ストーブのある主暖房室とストーブのない副暖房室において温度測定が行われ，室温の変動パターンや気温の分布，設定室温などについて考察している。調査の結果，上下気温分布に関しては，①晴天時において不在時では上下温度差が増大するが居住時では減少する傾向にあること，②外気温の低下に伴い上下温度差は増大する傾向にあること，③独立住宅の個別暖房では最寒期になると上下温度差が10℃を超えるものが多いことなどが指摘されている。

また，長谷川ら[20],[21]は，東北地方の住宅を対

象に冬期の熱環境に関する調査を実施し，青森，仙台，山形など地域性を加味した検討を行っている。本研究で着目される点は，上下温度差と室内外温度差の比で示される上下温度差係数を用いた考察，室内熱環境の指標の一つとして床上1mの温度が20℃で外気温度が0℃の場合における室内の上下温度差を5段階に分類した評価手法の提案をしている点であり，以降のほかの研究にも多く引用されている。調査の結果，上下気温分布に関しては，①暖房時には上下温度差が大きく，上下温度差を形成する要因としては外気温のほかに隣室の温度があげられること，②グローブ温度が乾球温度より高い住戸においては上下温度差が小さく，逆にグローブ温度が乾球温度より低い住戸では上下温度差が大きいこと，③高断熱で床暖房を設置している住宅では上下温度差が小さいことなどが指摘されている。

住宅の熱的なシェルター性能は上下気温分布の性状にも影響を及ぼすが，熱的なシェルター性能の観点から住宅の熱環境の検討を行った調査として，加藤ら[22]の研究がある。調査は，長野市を中心とした住宅を対象に実施し，冬期の熱環境について断熱気密性能の違いによる室内熱環境と居住者意識の違いについて検討を行っている。住宅の断熱気密性能による分類には熱損失係数を用い，新省エネルギー基準を利用して住宅を3分類している。調査の結果，上下気温分布に関しては，①室内外温度差との関係では熱損失係数が小さい分類の住宅の方が上下温度差は小さい傾向にあること，②乾球温度とグローブ温度の差との関係では熱損失係数の大きい住宅では上下温度差係数が大きく，グローブ温度の方が乾球温度よりも低くなることなどを指摘している。

一方，居住者の住まい方と熱環境の関係についての考察を行っている事例には松原ら[23),24)]の研究がある。調査は，京都近辺地域の住宅を対象に実施しており，冬期の熱環境の測定を行っている。調査内容は，家具・暖房機器の配置や間仕切の開閉状況，居間での滞在時間，起居様式，行動記録など住まい方についての詳細なデータを収集している。調査の結果，上下気温分布に関しては，①居住者の起居様式と室温の間に関連性が示され，居住者が許容できる床付近の室温の条件は「ユカ座・こたつなどなし」の起居様式で18℃，「椅子座」で14℃より高い室温となること，②起床時の在宅時間が5時間を超える居住者では，上下温度差係数が大きい住戸ほど，居住者が冬期に居間での在室時間が春期に比べ長くなる傾向にあることなどを指摘している。

また，実際の住宅における実測調査ではないが，Olesenら[25]は，実験室を用いた実験を通して，暖房方式の違いが熱環境の快適性に与える影響について検討を行っている。実験は，高い断熱性を有する実験室において，実験室外の気温と換気回数の異なるいくつかの設定条件において，室内の代表点に設置されたコンフォートメータのPMV値を0に保つように暖房機を運転する方法を行っている。暖房方式としては，壁面，床面，天井面，幅木面での放射式の暖房，窓面付近に設置された対流式の暖房，床面，壁面上部からの温風式の暖房を設置している。実験の結果，上下気温分布に関しては，①天井面での放射式暖房と壁面上部からの温風式暖房はほかの暖房方式に比べ上下温度差が大きいこと，②換気回数の増加，または室外気温の低下により，上下温度差はわずかに増加することなどが指摘されている。

2.1.4 上下気温分布が居住者の心理・生理反応に与える影響に関する研究の事例紹介

本項では，上下気温分布が居住者の心理・生理反応に与える影響について検討した研究の事例紹介として，山岸ら[26]が行った実験の内容について具体的に説明する。

(1) 研究の目的

本研究は，実際の室内環境に近い連続した上下気温分布が，人体の皮膚温および温冷感に与える影響について明らかにすることを目的とし，裸体・椅座・安静状態での人体に対する実験を行い検討を行った。

裸体・椅座・安静状態とした理由には，既存の研究において着衣・椅座・安静状態での検討が主であり，着衣の影響を指摘する報告もあることを背景に，着衣条件を裸体とした実験を行うことに

より，上下気温分布が人体に与える影響をより明確に基礎的な人体反応を把握する必要があると考えたためである。

これにより，上下気温分布の性状の違いが，人体の生理・心理反応にどのような影響を及ぼすかが明らかとなり，今後の室内熱環境の評価手法を考えるうえで有用であると考えられる。

(2) 実験方法

図2.1-1に実験室の平面図，図2.1-2に実験室の断面図を示す。実験室は，事務室内に天井・床・壁を布地で構成したブースを作成し，実験室とした。表2.1-1に，実験室の温熱環境の設定条件を示す。設定条件は，床上0.7mにおける気温を28℃と25℃の2条件とし，これらの気温条件と床上1.1mと0.1mの気温差を0℃，4℃，8℃の3通りとを組み合わせた計6通りとした。実験室外の気温(床上0.7m)は，実験室内の中心気温(床上0.7m)と等しくなるように設定し，実験ブースの構成面を布地で作成することにより，放射の影響をできるだけ小さくするように考慮した。設定条件の上下気温分布の形成には，電気式のヒートポンプを用い，図2.1-2に示されるように被験者の前方の上下から冷温風を吹き出し，被験者の後方から換気を行い，風温と風量の調節により温熱環境条件を制御した。

環境条件は気温，湿度，グローブ温度，気流を，人体反応は皮膚温，皮膚表面熱流，発汗量を測定した。環境条件および人体の皮膚温は30秒ごとに測定し，体重は実験開始と終了時におけるセンサ装着の前後，および実験室入室直前に計測した。心理反応は直線評定尺度を用い，全身，上半身，下半身の温冷感と快適感，人体各部位の温冷感を測定した。

実験スケジュールは，実験開始前に被験者を実験室内の設定条件の中心気温と等しい上下気温分布のない環境に30分間，安静状態で滞在させ，その後各設定条件に椅座・安静で60分間曝露した。被験者は健康な青年男子5名とした。被験者の着衣条件は，上下気温分布が人体に与える影響を明確にするため，トランクスのみのほぼ裸体とした。作業条件は，既存研究との対応を鑑み，椅座・安静とした。また被験者には，適切な報酬が支払われた。

(3) 結果・考察

図2.1-3に，中心気温28℃の実験条件における皮膚温と温冷感の上下方向の分布を示す。図は，実験条件ごとに床上高さに対応する気温および部位皮膚温の平均値を表す。皮膚温の分布は，前額の皮膚温が36℃付近でもっとも高く，床面に近づくにつれ皮膚温は低下していた。前額から大腿にかけて皮膚温は3℃程度低下したが，上下気温差による顕著な違いはなかった。上下気温差によ

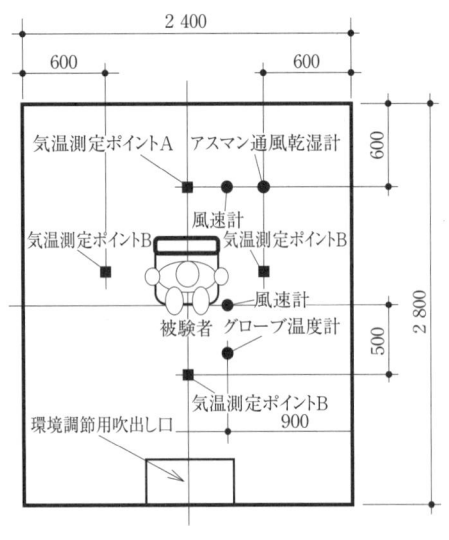

図2.1-1 実験ブース平面図

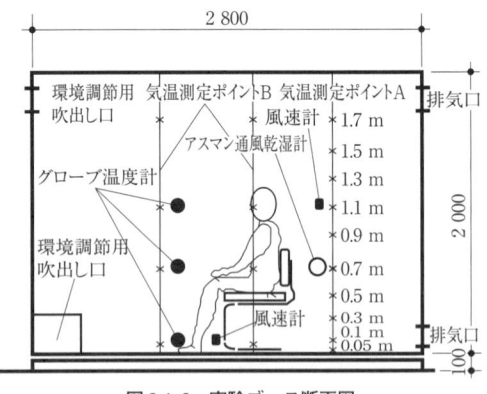

図2.1-2 実験ブース断面図

表2.1-1 実験条件

実験	気温			相対湿度	気流
	1.1 m	0.7 m	0.1 m		
#1	28℃	28℃	28℃	50%	0.1 m/s 以下
#2	30℃	28℃	26℃		
#3	32℃	28℃	24℃		
#4	25℃	25℃	25℃		
#5	27℃	25℃	23℃		
#6	29℃	25℃	21℃		

2.1 上下気温分布の心理・生理影響

り皮膚温の分布に違いが生じたのは，大腿から足背にかけてであった。大腿から下腿における皮膚温は，実験#1, #2では約1.6℃, 実験#3では約2.1℃低下していた。下腿から足背にかけては，いずれの実験条件においても皮膚温の変化は生じていなかった。

温冷感の分布では，いずれの条件においても頭部から躯幹部にかけては寒い側へ変化していた。躯幹部から大腿部にかけては，すべての条件において温冷感に顕著な変化は生じていなかった。大腿部から足部にかけての温冷感は，実験#1では大きな変化はないが，実験#2, #3では寒い側に変化していた。

皮膚温の分布は，一般的に頭部から下肢部にかけて皮膚温は低下するが，上下温度差が生じた場合には大腿から足背にかけての分布に違いが生じ，とくに大腿から下腿にかけては上下温度差8℃の条件でほかの条件よりも皮膚温の低下が大きくなる。また，この傾向は人体中心部の気温を25℃とした実験に比べ，図に示した気温28℃の実験条件の方が顕著となる。温冷感では，すべての実験条件において頭部から大腿部の上半身にかけては上下温度差による大きな変化はないが，上下温度差により違いが生じたのは人体中心部の気温を28℃とした場合の大腿部から足部にかけてである。このようなことから，裸体・椅座・安静時の実験より上下気温分布の性状による皮膚温および温冷感への影響は，室中心気温を快適条件とした28℃の実験条件において現れやすく，その影響は下肢部において顕著であると考えられる。

図2.1-4に，頭部と下腿部の皮膚温の差と上下気温差の関係を示す。気温28℃および気温25℃の双方の実験条件において，上下の気温差が大きくなるに従い頭部と下腿の皮膚温の差が大きくなる関係を示した。このように，人体の上下方向の皮膚温差について着目すると，上下気温の分布性状による影響が明らかに現れ，上下気温差の増加に伴い上下方向の皮膚温差が大きくなる。また気温25℃の実験条件では，気温28℃に比べ頭部と

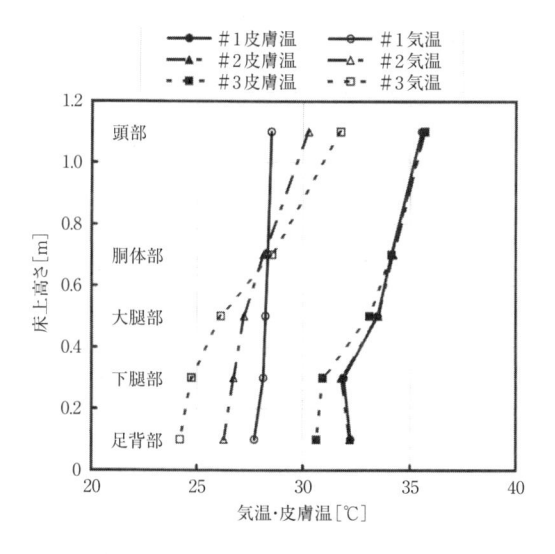

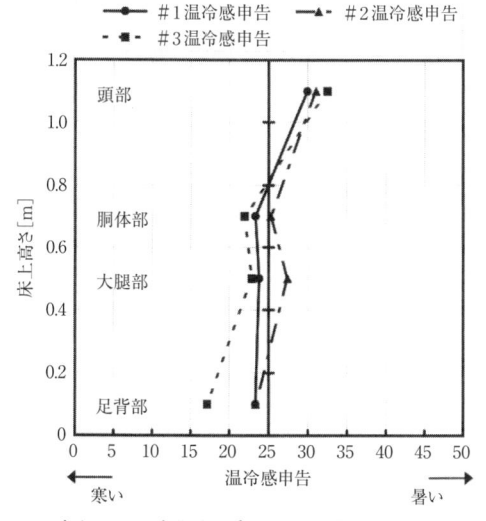

床上0.7 mの気温を28℃とした設定条件において
#1：上下温度差が0℃の実験
#2：上下温度差が4℃の実験
#3：上下温度差が8℃の実験

図2.1-3 人体各部位の皮膚温と温冷感の分布

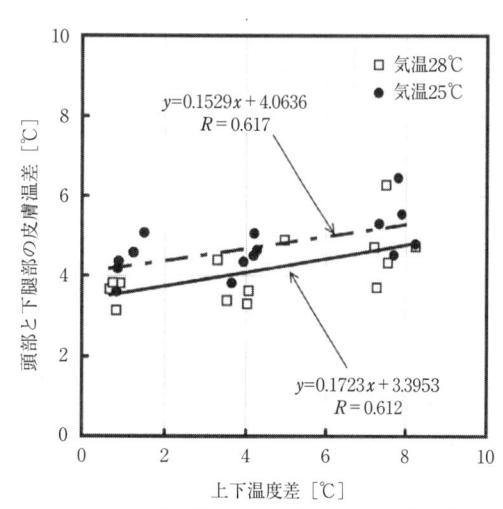

図2.1-4 頭部と下腿部の皮膚温差と上下温度差の関係

$y = 0.1529x + 4.0636$
$R = 0.617$

$y = 0.1723x + 3.3953$
$R = 0.612$

下腿の皮膚温差は大きくなる。頭部と足部の温冷感の差においては，被験者によるデータのばらつきが大きく有意な関係は認められなかったが，気温28℃の実験条件では皮膚温と同様に上下気温差が大きくなるに従い温冷感の差も大きくなる傾向にある。しかし，気温25℃の実験条件では，温冷感の差に一定の関係は認められなかった。これは，気温25℃条件では，気温28℃条件の熱的中性付近に比べ寒冷な条件のために上下気温の差が温冷感には相対的に強く影響しないことを示していると推察される。

2.1.5 おわりに

上下の気温分布性状が居住者に与える影響の明確化は，実際に不均一な室内熱環境を呈する居住空間の評価において重要なテーマであると考えられる。

今後の課題では，上下気温分布の影響を組み込んだ新たな熱環境設計指標に関する研究[27]〜[29]が必要であると考えられる。また，熱環境条件の不均一性は上下気温分布だけではなく，放射・気流などの要素があり，人体的条件については個人差や性差，年齢差なども影響することから，より詳細かつ体系的なデータの蓄積が望まれる。

参考文献

1) Olesen, B. W., Scholer, M. and Fanger, P. O.：Vertical Air Temperature Differences and Comfort. In P. O. Fanger and O. Valbjorn (eds.), INDOOR CLIMATE, Danish Building Research Institute, pp.561-579, Copenhagen 1979
2) ANSI/ASHRAE：ASHRAE STANDARD 55-1992, Thermal Environmental Conditions for Human Occupancy, 1992
3) 小林陽太郎，田中正祐紀，廣田耕三：風洞内不均等気流の人体に及ぼす影響に関する実験的研究（青年男子・着衣・椅座・安静）(1)下半身に対する，3段階の気温と3段階の気流の組み合わせの場合—実験装置と主として皮膚温への影響—，日本建築学会大会学術講演梗概集（計画系），pp.657-658, 1981
4) 田中正祐紀，小林陽太郎，廣田耕三：風洞内不均等気流の人体に及ぼす影響に関する実験的研究（青年男子・着衣・椅座・安静）(2)下半身に対する，主として温冷感・快適感への影響，日本建築学会大会学術講演梗概集（計画系），pp.659-660, 1981
5) 田中昭司，鎌田元康，松尾 陽，小林八枝，中村和人：温熱感覚に関する基礎的研究 その2—床面付近冷気の人体への影響(1)—，日本建築学会大会学術講演梗概集（計画系），pp.119-120, 1982
6) 中村和人，鎌田元康，松尾 陽，小林八枝，田中昭司：温熱感覚に関する基礎的研究 その3—床面付近冷気の人体への影響(2)—，日本建築学会大会学術講演梗概集（計画系），pp.121-122, 1982
7) 清水昭浩，田中昭司，鎌田元康，小林八枝：温熱感覚に関する基礎的研究 その5—上下温度分布の体感に及ぼす影響—，日本建築学会大会学術講演梗概集（計画系），pp.935-936, 1984
8) 清水昭浩，三ッ峰吉樹，鎌田元康，千田善孝：温熱感覚に関する基礎的研究 その7—局所温冷感と全身温冷感及び快適感の関係—，日本建築学会大会学術講演梗概集（D），pp.553-554, 1985
9) 坊垣和明，今川 望，伊藤裕安，大森正登，山田 茂：上下温度差のある環境の人体影響に関する研究，日本建築学会計画系論文報告集，No.417, pp.19-42, 1990
10) 田中政敏，大中忠勝，山崎信也，伊香輪淳子，吉田敬一，栃原 裕：上下気温差と体温，第9回人間-熱環境系シンポジウム報告集，pp.136-137, 1985
11) 鹿島昭一，小原俊平，寒河江昭夫，戸田里敏：事務所ビル室内における温度・気流分布の実態とその評価—室内熱環境の品質実態 その2—，日本建築学会計画系論文報告集，No.375, pp.28-38, 1987
12) 宮田紀元，坊垣和明：室内環境の居住後評価システム その1 オフィスのためのPOE調査法の開発—，日本建築学会大会学術講演梗概集（D），pp.117-118, 1990
13) 坊垣和明，宮田紀元：室内環境の居住後評価システム その2 オフィスにおけるPOE調査法の結果—，日本建築学会大会学術講演梗概集（D），pp.119-120, 1990
14) 澤地孝男，宮田紀元，坊垣和明：オフィスの快適性評価法の開発—室内環境の居住後評価システム その3—，日本建築学会大会学術講演梗概集（D），pp.205-206, 1991
15) 坊垣和明，大澤元毅：室内環境の居住後評価システム その4 「POEM-O」の概要と試行結果及び運用上の問題点—，日本建築学会大会学術講演梗概集（D），pp.369-370, 1992
16) 坊垣和明，大澤元毅：室内環境の居住後評価システム その5 POEM-O試行調査の結果—，日本建築学会大会学術講演梗概集（D），pp.371-372, 1992
17) 吉野 博，伊藤邦明，青笹 健：アトリウムの温熱環境に関する文献調査—垂直温度分布と空間構成の関連—，日本建築学会計画系論文集，No.483, pp.63-72, 1996
18) 絵内正道，荒谷 登：居住室の温熱環境の実態—その1・寒さに応じた住まい方と室温変動パターンについて—，日本建築学会論文報告集，No.264, pp.91-98, 1978
19) 絵内正道，荒谷 登：居住室の温熱環境の実態—その2・寒さに応じた住まい方と設定室温について—，日本建築学会論文報告集，No.265, pp.105-113, 1978
20) 長谷川房雄，吉野 博，赤林伸一：東北地方都市部の木造独立住宅における冬期の温熱環境に関する調査研究，日本建築学会論文報告集，No.326, pp.91-102, 1983
21) 長谷川房雄，吉野 博：東北地方の各種住宅における冬期の室温に関する調査研究，日本建築学会計画系論文報告集，No.371, pp.18-26, 1987
22) 加藤友也，山岸明浩，山下恭弘：長野市を中心とした一戸建住宅の冬季室内温熱環境に関する調査研究—熱損失係数から見た室内温熱環境と居住者意識に違いについて—，日本建築学会計画系論文集，No.470, pp.19-27, 1995
23) 松原斎樹，澤島智明：京都市近辺地域における冬期住宅居間の熱環境と居住者の住まい方に関する事例研究—暖房機器使用の特徴と団らん時の起居様式—，日本建築学会計画系論文集，No.488, pp.75-84, 1996

24) 松原斎樹, 澤島智明：京都市近辺地域における住宅居間の熱環境と居住者の住まい方の季節差に関する事例研究―住戸内での滞在場所選択行動に与える温熱環境の影響―, 日本建築学会計画系論文集, No.507, pp.47-52, 1998
25) Olesen, B.W. and Mortensen, E., Thorshauge, J. and Bergmunch, B.：Thermal comfort in a room heated by different methods, *ASHRAE Trans.*, Vol.86, No.1, pp.34-48, 1980
26) 山岸明浩, 堀越哲美, 石井 仁：上下気温分布が人体の皮膚温および温冷感に与える影響について, 人間と生活環境, Vol.5, No.1, pp.23-34, 1997
27) 落藤 澄, 持田 徹, 土門謙太郎：室内の垂直温度分布を考慮した温感評価法に関する検討, 空気調和・衛生工学会学術論文集, pp.229-232, 1983
28) 伊藤尚寛, 横井睦己, 中原信生：暖房空間の温度分布特性とその評価―空調空間の熱的特性に関する研究 第1報―, 日本建築学会計画系論文報告集, No.382, pp.37-47, 1987
29) 山岸明浩, 堀越哲美, 石井 仁：上下気温分布のある環境の表現方法に関する研究, 第20回人間-生活環境系シンポジウム報告集, pp.47-50, 1996

2.2 人体からの蒸汗量の測定

　暑熱時の人体の放熱経路として重要な役割を果たす発汗および蒸汗に関するとらえ方と蒸汗量の測定方法を中心に概説する。前半は全身の蒸汗(発汗)量の測定法と局所レベルの蒸汗(発汗)量の測定法に関しておのおのの方法論における利点と欠点をわかりやすく概説する。後半は筆者の研究を中心に,改良型勾配法による局所蒸汗量の測定に関する応用例を紹介する。

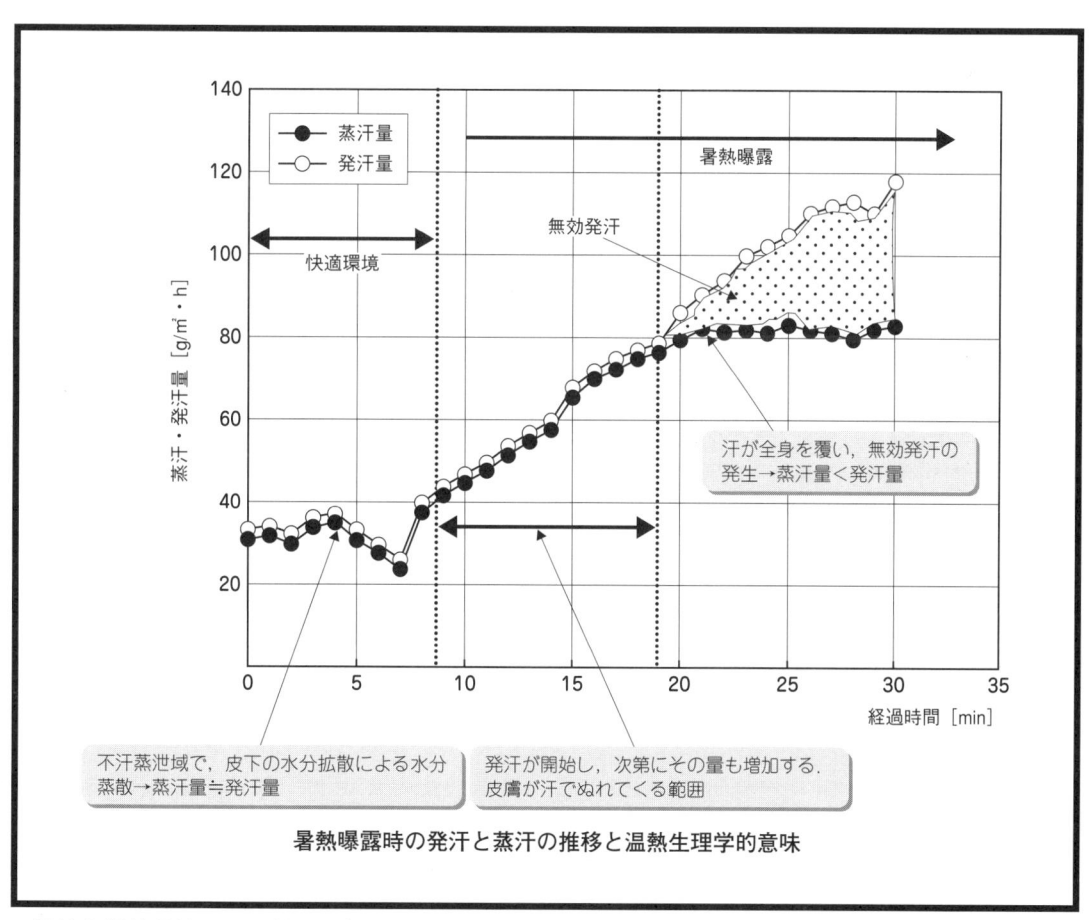

暑熱曝露時の発汗と蒸汗の推移と温熱生理学的意味

　快適な温熱環境では,発汗は誘引されず,皮膚面はほどよく湿り気がある状態である。しかし,暑熱環境へ曝露されたり,運動をすると発汗が誘引され,皮膚面に汗が押し出される。それに伴って,蒸汗が促進される。熱の移動という意味では,この蒸汗が重要になる。つまり,汗が蒸発して皮膚面から熱が奪われることで我々人間は暑熱環境に適応できるのである。いくら発汗しても蒸汗しなければ,汗は皮膚からしたたり落ちるだけで放熱には寄与しなくなる。運動を続けて大量の汗をかくような場合や長期間暑熱環境に曝露される場合に起こり得る。上図はこのような現象の模式図である。

57

■**基礎知識**

- **潜熱**
  液体（水）が蒸発するときに，周囲から熱を奪うので蒸発潜熱という。常温で約 2.34 J/kg である。

- **暑熱環境**
  発汗を誘引する温熱環境のこと。一般的には気温 30 ℃以上ではあるが，厳密に決められてはいない。

- **ぬれ率（ω）**
  Gagge らが提案した熱ストレス指標。$\omega = E_{sk}/[h_e \times (P_{sk}{}^* - P_a)]$ で定義される。ここに，h_e：蒸発熱伝達率，$P_{sk}{}^*$：皮膚面の飽和水蒸気圧，P_a：環境側の水蒸気圧，E_{sk}：蒸発放熱量

- **能動汗腺**
  汗腺のうち，発汗する機能を備えた汗腺をいう。

- **不感蒸泄域**
  発汗を伴わない，皮膚面からの水分蒸散による体温調節範囲をいう。

- **発汗調節域**
  体温の上昇に伴い，発汗による放熱が促進される。この発汗による体温調節範囲をいう。

- **無効発汗**
  皮膚面に蒸発しないまま残った汗。または皮膚面を滴り落ちてしまう汗のこと。

- **露点温度**
  ある湿り空気の水蒸気圧が飽和水蒸気圧になる温度をその湿り空気の露点温度という。

- **絶対湿度**
  飽和絶対湿度は気温で決まる。湿り空気の絶対湿度はそれに相対湿度/100 を乗じて求められる。

- **境界層**
  熱や水蒸気などが面から発散する場合，発熱または蒸発面近傍に温度分布や水蒸気圧分布が形成される領域をいう。

- **トンネル効果**
  物質拡散において，拡散する空間がトンネル状の筒などで限定されると，境界層がその高さに合わせて形成されること。

- **reverse evaporation**
  蒸汗の戻り（適切な邦訳はない）。着衣に汗が吸収され，蒸発面が皮膚から着衣表面に移動する現象をいう。着衣面がもっとも水蒸気圧が高くなるので，着衣の内外に向かい水分蒸発が起こる。

- **最大蒸汗能力**
  ある環境下での皮膚面が完全に汗に覆われた場合に期待できる最大の蒸発放熱量をいう。

- **critical condition**
  全身の皮膚面が完全にぬれた状態をいう。

- **relative skin humidity（Φ）**
  1948 年に Mole が提案した指標。$E_{sk} = h_e \times (\Phi \times P_{sk}{}^* - P_a)$ で定義される。ここに，h_e：蒸発熱伝達率，$P_{sk}{}^*$：皮膚面の飽和水蒸気圧，P_a：環境側の水蒸気圧，E_{sk}：蒸発放熱量

2.2.1 はじめに

ヒトが暑熱環境へ適応できたのは発汗能力によることはよく知られている。暑い環境に長時間曝露されると，皮膚面が汗でぬれてくる。それが蒸発することで潜熱が奪われ，放熱が促進される。そのため体温があまり上昇せずに活動できる。このように，ヒトの発汗(蒸汗)能力は生活するうえでたいへん重要な生理反応である。

これまで提案された暑熱環境における人体への熱ストレス評価に関する指標を大別すると，環境側の4要素(温度，湿度，気流，放射)の組合せによる指標と生理的な熱ストレスを評価する指標に分けられる。前者では，たとえば，温度や湿度が高ければそれだけ人体からの放熱が抑制されることになるので，結果的に生理的な熱ストレスが生じるという因果関係をもとに定義されている。湿球グローブ温度指標(WBGT)[1]，熱ストレス指標(HSI)[2]および熱帯夏季暑熱指数(TSI)[3]などがあげられる。ただし，TSIは，厳密には皮膚面からの蒸発による放熱量を環境側の最大蒸発熱放散量で除した値で定義されているので，ぬれ率とほぼ等しくなる。したがって，生理反応もある程度考慮した指標といえる[4]。

後者の例では，Moranら[5]が1998年に提案したPSI(physiological strain Indices)がある。体温と心拍数の関数として定義されたが，実用化のために工夫され，初期時の体温と心拍数を測定しておけば，暑熱曝露時または曝露後の体温と心拍数からPSIを求められるように改良されている。ただし，蒸汗量は組み込まれていない指標である。また，同年にFalk[6]が提案した蒸汗放熱指数(EHLI)がある。蒸汗による体重減少量を単位代謝量で除して求められる指標である。同条件下での実験で若年者と成人のEHLIに年齢差があることを報告しており，蒸汗による放熱効率を評価できることを示唆している。

このように，暑熱時の生理的熱ストレス評価には，発汗量だけでなく蒸汗量の測定が欠かせない。これまで暑熱時や運動時の発汗反応や蒸発による放熱に関する研究は数多い。定量的に評価するためには発汗量や蒸汗量を正確に測定することが重要となるので測定法が開発されてきた。全身からの発汗(蒸汗)量の測定方法は，測定期間中の体重減少量を測定する方法が一般的である。また，能動汗腺の密度が身体各部で異なるので局所の発汗量は均一ではない。そこで，局所の発汗(蒸汗)量を測定する方法も開発された。

2.2.2 全身からの蒸汗量の測定

1600年初めにSanctriousが不感蒸泄を測定するための人体天秤を開発したことはよく知られており，人体からの放熱や蒸散に対する科学的認識はかなり古い。現在においても，全身からの蒸散量の測定は人体天秤を用いており，当初との違いをあげるなら精度がよくなっていること以外はないといってよい。

安静時における不感蒸泄域や発汗調節域でも皮膚面が汗で完全にぬれない範囲では，全身からの蒸汗量は体重減少量にほぼ等しくなる。ただし，運動時では呼吸性の湿性放熱量が看過できなくなるので，その分を差し引いた値を皮膚面からの蒸汗量とする。測定方法としては，測定期間中の体重減少量を測定する方法と体重の経時変化を測定する方法がある。前者は，精密体重計で曝露前後の体重を測定して，その差から体重減少量(蒸汗量)を求める。無効発汗がある場合は，発汗量と蒸汗量が一致しなくなり，無効発汗量の分だけ蒸汗量が少なくなる。そこで，体重減少量と無効発

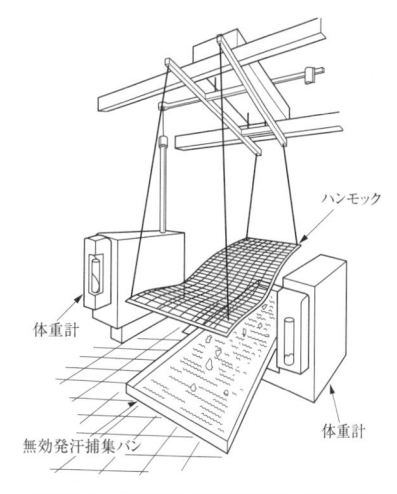

図 2.2-1 蒸汗量と無効発汗量の同時測定

汗量を同時に測定する必要がある。図2.2-1に示すLibertらの提案した方法[7]が有効と思われる。体重と無効発汗量を連続して測定できる精密重量計を2台使用する。被験者を支持するハンモックが体重計と連結しており，その真下に無効発汗を捕集するパンが置かれ，重量計と連結している。

2.2.3 局所蒸汗量の測定

局所蒸汗量の測定方法には，勾配法，無換気力プセル法および換気力プセル法がある。どの測定法にも利点と欠点はあるが，蒸汗量を測定する場合は皮膚面上の微気候を乱さないで測定することが必須条件なので，その点では勾配法がほかの方法より優れているといわれている。ここでは，勾配法，無換気カプセル法と換気カプセル法を紹介する。

勾配法は，従来の勾配法と筆者が開発した改良型勾配法に関して概説する。無換気カプセル法は研究例が少ないので簡単に述べる。また，換気カプセル法は1960年以後からの研究が主であるが，相対湿度センサや露点温度センサなど使用するセンサが異なる例をあげ，測定方法を概説する。

(1) 勾配法

勾配法とは，皮膚面近接の2点の相対湿度と温度を測定し，2点間の絶対湿度勾配から蒸汗量を求める方法である。Lamkeらの研究成果[8]をもとに，図2.2-2に示す測定器（エバポリメータ）が市販され，臨床や研究に広く利用されている。局所蒸汗量の測定原理は，境界層内の異なる2点の絶対湿度を求めるために，2対の相対湿度センサと温湿度センサが組み込まれている。局所蒸汗量は次式で求められる。

$$E_{sk} = \lambda \times D_w \times (X_1 - X_2)/L \quad [W/m^2] \quad (2.2\text{-}1)$$

ここに，D_w：拡散係数$[m^2/hr]$，X_1, X_2：各点の絶対湿度$[g/m^3]$，L：センサ間の距離$[m]$

エバポリメータでの測定は容易であるが，皮膚を圧迫すると蒸汗量が変化することとカプセルのトンネル効果で指示値が真値より小さくなることが欠点で，とくに有風時に差が大きくなるなどが指摘されている[9]。したがって，微風速域での測定が望ましい。

(2) 改良型勾配法[10]

筆者が開発した勾配法の欠点を改良した機器は，局所カロリメータと呼ばれ，温湿度センサを用いて境界層内の3点の絶対湿度が測定できる構造で，皮膚面上の水蒸気濃度分布が求められる。蒸汗量に加え皮膚面の水蒸気圧や皮膚温なども間接的に測定でき，測定値も信頼できる。ただし，勾配法同様に周辺気流の影響が強い環境下での使用は注意を要する。

前述したように，勾配法は境界層内の2点の温湿度を測定し，式(2.2-1)により蒸汗量を算出する方法であるが，周囲に風速がある場合は，対象面上の物質移動および温度のプロフィールは距離の多項式となるので，式(2.2-1)での計算値は実際よりも過小に見積もる可能性が高い。室内環境でも無風状態はまれで，通常0.1〜0.5 m/sの風速域である。したがって，人体皮膚面周囲も有風となる。このことを考慮して，境界層内の3点以上の温湿度を測定できれば，図2.2-3に示すように絶対湿度も温度も距離の2次式または高次の式で近似できる。また，蒸発による放熱量だけでなく，温度分布の近似式より対流による熱収支量も測定できる。さらに，分布の近似式から皮膚面の水蒸

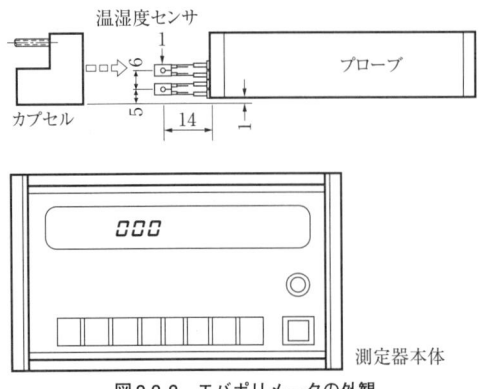

図2.2-2 エバポリメータの外観

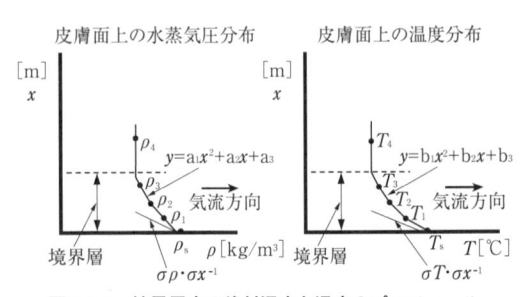

図2.2-3 境界層内の絶対湿度と温度のプロフィール

気圧と皮膚温が予測できるので，局所カロリメータとしての意義がある。この測定器の試作にあたり，物質および熱移動に対して，大きさを無視できるほど小さい温度センサはあるが，相対湿度センサは面状のセンサなので，大きさは無視できないことやセンサの向きなども境界層内の絶対湿度分布に影響を及ぼす可能性があることを確認する必要があった。そこで，図2.2-4に示すようにセンサの位置を底部から2，5，8 mmとなるように組み込んだ測定器を試作した。ただし，湿度センサは感知部の中心がその距離になるように配置し，向きは対象面に水平，垂直，斜め45°の3種類とした。温湿度がコントロールでき，所定の風速を設定できるように送風機を組み込んだ試験槽を試作し，槽内を20℃，50％にコントロールし，無風時，0.1，0.15，0.2，0.4 m/sの5段階における蒸発量と重量減少量を同時に測定した。また，水温を気温より3℃高くし，断熱された容器中の水の温度変化から求めた放熱量と境界層内の温度分布から求めた放熱量を比較し，さらに水面の温度と分布から求めた温度と水面の飽和水蒸気圧と絶対湿度の分布から求めた水蒸気圧を比較した。結果の一部を図2.2-5，図2.2-6に示す。湿度センサの向きは対象面に垂直である方が真値に近い値を得られること，水温および水蒸気圧は推定値が実測値に近似した値を示したことなどを確かめ，測定器としての信頼性を確認している。

(3) 無換気カプセル法

Lamkeら[11]が試作した測定器で，内容積が2 500 cm^{3}の撹拌用のファンが組み込まれた円筒型チャンバーで構成されている。対象面が170 cm^{2}程度なので，比較的大きな皮膚面からの蒸汗量を測定するのに適している。しかし，間接的に測定する方法なので，事前に絶対湿度の単位時間当たりの増加率と実際の蒸汗量の関係を求め，蒸汗量を換算する必要がある。紙面の都合上，この方法に関する詳細は他所に譲る[12]。

(4) 換気カプセル法

a. 容量式センサを用いた測定法

容量式湿度センサまたは電気抵抗式湿度センサと呼ばれる応答の速い，小型のセンサを用いた測定法に関する研究は数多い[13]～[15]。代表的な測定システムを図2.2-7示す。発汗カプセル法と同じ原理である。局所発汗量と局所蒸汗量はすでに述べたように無効発汗が誘引されない範囲ではそれらの値に大きな違いはないので，いわゆる発汗カ

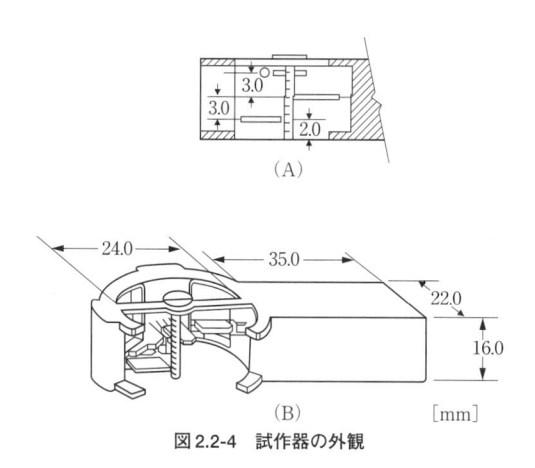

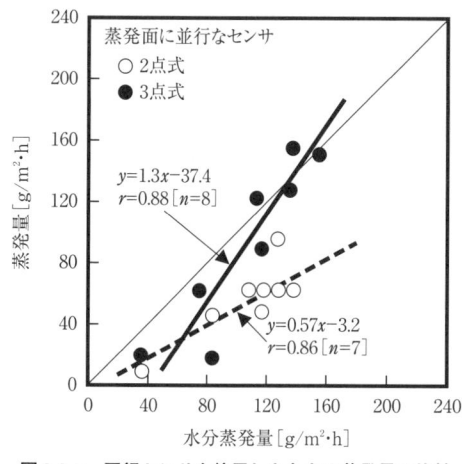

図2.2-4 試作器の外観

図2.2-5 平行センサを使用したときの蒸発量の比較

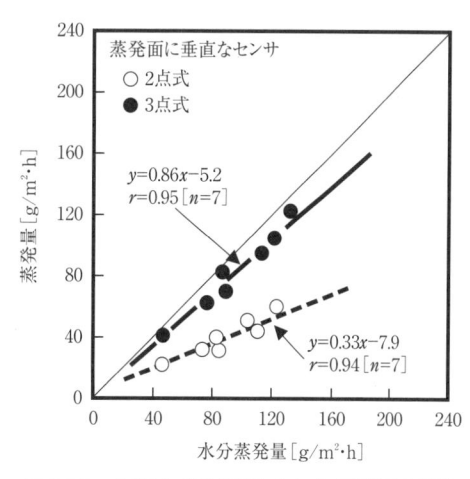

図2.2-6 垂直センサを使用したときの蒸発量の比較

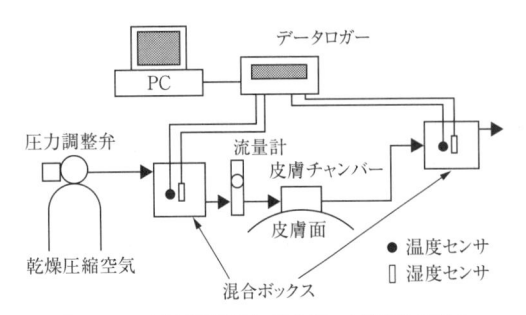

図2.2-7 容量式湿度センサを用いた測定システム

プセル法での測定結果を蒸汗量の測定と呼ぶ研究者も多い。乾燥空気または環境空気をカプセルに供給し，流量を制御し，カプセル前後の空気の絶対湿度差を求め，それに流量を乗じることで単位時間当たりの蒸汗量を測定できる。蒸汗量の測定における注意事項を考えれば，乾燥空気より環境空気を供給するほうがよい。また，カプセル内への流量を極力抑え，できれば周囲の気流に一致させるのが最適である。このような測定上の配慮は，測定皮膚面だけ密閉された環境を創り出し，皮膚温や皮膚面のぬれ率がほかと著しく異なる条件にすると測定の意味を失ってしまうことが理由である。

b. 露点温度センサを用いた測定法

1970年代にBernsteinら[16)]やBrengelmann[17)]が露点温度センサを用いた研究を発表している。ここでは一例として1987年にJ. H. Green[18)]が提案したシステムを紹介する。

測定系は至って簡単で，図2.2-8に示すように供給空気の流量を制御して，発汗カプセルと同様のカップを皮膚面に当て，後流側の空気の露点温度を測定する方法である。塩化リチウムを使ったセンサの場合，安定するまで5～10分かかるので，変化の多い温熱環境条件では使用できないが，特殊な酸化アルミニウム膜を使ったセンサを用いているので時定数が10秒前後であると報告されている。論文中には，同じ測定器で蒸汗量と発汗量を測定する工夫が述べられている。発汗量の場合は皮膚面を完全に乾燥させる必要があるので，乾燥空気を高めの流量で供給することが肝心で，蒸汗の場合は対象となる皮膚面の皮膚温が低下しないように環境空気を低流量で供給することが重要であると示唆している。ただし，低流量の供給を厳密に行うことの難しさも言及している。

c. 熱容量セルを用いた測定法

熱容量セルを用いた測定方法は，露点温度センサを用いた研究と相対するように1960年代にBullard[19)]，Adamsら[20)]，Spruitら[21)]の研究が発表された。ここでは，1983年にAdamsら[22)]が提案したシステムを紹介する。

測定系を図2.2-9に示す。検出用のブリッジに組み込まれているサーミスタの温度を50℃に維持する装置があり，供給空気(乾燥ガス)と戻りの空気(カプセルを介し水分を吸収した空気)の熱抵抗の差を検出する装置である。供給空気の流量を自由に制御できることに加え，校正器によりブリッジの抵抗変化と水分蒸発量の関係を正確に求めておけば，かなり精度のよい測定が可能なので，面積の小さい皮膚面からの低レベルの蒸汗量を測定するのに適していると強調している。ただし，露点温度センサを用いる方法と異なり，供給ガスが乾燥空気に限るのが欠点であることも認めている。

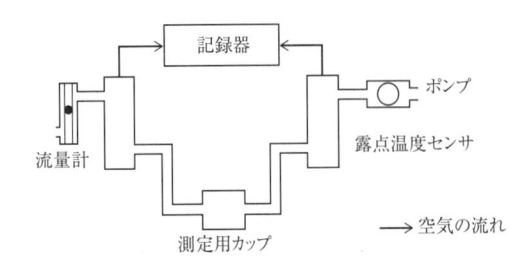

図2.2-8 J. H. Greenの測定システム

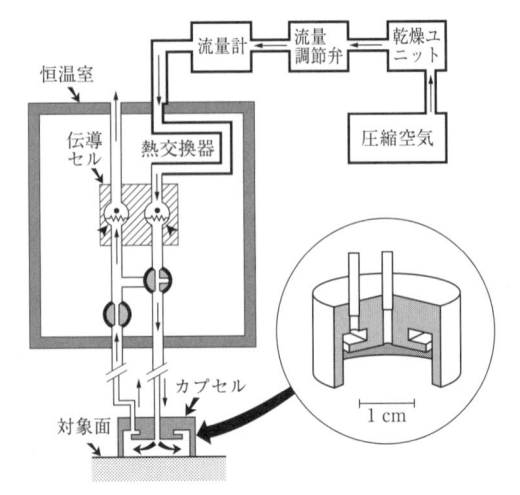

図2.2-9 Adamsらの測定システム

2.2.4 局所蒸汗量測定に関する研究事例紹介

2.2.3(2)で紹介した改良型勾配法による試作器を用いた筆者の研究を2例紹介する。

(1) 着衣時の蒸汗量測定[23]

1942年にNelbaceとHerrington[24]が，とくに暑熱環境下では，着衣が水蒸気のみならず水分も吸収することからreverse evaporationが生じることを証明している。また，1968年にFoutとHarris[25]は，発汗シミュレータを使い，汗が十分に吸収された場合は，皮膚面からよりも着衣表面からの蒸発が促進されることを報告している。着衣時の放熱過程を考えた場合，定常的な放熱はまれで，着衣層内の水蒸気や水分の移動による非定常な熱湿気同時移動が一般的である。したがって，暑熱曝露時に蒸汗面が皮膚面から着衣表面に移動した場合，皮膚面からの蒸汗が減少しても着衣表面の温度が低下するので，皮膚面からの乾性放熱の増加が期待できる。このことは，着衣時の熱収支量の見積りや温熱環境評価に重要な知見ではあるが，実際に被験者実験で現象を証明した例がなかった。

そこで，改良型勾配法による測定器を用い，ヘリコプタスーツを着衣した被験者の胸，上腕，大腿前の皮膚面とそれに相当する着衣表面に局所蒸汗量測定器（従来の勾配法による測定器）を密着させ，同時連続測定をした。図2.2-10に使用した測定器の感知部を示す。カプセルの側面を開放し，トンネル効果を極小にする工夫をした。気温を20～40℃まで上昇させたときの皮膚面からの蒸汗および着衣表面からの蒸発による放熱量の変化を図2.2-11に示す。

図中の黒丸は着衣表面からの蒸発量，白抜きの丸は皮膚面からの蒸汗量を示している。ゴアテックスや綿製のスーツでは，曝露後半で着衣表面からの水分蒸発が急増している様子が確かめられ，水蒸気や水分の吸収によりreverse evaporationが発生することを確認した。

(2) 局所蒸汗量と発汗量の同時測定[26]

先行研究としては，暑熱時における最大蒸汗能力や最大有効発汗量（全発汗量から無効発汗量を引いたもの）を特定する方法を提案したNishiら[27]およびLibertらの研究がある。どちらも臨界状態（critical condition）を間接的に決定する方法を提案している。筆者らは，全身レベルではなく，局所の発汗量と蒸汗量を同時に測定することにより，その部位のcritical conditionを特定する方法を1975年に提案している。被験者を27℃の前室で30分間滞在させ，その後に気温48℃，相対湿度50％に制御した人工気象室内に移動させ，60

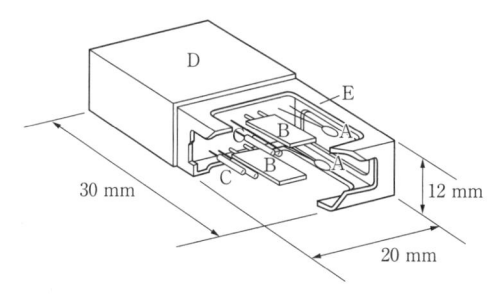

図2.2-10 改良型カプセルの形状

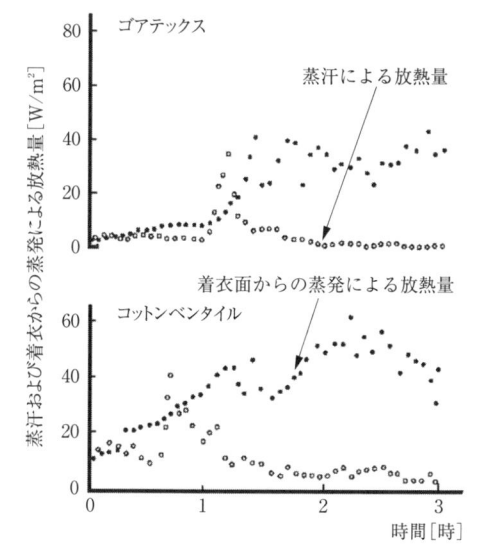

図2.2-11 皮膚面および着衣表面からの蒸汗量の経時変化

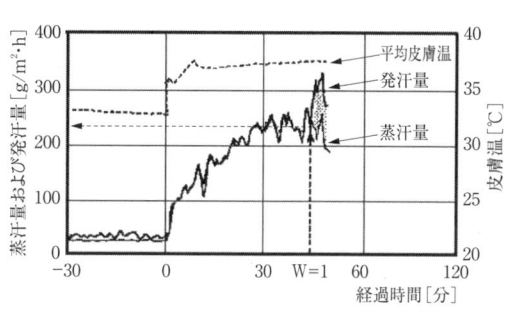

図2.2-12 前腕の蒸汗量と発汗量の変化

分間の直腸温，皮膚温(7点法)，右腕，大腿前中央，右前腕中央の発汗量，蒸発量を連続して同時測定した。結果の一部を**図2.2-12**に示す。太線は発汗量，細線は蒸発量を示す。また，実験中の様子を**写真2.2-1**に，皮膚面に貼り付けたセンサ類を**写真2.2-2**に示す。

局所の皮膚面のrelative skin humidity[28]（最近紛らわしい用語が提案されているので要注意）を算出できることから，暑熱環境の評価指標を容易に求められる。また，臨界値を直接確認できることから，**表2.2-1**に示す局所蒸発熱伝達率が求められることも示唆している。

2.2.5 おわりに

暑熱時の皮膚面からの蒸汗による放熱量をいかに測定するかをわかりやすく解説した。この分野の研究成果は多大であるが，残念ながら個人の発汗(蒸汗)特性や時間的要因，つまり放受熱のインバランスによる体温の上昇を的確に予測できる指標が少ない点に気付くであろう。現場においてオンラインで利用するのが難しいことが理由である。最近は，夏期の気温の上昇で熱中症などに罹る人が増えていることから，個々人の熱ストレスを推定できる簡便なモニター法あるいは代替測定法の開発が望まれている。

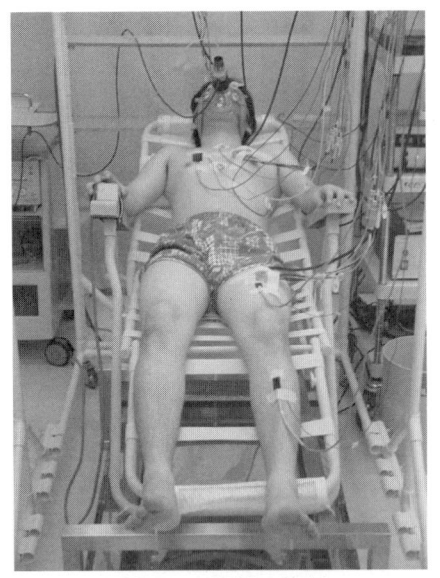

写真2.2-1 実験中の被験者

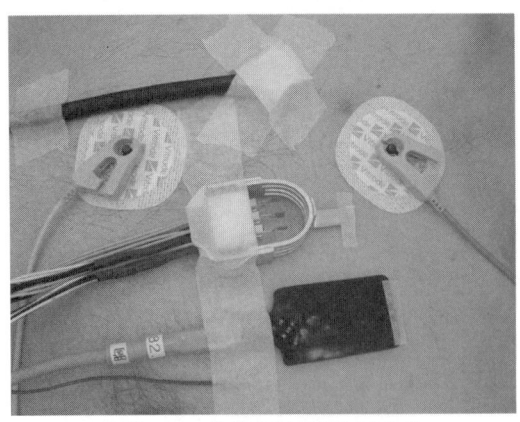

写真2.2-2 皮膚面に貼り付けたセンサ

表2.2-1 局所蒸発熱伝達率 [$W/m^2 \cdot Pa$]

被験者	A			B		
温度[℃]	46.1	46.2	46.8	45.9	46.7	47.5
相対湿度[%]	39.6	37.5	35	40.4	46.5	40.5
測定部位	胸	大腿	前腕	胸	大腿	前腕
臨界蒸汗量[$g/m^2 \cdot h$]	154	212	273	169	162	225
水蒸気圧差[MPa]	1.68	2.08	1.77	1.72	1.48	1.92
局所蒸発熱伝達率	61.0	67.9	102.4	65.3	73.1	78.0

参考文献

1) ISO 7243：Hot environments—Estimation of the heat stress on working man, based on the WBGT-index(Wet-Bulb Globe Temp.), Int. Stand. Organization, 1982
2) Belding, H. S. and Hatch, T. F.：Index for evaluating heat stress in terms of resulting physiological strains., *Heating, Piping & Air Conditioning*, Vol.207, pp.129-136, 1955
3) Sharma, M. R. and Ali, S.：Tropical summer index a study of thermal comfort of Indian subjects., *Human-Environ. System.*, pp.505-508, 1991
4) 空気調和衛生工学会編，快適な温熱環境のメカニズム，丸善(株)，1997
5) Moran, D. S., Shitzer, A. and Pandolf, K. B.：A physiological strain index to evaluate heat stress., *Am. J. Physiol.*, Vol.275, pp.R129-R134, 1998
6) Falk, B.：Effects of thermal stress during rest and exercise in the pediatric population., *Sports Med.*, Vol.25, pp.221-240, 1998
7) Livert, J. P., Candas, V. and Vogt, J. J.：Sweating response in man during transient rises of air temperature, *J. Appl. Physiol.*, Vol.44, No.2 pp.284-290, 1978
8) Lamke, L. O., Nilsson, G. E. and Reithner, H. L.：Insensible perspiration from the skin under the standardized environmental conditions, Linkoping Univ. Med. Dissertation, 1977
9) Kakitsuba, N.：Evaporative rate from skin surface in hyper-baric helium environments., *Trans. SHASE*, Vol.19, pp.59-69, 1982
10) Kakitsuba, N. and Katsuura, T.：Development of a new device to measure local heat exchange by evaporation and convection, *Avial. Space Med.*, Vol.63, pp.538-542, 1992
11) Lamke, L. O., Nilsson, G. E. and Reithner. H. L.：Water loss by evaporation from the abdominal cavity during surgery,

Linköping Univ. Med. Dissertation, 1977
12) 日本生理人類学会計測研究部会編：人間計測ハンドブック，pp.211-217，技報堂出版，1996
13) Herlzman, A. B., Randall, W. C., Peiss, C. N. and Seckendolf, R.：Regional rates of evaporation from the skin at various environmental temperatures., *J. Appl. Physiol.*, Vol.5, pp.153-161, 1952
14) Kraning, K. K. and Sturgeon, D. A.：Measurement of sweating rate with capacitance sensors, *Annals of Biomed. Eng.*, Vol.11, pp.131-146, 1983
15) Nilsson, G. E.：Measurement of water exchange through the skin., *Med. Biol. Eng. Comput.*, Vol.15, pp.209-218, 1977
16) Bernstein, M. H., Hudson, D. H., Stearns, J. M. and Hoyt, W.：Measurement of evaporative water loss in small animals by dew point hygrometry., *J. Appl. Physiol.*, Vol.45, pp.382-385, 1977
17) Brengelmann, G. L., McKeag, M. and Rowell, L. B.：Use of dew-point detection for quantitative measurement of sweating rate., *J. Appl. Physiol.*, Vol.39, pp.498-500, 1975
18) Green, J. H.：Use of dew-point temperature sensors for intermittent production and evaporation rates, *J. Sports Med.*, Vol.27, pp.11-16, 1987
19) Bullard, R.：Continuous recording of sweating rate by resistance hygrometry., *J. Appl. Physiol.*, Vol.17, pp.735-737, 1962
20) Adams, T., Funkhouser, G. E. and Kendall, W. W.：Measurement of evaporative water loss by a thermal conductivity cell., *J. Appl. Physiol.*, Vol.18, pp.1291-1293, 1963
21) Spruit, D.：Measurement of the water vapor loss from human skin by a thermal conductivity cell., *J. Appl. Physiol.*, Vol.23, pp.994-997, 1967
22) Adams, T., Steinmetz, M. A., Manner, D. B., Baldwin, D. M. and Heisey. S. R.：An improved method for water vapor detection., *Annals of Biomed. Eng.*, Vol.11, pp.117-129, 1983
23) Kakitsuba, N.：Dynamic moisture permeation through clothing., *Aviart. Space Med.*, Vol.59, pp.49-63, 1988
24) Nelbace, J. H. and Herrington, L. P.：A note on the hygroscopic properties of clothing in relation to human heat loss., *Science*, Vol.96, pp.387-398, 1942
25) Fourt, L. and Harris, M.：Physical properties of clothing fabrics In：Physiology of heat regulation and the science of clothing, Hafter Publishing. Co. NY, pp.291-319, 1968
26) Kakitsuba, N. and Katsuura, T.：Direct determination of local evaporative heat transfer coefficients by simultaneous measurement of local sweat rate and evaporation rate, *J. Human-Environment System*, Vol. 1, No. 1, pp. 93-97, 1997
27) Nishi, Y., Gonzalez, R. R. and Gagge, A. P.：Direct measurement of clothing heat transfer properties during sensible and insensible heat exchange with thermal environment, *ASHRAE Trans.*, Vol.81, No.2, pp.183-199, 1975
28) Mole, R. H.：The relative humidity of the skin. *J. Physiol.*, Vol.107, pp.399-411, 1948

2.3 変動風環境の評価

　温熱環境を総合的に評価する指標として，定常な温熱環境に対してはET*やPMVが開発されてきた。一方，非定常な温熱環境に対しても，多くの研究によってその特徴が明らかにされつつある。こうした中で，オフィスなどの空調においては温度分布の均一化や不快気流の低減などが優先されてきたが，さらなる省エネルギーや快適性の向上に対する要請が高まり，従来のシステムとは異なった新しい空調システムが模索されるようになってきた。

　本節では，非定常温熱環境の一つである変動風環境について，生理・心理反応に関する研究が注目している各種評価要素を整理し，近年の研究によって得られている主な成果について概説する。

　変動風空調システムの設計に必要となる人体の生理・心理反応に関わる要因を明らかにするため，「変動風自体の性状」や「変動風と人体との関係」，その他の各種背景的要素について，さまざまな組合せを設定した研究が行われている。

■ **基礎知識**

・ドラフト
　一般には空気圧力差による空気流動（通風）を意味するが，冬期における室内への低温気流の流入や，ガラスなどの冷壁面で冷やされた冷風が下降する現象はコールドドラフトと呼ばれ，とくに不快な気流を指す。

・定常風
　意図的に変動を発生させていない気流。乱れの強さ Tu を10％未満とする場合が多い。

・変動風
　ルーバーやファンの回転数などの制御により，意図的に変動を発生させた気流。周期的な変動を与える場合は，周期を60秒以下とする場合が多い。

・サーマルマネキン
　等身大のマネキンで，内部に発熱用の電熱装置を有しており，各部位の表面温度や発熱量を独立して調節することができる。温熱環境や着衣断熱性の評価などに使用される。

・1/f ゆらぎ特性
　何らかのゆらぎ（変動）のある現象についてスペクトル分析を行なったとき，そのパワースペクトルが周波数 f に反比例する関係にある現象を「1/f ゆらぎ」と呼ぶ。そよ風や小川のせせらぎ，あるいは人の心拍の間隔なども 1/f ゆらぎ特性を有しており，同様の特性をもつ変動は，快適感を与えたりリラクゼーション効果があるといわれている。

・タスク・アンビエント空調
　オフィス空間などにおける各自の作業領域（タスク域）と，その周囲に広がる共用空間（アンビエント空間）を区別し，それぞれをある程度単独で空調しようとする方式。タスク域に導入されるであろうパーソナル空調と，アンビエントを調整する全体空調を適切にバランスさせることが重要となる。

・キオスク型変動風装置
　床上に置かれた人の背丈ほどの筒状の吹出しユニット。吹出し口に取り付けられたフィンをスイングさせることにより，風向や風速に変動を与える。

・二次元温冷感モデル
　非定常な温熱環境下では，温度変化が低下あるいは上昇の一方向であるにもかかわらず，温冷感尺度上で申告の逆転を生じ，温度に対応した尺度の一次元性が崩れる。この現象を説明するため Kuno らは二次元温冷感モデルを提案した。二次元温冷感モデルでは縦軸に周囲環境状態，横軸に人体の生理状態をとり，この２つの評価軸により非定常温熱環境下での状態 S を表現する。

・プレザントネス
　不快な状態から解放される際に感じる一過性の快適さ。「積極的な快適性」とも表現される。二次元温冷感モデル上で状態 S が右上あるいは左下の不快域にあるとき，環境状態が急速に緩和されると状態 S の軌跡は外側に膨らみつつ対角方向へ変化し，右下あるいは左上の領域を通過する。このときに人がプレザントネスを感じるとしている。状態 S はこの領域にとどまることができないため，プレザントネスも長時間持続し得ないと説明される。

2.3.1 はじめに

かつて空調技術がなかった時代，人々は夏の暑さに対して建物自体の工夫や自然風の利用などによって対処していた。その後，空調技術が発展し，オイルショックに対する省エネルギー化の時代や好景気を背景とした快適性重視の期間を経て，現在は快適性を維持しつつも，よりいっそうの省エネルギー・省資源・環境負荷低減を図るため，種々の見直しや検討がなされている。

これまでオフィス空調などにおける快適性は，温度分布の均一化や不快気流の低減など，いわゆる「消極的な快適性」の達成が中心であった。しかしながら近年では，その部屋の目的・機能にふさわしい「積極的な快適性」の実現や健康面・生理的な適応能力に対する配慮，さらにはファン動力が増加しても部屋全体を冷房するエネルギーの低減が期待できるといった観点から，パーソナル空調や変動風空調に関する研究が行われている。

2.3.2 気流に関する基準

気流に関連する基準は，当初その最低換気量について定められており，それが温冷感に与える影響については考慮されていなかった。ビル管理法[1]や建築基準法においても「0.5 m/s 以下」と記述されてはいるものの，同様である。

表2.3-1に快適性を考慮した気流に関する基準の歴史的変遷を示す[2]。1912年 Houghten らによって気流による温冷感への影響を検討した実験が行われて以来，気温に関する基準値は上昇，気流に関する基準値はほぼ低下の傾向にある。

ASHRAE STANDARD 55-81では冬期0.15 m/s以下，夏期0.25 m/s以下とし，また，夏期における拡張域を0.8 m/s以下としていた。新基準55-92では，温度上昇と相殺する気流速度の関係を図示し，夏期の着衣で事務作業時には，図2.3-1に示すように快適域から2.5℃の気温上昇を0.8 m/sの気流速度で相殺できるとしている[2]。なお，気流を作業域で用いる場合には，在室者が気流速度・方向をコントロールすることができ，かつその気流速度を0.25 m/s以下に調節することができるという条件付きで0.8 m/sまでの気流を認めている。

変動風は気流の影響を強調するため，変動風によって涼感が高まる一方で，変動成分（乱れの強さ）の増加によってドラフトリスクも高くなる。Fanger ら[3]は乱れの強さを考慮した不満足者率 PD の予測式を与えており，この PD 値が10％以下になることを求めている。また，ASHRAE STANDARD 55-92では，乱れの強さに応じた許容平均風速について，図2.3-2のような関係を示している。

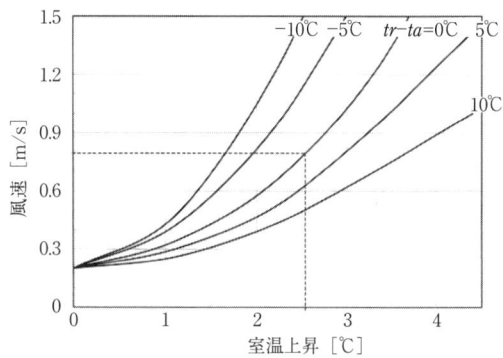

図2.3-1　ASHRAE Standard 55-92における室温上昇と風速[2]

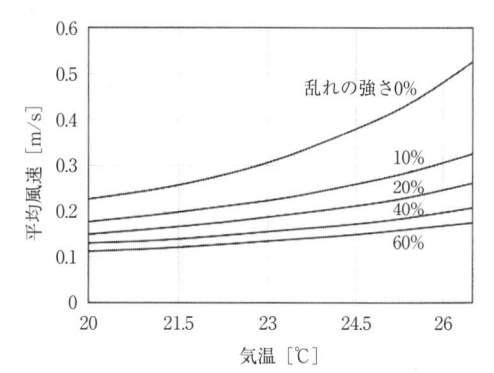

図2.3-2　ASHRAE Standard 55-92における乱れの強さと平均風速[2]

表2.3-1　温冷感基準における気流限界値[2]

年	出典	気温[℃]	最大風速[m/s] & その他
1896	ASHVE	−	30 cfm, 換気量のみ
1915	ASHVE	19	30 cfm, 換気量のみ
1920	ASHVE	19	0.81
1932	ASHVE	21	0.25
1938	ASHVE	21	0.25
1966	ASHRAE	24	0.23
1974	ASHRAE	24	0.36, 快適風速 0.15
1981	ASHRAE	24	0.25, 夏期上限値 0.79
1984	ISO	22	0.15, 夏期上限値 0.25
1993	ASHRAE	24	0.15, Tu=40% at 24℃

ドラフト不満足者率 PD

$$PD = (34 - ta)(V - 0.05)^{0.62}(0.37VTu + 3.14)$$

乱れの強さ Tu

$$Tu = Vsd/V \times 100$$

ここで，ta：気温，V：風速，Vsd：風速測定値の標準偏差。

2.3.3 変動風環境に関する評価要素

気流による人体への影響に注目した既往の研究は多数あるが，その扱っている気流の性状を大別すると，定常風と変動風に分かれる。本来，風速を完全に一定とすることは困難であるが，意図的に変動を発生させているかどうかで，両者を区別することが多い。

変動風に関するさまざまな研究の中では，前項で述べた乱れの強さ以外に，変動風の特徴を表す指標として以下のようなものが用いられている。
・波形（矩形波，sin波，パルス波など）
・周期，振幅（最大－最小風速），周波数
・平均風速，風速の変化量と変化率，瞬時風速の頻度分布
・気流の方向，曝露部位（全身曝露，局部曝露）

また，その他の変数として，以下のような項目が研究対象とされている。
・室温と気流温（等温，非等温），湿度，放射
・季節，性別，年齢，着衣量，活動量
・曝露時間（数分〜数時間）
・場所（実験室，住宅，オフィス，工場）
・被験者自身による風速などの自由選択性

2.3.4 気流の影響に関する既往の研究

人は気流に対して高い感受性をもっているが，それゆえ耐性は低い。したがって気流の変動性や強さ，気流に曝露される時間などについて検討し，快・不快の境界を見いだすことが必要である。

デンマークなどの北欧では，夏期は涼しく冬期は寒さが厳しいため，夏期に快適さをもたらす気流は必要とされない。むしろ冬期の不快なドラフトを発生させないため，気流は居住域から排除すべきものとして扱われている。一方，米国や日本などでは，とくに高温環境下における気流の効果が指摘されているが，米国などでは天井扇を用いた検討が中心であり[4〜7]，天井の低い日本では特殊な気流発生装置を用いた実験が多い。また，被験者実験においては，熱的に中立な状態から気流のある環境に曝露されることが多く，気流に対する人体の生理・心理的な反応の経時的な変化についても，まだ検討すべき点が残されている。

(1) 定常風による影響

定常風による温冷感への影響に関しては，異なる室温における気流の冷却効果を定量的に調査するとともに，足首や首筋など局部的な不快に注目したHoughtonら[8],[9]を初めとして，多くの研究者によって興味深い知見が得られている。Rohlesら[10]は気温22.2〜29.5℃，気流0.2〜0.8 m/sの範囲で被験者実験を行い，気流・気温・皮膚温と温冷感との間に強い相関があることを示し，また，ドラフトによる不快感がなかったことを示した。Fangerら[11]は異なる方向からの気流の影響を調査し，①温熱的に快適な状態の皮膚温は風速と無関係であること，②気流の方向は温冷感に影響しないこと，③風速の定量的な効果は快適方程式によく一致することを示した。

国内では，堀越ら[12]が人体への気流の影響を修正湿り作用温度と温熱風速場によって表現することの妥当性を検討し，川岡ら[13]は下着のみの状態で0.5 m/sが好まれる気流の上限であること，小笠原ら[14]は発汗温域における気流の強さ感が風速と気温によって回帰しうることを示した。また，久保ら[15]は8種類の温湿度条件下で被験者に好まれる気流速度を検討し，気温が高いほど，湿度が高いほど好まれる気流が速いことを示した。田辺ら[16),17)]は定常風に関する基礎的な研究を行うとともに，サーマルマネキンを用いて着衣の気流透過性を考慮した等価温度を示し，被験者実験の結果も考慮に入れ，推奨気流速を示している。また，堀ら[18]は天井扇を用い，被験者に風速を自由選択させることによって各室温での至適気流速度を求め，気流を与えることによって改善可能な室温の上限値などを検討している。

一方，温冷感における変動風の優位性を示した研究には，夏期の冷房を念頭においたものが多い。

2.3 変動風環境の評価

わずかではあるが集中力や作業能率の向上を示した研究もある[19), 20)]。以下，5つの側面から変動風に関する研究を取り上げてみよう。

(2) 変動風の波形・乱れの強さ

変動風による人体への影響については早くから窪田ら[21)]が研究を行っており，変動風の刺激は変動の少ない気流よりも著しく大きいこと，整流より噴流の方がさわやかな心理的影響を有するもの，乱れの強さが40％程度の場合にはむしろ快適性が低下してしまうこと，変動風による開放感を得るためには，少なくともゆっくりと変動する必要があること，などを示している。また，Konzら[22)]は首振りファンと固定ファンを用いた被験者実験を行い，熱的快適性について首振りファンの方が好ましい影響を与えることを示し，Wu[23)]は，首振りファンを用いることにより，室温に関する許容域を40％RHで32℃まで拡張できると報告している。また，変動風の波形については矩形波やsin波，あるいは1/fゆらぎ特性を有する変動風などが検討されている[24)〜28)]。田辺ら[26)]は平均風速が同じである場合，定常気流，ランダム気流および矩形波に比べてsin波の涼房効果が大きいとし，梅宮ら[27)]は夏季室内通風環境において「自然らしい」，「快適」と評価される通風が，必ずしも1/fゆらぎ特性をもっていないと報告している。

一方，気流の乱れの強さについては桑沢ら[28)〜33)]によって研究が進められている。桑沢らは，体感的に大きな差がなくても乱れの強さが大きい場合には身体が冷却されすぎる可能性を指摘するとともに，平均風速を定常風の1/2程度にしても，乱れの強さを30〜60％とすれば同程度の涼感が得られることを示している。さらに桑沢ら[30)]は，被験者実験における測定値を用いた熱バランス式から，定常風および変動風に対する対流熱伝達率の算出方法を提案しており，線形モデルにより風速変動に対する皮膚温応答を予測し，それを用いて寒・暑申告率および不快申告率の予測式を与え[31),32)]，変動風による影響の定量化を試みている。

(3) 変動風の変動周期・振幅

田中ら[34)]は気流の変動周期と振幅の組合せが皮膚温や気流感に与える影響について検討し，気流の変動周期が大きいほど，また振幅が大きいほど皮膚温の変動が大きく，同じ周期では振幅の大きい方が，同じ振幅では周期の短い方が気流を感じやすいことを示している。また磯田ら[35)]は気温27.5℃，気流温22.5℃，振幅0.5 m/s，周期15 s/cのときに快適感がもっとも高く，変動風は定常風より高い気流温でも同程度の快適性が得られるとしている。

一方，李らはタスク・アンビエント空調システムという視点から，オフィスなどへの導入を想定した検討を行っている。李ら[36)]は，SET＊＝29.6℃のアンビエント環境下における快適感，寒暑感，涼暖感について，キオスク型変動風装置からの吹出温度差，基準風速，周波数による重回帰を行い，とくに吹出温度差5℃の場合として，快・不快感，寒暑感，および涼暖感の平均申告値を予測する回帰式を与えている。また，実際の導入にあたっては，キオスク型変動風装置からの基準風速が1.0 m/sの場合に変動周期10〜30秒，1.5 m/sの場合に40秒以下とし，かつ，居住者自身による調整ができるシステムを求めている[37)]。

斉藤ら[38)]は被験者1名のみではあるものの，屋外風に関して「涼しさ」が得られるときの気流について定量化を試みており，今後のデータ蓄積に期待がもたれる。

(4) 変動風の局部曝露・方向性

顔や首筋・足首など気流の局部曝露に関しては，McIntyre[39)]やFangerら[3), 40)]の研究がある。とくにFanger[40)]は局部曝露について，同じ平均風速において乱流は整流よりも不快であり，0.3〜0.5 Hzの周波数がもっとも不快であるとしている。国内においては，久保ら[41)]が周囲気温，気流温，気流速度変動の組合せに関する計60条件下で，スポット気流が人体に及ぼす影響を検討している。また，大森ら[42)]は上下温度分布のある条件下で被験者の顔面に定常風と周期40秒の変動風を与え，上下温度分布がない場合に比べて変動風が過小評価される可能性を指摘し，中村ら[43)]はアンビエントの温度が25℃の場合より29℃の方が顔面局部気流の効果が大きいことを示している。

気流の方向性に関しては，前述のように定常風についてFangerら[11)]が温冷感に影響する要因ではないとしているのに対し，川岡ら[44)]はランダム

な気流方向によって気流刺激の煩わしさが緩和されると報告している。しかし、前方あるいは斜め前方からの変動風が好まれる傾向にはあるものの、あまり大きな影響はみられないとする李ら[37]の報告もあり、変動風における気流方向の影響に関しては更なる検討が求められる。

(5) 変動風による快適域

気流による快適域への影響に関する検討としては、定常風、変動風および自然風のそれぞれについて、80％以上の居住者にとっての許容範囲と快適範囲を久保ら[41]が図示している。また大西ら[45]は、室温を1.5～2℃上昇させても気流変動のない場合と同じ温冷感が得られることを示唆し、祝ら[46]は、キオスク型変動風装置からの吹出温度差、基準吹出風速、スイング周期などを適切に設定すれば、アンビエント環境がSET*=30℃程度であっても中立温冷感が得られ、SET*=28℃程度の場合には変動風によって積極的な快適性が得られるとともに、個人差の解消も可能であるとしている。一方、榊原ら[47]は住宅内における気流感などを調査し、30℃近傍の気温でも1m/s以上の気流があれば涼感を得ることができると報告しており、住宅やオフィスなどにおいて、変動風空調を導入する際の室温設定についても、参考となるデータが蓄積・整理されてきている。

(6) 気流環境の評価項目

梅宮ら[48]は気流環境の評価に関して、気流の感知回数（一定時間t_0内に気流を感知した回数）および感知時間率（気流を感知した時間長さの合計÷t_0）によって通風環境の快適性を評価し、気流の快適性評価および気流による暑さ・気分の変化は感知時間率との相関がみられることを示している。一方、斉藤らは気流の性状をとらえるため、平均風速、標準偏差、乱れの強さ、周波数分析、瞬時風速の頻度分布、および基準化した風速変化率の頻度分布の有効性を指摘し[49]、また、皮膚温を用いて変動風環境を評価する場合には、皮膚温の絶対値と変化率の両方を考慮することが有効であるとしている[50]。

変動風環境の評価指標についてはまだ検討の余地があると思われるが、気流の性状を的確に表現するとともに、生理・心理反応とよく対応する統一的な指標の確立が望まれる。

2.3.5 暑熱環境から変動風環境への移動時における生理・心理反応

気流の効果に関する従来の研究では、熱的に中立な状態から気流環境に曝露する被験者実験が中心であった。これに対し、筆者の属する研究グループでは久野の二次元温冷感モデルに基づき、プレザントネスを与える非定常な温熱環境を実現するため、不快な室温から中立に近い室温へ移動する際に気流変動を与える一連の被験者実験を行った[51], [52]。以下に実験概要と主な結果を示す。

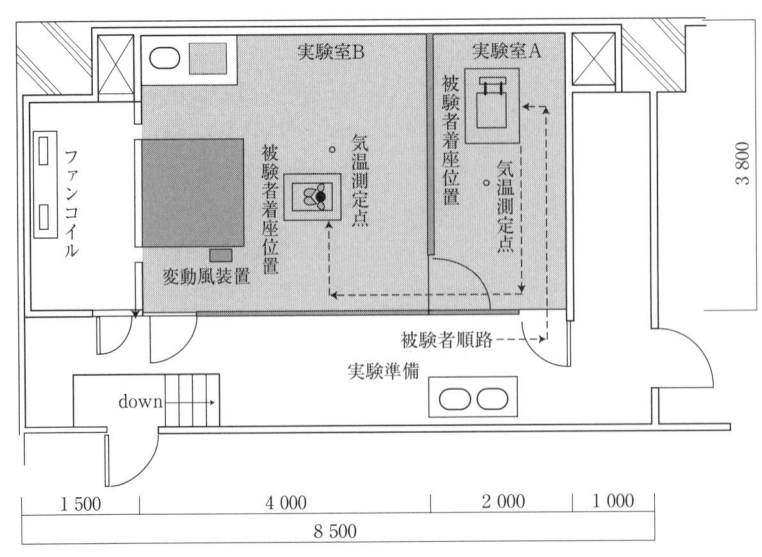

図 2.3-3　実験室平面図

2.3 変動風環境の評価

(1) 実験概要

実験に用いた名古屋大学空調環境実験室の概要を図2.3-3に示す。図中の破線は実験中の被験者の動線を表す。実験室Aは夏期の非空調環境を想定しており、気温34℃、相対湿度60％に設定した。また、実験室Bは気流のある空調環境として、1994年夏期実験までは気温28℃、相対湿度60％前後、1995年夏期実験以降では気温30℃、相対湿度50％前後になるように制御した。

被験者は実験準備室にて約0.5 cloの着衣に着替え、30分間安静状態をとった後、実験室Aに入室して1時間滞在し、その後実験室Bに移動してさらに1時間滞在した。実験中は着席安静状態をとり、生理・心理量の測定を行った。

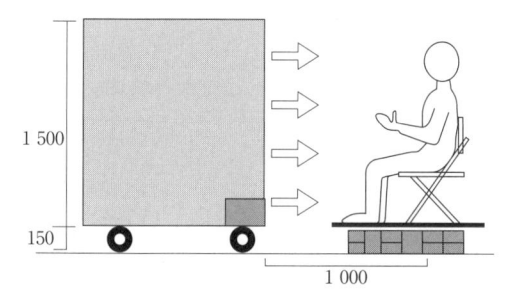

図2.3-4 全前面変動風装置

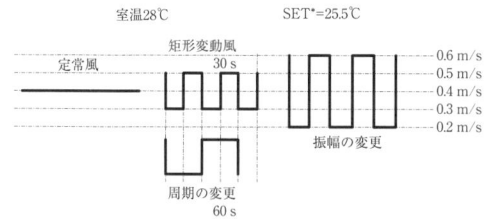

図2.3-5 風速設定条件の概念図

一連の実験では変動風を発生するため、図2.3-4に示す全面変動風装置を用いた。本装置はレベル波(定常波)・矩形波・正弦波の3種類の気流を発生することができるが、本実験では平均風速などの計算が容易な矩形変動風を採用した。図2.3-5に風速設定条件のイメージを示す。

実験の目的と各実験条件Noとの対応を表2.3-2に示す。各条件に曝露された被験者は8名である。

実験は大きく2つのシリーズからなり、最初にまず暑不快環境から中立環境へ移動した場合の変動風の影響を確認した。その後、やや暑い環境へ移動した場合の変動風の効果を検討した。それぞれの実験では、変動周期・振幅・平均風速の違いによる影響、およびこれらの設定条件を曝露途中で変更することによる影響を調査している。

(2) 中立環境下での実験結果

a. 変動風と定常風の比較(実験Ⅰ)

中立環境に設定された実験室Bに移動直後、皮膚温は急激に低下し、その後緩やかに上昇したが、室移動後20〜25分程度でほぼ安定した。気流の変動周期が短い場合には、このあたりから平均皮膚温は定常風条件より低い値を示したが、変動周期が長いと定常風条件と同様の経時変化を示し、変動風の効果はみられなかった。

心理反応のうち涼暖感申告については室移動後10分が経過したころから差がみられ、平均風速が同じであっても変動風条件は定常風条件より涼しいと申告された。また、快適感については室移動直後から差が生じ、変動風条件の方が快適感を維持しやすかった。

表2.3-2 実験の目的と各実験条件Noの対応

中立環境下での気流による影響

実験条件No	実験Ⅰ				実験Ⅱ			実験Ⅲ				実験Ⅳ			
	1	2	3	4	1	2	3	1	2	3	4	1	2	3	4
変動風と定常風の比較	○	○	○	○											
変動周期の相違		○													
変動周期の変更								○	○	○	○				
変動振幅の相違		○		○		○									
変動振幅の変更												○	○	○	○
許容風速の確認					○	○	○								

やや暑い環境下での気流による影響

実験条件No	実験Ⅴ			実験Ⅵ				実験Ⅶ					実験Ⅷ			
	1	2	3	1	2	3	4	1	2	3	4	5	1	2	3	4
変動風と定常風の比較	○	○		○	○	○		○								
変動振幅の変更									○	○						
平均風速の変更			○		○								○	○		○
許容風速の確認						○	○			○	○	○				

b. 変動周期の影響(実験Ⅰ，実験Ⅲ)

平均皮膚温は気流の変動周期が短い場合に低い値を示し，また，実験途中のある時間帯で変動周期を変更すると，変更しなかった場合に比べて低い値で推移した。

しかし，涼暖感についてはむしろ変動周期の長い方が涼感を維持しやすく，快適感についても室移動後30分ほどで，長い変動周期を維持した方が快適側に申告された。ただし，より頻繁に変動周期の変更を行うと一時的に快適感が低下する傾向もみられた。したがって，同じ平均風速・変動振幅の場合には，変動周期の長い方が涼感および快適感を維持しやすいといえるが，途中で変動周期を長くする場合のタイミングについては，今後さらに検討する必要がある。

c. 変動振幅の影響(実験Ⅰ，実験Ⅱ，実験Ⅳ)

平均皮膚温は気流の変動振幅が大きい場合に低い値を示し，また，室移動後の比較的早い時間帯で変動振幅を大きくした場合も，ほかの条件より低い値で推移する傾向がみられた。

涼暖感については，最初から変動振幅が大きい場合にはあまり大きな影響はみられなかったものの，実験途中で変動振幅を変更すると，より涼しい側に申告され，また，一部に定常風条件を含んだ方が涼感を維持しやすかった。一方，快適感については，変動振幅の大きい場合に快適側の申告を維持しやすかったが，室移動後10分経過してから変動振幅を大きくすると急速に中立側へ変化し，ほかの条件よりも中立側で推移した。

d. 許容風速(実験Ⅱ)

実験Ⅱにおいて，平均風速および変動振幅が大きい条件の涼暖感申告は，室移動後25分が経過した時点からほかの条件との差が大きくなり，実験終了時まで涼感を維持した。しかしながら快適感はあまり得られず，気流の強さに対する希望についても，ほかの条件より気流を弱くして欲しい側で推移した。これらより，中立環境下において許容される矩形変動風の平均風速は0.7 m/s程度，高速側風速は1.2 m/s程度までであると考えられる。

(3) やや暑い環境下での実験結果

a. 変動風と定常風の比較(実験Ⅴ～実験Ⅶ)

やや暑い気温に設定された実験室Bへ移動直後，皮膚温は急激に低下したが，その後緩やかに上昇し，室移動後40分程度でほぼ安定した。舌下温は実験室Bへ移動直後に若干上昇し，その後緩やかに下降した。中立環境への移動時に比べると，室移動後平均皮膚温が安定するまでの時間は15～20分程度長くなったが，平均風速が等しけ

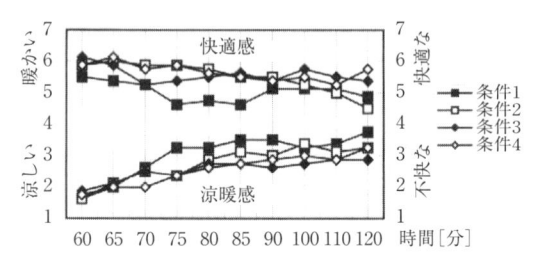

図2.3-6　実験Ⅰにおける涼暖感・快適感申告

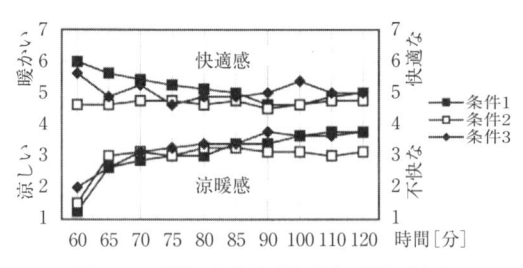

図2.3-7　実験Ⅱにおける涼暖感・快適感申告

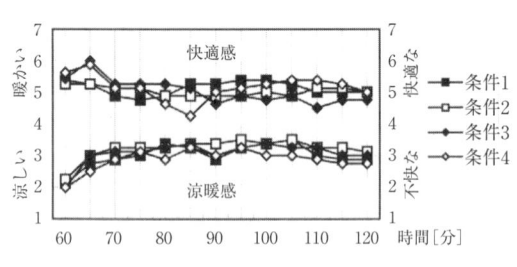

図2.3-8　実験Ⅲにおける涼暖感・快適感申告

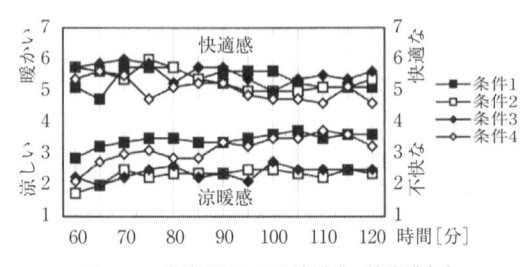

図2.3-9　実験Ⅳにおける涼暖感・快適感申告

れば定常風条件と変動風条件の間で有意な差はみられなかった。

涼暖感については，平均風速が同じであっても，実験室Bへの移動後30〜40分間において，変動風条件の方が定常風条件よりも涼しい側に評価された。

快適感については，平均風速0.4 m/s，50%RHの実験Ⅵにおいて変動風条件の方が全体的に快適側に申告されたが，湿度がやや高くなった実験Ⅴでは定常風条件との間で有意な差がみられなかった。また，平均風速0.55 m/sの実験Ⅶでは，振幅の小さい変動風条件は定常風条件より快適側に評価されたものの，振幅が大きい場合には両者に差がみられなかった。

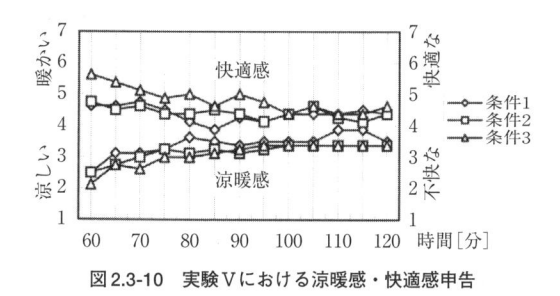

b. 一定時間経過後に平均風速や変動振幅を変更した場合の影響(実験Ⅴ〜実験Ⅷ)

40分経過時に，変動振幅を維持したまま平均風速を0.55 m/sから0.45 m/sへ低下させた実験Ⅵでは，0.55 m/sを維持した実験Ⅴに比べ，涼暖感の経時変化に違いはみられなかったものの快適感は維持されやすかった。同様に実験Ⅷにおいても40分経過時に平均風速を低下させたところ，変動風条件を変更しなかった場合に比べ，わずかではあるが快適側に申告された。

これに対し，40分経過時に平均風速を維持したまま変動振幅を低下させても，また，変動振幅と平均風速の両方を低下させても，変動風条件の変更を行わなかった場合に比べてとくによい評価は得られず，前述のような快適性の維持効果はみられなかった。

c. 許容風速(実験Ⅵ，実験Ⅶ)

やや暑い環境下で，平均風速が0.4〜0.6 m/s，変動時の高低風速が0.2〜1.0 m/sである変動風条件間では，平均皮膚温・舌下温に明確な相違はみられなかった。一方，心理反応については実験Ⅵにおいて，平均風速と変動振幅が大きい場合に，両者が小さい場合よりも涼しい側に申告されたが，快適感は徐々に低下した。

これらより，やや暑い環境条件下において許容される矩形変動風の平均風速は0.55〜0.60 m/s程度，高速側風速は0.8〜1.0 m/s程度までであると考えられる。これは，前述した祝ら[46]や榊原ら[47]が示した30℃近傍の実環境下における調査結果に一致するものである。また，実験Ⅶにおいて，同じ平均風速であっても矩形波変動の低速側風速が0.4m/sとやや大きい場合にもっとも涼しい側に評価され，快適感についても実験終了時まで維持されやすかった。

図2.3-10 実験Ⅴにおける涼暖感・快適感申告

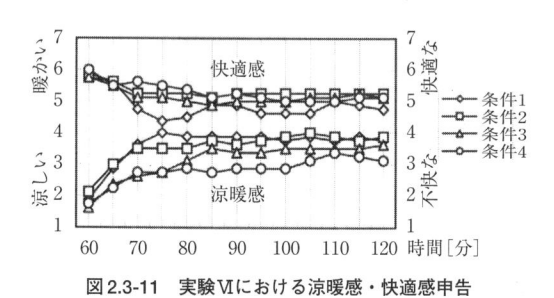

図2.3-11 実験Ⅵにおける涼暖感・快適感申告

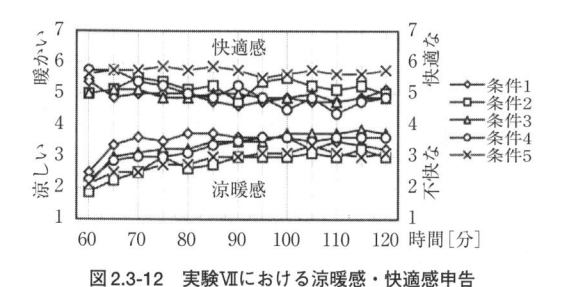

図2.3-12 実験Ⅶにおける涼暖感・快適感申告

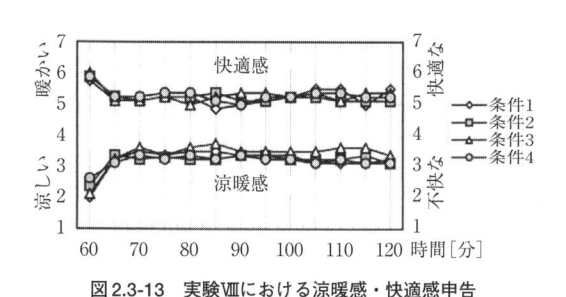

図2.3-13 実験Ⅷにおける涼暖感・快適感申告

2.3.6 おわりに

プレザントネスを与えるためには，人が知覚し，比較できる動的な温熱環境を実現する必要がある。その際，湿度変動よりも温度あるいは気流変動の方が制御しやすいが，気流変動の場合には加熱と冷却に伴うエネルギーロスこうしたロスがなく，より有効な方法であると考えられる。

徐ら[52]は，前述した実験結果に基づき，プレザントネスの残効を仮定することによって，二次元温冷感モデル上での変動風効果の持続について説明を試みている。また，変動風による快適域への影響などに関しても研究成果が蓄積されてきているが，変動風性状のとらえ方や評価法についてはまだ統一的な手法が確立されていない。非定常温熱環境下での生理・心理反応の一つとして，局部曝露時の影響なども含めた変動風環境の総合的・定量的な評価を行うことが，今後の空調技術を考えるにあたって重要な役割を果たすものと思われる。

参 考 文 献

1) 建築物における衛生的環境の確保に関する法律
2) Fountain, M. E. and Arens, E. A.：Air movement and thermal comfort, *ASHRAE Journal*, pp.26 - 29, August 1993
3) Fanger, P. O., Melikov, A. K., Hanzawa, H. and Ring, J.：Air Turbulence and Sensation of Draught, *Energy and Building*, Vol.12, pp.21 - 39, 1988
4) Burton, D. R., Robeson, K. A. and Nevins, R. G.：The Effect of Temperature on Preferred Air Velocity for Sedentary Subjects Dressed in Shorts, *ASHRAE Transactions*, Vol.81, Part 2, pp.157 - 168, 1975
5) McIntyre, D. A.：Preferred Air Speeds for Comfort in Warm Conditions, *ASHRAE Transactions*, Vol.84, Part 2, pp.264 - 277, 1978
6) Rohles, F. H., Konz, S. A. and Jones, B. W.：Ceiling Fans as Extenders of the Summer Comfort Envelope, *ASHRAE Transactions*, Vol.89, Part 1, pp.245 - 263, 1983
7) Scheatzle, D. G., Wu, H. and Yellott, J.：Extending the Summer Comfort Envelope with Ceiling Fans in Hot, Arid Climates, *ASHRAE Transactions*, Vol.95, Part 1, pp.269 - 280, 1989
8) Houghten, F. and Yaglou, C.：Cooling effect on human beings by various air velocities, *ASHVE Transactions*, Vol.30, pp.193 - 212, 1924
9) Houghten, F., Gutberlet, C. and Witkowski, E.：Draft temperatures and velocities in relation to skin temperature and feeling of warmth, *ASHVE Transactions*, Vol.44, pp.289-308, 1938
10) Rohles, F. H., JR, Woods, J. E. and Nevins, R. G.：The Effects of Air Movement and Temperature on the Thermal Sensations of Sedentary Man, *ASHRAE Transactions*, Vol.80, Part 1, pp.101 - 119, 1974
11) Fanger, P. O., Ostergaard, J., Olesen, S. and Madsen, L.：The Effect of Man's Comfort of a Uniform Air Flow from Different Directions, *ASHRAE Transactions*, Vol.80, Part 2, pp.142 - 157, 1974
12) 堀越哲美，小林陽太郎，土川忠浩，福島重治：修正湿り作用温度・温熱風速場・有効放射場および減効湿度場による温熱環境条件の人体影響表現方法の検討，日本建築学会計画系論文集，No.380, pp.12 - 21, 1987
13) 川岡真之，窪田英樹，鹿野義隆：室内気流の刺激の強さ感および自由選択流速，日本建築学会大会学術講演梗概集(D)，pp.327 - 328, 1987
14) 小笠原一隆，窪田英樹，鎌田紀彦，伊地知健，松尾朋浩，堀井崇司：暑熱温域における気流の環境改善効果，日本建築学会大会学術講演梗概集(D-2)，pp.371 - 372, 1995
15) 久保博子，磯田憲生，梁瀬度子：蒸暑環境における好まれる気流速度の人体影響に関する研究，日本建築学会計画系論文集，No.442, pp.9-16, 1992
16) Tanabe, S., Kimura, K., Hara, T. and Akimoto, T.：Effects of air movement on thermal comfort in air-conditioned spaces during summer season, *Transactions of AIJ*, Vol.382, pp.20 - 30, 1987
17) 田辺新一ほか：サーマルマネキンによる室内気流の評価と等価温度，第17回人間-生活環境系シンポジウム，pp.111 - 113, 1993
18) 堀 祐治，伊藤直明，須永修通：夏期蒸暑環境下の気流利用による熱的快適性の向上に関する実験研究―天井からの下方気流を利用した場合の至適熱環境における上限空気温度―，日本建築学会計画系論文集，No.521, pp.47 - 53, 1999
19) 藤田典子，野田俊典，米田 浩：温度・気流のゆらぎ効果について，第16回人間-熱環境系シンポジウム，pp.19 - 21, 1992
20) 合原妙美，久保博子，磯田憲生：夏期の軽作業時における人体に気流が及ぼす影響について―全身気流の場合―，空気調和・衛生工学会学術講演会講演論文集，pp.441 - 444, 1994
21) 窪田英樹ほか：気流感に関する研究 その1～その10，日本建築学会大会学術講演梗概集(計画系)，pp.455 - 456, 1976, pp.339 - 346, 1977, pp.585 - 588, 1978, pp.545 - 548, 1979, pp.101 - 102, 1978
22) Konz, S., Al-Wahab, S. and Gough, H.：The effect of air velocity on thermal comfort, Proceedings of the 27th Annual Meeting of the Human Factors Society, Norfolk, Virginia, New York, The Human Factors Society, 1983
23) Wu, H.：The use of oscillating fans to extend the summer comfort envelope in hot arid climates, Proceedings of the Second ASHRAE Far East Conference on Air Conditioning in Hot Climate, Kuala Lumpur, Malaysia, pp.20 - 25, 1989
24) 榊原典子，磯田憲生，梁瀬度子：通風環境の快適性に関する実証的研究 その3，日本建築学会大会学術講演梗概集(D)，pp.833 - 834, 1990
25) 秋元孝之，木村建一，田辺新一，原 俊広，秋山尚之，岩田利枝，田宮建司，近岡正一：冷房空間の室内気流が体感に及ぼす影響に関する研究 その2，日本建築学会大会学術講演梗概集(D)，pp.321 - 322, 1987
26) 田辺新一，木村建一，原 俊広，秋元孝之，秋山尚之，岩田利枝，田宮建司，近岡正一：夏季の通風・室内気流が体感に及ぼす影響に関する研究 その4，日本建築学会大会学術講演梗概集(D)，pp.341 - 342, 1987
27) 梅宮典子，松浦邦男：夏季室内通風環境における快適性評

価と気流速度スペクトルについて，日本建築学会計画系論文集，No.454, pp.51-59, 1994
28) 桑沢保夫, 斉藤基之, 鎌田元康, 千田善孝：変動風の快適性に及ぼす影響に関する研究 その1, その2, 日本建築学会大会学術講演梗概集(D), pp.829-832, 1990
29) 桑沢保夫, 斉藤基之, 石井伸明, 鎌田元康, 千田善孝：変動風の快適性に及ぼす影響に関する研究 その4～その6, 日本建築学会大会学術講演梗概集(D), 1991～1992
30) 桑沢保夫, 斉藤基之, 鎌田元康, 千田善孝：変動風の快適性に及ぼす影響に関する研究 その7～その9, 日本建築学会大会学術講演梗概集(D-2), 1995～1997
31) 斎藤基之, 桑沢保夫, 鎌田元康, 千田善孝：風速の変動を伴う温熱環境の評価方法に関する研究 その2, 日本建築学会大会学術講演梗概集(D), pp.1369-1370, 1993
32) 千田善孝, 斎藤基之, 桑沢保夫, 鎌田元康：風速の変動を伴う温熱環境の評価方法に関する研究 その6, その7, 空気調和・衛生工学会学術講演会講演論文集, pp.137-144, 1996
33) 桑沢保夫, 斎藤基之, 鎌田元康, 千田善孝：変動風が快適性におよぼす影響に関する研究, 日本建築学会計画系論文集, No.526, pp.37-42, 1999
34) 田中博子, 磯田憲生, 梁瀬度子：変動気流の人体影響について―気流速度が変動する場合―, 日本建築学会大会学術講演梗概集(計画系), pp.917-918, 1984
35) 磯田憲生, 久保博子, 梁瀬度子：夏期の冷房気流の人体皮膚温及び快適感への影響について, 日本建築学会学術講演梗概集(D), pp.719-720, 1991
36) 李 克欣, 田中雅之, 中原信生：変動風を利用した空調システムに関する研究 その10―被験者申告値の重回帰分析について―, 日本建築学会大会学術講演梗概集(D), pp.827-828, 1994
37) 李 克欣, 田中雅之, 伊藤尚寛, 祝 家燕, 中原信生：非等温変動気流下における被験者の温冷感心理反応の要因解析と適切な設計条件の選定に関する研究―変動風を用いたタスク・アンビエント空調システムに関する研究 その2―, 日本建築学会計画系論文集, No.489, pp.57-66, 1996
38) 斉藤雅也, 宿谷昌則：「涼しさ」を感じる気流に関する屋外での実測とその解析, 日本建築学会計画系論文集, No.523, pp.39-44, 1999
39) McIntyre, D. A.：The effect of air movement on thermal comfort and sensation, In Indoor Climate, P. O. Fanger and O. Valbjorn, eds., pp.541-560, 1979
40) Fanger, P. O. and Pedersen, C.：Discomfort due to air velocities in space, Proceedings of the Meeting of Commissions B1, B2, E4 of the International Institute of Refrigeration, *Beograd*, Vol.4, pp.289-296, 1977
41) 久保博子, 磯田憲生, 梁瀬度子：夏期におけるスポット冷風の温熱的快適性に及ぼす影響に関する実験的研究, 日本建築学会計画系論文集, No.492, pp.31-37, 1997
42) 大森正登, 坊垣和明, 今川 望, 伊藤裕安, 山田 茂：上下温度分布のある環境の体感効果 その8, 日本建築学会大会学術講演梗概集(D), pp.881-882, 1989
43) 中村 元, 木村建一, 谷本 潤, 菰田英晴, 井本秀士, 野原 進, 河野好伸：顔面局部気流によるパーソナル空調方式に関する研究, 空気調和・衛生工学会学術講演会講演論文集, pp.1673-1676, 1994
44) 川岡眞之, 窪田英樹：微弱気流の環境改善効果, 日本建築学会大会学術講演梗概集(D), pp.721-722, 1988
45) 大西茂樹, 菅原作雄, 梅村博之, 永友秀明：環境変動時における人体感覚(2), 空気調和・衛生工学会学術講演会講演論文集, pp.309-312, 1989
46) 祝 家燕, 田中雅之, 李 克欣, 伊藤尚寛, 中原信生：非等温パーソナル変動気流がアンビエント温湿度条件緩和に与える効果に関する実験―変動風を用いたタスク・アンビエント空調システムに関する研究 その1―, 日本建築学会計画系論文集, No.480, pp.47-53, 1996
47) 榊原典子, 石井昭夫, 片山忠久, 西田 勝, 堤 純一郎：通風環境における気流知覚に関する実験的研究, 日本建築学会計画系論文集, No.385, pp.1-8, 1988
48) 梅宮典子, 松浦邦男：夏季通風環境における気流感知時間率の快適性評価に及ぼす影響, 日本建築学会計画系論文集, No.440, pp.21-29, 1992
49) 斉藤基之, 桑沢保夫, 石井伸明, 鎌田元康, 千田善孝：変動風の快適性に及ぼす影響に関する研究 その3, 日本建築学会大会学術講演梗概集(D), pp.713-714, 1991
50) 斎藤基之, 桑沢保夫, 鎌田元康, 千田善孝：風速の変動を伴う温熱環境の評価方法に関する研究 その5, 日本建築学会大会学術講演梗概集(D-2), pp.373-374, 1995
51) 徐 国海, 久野 覚, 水谷慎吾, 齋藤輝幸：変動風環境における生理・心理反応に関する研究 暑不快環境から気流のある中立環境へ移動した場合の温冷感実験, 日本建築学会計画系論文集, No.519, pp.47-53, 1999
52) 徐 国海, 久野 覚, 田中将彦, 齋藤輝幸：暑不快環境から気流のあるやや暑い環境へ移動した場合の生理・心理反応に関する研究, 日本建築学会計画系論文集, No.524, pp.37-44, 1999

2.4 放射環境の評価と人体形状モデル

　放射環境の評価に関する研究では，大まかに二つのアプローチがある。一つは人体形状モデルを使って計算機によって放射環境との熱収支をより評価しようというもの，もう一つは，放射環境が人体の生理・心理にどのように影響を及ぼすかを被験者を用いた実験によって明らかにしようとするものである。そして，この二つから総合的に検討して，放射環境の評価および設計法を確立しようとするものである。本節では，主に室内空間での放射環境評価研究でのこの二つのアプローチの最近の動向を紹介する。

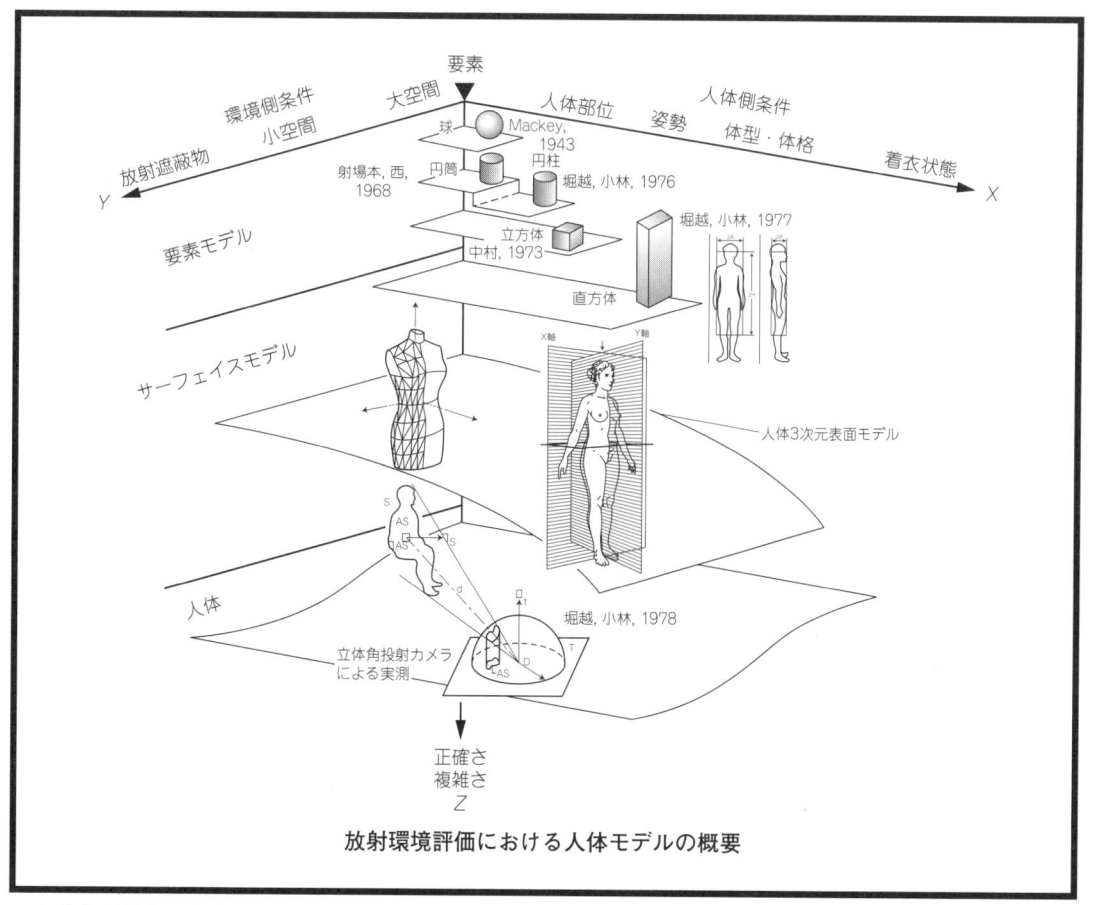

放射環境評価における人体モデルの概要

　人体と環境との熱収支を算定しようとする場合，人体の形状モデルを用いることが多い。上図は人体モデルおよび人体の特性と限界とを体系的にとらえ，概念図として表現したものである。それぞれのモデルのステージの大きさが，表現しうる人体側条件（X軸：部位，姿勢，体型・体格および着衣）と適応する空間条件（Y軸：大空間，小空間および放射遮蔽）を示している。また，鉛直軸（Z軸）の下方ほど人体に近似し，表現・適応しうる範囲が広がることを示している一方，実測，計算，取り扱いが複雑になることを示している。

■基礎知識
・Stefan-Bolzmann（ステファン-ボルツマン）の法則
　熱放射（「輻射（ふくしゃ）」ともいう）とは，絶対零度（0 K，−273℃）でない物質（実際にはあらゆる物質）から放射される電磁波による熱移動の形態である。伝導および対流は，熱の移動に媒体（たとえば空気や水）が必要とするが，放射は電磁波であるため媒体は必要としない。放射エネルギーは，ステファン-ボルツマンの法則より絶対温度の4乗に比例する。

・平均放射温度（MRT：mean radiant temperature）
　物体（人体）が，温度が異なる表面（壁面，窓など）によって完全に囲まれた空間内にあるとき，その物体（人体）と空間構成面との間に行われる放射熱授受と等しい熱授受をするような閉鎖面の仮想の均一な表面温度のこと。実用的には気温，風速およびグローブ温度を用いて算定することができる。

・作用温度（OT：operative temperature）
　気温と平均放射温度（MRT）を人体に対する対流熱伝達率と放射熱伝達率で重み平均した仮想の温度のことをいう。いうなれば，気温と放射を統合した仮想の温度である。気温が低くても，熱放射（たとえば電気ストーブなど）があれば，それほど寒くは感じないことがある。このとき，対流と放射による人体の放受熱量と等しい放受熱をするような仮想の周囲温度といえる。

2.4.1 はじめに

建築環境工学の講義などで熱の伝わり方を説明されても,「放射(あるいは輻射)」というのは,「伝導」や「対流」という現象に比べて,わかりにくいものである。放射の代表的なものである日射や,反射型ストーブによる熱放射,トンネルなどに入ったときの「ひやっ」とする冷放射などの例を引き合いに出されて,あれこれ説明されても,やはり釈然としない感じがある。

いわゆる「五感」に関係する現象で,日常的に経験していることが,これほどすんなりと理解されない現象もほかにあまりないのではないかと思う。

これは,「伝導」と「対流」が,多くは「触れた」という感覚を伴って「熱い」,「冷たい」,「暖かい」,「涼しい」などの言葉で表現できるのに対し,「放射」というのは,この明確な触覚を伴わないだけに,言葉としては表し難いことからもわかる。「あぁ,放射が気持ちいい」といわれるのを,あまり聞いたことがない。しかし,考えようによっては,じつは,このあたりにも放射環境設計・研究の一つの到達点があるのではないかと考えられる。

本節では,放射環境に関係するもののうち,筆者の目下研究対象として興味がある,①人体形状モデル,②放射環境指標,③放射の生理・心理反応についてレビューする。そして,筆者の考える④放射環境の評価に対する「到達点」を披瀝し,今後の研究の糸口を提示するものである。

2.4.2 放射に関する人体形状モデル

人体と環境との放射による授受量はほかの物体と同じようにStefan-Bolzmann(ステファン-ボルツマン)の法則をもとにする。この場合,取扱いがもっとも面倒なものは形態係数であろう。形態係数は,正しくは「①と②との間の形態係数」と表現し,①と②には,「点a」とか「面B」といった放射熱授受の関係にある面が該当し,しかもその順序は,明確に①→②の一方向のエネルギーの流れを表すことになっている。したがって「①と②との間の~」と「②と①との間の~」とは意味が異なる。これを人体に適用すると,通常は「人体と面F(たとえば壁面)との間の形態係数」となり,物理的に『人体表面から全方向に放射されるエネルギーのうち,面Fに入るエネルギーの割合』を表すものとなる。

形態係数は,放射熱授受の関係にある面同士の位置関係のみによって決定されるので,皮膚表面温や放射率などの人体に関係するパラメータのうちでは信頼性が高い値が得られやすいと考えられるが,人体表面の形状的複雑さゆえにそれほど簡単に求められない。いわば,人体に関する形態係数の問題の多くは人体形状の複雑さに帰着する。以下に人体形状モデルの変遷を概説してみる。

Mackeyら[1]は,球要素と矩形面(壁面)との間の形態係数を求めた。この球要素のもっとも特徴的な点は,空間に対して無指向性であることで,人体と空間全体との熱授受としては都合がいい。

射場本と西[2]は球要素に関する形態係数の便法として,さらに人体形状に近づけるために人体を円筒要素として,円筒要素と矩形面との間の形態係数を導いた。

中村[3]は,熱放射の局所での指向性(方向性)についての考慮のために,微小面要素6面からなる微小立方体を人体モデルとして,微小立方体と矩形面との間の形態係数を提案した。

堀越,小林[4]~[6]は,前出の射場本,西の円筒要素を改良し,底面部分を含めた円柱要素として,矩形面との間の形態係数の算出理論を示した。さらに,それまでよりも比較的狭い空間での利用や,人体表面の部分に対しても利用できるように,形状寸法が人体と似ている直方体のモデルを考案している。

ここまでは,人体を幾何学形状モデルに置き換えて簡略化し,計算によって求める試みであるが,Fangerら[7]は,人体そのものを写真撮影(普通レンズ使用)することにより人体と矩形面との間の形態係数を近似的に求めた。

堀越ら[8],[9]はFangerらと同じように人体を対象に,立体角投射レンズを用いた写真撮影(たとえば,図2.4-1)によって,より正確な人体と矩形面との間の形態形数を求めた。これにより,形態

図2.4-1 立体角投射カメラによる写像例[11]

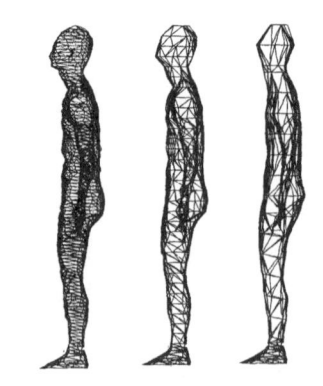

図2.4-3 コンピュータによる人体モデルの例[11]

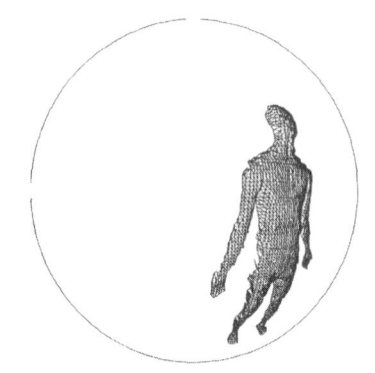

図2.4-2 人体形状モデルの立体角投射表現[11]

係数にかかわる人体モデルのキャリブレーションがある程度可能となったと考えられる。

さて，ここで形態係数の既往研究で示された，形態係数算出のための主な人体モデルおよび人体の特性と限界とを体系的にとらえ，本節の最初に示したような概念図として表現する。それぞれのモデルのステージの大きさが，表現しうる人体側条件（部位，姿勢，体型・体格および着衣）と適応する空間条件（大空間，小空間および放射遮蔽）を示している。また，鉛直軸の下方ほど人体に近似し，表現・適応しうる範囲が広がることを示している。

この図中の人体の三次元形状モデルは，幾何学形状モデルの適用限界と，人体そのものを対象として求める写真法の技術的煩雑さの両方を緩和するのに有効であろう。折しもパソコンの発達で十分に対応できる時期にある。この人体の三次元形状モデルを用いて，立体角投射法則に基づく形態係数のアルゴリズムとマネキン表面の三次元座標を試験的に求めたものを筆者らが発表[10]している。

実際の人体に対して測定を行った例として，鈴木と垣鍔[11]はスライディングゲージを用いて人体表面の三次元座標値を測定し（図2.4-3），写真法との比較を行っている。スライディングゲージとは，細い棒を直線的にあるいは面状に並べ，人体に直接接触させて，人体の凹凸を棒の列に写し取る方法である[12]。これによって人体の表面座標を取得する。

このように形態係数を求めるのは煩雑で，結果的に放射熱交換量の算定にもかなりの計算が必要となる。形態係数を用いずに放射熱授受量を直接算定する方法として，大森，谷口ら[13],[14]はモンテカルロ法による室内放射環境の解析法を開発している。モンテカルロ法とは計算機に乱数を発生させて確率的に起きる現象をシミュレートするときやサンプル法による積分を行うときなどに使われる手法である。人体表面から乱数的に放射束を発したとして，そのうち壁面に入射した量の比率がほぼ形態係数と等しくなる。最近では曽と村上ら[15]が数値サーマルマネキンの研究として，このモンテカルロ法を用いて放射解析を行っている。

人体形状モデルを用いた形態係数の算定方法として尾関ら[16]は，人体全体を細かな凹凸も含めて表現できるような微小四角形で構築し，立位・椅座状態の形態係数を算定し，既往研究との比較を行っている。

実際の室内での放射環境評価では，家具などの遮蔽物の影響を考慮する必要がある。宮永ら[17]は，遮蔽物を考慮した形態係数のより効率的な算定方法や人体の簡易モデル化の手法を提案して，放射環境設計および評価の実用性に向けて検討し

ている。

　今後は，本節の概念図に示すステージの大きさの定量的分析を行うこと，コンピュータを用いた設計手法が主流になりつつある中で，設計者が簡便に利用できる実用的解析方法や設計値のデータベース化が，当面の検討課題となると考えられる。

2.4.3　放射環境の生理・心理反応

　放射による冷暖房は，しばらくは住宅・オフィスともにあまり積極的に用いられなかったが，昨今では住宅でも床暖房が使われるようになり，あるいはホットカーペットも一種の床暖房的な使い方がされつつある。これら床暖房の人体影響については，日本では永村ら[19]が実験的に，当時問題となっていた床暖房時の足裏の加熱が人体深部温を低下させるかどうかの検証も含めて検討している。最近では堀ら[20]が被験者延べ750名程度を用いて，不均一環境の評価の立場から気温と床面温度と組合せの総合影響として検討を行っている。堀らはまた，人体局部ごとの至適作用温度(作用温度：気温と放射の影響を統合した仮想の温度)を基準にして，床面の温度と室内空気温度を組み合わせた不均一環境における温冷感・熱的快適性(不満足率)について評価を行っている。

　欧米におけるパネル放射暖房の人体影響については，Watson[21]がおおまかだがレビューしているので，まずはそちらを参照されたい。

　近年の研究では，放射冷房に焦点が移りつつあるようだ。これは一つに冷房エネルギーの需要増大に少しでも歯止めをかけようとすることも理由となっている。すなわち，熱媒としては低質とされてきた地下水やクールチューブによる冷気を適所に利用することにより，省エネと快適性を両立させようという考え方である。しかし，放射パネルを冷房に利用した場合，どうしても結露の発生やその対策を考慮せずにはいられず，今までは維持管理や表面温度制御などを考えると積極的な導入には至らなかったようである。それが地球温暖化防止のはずみを受けて，その導入の試みが広がりつつある。

　この放射パネルによる冷房については，葉山[22]

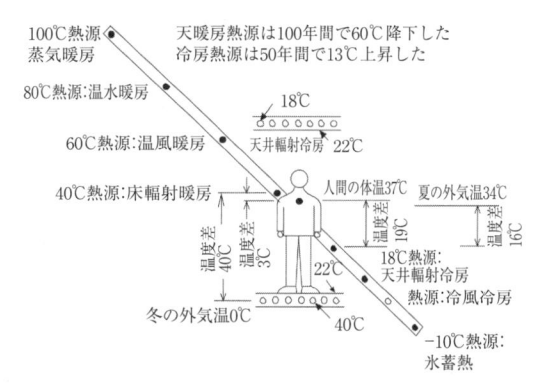

図2.4-4　冷暖房の熱源温度と人体との温度差[22]

がエクセルギーの観点からの有利性と実用例をその著書で示している。図2.4-4は，著書の中で説明されているもので，時代とともに冷暖房の熱源温度が人体の体温に近づきつつあることを示している。熱源が必ずしも高いポテンシャルでなくても，比較的安定していれば，冷暖房に利用できる可能性がある。いろいろな技術的問題はあるが，地球環境問題対策からこの傾向は今後も続くものと考えられる。

　放射冷房の人体影響について，動機づけは上述と少し異なるが，中原ら[23]はあえて「結露型」と称する放射パネルを用いて，夏期のオフィス冷房での省エネ性と快適性を実現する試みを行ってその有効性を検討している。

　このような技術的アプローチが積極的になりつつあるとき，実現された空間が人体の生理・心理反応に及ぼす影響がどのようになっているのかという問いかけは強くなるだろう。そして，このような放射冷暖房空間が生み出す不均一環境に対する人体の反応についての検討がますます重要になると考えられる。

　不均一・非対称放射環境評価については，藏澄ら[24]の実験が興味深い。この実験は，人工気候室内において被験者の左右両側に放射パネルを設置し，左右からの熱放射の人体生理・心理に対する影響を検討したものである。このとき，左右の放射パネルの表面温度は別々に制御できるようになっていて，左右非対称の放射環境をつくることが可能である。図2.4-5は左右の放射パネル温度が同じ場合(対称条件：symmetry)と，片方が皮膚温より高く，もう一方が低い場合(非対称条件：

asymmetry）の被験者（成年男子）の温冷感（thermal sensation）の時間的変動の結果を示している。人体全身に対する作用温度は対称条件，非対称条件とも同じである。対称条件では，温冷感はほぼ中立（暑くもなく寒くもない）付近を保っているが，非対称条件では，寒い側と中立付近を行ったり来たりしている。これは人体の温冷感の揺れを示しているのではないかと考察されており，全身温冷感に対する非対称条件の影響が興味深く示されている。

図2.4-6は対称条件，非対称条件における作用温度と平均皮膚温の関係を示している。一般的に温熱条件が均一・対称であれば作用温度が高くなるほど，人体の平均皮膚温は上昇する傾向を示す。しかし，この図では同じ作用温度（OT：operative temperature）条件では，作用温度が上がっても平均皮膚温は上昇するどころか，むしろ低下する傾向を示しており，環境指標としての作用温度の非対称空間への適用性などを含めて検討する必要があることを示している。

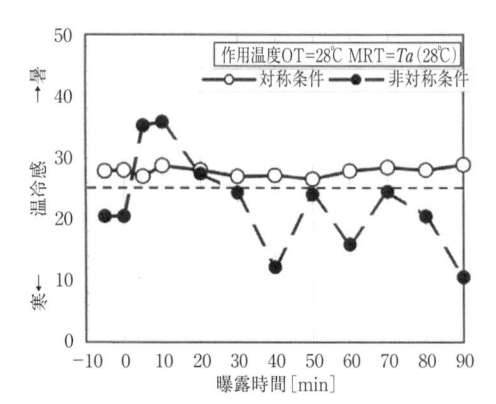

図2.4-5　左右対称・非対称放射に対する温冷感の経時変動[24]

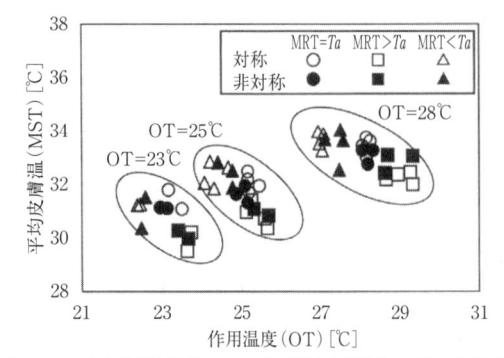

図2.4-6　左右非対称放射における作用温度と平均皮膚温との関係[24]

以上のように人体が左右非対称の放射を受けた場合，人体は生理的にも，心理的にもかなり特徴的な反応を現す場合があり得ることである。この実験から，心理反応としての「放射感」の取扱い，「放射感」と全身の「温冷感」・「快適感」との関係の検討が今後の具体的課題の一つと考えられる。

最近ではHodderら[25]による，天井冷房・置換換気をしている部屋を垂直非対称放射環境と位置づけ，その熱的快適性について検討を行っている。ここでは，PMVに加えて「freshness」（仮に「爽快感」と訳しておく）という被験者申告のカテゴリを設けて検討している。この「freshness」は「放射感」を含むような心理的感覚と考えられるが，ここではいまだ定性的な説明まで至っていない。

2.4.4　放射環境指標

放射環境を表現する指標には平均放射温度（MRT：mean radiant temperature）があるが，多くの場合，壁や床などのそれぞれの表面積で重み平均した平均表面温度で代用される。本来は，室内における人体と室内表面（壁，床，天井）との熱的関係を表す形態係数を用いた「人体に対する平均放射温度」を用いるべきだが，先述したように形態係数の煩雑さからと，一般的な室内で表面温度に顕著な差がないとすれば，平均表面温度の方が便利である。しかし，放射冷暖房の評価・設計とした場合は，やはり，まずは「人体に対する平均放射温度」を用いるべきであろう。

堀越ら[26]は人体モデルとしての直方体・立方体の各面を人体の主な方向面として，非対称性・不均一放射環境の「部分平均放射温度」を定義している。さらに平均放射温度と部分平均放射温度から，人体に対する放射の不均一性を表現する「熱放射不均一度」を提案している。また，部分平均放射温度を用いて「部分作用温度」も提案し，検証している。

遮蔽物のある場合の平均放射温度の表現としては，石野と郡[27]によって，便法として「家具がある場合の平均放射温度」を定義して，空調設計用の室内環境条件としている。

宮本ら[28]は，室内表面の相互反射を考慮した平

均放射温度を検討し，表面の放射率の影響や室内の人体自身が相互反射の遮蔽物として取り扱った場合の影響について検討している．

今後は，生理・心理反応実験とともに，これらの指標を適用する環境側および人体側条件を，従来の作用温度との比較から明らかにする必要があると考えられる．

2.4.5 研究事例・人工気候室内における立位人体に及ぼす熱放射の影響に関する実験的研究[29]

ここでは，人工気候室内での被験者を用いた熱放射の人体生理・心理に及ぼす実験例の概要を示す．この研究は，これまでの被験者実験では椅座安静状態での被験者に対する実験が主体となっていたものに，人体の基本姿勢の一つである立位に対する影響を検討した最初のものとして位置づけられる．

(1) 目的

熱放射の人体の生理・心理影響の基礎実験として，人工気候室内において裸体・立位の被験者（成年男子）を対象に，左右均一放射に対する生理・心理反応を測定する．

(2) 実験計画

　a．設定条件

図2.4-7に示すような熱放射パネルを備えた人工気候室としての回流式風洞を用いて行った．温熱環境条件は風速（0.2 m/s以下の静穏気流），相対湿度（60％RH）は一定とし，気温（Ta）が25℃，28℃および31℃の3段階と熱放射パネル表面温度（Tw）が気温と等しい場合（$Tw = Ta$）および40℃の2段階の組合せ6条件を設定した．このときの立位裸体人体と左右熱放射パネルとの間の形態係数は0.24である．

被験者の着衣条件は，生理的・心理的反応をとらえやすくするため，ブリーフのみのほぼ裸体とした．被験者は，風洞内の立位曝露位置風下の熱放射パネルからの熱放射の影響が，ほとんどないと考えられる位置に椅座安静状態を保ち，熱電対取付けなどの準備を15分程度行った．準備完了の後，測定を開始し，最初の15分間はそのまま椅座安静状態を保った．その後，風洞内中央の

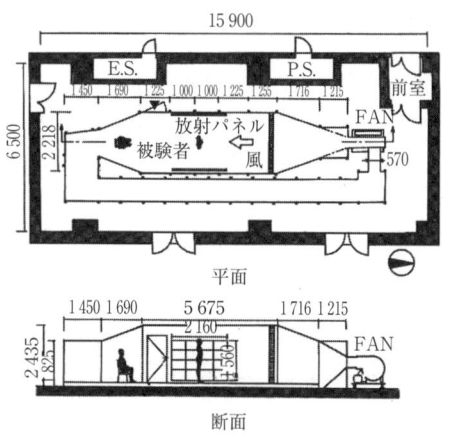

図 2.4-7　人工気候室（回流式）

曝露位置に移動し直立した．立位曝露中，被験者は踵を揃え，爪先を開き，手は自然に降ろした姿勢をとった．設定条件に30分間曝露の後，ふたたび椅座安静位置に戻り，5分間の椅座安静を保った．

　b．被験者

被験者は健康な青年男子3名を用いた．

　c．測定項目，機器および方法

・温熱環境条件：気温，湿度，風速，床・壁・天井表面温度およびグローブ温度を測定した．グローブ温度計は被験者の前後の床上1 m（ほぼ人体中心位置の高さ）の位置で測定した．

・人体の生理的反応：皮膚温・舌下温および体重減少量を測定した．皮膚温は，0.2 mm φ T熱電対を，Hardy-DuBoisの12点の部位と三角筋の計13点の部位にサージカルテープで貼付して測定を行った．体重減少量は，人体用台秤（感度1 g）を用いて測定し，その体重減少量に

図 2.4-8　温冷感・快適感スケール

蒸発潜熱を乗じて，水分蒸発放熱量を算出した。

・人体の心理的反応：温冷感・快適感を図2.4-8に示すそれぞれ2種の評定尺度により測定した。数値・直線評定尺度とも，暑・寒および快・不快の方向のみを与え，被験者に評定させた。直線尺度による評定は，全長を任意尺度50とし，数値に置換して処理した。なお，被験者が疲労を訴えることがあれば実験を中止することとした。

(3) 実験結果

a. 温熱環境条件

実験中の温熱条件は，気温については設定気温±0.5℃，相対湿度については57±3%RH，風速0.2m/s以下で調整され，設定条件をほぼ満足した。また，放射パネル加熱時の表面温度は，40±2℃に維持された。

b. 生理的反応（舌下温，皮膚温の時間的変動）

測定結果の一例として，被験者1名の気温25℃，パネル表面温度が40℃の場合における舌下温，皮膚温の時間的変動を図2.4-9に示す。

立位状態への移行に際し，著しい温度上昇が観察される部位は，足背（ISP）+2.5℃，手背（FAM）+0.8℃，下腿後（CLF）+1.2℃，三角筋（UAM）+0.7℃および腹部（ABD）+0.9℃である。これらの部位では，再度放射パネルの影響を受けない椅座安静位置に戻ると，急激な温度降下（約1℃）が観察され，立位状態での熱放射の影響がこれらの部位の皮膚温に現れたといえる。また，緩やかではあるが，温度上昇が観察される部位は，前額（FHD）+0.3℃，肩胛棘（BLD）+0.3℃，腸骨節（LBK）+0.3℃である。立位状態で温度降下が観察された部位は，大腿前（ATH）-1.8℃および下腿前（SIN）-0.5℃である。平均皮膚温（MST）は，実験を通してほぼ一定であった。

c. 心理的反応への影響（快適感）

立位状態の快適感を同一の温熱条件での椅座裸体人体に対する測定との比較し，平均皮膚温と全身快適感申告との関係を図2.4-10に示す。立位と椅座位との間に顕著な差が認められる。椅座位は平均皮膚温34℃で"快適"を申告しているが，立位状態では32℃付近で快適側にはなるが，積極的に"快適"を申告する傾向は認められなかった。平均皮膚温34℃を超えると立位は急激に"不快"を訴えるが，椅座位は，中立を申告している。

2.4.6 おわりに

放射環境研究では，小球から人体へ，均一から非対称・不均一へ，単純な室内空間から複雑な室

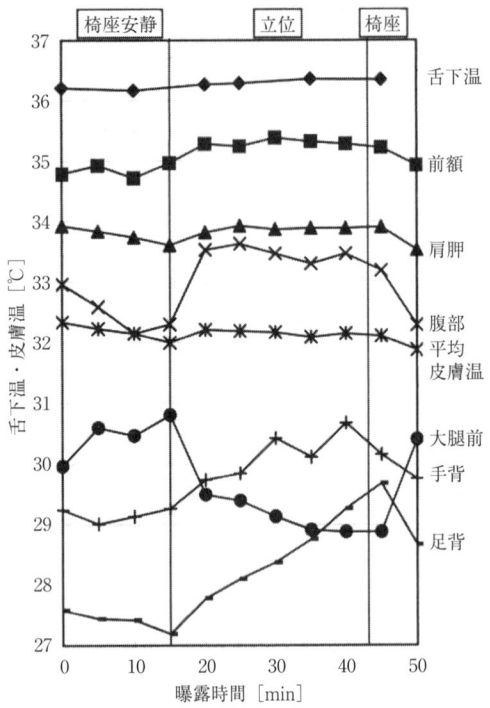

図2.4-9 舌下温・皮膚温の時間変動

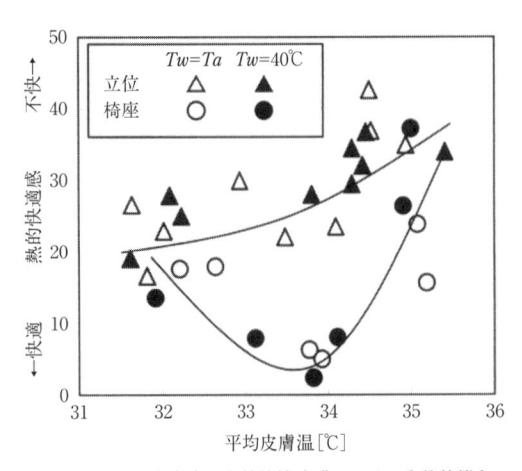

図2.4-10 平均皮膚温と熱的快適感における立位状態と椅座状態との比較

2.4 放射環境の評価と人体形状モデル

内空間へと，より現実的なものになってきていることがわかる。研究の流れとして，これは当然のことであるし，より正確で，より汎用性の高い評価方法が確立されるのは時間の問題だろう。大袈裟かも知れないがこれは一つの文明の到達点といえる。だが，やはり「放射」は一般の居住者にとって意識しにくいものである。空気調和は意識されない方が「高級」であるという価値観からすれば，それはそれで満足されるが，反面，居住者が意識しない限り，身近なエネルギーをうまく利用するという文化は育たないのではないかと考える。

参考文献

1) Mackey, C. O. *et al.*: Cornell Univ. Engineering Experiment Station Bulletin, Vol.32, August, 1943
2) 射場本勘市郎，西 安信：体感温に及ぼす気温の影響とその暖冷房への応用，空気調和・衛生工学，Vol.42, No.3, 1968
3) 中村泰人：建築都市空間内の人体に対する熱放射場の表現方法について，日本建築学会計画系論文報告集，No.376, pp.29-35, 1987
4) 堀越哲美，小林陽太郎：人体モデルとしての円筒要素と矩形面との間の形態係数について，空気調和・衛生工学，No.13, pp.133-136, 1976.
5) Horikoshi, T. and Kobayashi, Y.: Configuration factors between a ractangular solid as a model of the human body and ractangular planes, for evaluation of influence of thermal radiation on the human body 1. Calculation of configuration factors for the ractangular solids, *Trans. of AIJ*, No.253, pp.91-102, 1977
6) Horikoshi, T. and Kobayashi, Y.: Configuration factors between a ractangular solid as a model of the human body and ractangular planes, for evaluation of influence of thermal radiation on the human body 2. Characteristics of configuration factors for ractangular solids, *Trans. of AIJ*, No.267, pp.91-101, 1978.
7) Fanger, P. O. *et al.*: Radiation data of human body, *ASHRAE Trans.*, Vol.76, part.2, pp.338-373, 1970
8) 堀越哲美，宮原英男，小林陽太郎：人体と矩形面との間の形態係数および人体の有効ふく射面積に関する研究— 1. 算出理論と椅座着衣の場合の実測—，日本建築学会論文報告集，No.268, pp.109-120, 1978
9) 堀越哲美，小林陽太郎：人体と矩形面との間の形態係数および人体の有効ふく射面積に関する研究— 2. 椅座裸体の場合の実測と考察，日本建築学会論文報告集—，No.322, pp.92-100, 1982
10) 土川忠浩，堀越哲美：人体形状モデルを用いた人体と空間との放射熱授受に関する研究 第1報，日本建築学会大会学術講演梗概集（近畿）(D2), pp.355-356, 1996
11) 鈴木健次，垣鍔 直：体表面積と形態係数に基づいた人体形状モデルの開発，日本建築学会計画系論文集，No.515, pp.49-56, 1999
12) 日本人間工学会衣服部会：被服と人体，日本出版サービス，p.163, 1981
13) 大森利明，谷口 博，工藤一彦：室内ふく射環境の解析法の開発と床暖房への適用，空気調和・衛生工学会論文集，No.42, pp.9-18, 1990
14) 谷口 博，Wen-Jei Yang，工藤一彦，黒田明慈，持田明野：パソコン活用のモンテカルロ法による放射伝熱解析，コロナ社，1994
15) 曽 潔，村上周三，加藤信介：数値サーマルマネキンに関する研究—その8 対流・放射連成シュミレーションによる人体表面の顕熱伝達特性の解析—，日本建築学会大会学術講演梗概集（関東）(D2), pp.659-660, 1997
16) 尾関義一，小西正哲，成田千恵，田辺新一：数値計算による矩形面と全身との形態係数の評価，日本建築学会計画系論文集，No.522, pp.15-22, 1999
17) 宮永俊之，中野幸夫：放射冷房による居住熱環境の改善に研究—第1報 遮へいを考慮した形態係数の高精度計算法と熱環境解析への応用—，日本建築学会計画系論文集，No.518, pp.37-44, 1999
18) 宮永俊之，占部亘，中野幸夫，梅干野 晃：放射冷房による居住熱環境の改善に関する研究—第2報 熱放射環境評価のための居室者の簡易型モデル—，日本建築学会計画系論文集，No.526, pp.51-58, 1999
19) 永村一雄，斎藤平蔵：床暖房と人体生理及び温冷感との関係に関する実験的基礎研究，日本建築学会計画系論文報告集，No.353, pp.21-31, 1985
20) 堀 祐治，伊藤直明，須永修通，室 恵子：不均一環境における熱的快適性の評価に関する研究—床面温度が熱的快適性に及ぼす影響と局部温冷感による熱的快適性—，日本建築学会計画系論文集，No.501, pp.37-44, 1997
21) Watson, R. D.: Basic principle of radiant heating, *ASHRAE Journal*, pp.35-40, 1994
22) 葉山成三：天井冷暖房のすすめ，筑摩書房（ちくまライブラリー44），1990
23) 中原信夫，祝家燕：結露型放射パネルを用いた空調システムの環境特性に関する研究，日本建築学会計画系論文集，No.469, pp.35-44, 1995
24) 藏澄美仁，堀越哲美，平山慶太郎，土川忠浩，小林陽太郎：非対称及び不均一な熱放射環境の人体影響表現方法の研究，日本建築学会計画系論文報告集，No.447, pp.17-26, 1993
25) Hodder, S. G.: Thermal comfort in chilled ceiling and displacement ventilation environments -vertical radiant temperature asymmetry effects, *Energy and Buildings*, No.27, pp.167-173, 1998
26) 堀越哲美，土川忠浩，藏澄美仁，平山慶太郎，小林陽太郎：非対称および不均一熱放射環境の人体影響表現方法の研究，日本建築学会計画系論文報告集，No.413, pp.21-28, 1990
27) 石野久弥，郡 公子：輻射環境を考慮した空調設計用室内熱環境条件の決定方法に関する研究，日本建築学会計画系論文集，No.457, pp.1-8, 1994
28) 宮本征一，堀越哲美，土川忠浩：相互反射および人体による遮蔽の影響を考慮した平均放射温度に関する研究，日本建築学会計画系論文集，No.498, pp.45-50, 1997
29) 土川忠浩，堀越哲美，藏澄美仁，平山慶太郎，近藤恵美，小林陽太郎：人工気候室における立位裸体人体に対する熱放射の影響に関する実験的研究，日本建築学会計画系論文集，No.422, pp.27-35, 1991

第3章
空気環境と心理・生理研究

　建築内や都市には種々の空気汚染物質の発生源が存在し，建築・都市環境におけるよりよい空気環境の維持は人々の健康と快適性のために非常に重要な課題である。近年シックハウス，シックビルディング症候群が社会問題になっているが，これらも空気環境の重要性を示すよい例であるといえる。空気環境は空気質によって決まるが，空気質を判断する器官は嗅覚と呼吸器系・眼などであり，嗅覚による生理・心理反応および呼吸器系と眼の生理反応を通して人は空気の質を知覚するわけである。前者はいわゆる「におい」であり，後者は健康に影響を及ぼす「有害物質」によるものである。建築・都市環境工学においては，「におい」の中でも悪臭（一般に「臭気」と呼ばれる）を対象とした研究が多く，よいにおいである「香り」に関する研究は非常に数が少ない。これは，工学的には何もにおいのしない空気が最上のものとされてきたことと，香りの評価には個人差が大きく，一般化が困難であることによると思われる。これに対して，臭気に関しては人の快適性を低下させる大きな要因と位置づけられていたため，その評価と制御方法について非常に多くの研究が行われてきた。

　一方，呼吸器系・眼を通した人体の健康影響についての研究は，主として医学・生理学の分野で行われ，建築環境工学の分野では，それらの成果を引用しながら，その目標となる濃度を達成するための技術についての研究が主体であった。この空気浄化技術としては，「換気」がもっとも効果的で基本的な技術であるが，換気は有害物質のみならず，においを含めてすべての空気混入物質の濃度制御のための有効な手法である。この換気の性能を評価する量が「換気量」であり，在室者の快適性と健康の維持のために最低限必要な換気量が「必要換気量」と呼ばれ，建築・空調設計にとってもっとも重要な量であった。故に，換気量によって決まるにおいと有毒物質の濃度が人間の快適性に及ぼす影響に関して多くの研究が行われてきた。

　本章では，空気環境の心理・生理評価にとってもっとも重要な「臭気の評価指標と制御方法」と建築・空調設計にとって重要な「必要換気量」の研究のこれまでの成果と今後の展望について紹介するものである。

3.1 建物における必要換気量

　空気環境を維持するために最も効果的で簡単かつ基本的な手段が換気である。古来より人が多く在室する室では換気が不可欠なことが知られていたが，何のために換気をするのかという換気哲学は年代とともにさまざまに移り変わってきた。ここでは，換気哲学の変遷について述べたうえで，歴史的に最も重要な室内空気汚染源である体臭に関する研究の歴史について解説し，健康で快適な室内空気環境の実現のために今後どのような研究を行う必要があるかを考える一助としたい。

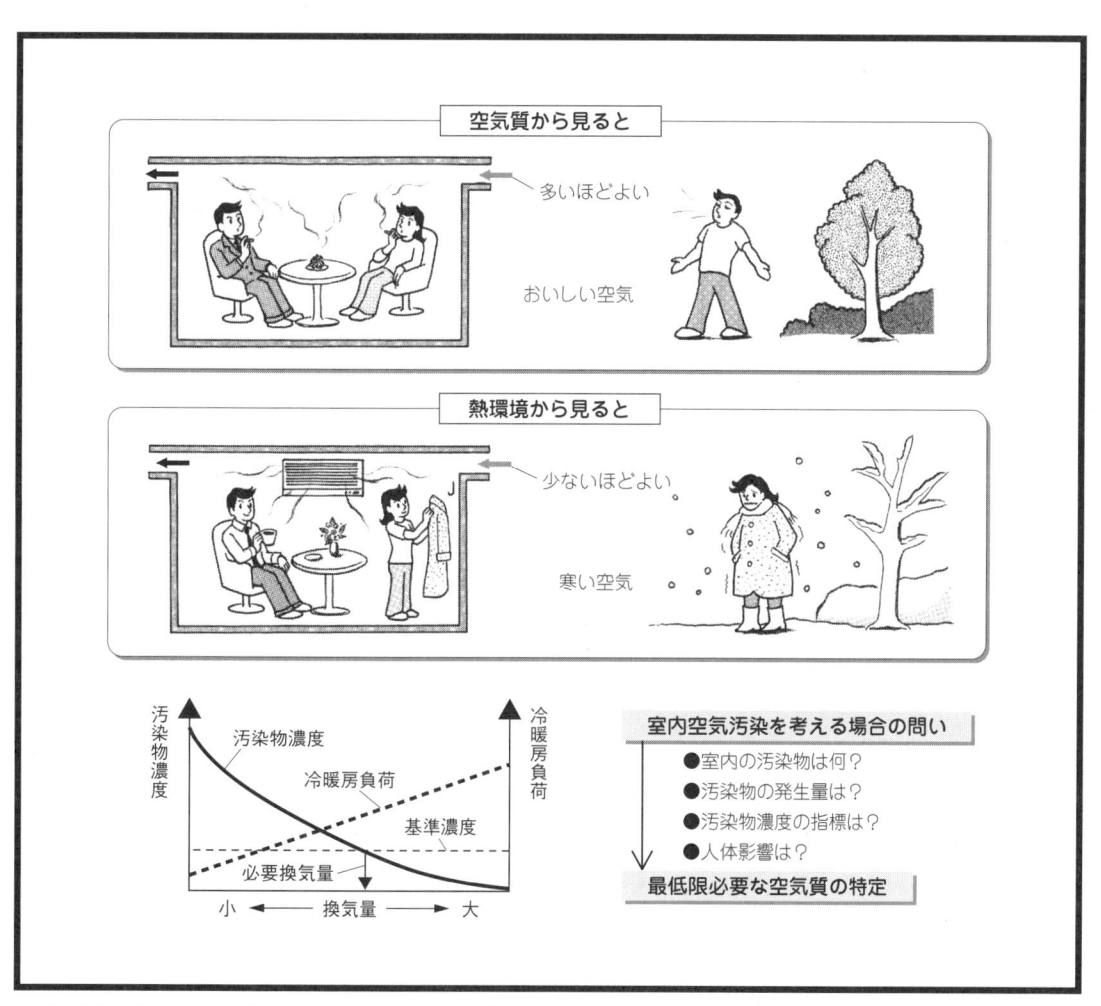

　空気質の観点からは換気量は多いほどよく，熱環境・冷暖房負荷の観点からは換気量は少ないほどよい。この相反する要求をバランスさせるのが必要換気量であり，その誘導には最低限必要な空気質の特定が不可欠である。そのためには，室内の汚染源は何かを考えることからはじめて，発生量の定量化，指標物質の利用，人体影響の予測などむずかしい問題が多くある。

■ 基礎知識
・必要換気量
　在室者の衛生上，最低限必要な換気量（取り入れ外気量）のことであり，室内の汚染物の許容濃度（設計基準濃度）と外気濃度から定常状態を仮定して求められる。対象汚染物の許容濃度を C，外気濃度を C_0，汚染物の室内での発生量を M とすると，必要換気量 Q は，$Q = M/(C - C_0)$ で求められる。対象汚染物が複数ある場合には，各汚染物ごとに求めた必要換気量の最大値をとることが多い。

・体臭
　人体の呼気，汗などの体表面からの分泌物質から発生する臭気のことで，代謝量や環境条件によって発生量が異なるといわれる。

・シックビルディング症候群
　1980年代の省エネビルを中心に発現した在室者の粘膜刺激や非特異的過敏性反応など種々の症候群のことで，不十分な換気量と建材などから発生するホルムアルデヒドやVOC（揮発性有機化合物）などの化学物質が原因と考えられている。Sick Building Syndromeの頭文字をとってSBSとも書く。

3.1.1 はじめに

室内の空気を清浄な状態に保つためには，汚染物の発生源をなくすこととともに，十分な換気を行うことが重要であることはいうまでもない。換気の効果は単位時間に室に供給される空気量である換気量で評価するのが一般的であるが，どのような考え方で，何を基準として室の換気量を設定すればよいのかについては，古くからさまざまな考え方があり，時代とともに変化してきた。近年になって，室内の空気質維持のための新しい換気基準の策定が各国で進められており，必要換気量に関する考え方が従来とは大きく変化しつつある。

本節では，欧米における換気哲学の変遷[1]について概観したうえで，人間の体臭強度に基づいて必要換気量を決めるためのさまざまな研究例を年代順に紹介するとともに，将来の研究の必要性について展望する。

3.1.2 換気哲学の変遷

古く18世紀に，ラボアジェは多数の人間がいる室で人々が不快になったり病気にかかるのは，人体から発生する二酸化炭素が原因であるとする考えを発表した[2]。それまでは，空気のよどみや人間の汗が原因と考えられたこともあったが，確固たる科学的根拠に立脚した考え方はなかったといえる[2]。ラボアジェ以後，二酸化炭素が有害物質であると信じられたが，19世紀中頃に，森鷗外が師事したペッテンコッフェル[10]が，通常の室内で出現する濃度の二酸化炭素や酸素濃度の減少は決して有害なものではないことを証明するとともに，有害な空気汚染の主原因は人体から発生する有機物であると主張した。それからしばらくの間は，人間は有害な有機物の発生源であると信じられ続けることになる。

1900年頃には，その有害物質が伝染病の感染を引き起こすと信じられるようになる[1]が，1930年代の半ばには新しいパラダイムシフトが起こる。1936年にヤグローら[15]が，重要な汚染物は人体から発生する体臭であるとし，体臭濃度を許容できるレベルに保つために必要な換気量を提案したことにより，換気にとって体臭が重要な汚染物であると考えられるようになるのである。その考え方はその後のさまざまな国の換気基準の基礎となった。しかし，1980年代の欧米において，石油価格の高騰に由来する省エネルギー対策の一環として建物の換気量が削減化されると，吐き気やめまい，頭痛などの症状を訴える在室者が急増し，シックビルディング症候群（sick bulding syndrome）と呼ばれて問題となる。この原因は，換気量削減によって濃度が上昇した室内の建材などから発生するさまざまな化学物質であると考えられ，このことが体臭以外の汚染源も重要であるという考え方を生んだ。その考え方は，ファンガーの知覚空気汚染[23]という新しい概念の提案につながり，現在では，室内空気汚染の原因は人間だけではなく，建物も重要な汚染物発生源であると広く認識されるに至っている。

表3.1-1には，これまで述べた17世紀以降の空気汚染のメカニズムに関する考え方の変遷を年代順に示すとともに，必要換気量の例を示している。また，図3.1-1は，換気哲学と欧米における必要換気量の変遷を対比させて示したものである。換気の目的の考え方に応じて必要換気量も変化している様子がわかる。ファンガーは，「室内の空気はただ許容されることをだけを目標として設計されるのではなく，最上なる外気と同じくらい快適で，新鮮で，刺激を受けるものとして知覚されるように設計されることであろう。」[1]と，近い将来

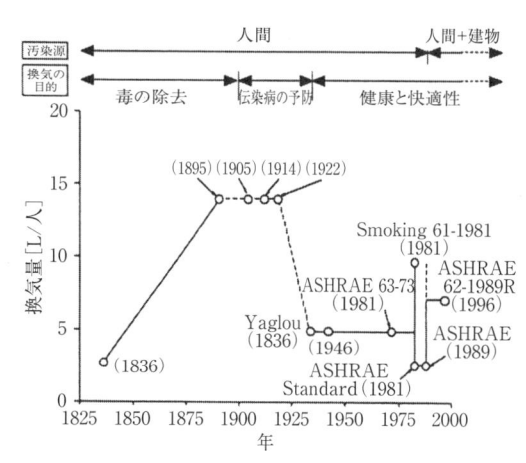

図3.1-1 換気哲学の変遷と欧米における必要換気量の変遷[1], [8]

表3.1-1 空気汚染の考え方年表

時代	空気汚染の考え方	必要換気量
17～18世紀	空気のよどみ，人混みによる汗が伝染病や発熱の原因と考えられる	
1777	ラボアジェ(Lavoisier)が不健康な環境の原因は二酸化炭素であると主張	
1836	Tredgoldが人間の息から吐き出された有害な汚染物質が空気中に存在していると主張	
1845	Meiklehamがラボアジェの二酸化炭素有毒説を支持	
1857		Roscoeにより，兵舎の臭気除去のための換気量：12 m³/h・人
1862	ペッテンコッフェル(Max von Pettenkofer)が室内で出現する程度の低濃度では二酸化炭素は無害であること，また酸素濃度の低下による影響も問題ないことを証明。また，二酸化炭素が身体や肺から排出された有機物の指標となると主張	長期在室の室：50 m³/h・人(CO₂濃度700 ppm)通常の室：30 m³/h・人(CO₂濃度1 000 ppm)
1872	Sealtzerが人間から排出される有機物が有害であることを主張	
1880		健康のための会議にて必要換気量：51 m³/h・人
1887	Brown-Se'quardが，人間が吐き出した息には"anthropotoxin"と呼ばれる有害物質が含まれているという理論を発表	
1893	J.Billingsが人間の呼気有機物汚染理論に基づき，不適当な換気量と肺結核との相関を指摘	必要換気量：51 m³/h・人
1920～30	伝染病の感染には換気以外の要因がより重要であることが明らかになる	
1931		ニューヨーク換気委員会：17～25 m³/h・人(教室)
1936	ヤグロー(Yaglou)らは人体から発生する臭気が重要な汚染物であることを示す	25～30 m³/h・人 *1人当たりの気積に応じて必要換気量を変えた
1973		ASHRAE換気規格：25.5 m³/h・人(一般事務室)
1981		ASHRAE換気規格：8.5 m³/h・人
1988	Fangerは，体臭ばかりでなく，建材や空調換気装置，煙草が重要な空気汚染源であることを示す。新しい空気質の単位であるolfとdecipolを提唱	
1989		ASHRAE換気規格：27 m³/h・人

換気哲学における新たなパラダイムシフトを予見している。

3.1.3 人間の体臭と換気

本項では，1936年のヤグローの研究以来換気哲学の主流となった人体から発生する体臭と換気に関する内外の研究成果について紹介する。

前項で述べたように，はじめて体臭を主要な空気汚染源と位置づけたのはヤグローら[15]であり，さまざまな階級(平均的階級，労働者，貧困，上流など)の在室者を対象に換気量と臭気強度の関係や二酸化炭素濃度と臭気強度との関係などを実験によって明らかにした。彼らの研究で特徴的なことは，同じ在室者，同じ換気量であっても，在室者1人当たりの室容積(気積)によって臭気強度が異なるという結果が示されたことである。図3.1-2は1人当たりの気積と臭気強度との関係を換気量をパラメータとして示したものであるが，同じ換気量でも在室者1人当たりの気積が大きくなると臭気強度が低下する傾向が示されている。定常状態が達成されれば体臭濃度は気積にかかわらず換気量のみに依存するはずであるので，この気積への依存性は理解しがたいものであり，その後の研究においても確認されていない。一方で，ヤグローらは二酸化炭素濃度は信頼性の高い指標ではないと結論づけている。表3.1-2に，ヤグローらが用いた臭気強度の言語評定尺度を示す。閾値として1/2を指標値としている点に特徴がある。

ヤグロー以後しばらくは目立った研究はないが，省エネルギーが重要視されるようになった1980年代に入り，日本でも体臭と必要換気量に関

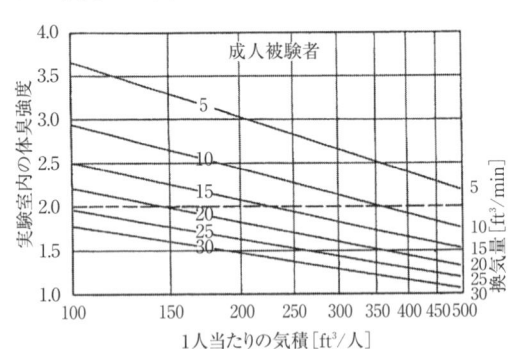

図3.1-2 1人当たりの気積と体臭強度との関係[15]
上図を用いて，体臭の観点から椅座の在室者1人当たりに必要な換気量を求めることができる。たとえば，1人当たりの気積が300 ft³の場合，臭気強度の許容値2(普通)以下にするためには，約12 ft³/minの換気量が必要であることがわかる。

表3.1-2 ヤグローらの臭気尺度[15]

臭気強度指数	示性語
0	無臭 (None)
1/2	閾値 (Threshold)
1	明確 (Definite)
2	普通 (Moderate)
3	強い (Strong)
4	非常に強い (Very strong)
5	強烈 (Overpowering)

3.1 建物における必要換気量

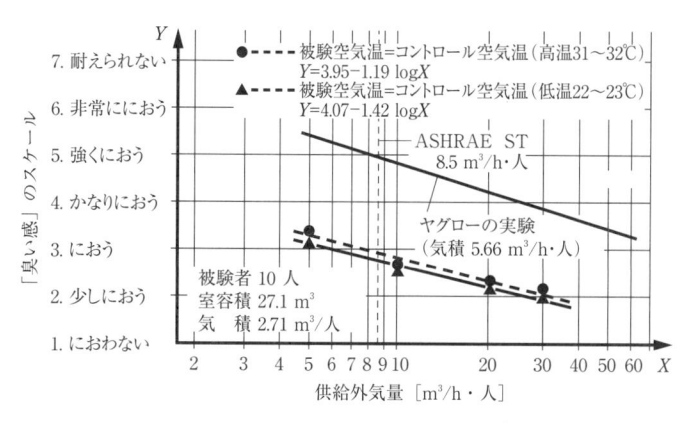

図3.1-3 換気量と体臭強度との関係[16]

する研究が多く始められた。1982年に南野ら[16]は2種類の温湿度条件下において換気量と体臭強度との関係について検討を行った。**図3.1-3**は換気量と臭気強度との関係を示したものであるが、ヤグローの実験に比べると同じ換気量でも臭気強度が低くなっていることがわかる。この原因は、生活習慣・居住環境・実験方法の差異によるものだと説明されている。南野らはヤグローらと違い、呼気由来の二酸化炭素が体臭強度の信頼できる指標であることを示し、室内の臭気濃度を「少しにおう」に保つためには、二酸化炭素濃度を約1 000 ppmにすれば十分よいことを示した。これは**図3.1-3**の供給外気量30 m³/h・人とも対応するものである。

その後楢崎ら[18]~[20]はさまざまな気積において換気量と体臭の臭気強度との関係について検討し、ヤグローらが示した気積による影響はないことを実証した。**図3.1-4**は、二酸化炭素濃度と体臭の臭気強度との関係を示したものであるが、両者の関係に在室者1人当たりの気積がほとんど影響を及ぼさないことがわかる。同時に臭気強度の指標として二酸化炭素濃度を位置づけると、臭気強度を「微弱」とするためには、二酸化炭素濃度を1 000 ppmにしなければならないことがわかる。また楢崎らは、在室者に運動を負荷した場合や温湿度が高い場合には、同じ二酸化炭素濃度でも臭気強度・不快度ともに高いことを明らかにしている。楢崎らが用いた臭気強度尺度を**表3.1-3**に示す。

一方欧米では、パネル（評価者）の臭気強度や不快度といった主観申告そのものではなく、不快に感じる人の割合である不快者率を評価の基準にしようという考え方が提案され、ファンガーら、岩下らをはじめとして不快者率についての研究が多く行われるようになる[21),25),26]。**図3.1-5**[25]は、さまざまな研究者による換気量と体臭による不快者率との関係を重ねて示したものである。被験者はデンマーク人、米国人、日本人であるが、両者の関係に大きな差異はみられないことがわかる。不快者率20%に対応する換気量は7~7.5 L/s・人であり、人体からの二酸化炭素発生量を18 L/h、外気の二酸化炭素濃度を350 ppmとすると、二酸化炭素濃度は1 020~1 060 ppmとなり、南野らの

表3.1-3 楢崎らの臭気強度尺度[18]

段階	内容
0	無臭
1	微弱
2	弱い
3	明確
4	強い
5	強烈
6	耐ええず

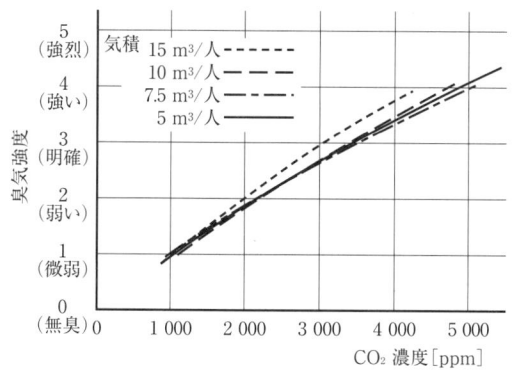

図3.1-4 CO_2濃度と体臭強度との関係[18]

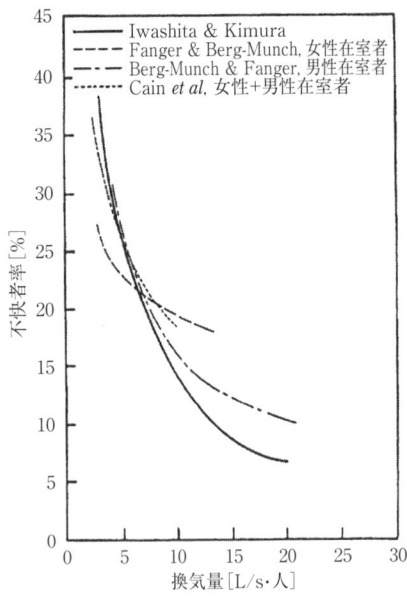

図3.1-5　換気量と不快者率との関係[25]

示した臭気強度「少しにおう」，楢崎らの示した臭気強度「微弱」に相当するものといえる。

一方，ヤグローが示した体臭強度の在室者1人当たりの気積への依存性を説明するための試みとして，クラウゼンら[22]によって，体臭の室内空間での安定性について研究が行われた。空気中での酸化作用や壁面などへの吸着によって空気中の体臭濃度は減衰する。クラウゼンらはその減衰の特性を安定係数(stability ratio：理論濃度に対する実際の濃度の比)として定量化した。**図3.1-6**は体臭濃度の安定係数の時間変化を換気回数別に示したものである。時間とともに安定係数が明らかに減少することがわかるが，ヤグローの実験結果を説明できるほどの減衰は得られなかった。

以上より断片的ではあるが，体臭に関する研究

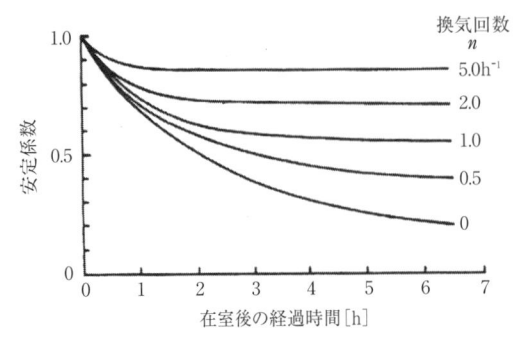

図3.1-6　体臭濃度の安定係数の時間変化[22]

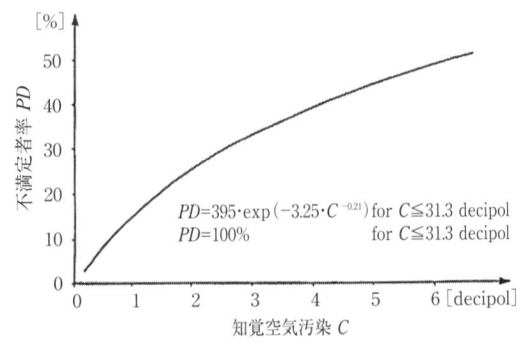

図3.1-7　知覚空気質濃度と不快者率の関係[23]

の大きな流れを知ることができるが，この体臭の不快度に基づいて，すべての室内空気汚染物に汚染された空気質を定量化する試みが，1988年にファンガー[23]によってなされた。彼は，人間は空気質を主として嗅覚によって知覚することができるという大前提に立ち，人間が知覚する空気汚染を知覚空気汚染と呼んだ。その知覚空気質の基準としたのが体臭(彼はこれを人体からの生理的排泄物：bioeffluentと呼んだ)であった。標準的な人間1人から発生する体臭の発生量を1 olf(オルフ)と呼び，1 olfの発生量を10 L/sの換気量で希釈したときの体臭濃度を1 decipol(デシポル)と定義した。**図3.1-7**は，体臭についての知覚空気汚染の濃度(decipol)と不快者率との関係を示したものであるが，この図をほかのすべての汚染物質に対して適用し，不快者率から知覚空気汚染濃度を読みとることによって，空気汚染の程度を定量化しようという試みであった。この考え方は，人間が知覚できるすべての空気の汚染質を定量化できる点において画期的なものであり，この分野の研究に少なからず影響を及ぼしているといえる。

ファンガーによる知覚空気汚染に関する研究発表後，体臭に関する研究発表はあまり多くはなされていないようである。その背景としては，前節でも述べたとおり，シックビルディング症候群に象徴されるように室内の建材などから発生するホルマリンやVOC(揮発性有機化合物)の有害性が注目され，より古典的な汚染物である体臭があまり省みられなくなったためと考えることができよう。

3.1.4 体臭に関する研究の事例紹介

ここでは，体臭に関する研究の代表的な例として，楢崎らによる研究[18]～[20],[27]について紹介する。この一連の研究は日本における体臭に関する研究の先駆的なものの一つである。

(1) 研究の背景と目的

ヤグローの体臭に関する実験結果では，同じ換気量であっても在室者1人当たりの気積が大きいほど強度が低下する結果が得られていたが，定常状態を考える場合理解しがたいものであった。そこで，楢崎らは在室者の気積を種々設定した条件下で二酸化炭素濃度の測定とパネル(検者)による体臭強度・不快度の申告を得ることによって，ヤグローの結果に対する疑問点の解消を図った。

(2) 研究の方法

実験は，図3.1-8に示すRC造の建物の一室を容積が30 m³となるように仕切った室において行った。室内には温湿度条件を制御するためにファンコイルユニット(既設)，除湿器，撹拌器を設置した。また室の気密性を高めるために天井，窓には目張りを行った。

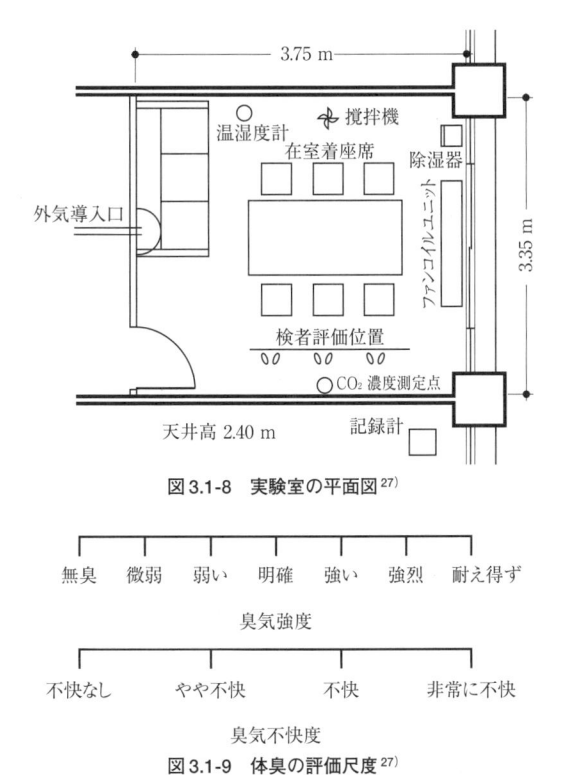

表3.1-4 パネル一覧[27]

パネル	性別	年齢	喫煙本数[本/日]
A	男	24	15
B	男	25	0
C	男	22	10
D	女	38	0
E	女	27	0
F	男	35	30

表3.1-5 実験条件一覧[27]

種類	回数	気積[m³/人]	在室時間[分]	CO_2上限濃度	外気導入
A	3	15	210～240	3 000～4 000	なし
B	3	10	180	3 700～5 000	なし
C	3	8	150～180	4 200～4 800	なし
D	3	5	120	5 000～5 600	なし
E	3	5	120～140	1 800～2 500	あり

この実験室に2～6名の在室者を入室させ，椅座で読書を行わせた。実験中の室内の温湿度および二酸化炭素濃度の時間変化の連続測定を行い，室内の二酸化炭素濃度が所定濃度に達したときに，別室に待機させていた6名のパネル(表3.1-4参照)を入室させ，所定の評価位置にて臭気強度および臭気不快度の申告をさせた。また同時に在室している被検者にも評価をさせた。評価尺度を図3.1-9に，実験条件を表3.1-5に示す。在室者は20～24歳の健康な男子学生であり，パネルと在室者には，実験前日の入浴を義務づけるとともに，食事内容や服装にも一定の制限を付け加えた。実験期間は1981年10月20日～1982年1月27日である。

(3) 結果と考察

図3.1-10は横軸に二酸化炭素濃度，縦軸にパネル(検者)と在室者それぞれの臭気強度申告を示したものである。パネルについてのプロットは6人の平均値であり，在室者のプロットはそのとき在室した2～6人の平均値である。パネルの申告についてみると，二酸化炭素濃度の上昇に伴って臭

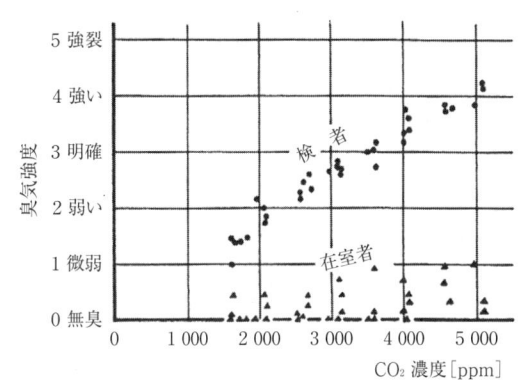

図3.1-8 実験室の平面図[27]

図3.1-9 体臭の評価尺度[27]

図3.1-10 CO_2濃度と臭気強度との関係[27]

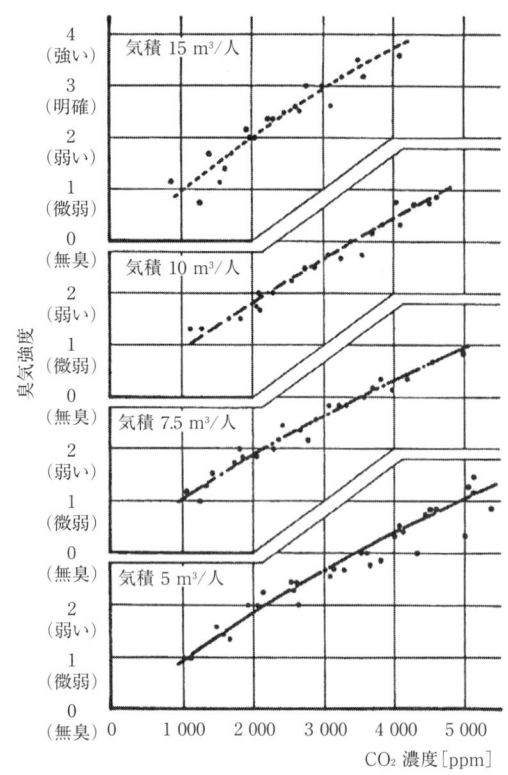

図3.1-11　CO_2濃度と臭気強度との関係[27]

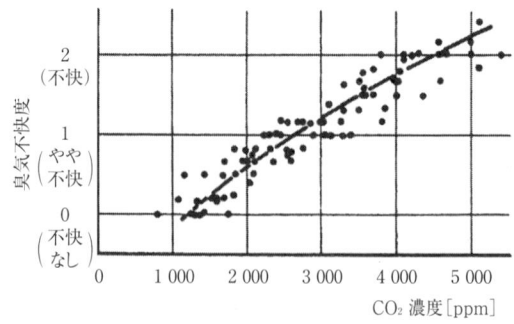

図3.1-12　CO_2濃度と臭気不快度との関係[27]

図3.1-11は，全実験条件について二酸化炭素濃度と不快度との関係を示したものである。図3.1-10同様，プロットは同一条件について6人のパネルの不快度申告の平均値を表している。基本的に図3.1-4，図3.1-10と同様の傾向を示しており，二酸化炭素濃度が高いほど臭気不快度が高くなることがわかる。図3.1-12および図3.1-4から，楢崎らは，二酸化炭素濃度と臭気不快度との対応関係を下記のとおり示した。

不快度：不快なし…二酸化炭素濃度：1 200 ppm
　〃　：やや不快…　　〃　　　　：2 600 ppm
　〃　：不　　快…　　〃　　　　：4 400 ppm

これらの関係から，体臭の強度や不快度を基準とする場合の二酸化炭素濃度を求めることが可能となり，たとえば二酸化炭素濃度を1 000 ppmにすれば，在室者の気積によらず体臭の臭気強度は微弱で不快感もない状態に維持することができることがわかる。しかし，それはあくまで平均的な申告値に関するものであり，それぞれの申告比率を知ることはできない。これに対して楢崎らは図3.1-13および図3.1-14を示しており，これらの図を用いれば任意の二酸化炭素濃度における臭気強度ならびに臭気不快度の回答率を求めることができる。

この研究成果は，必要換気量は在室者の気積によらず二酸化炭素濃度1 000 ppmにすべしという建築基準法，空気調和・衛生工学会の空気質基準の妥当性を体臭の観点から証明したということもでき，ほぼ同時期に行われた南野ら[16]の研究とともに貴重な成果が得られたといえる。その後の体臭に関する研究の発展は先に述べたとおりであり，近年は化学物質による空気汚染に関する研究

気強度が高くなることがわかる。それと対照的に在室者の申告は二酸化炭素濃度が高くなってもあまり変化せず，5 000 ppmでも臭気強度は「無臭」～「微弱」である。これは明らかに長時間の在室に伴う嗅覚の疲労が原因であり，室内の空気質の評価の観点からは在室者ではなく外部からの訪問者であるパネルの方が適当であるということができる。以下はパネルの申告について考察を進める。

二酸化炭素濃度とパネルの臭気強度申告値との関係を気積条件別に示したものが図3.1-11であり，それら図中の回帰曲線を重ねて示したものが前出の図3.1-4である。3.1.3で述べたとおり，二酸化炭素濃度と臭気強度との関係において在室者1人当たりの気積による差異は認められず，ヤグローの結果は妥当ではないといわざるを得ない。楢崎らは，図3.1-4をもとに，二酸化炭素濃度と臭気強度との関係を下記のとおり整理している。

臭気強度：微弱…二酸化炭素濃度：1 000 ppm
　〃　　：弱い…　　〃　　　　：2 200 ppm
　〃　　：明確…　　〃　　　　：3 500 ppm
　〃　　：強い…　　〃　　　　：5 000 ppm

3.1 建物における必要換気量

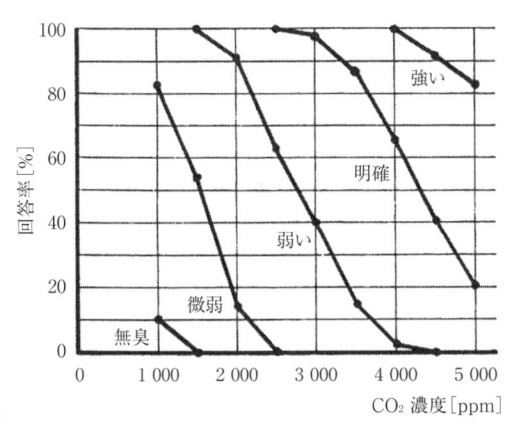

図3.1-13 CO₂濃度と臭気強度評価の回答率との関係[18]

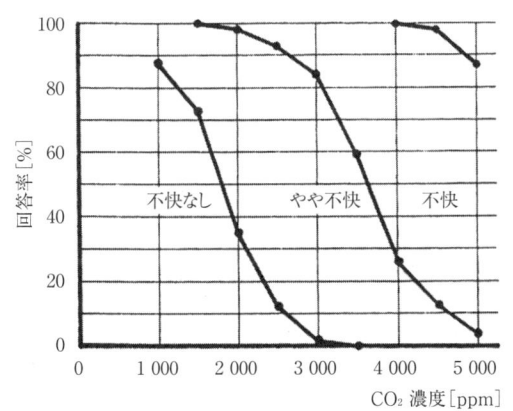

図3.1-14 CO₂濃度と臭気不快度評価の回答率との関係[18]

3.1.5 必要換気量の算出

これまで述べたように，換気に関する考え方は年代とともに変化し，またこれからも変化し続けるものと考えられるが，冒頭に示したように，室内に必要とする空気質を維持するための最小限換気量を必要換気量とするという基本的な考え方は変わらないであろう。本項では，必要換気量の算出方法の基本について簡単に述べる。

現在各国において，換気基準の見直しが行われている[28],[29]が，必要換気量には異なる目的で定義された2種類があるといえる。一つは，日本の空気調和・衛生工学会換気規格HASS-102[30]や欧州の規格案CEN prENV 1752，米国のASHRAE 62-1989Rなど多くの換気規準で採用されている

「健康のための必要換気量」であり，長時間在室しても在室者の健康に全く影響を及ぼさないための汚染物濃度で必要な空気質が規定される。一方，CEN prENV 1752では，「快適性のための必要換気量」がファンガーの提案した知覚空気汚染の考え方に基づいて導入されている。前項で述べた体臭に基づく必要換気量の算定も同じ考え方に基づくものということができよう。

一方で，室内で発生する汚染物発生源は，人的要素と建物要素に分けて考えることができる。3.1.2で述べたように，建物要素が重大な汚染源と考えられるようになったのはわずか20年ほど前のことであり，現在各分野で精力的に建物由来の空気汚染物についての研究が進められている。本節では残念ながら紹介することはできないが，今後の研究成果が大いに期待されるところである。

3.1.6 今後の研究課題

最後に，2000年8月にヘルシンキで開催された健康建築2000（Healthy Building 2000）で行われた換気基準に関するワークショップ[31]での議論の結果導かれた，今後必要と考えられる研究テーマ案について筆者の所見を記すことで，本節の締めくくりとしたい。

(1) 在室者の満足のために必要な研究

a. 受容率（不快者率）80％より，「pure joy」を含むさまざまなIAQの目標値の設定

これまでは，室内の空気質について受容者率80％を基準として換気量や指標濃度が決められてきたが，より快適な空気環境の実現のためには，最低限の許容値だけではなく，より高い快適性を保証できる基準値の規定が必要である。究極の空気質，それはその空気を吸うことが楽しみとなるようなものになるであろう。

b. チャンバーを用いて行われた研究成果に対する実際の建物での検証

空気汚染質の発生源を制御したさまざまな大きさのチャンバーでさまざまな研究が行われてきた。チャンバーは設定された条件が明確であり，理想的な場であるが，実際の建物の室内では，チャンバー実験では考慮されていない現象が起こっ

ている可能性はある。それらをすべて考慮することは現実的ではないが，それらを無視することによる差異について資料を集める必要があるといえよう。

c. パネル（評価者）とアンケート調査から脱却し，解析的で化学的な測定によって在室者の知覚をモニターする技術の開発

従来の研究ではパネルによる評価とアンケート調査こそが信頼できる測定データであった。しかし，気中濃度の成分分析に基づいて在室者が知覚する空気質を表現することができるようになれば，パネルの特性による評価値の差異がなくなり，より再現性の高い評価が可能となる。この技術が完全に実現するにはまだまだ多くの時間が必要であろうが，そのための研究を今始めることが必要なのだと考えられる。

(2) 空気清浄設計のために必要な研究

a. 汚染物の発生量データと発生モデル

さまざまな汚染源からの発生量データの蓄積は急務である。室内には非常に数多くの空気汚染物質の発生源が存在するが，それらのデータベースの構築が必要である。日本建築学会では，平成10年より科学技術庁（当時）の助成により「室内化学物質空気汚染の解明と健康・衛生居住環境の開発」という大規模な研究（研究代表：村上周三）が始められており，その中で化学物質の発生量評価についての研究が行われている。将来的には，建物の設計時にすべての材料の汚染物発生量を見積もることによって，必要な換気量の設定や空気清浄装置の選択が可能になるようにしなければならない。

b. 汚染物の沈降データと沈降モデル

ガス状の汚染物は壁面などに付着し再放散される。一方エアロゾル，すなわち粒子状汚染物は自身の重力によって沈降し床面に堆積する。それらのメカニズムを解明し考慮した室内汚染物濃度予測モデルの開発が必要である。

c. 健康と快適性評価をもとにした曝露限界

これまでの必要換気量は，純粋に科学的な根拠に基づいて決められてきたわけではない。最新の科学的根拠ばかりではなく，多くの技術者，設計者の経験的な知見に頼っていた部分も少なくない。これからシックビルディング症候群を生んだ換気量削減のような失敗を防ぐためには，多くのdose‐response，すなわち曝露量と健康・快適性反応との関係についてデータの蓄積が必要である。

d. 空気浄化技術とそれらの技術の評価法

古来，空気浄化の技術といえば換気しかなかったことはいうまでもないが，近年化学フィルタをはじめとする数多くの空気浄化技術が発達し，換気への依存度を小さくすることができるようになった。しかしそのためには，各空気浄化装置の性能を正しく評価することが重要である。

参考文献

1) Fanger, P. O.: THE PHILOSOPHY BEHIND VENTILATION: PAST, PRESENT AND FUTURE, *Proceedings of INDOOR AIR'96*, Vol.4, pp.3‐12, 1996
2) Klauss, A. K., Tull, R. H., Roots, L. M. and Pfafflin, J. R.: History of the Changing Concepts in Ventilation Requirements, *ASHRAE Journal*, June, 1970
3) 渡辺英行 抄訳：換気の必要性についての概念の変遷，空気調和・衛生工学，Vol.51, No.10, pp.110‐114，1977
4) 楢崎正也：室空気清浄設計の原理，GBRC, Vol.64, pp.8‐15, 1991
5) 楢崎正也：必要換気量について（学会換気規格案に関連して），環境工学研究会資料，No.110, pp.13‐26, 1985
6) 楢崎正也：室空気質と必要換気量，GBRC, Vol.38, pp.21‐30, 1985
7) 吉沢 晋：室内環境基準と必要換気量，空気調和・衛生工学，Vol.54, No.4, pp.3‐9, 1980
8) Hazim B. Awbi: Chapter 7— Ventilation, ARCHITECTURE: COMFORT AND ENERGY, pp.157‐188, 1998
9) Janssen, J. E.: The V in ASHRAE: An Historical Perspective, *ASHRAE Journal*, Vol.36, No.8, pp.126‐132, 1994
10) Pettenkofer, M. V.: Uber den Luftwechsel in Wohngebauden, Munchen, 1858
11) Tredgold, T.: The Principles of Warmimg and Ventilation, Public Buildings, M. Taylor, 1836
12) Saeltzer, A.: Acoustics and Ventilation, D. Van Nostrand, New York, 1872
13) Brown-Sequard, C. E., A. D'Arsonval: Demonstration de la puissance toxique des exhalaisons pulmonaires provenant de l'homme et du chien, *Compt. Rend. Soc. de Biol.*, Vol.39, p.814, 1887
14) Billings, J. S.: Ventilation and Heating, The Engineering Record, New York, 1893
15) Yaglou, C. P., Riley, E. C. and Coggins, D. I.: Ventilation Requirements, *ASHVE Transactions*, Vol.42, pp.133-162, 1936
16) 南野 脩，藤井正一，清水則夫：建築物における必要換気量に関する研究 第1報，建築環境工学論文集，No.4, p.53, 1982
17) Cain, W. S., Leaderer, B. P., Isseroff, R., Berglund, L. G.,

Huey, R. J., Lipsitt, E. D. and Perlman, D.: Ventilation Requirements in Buildings—I. Control of Occupancy Odor and Tobacco Smoke Odor, *Atmospheric Environment*, Vol.17, No.6, pp.1183-1197, 1983

18) 楢崎正也, 佐藤隆二: 体臭に基づく必要換気量算定のための基礎的研究—その4 実験室調査における臭気強度と臭気不快度—, 日本建築学会大会学術講演梗概集(計画系), pp.361-362, 1983

19) 楢崎正也, 板田昌彦: 体臭に基づく必要換気量算定のための基礎的研究—その5 運動負荷時の臭気強度と臭気不快度—, 日本建築学会近畿支部研究報告集, pp.9-12, 1984

20) 楢崎正也, 板田昌彦: 体臭に基づく必要換気量算定のための基礎的研究—その7 高温状態における臭気強度と臭気不快度—, 日本建築学会大会学術講演梗概集(D), pp.315‐316, 1985

21) Berg-Munch, B., Clausen, G. and Fanger, P. O.: Ventilation Requirements for the Control of Body Odor in Spaces Occupied by Women, *Environmental International*, Vol.12, pp.195‐199, 1986

22) Clausen, G. H., Fanger, P. O., Cain, W. S. and Leaderer, B. P.: Stability of Body Odor in Enclosed Spaces, *Environmental International*, Vol.12, pp.201‐205, 1986

23) Fanger, P. O.: Introduction of the Olf and the Decipol Units to Quantify Air Pollution Perceived by Humans Indoors and Outdoors, *Energy and Buildings*, Vol.12, pp.1‐6, 1988

24) Fanger, P. O., Lauriden, J., Bluyssen, P. and Clausen, G.: An Pollution Sources in Offices and Asssembly Halls, Quantified by the Olf Unit, *Energy and Buildings*, Vol.12, pp.7‐19, 1988

25) 岩下 剛: 居住環境における知覚空気質評価の動向, 臭気の研究, Vol.25, No.2, pp.12‐19, 1994

26) 岩下 剛, 木村健一, 田辺新一, 吉沢 晋, 池田耕一: 人間の嗅覚に基づく室内空気質の評価に関する基礎的研究, 日本建築学会計画系論文集, No.410, p.9‐19, 1990

27) 楢崎正也, 佐藤隆二: 体臭に基づく必要換気量算定のための基礎的研究—その2 実験室調査—, 日本建築学会近畿支部研究報告集, pp.161‐164, 1983

28) 早川 真: 各国換気規格の比較, 空気調和・衛生工学, Vol.72, No.5, pp.49‐56, 1998

29) 吉野 博, 内海康雄: 米国の換気規格(案) ASHRAE Standard 62‐1989 R (Public Review Draft) Ventilation for Acceptable Indoor Air Quality, 空気調和・衛生工学, Vol.72, No.4, pp.1‐8, 1998

30) 空気調和・衛生工学会規格 換気規準・同解説 HASS-102‐1997, 空気調和・衛生工学会, 1997

31) Persily, A., Liddament, M., Railio, J.: WS6 Ventilation Standards-Reserch needs and Natural Ventilation, Healthy Buildings 2000 Workshop Summaries, pp.33‐35, 2000

3.2 臭気の評価と制御方法

　室内空気汚染源の一つに臭気がある。においは人が知覚できるものであるが、しばらく同じにおいを嗅いでいると、順応が生じ、それほど感じられなくなってくる。また、人の快・不快の感覚は、においの強さと質によって左右される。お香や香水などは弱いにおいであれば、人に心地よさを与えることができるが、強くなりすぎると逆に不快感を与えてしまうことになりかねない。ここでは、これまで室内で問題となってきた臭気に関する研究をいくつか紹介する。人の快適感に影響を及ぼす臭気をどう評価し、どのように対策を検討していけばよいのか、研究の中で主に用いられてきた評価指標を述べたうえで、制御方法について検討している最近の研究を取り上げて解説する。

　なお、表記についてであるが、「臭気」は不快なにおいを表す場合に用い、不快なにおいと快適なにおいを合わせて表す場合には「におい」を用いる。

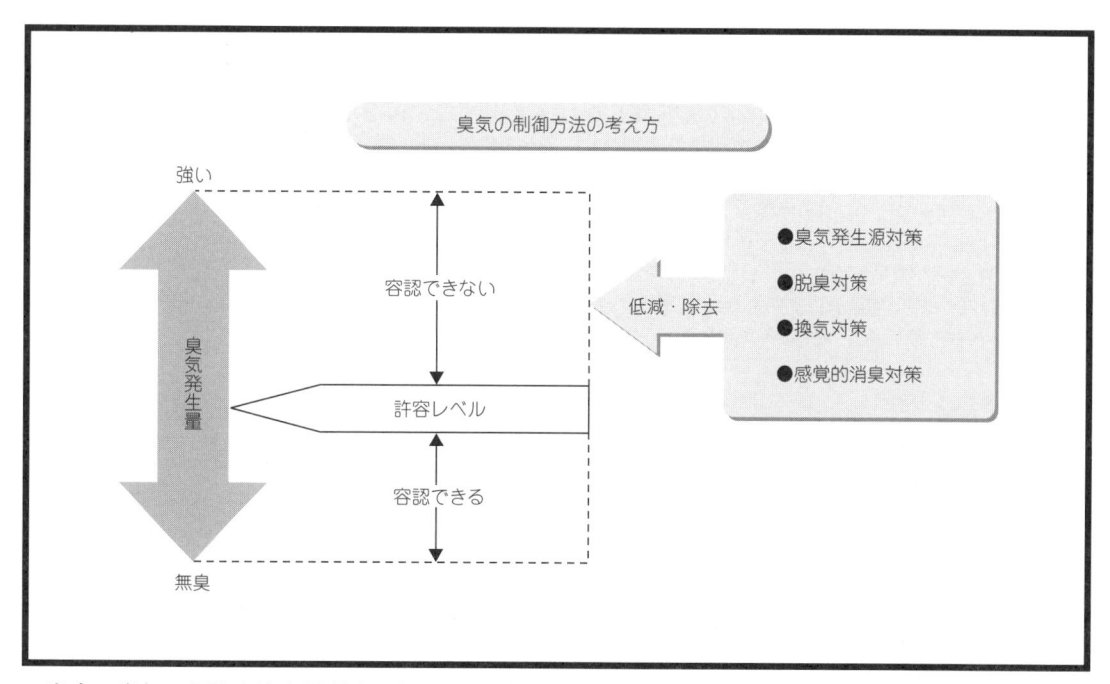

　室内の臭気の制御方法を検討するために必要なデータは主に、臭気発生量と許容レベル（評価指標の基準値）であるが、臭気への対策としては、臭気発生量、発生源の状況、臭気の質を把握し、効率よく臭気を低減・除去できる方法を用いる必要がある。臭気の発生前に対策を行った方が有効な場合と、臭気の発生後にしか対策が行えない場合とがある。室内の臭気対策として大きく分けると、臭気の発生源対策、脱臭対策、換気対策、感覚的消臭対策の4つがあげられるが、場合によってはいくつかの方法を組み合わせて用いると有効な場合がある。対策によって低減・除去された臭気については、許容レベルまでに抑えられているか対応させてみることが必要であるとともに、除去効率を検討し、有効に低減・除去対策が作用しているか検討する必要がある。

■基礎知識[1]〜[3]
・三点比較式臭袋法
　臭気濃度を求める方法の一つである。3個の3L臭い袋に無臭空気を入れ，その中の1個に所定希釈倍数になるように臭気試料をシリンジで注入する。被験者はこれら3個の袋のにおいを嗅ぎ，どれがにおうかを判断する。一般的には，30倍希釈から試験を開始し，順次希釈倍数を増していき，被験者が不正解になった時点で試験を終了する。各被験者において，不正解時の希釈倍数とその直前の正解時の希釈倍数との平均値を求める。被験者を6名とし，一番大きい数値と一番小さい数値を除いた4名の数値を平均し，臭気濃度を算出する。

・嗅覚パネル選定試験
　嗅覚に障害があったり，通常の人より嗅力の劣る人は被験者として適さないため，臭気評価実験に採用する被験者としては，嗅覚パネル選定試験に合格した人を用いることが条件の一つである。嗅覚パネル選定試験には各種あるが，三点比較式臭袋法の場合には，T＆Tオルファクトメータの基準臭（β-フェニルエチルアルコール；花のにおい，メチルシクロペンテノロン；こげ臭，イソ吉草酸；汗臭，γ-ウンデカラクトン；果実のにおい，スカトール；糞臭）を用いる。
　実験手順は，5本のにおい紙のうち2本に，ある一定の濃度の基準臭液を上端1cmほど浸し，同様に残りの3本には無臭液を浸す。被験者は5本のにおい紙を嗅ぎ，においがあると思われる2本の番号を回答する。すべての基準臭について正解の場合，嗅覚パネル選定試験に合格したことになる。

・ニオイセンサ値
　本文中に出てくるニオイセンサ値は，半導体式センサ（金属酸化物を含むセンサ表面に物質が吸着し，酸化反応が進行する時に生成する電子の流れにより起こる抵抗変化を読み取ることによりガスを検知するセンサ）のニオイセンサを用いて測定した値で，指示値に単位はなく，複合臭の強弱を相対的に0〜2000で数値化したものであり，強さの度合いを表したものである。

・臭気物質濃度と臭気強度の関係
　物理化学的刺激量と人間の感覚強度の関係には，ウェーバー・フェヒナー（Weber-Fechner）の法則がよく当てはまるとされている。ウェーバー・フェヒナーの法則は，感覚の大きさが刺激量の対数に比例するというものである。嗅覚においても例外でなく，臭気物質濃度（刺激量）と臭気強度（感覚の大きさ）の関係についてこの法則を用いた研究が行われている。とくに，悪臭公害分野でこの法則がよく用いられ，単一の悪臭物質の濃度と臭気強度の関係式が求められている。

・臭気指数
　悪臭防止法では，平成7年より嗅覚測定法が導入され，臭気指数が規制基準に用いられている。臭気指数が優れている点は，人の感覚量に対応した尺度になっている点である。臭気濃度を臭気指数に変換するための式は，「（臭気指数）＝ 10 × log（臭気濃度）」である。

3.2.1 はじめに

室内に入室した際に臭気を感じることがあるだろう。そのとき、臭気の強さか質、あるいは自分自身の体調などの影響により強烈な印象をもった場合には、不快感が鮮明に記憶に残り、同じ室内に入るたびに、また同じように臭気があり不快な思いになるのではないかという思いをもつこともすらある。臭気は室内空気質に関わる一つの要素であり、室内空気質を快適性の面から考える場合に、とくに重要な汚染源である。本節では、今までに検討されてきた室内の臭気の評価と制御に関する研究を取り上げて、臭気の評価の考え方や評価指標について述べるとともに、制御方法の考え方について解説し、今後、どのような臭気を対象として評価や制御方法を考えていく必要があるのか研究の糸口を提示する。

3.2.2 臭気の評価指標

(1) 感覚量に基づく評価指標

臭気が人の嗅覚で知覚する感覚事象であることを考えれば、嗅覚に基づいた感覚的指標を用いることが適当である。わが国では、一般大気環境の臭気の評価からの流れで、室内の臭気評価についても三点比較式臭袋法による臭気濃度とOER、あるいは臭気強度尺度や快・不快度尺度に基づく直接的な評価方法が普及している[1]。表3.2-1に環境省公示の6段階臭気強度尺度、表3.2-2に9段階快・不快度尺度を示す。また、デンマークのFangerは新しいにおいの単位としてolfとdecipolを提案している[4]。olfとは、発生源強度のことで、1 olfは1人の標準的な成人からの空気汚染物質（体臭）の発生率のことであり、1 olfの発生源の室を10 L/sで換気しているときの汚染度合いを1 decipolと定義している。わが国でもこれらの単位を用いていくつかの研究が行われている[5),6)]。臭気濃度とOER、olfとdecipolとの関係を示すと表3.2-3のようになる。臭気濃度は閾値を基準とした倍数表示であるのに対して、decipolは1人の体臭を基準にした倍数表示となっている。両者は、基準が異なるだけで臭気の存在量を表す指標であると考えられる。臭気発生量としてのOERとは、n olfの負荷すなわちn人の体臭の発生量とが対応すると考えられ、OER = 臭気濃度×発生量、$n \times 1[\text{decipol}] \times 10[\text{L/s}]$が臭気発生量を表す式となる。図3.2-1は、Fangerが求めたdecipolと非容認率の関係式[7]と、筆者が求めた生ごみ臭の臭気濃度と非容認率の関係式[8]を用いて、decipolと臭気濃度の関係を求めたものであり、両者の間には比例関係が成り立っていることがわかる[9),10)]。

(2) 機器測定から得られる評価指標

人の嗅覚に基づく評価には連続モニターができない、また、労力や時間がかかるなどのいくつか

表3.2-1 6段階臭気強度尺度

5	強烈なにおい
4	強いにおい
3	楽に感知できるにおい
2	何のにおいであるかわかる弱いにおい（認知閾値）
1	やっと感知できるにおい（検知閾値）
0	無臭

表3.2-2 9段階快・不快度尺度

－4	極端に不快
－3	非常に不快
－2	不快
－1	やや不快
0	快でも不快でもない
1	やや快
2	快
3	非常に快
4	極端に快

表3.2-3 感覚的評価指標の対応関係

	室内	一般大気
空気質（存在量・濃度）	decipol 1人の体臭基準	臭気濃度（O.U.） 閾値基準
汚染負荷（発散量）	n olfの負荷 $n \times 1$ decipol $\times 10$ L/s	OER 臭気濃度×発散量

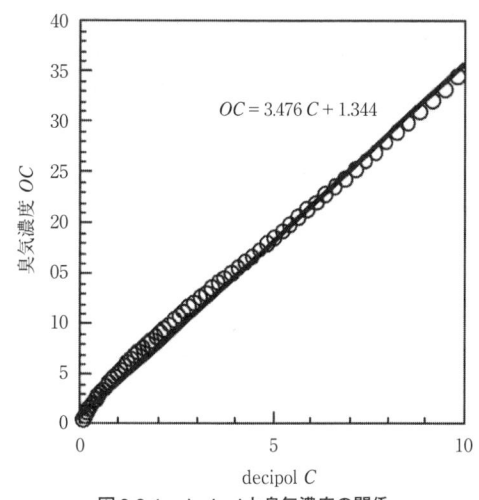

$OC = 3.476\,C + 1.344$

図3.2-1 decipolと臭気濃度の関係

の短所があり，機器分析から得られる指標を用いる必要性が否定できない。従来の研究において，体臭に対する二酸化炭素[11]，タバコ臭に対する一酸化炭素または粉塵[12],[13]，生ごみ臭に対するニオイセンサ値または臭気物質（メチルメルカプタン）[8],[14],[15]などの指標の適用を検討した例がみられる。これらのガスや臭気物質の測定には，検知管やガスクロマトグラフを用いるのが一般的である。

3.2.3 臭気評価の考え方と各指標の有用性

(1) 臭気評価指標の役割と評価の考え方

臭気の評価指標の役割を考えるとき，「許容できる基準値の設定が可能であること」，「臭気の低減・除去対策の設計が可能な臭気発生量を求めることができること」，「基準値への適合性および臭気の低減・除去効率の評価が可能であること」の3つの視点が重要である。

「許容できる基準値の設定が可能であること」に関連して，ASHRAE基準62-1989Rでは，訓練を受けていない観測パネルの少なくとも80％がその空気を不快でないとみなす場合を汚染物質がない空気質の限界としている。また，CEN prENV 1752の基準においては，汚染物質のない空気質の限界は，3つのクラスに分かれており，不満足者数がA 15％，B 20％，C 30％のA，B，Cに分けられている。また，DIN 1946, Part 2の基準においては，不満足者数が10％，20％，30％の3段階に分かれている。CEN prENV 1752の分類のBクラスと，DIN 1946, Part 2の基準の不満足者数20％，ASHRAE基準62-1989Rは，それぞれほぼ一致している。また，日本における二酸化炭素濃度を基準とした必要換気量の考え方を用いた必要換気量ともほぼ一致している[16]。これらの考え方によれば，評価指標の濃度と観測者の中で不快と感じた人の割合（その臭気を「受け入れられない」とした人の割合：以下，非容認率）との関係を把握し，基準とする非容認率を決定することにより，許容レベルとなる評価指標の濃度を求めることができる。ところで，しばらく同じ臭気を嗅いでいると嗅覚に順応が起こり，当初は不快であってもそれほど不快感を感じなくなることがある。どの時点で行った臭気の評価に基づいて許容レベルを決定すべきであるかという問題については，最終的な快・不快の判断はピーク時の評価によって決まることが多いことから，順応していない状態で行った入室直後の評価に基づいて決定することが妥当であると考えられる。

「臭気の低減・除去対策の設計が可能な臭気発生量を求めることができること」について，許容レベルが設定されれば，臭気発生量から必要な清浄空気量などを算定することになる。したがって，必要な清浄空気量を算出することができるような形で臭気発生量が求められるような指標を用いる必要がある。

「基準値への適合性および臭気の低減・除去効率の評価が可能であること」について，許容レベルへの適合性や換気効率を実際に評価するためには，低レベルでの臭気の評価，および手間の簡便化が必要である。また，臭気の快・不快の評価は平均的なものより一時のピーク時で判断されることから，臭気の連続的な評価が可能であることも必要である[17]。

(2) 各臭気評価指標の有用性

各指標の有用性を検討すると，評価指標の役割の一つである基準値の設定については，decipol，臭気濃度ともに非容認率との関係から基準値が設定できる。また，臭気の低減・除去対策の設計については，基準値が定まれば，それぞれolf，OERから必要換気量が算定できる。基準値への適合性および低減・除去効率の評価については，臭気濃度は，許容レベルとなるような低濃度での測定が困難であるという問題があり，臭気試料の濃縮などを行い，測定をする必要がある。decipolでは，すべての汚染物質の発生源強度が体臭を基準として考えられているので，異なる臭気の不快性の等価性を判断することが可能であるかという問題がある。

評定尺度法により評価される臭気強度は，臭気を簡単に評価できるが，臭気への順応や慣れ，および質や快・不快性などの心理的属性によって判定値が少なからず影響されることに注意が必要である。さらに，機器分析から得られる指標を用い

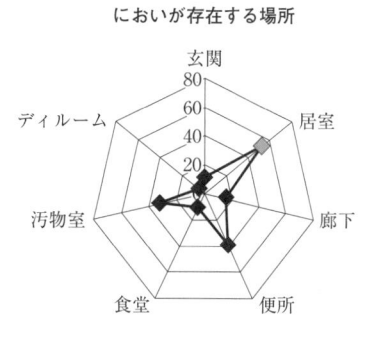

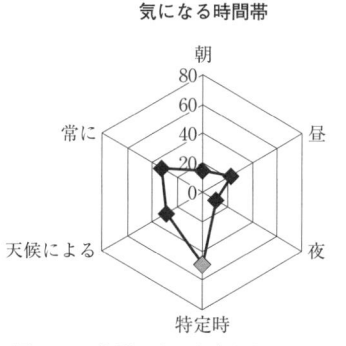

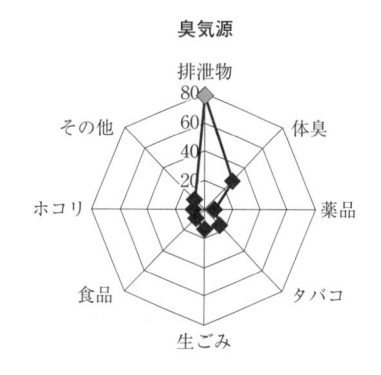

図3.2-3 施設の中でなくしたいにおい

る場合には、感覚量と関連のある指標を選択することに注意する必要がある。生ごみ臭の評価で感覚量と関連性が認められたニオイセンサ値については連続的な評価は可能であるが、臭気物質によって反応形態が異なること、温度、湿度に指示値が影響される場合があることなど基準値の設定や臭気の低減・除去対策の設計を行うことが難しいという問題がある。生ごみ臭におけるメチルメルカプタンのように臭気物質濃度を用いて評価する場合には、基準値の設定や臭気の低減・除去対策の設計を行うことは可能であるが、現状の分析器では連続的な評価が難しいという問題がある。

3.2.4 臭気の制御方法の考え方

室内の臭気への対策としては、臭気の発生量、臭気発生の状況、臭気の質を把握し、効率よく臭気が低減・除去できるような方法を用いる必要がある。場合によってはいくつかの方法を組み合わせて用いると有効な場合もある。また、臭気の発生前に対策を行った方が有効な場合と臭気の発生後にしか対策が行えない場合とがある。室内の臭気対策として大きく分けると、図3.2-2のように

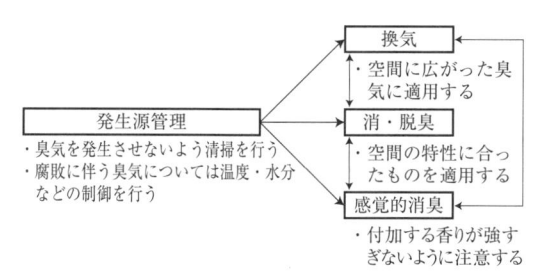

図3.2-2 臭気の制御方法の考え方

「臭気発生源対策」、「脱臭対策」、「換気対策」、「感覚的消臭対策」の4つがあげられる。

3.2.5 室内の臭気の評価と制御方法に関する研究

(1) 室内の臭気発生源の種類

建築用途別の臭気については、岡田[18]によってまとめられており、各種建築用途ではトイレ臭、タバコ臭、建材臭が対象となり、場合によっては厨房臭、浄化槽の臭気、ビルピットの臭気が対象となる。建材臭については、とくに新しく導入した建材から汚染ガスが発生するために新築、増改築直後には注意が必要である。楢崎ら[19]は、人が汚染の主要因とみなされる事務所や教室などにおいては、体臭をもとに必要換気量を決めることが妥当であるとしており、これらの用途を主とする建物では、臭気として体臭も考慮する必要がある。

また、高齢化社会の中で高齢者施設が注目され、施設の抱えるさまざまな問題が表面化してきているが、その中の一つとして介護臭の問題が指摘されている。高齢者施設では、図3.2-3のように主に居室、便所、汚物処理室のにおいが気になっており、主な臭気源としては排泄物、体臭があげられる[20],[21]。また、室内の壁面、天井面、カーテン、寝具などへの臭気の染み着きの問題も指摘されている。

住宅内で臭気について調査を行った結果[22]、不快臭を感じる場所としては、「台所」、「便所」、「居間」が多くあげられる。各空間ごとに存在する不快臭の種類は、図3.2-4に示すとおりである。このほか、とくに冬季に問題となる臭気として、

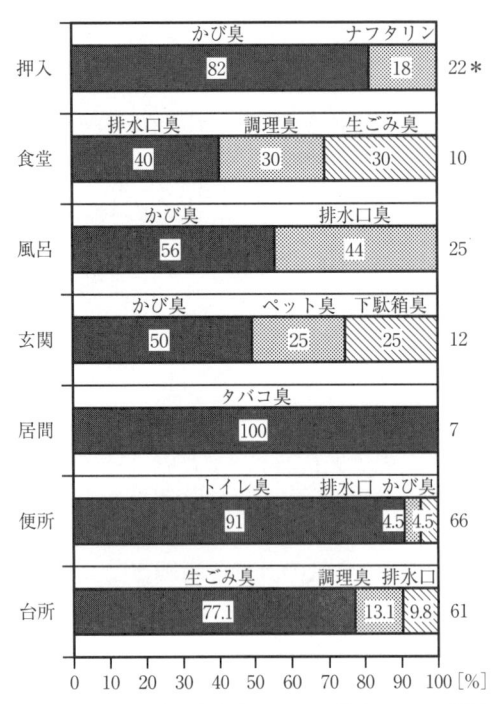

図3.2-4 住宅内の各空間における不快なにおいの種類
（＊の数字は，各空間で不快なにおいの種類について回答のあった数を示す）

空間	においの種類と割合
押入	かび臭 82／ナフタリン 18　22＊
食堂	排水口臭 40／調理臭 30／生ごみ臭 30　10
風呂	かび臭 56／排水口臭 44　25
玄関	かび臭 50／ペット臭 25／下駄箱臭 25　12
居間	タバコ臭 100　7
便所	トイレ臭 91／排水口 4.5／かび臭 4.5　66
台所	生ごみ臭 77.1／調理臭 13.1／排水口 9.8　61

ストーブや給湯器などからの燃焼臭[23]があげられる。

(2) 臭気発生量に関する研究

a. タバコ臭

タバコ臭の発生原単位について[24]，吐出煙は，副流煙のわずか1％程度であり，室内におけるタバコ臭の不快性はほとんどが副流煙の寄与によるものであることが明らかにされている。また，換気を考える場合には，臭気発生の最大ピーク時を対象としなければならないことから，1人の喫煙者が喫煙するときに発生する副流煙の発生原単位が1分間当たりで求められている。タバコ臭の発生原単位として，$1.5 \times 10^2 \, m^3/min$ が示されている。

b. 生ごみ臭

生ごみが蓋付き容器に入れられており，蓋を開けたときに発生する臭気と常時空気に触れた状態に置かれた場合に発生する臭気の発生原単位が，生ごみの表面積当たりで求められている[25]。家庭の貯留状態を想定して求められた発生原単位の最大値について，蓋付き容器を開けたときに新たに発生する臭気が $1.1 \times 10^2 \, m^3/cm^2/h$，常に通気状態に置かれているときに発生する臭気が $1.0 \times 10^2 \, m^3/cm^2/h$ とされている。

c. 調理臭

焼き肉を想定した場合の調理時に発生する臭気の発生原単位が求められている[26]。キャベツ炒めが $1\,530 \, m^3/h$，ハムを焼いたものが $3\,600 \, m^3/h$，たれをつけたハムを焼いたものが $9\,900 \, m^3/h$ である。また，味噌汁，カレー，焼き魚などの調理中に発生する臭気についても検討されており[27],[28]，とくに，焼き魚の臭気濃度が高く，この種の調理における臭気制御が重要であることが報告されている。

d. トイレ臭

トイレの臭気についての実態調査が行われている。駅構内，学校の男子便所のガスが採集され，分析されている。尿が腐敗した時点で発生するアンモニアガスを対象として測定し，臭気濃度に換算して求められている。その結果，最大の場合の発生原単位を推定すると $300 \, m^3/h$ となる。

e. 介護臭

夏季と冬季に高齢者施設の4人部屋において，臭気に関する実測調査を実施し，各部屋における臭気発生量が検討されている[30]。評価指標としては，臭気濃度とともに，体臭の代表的な成分と考えられるイソ吉草酸やn-カプロン酸，排泄物臭の成分と考えられるインドールやアンモニアが用いられており，それぞれの指標により，臭気発生量が求められている。このほか，排泄物臭の代表成分として硫化水素，メチルメルカプタンがあげられる[31],[32]ため，今後はこれらの成分を用いて発生量の把握をする必要があると考えられる。居室の換気量を求めることで，臭気濃度を指標とした場合には1時間当たりの臭気発生量を算出しており，臭気成分濃度を指標とした場合には1年間の臭気発生量を算出している。また，施設によっては，メチルメルカプタンを主成分とする口臭と施設内の臭気成分が近似しているとの報告があり，口臭も介護臭の一つと考えられている[33],[34]。

(3) 臭気の許容レベルに関する研究

臭気濃度を指標として，許容レベルを求めている研究を取り上げると，調理臭，生ごみ臭，トイレ臭，タバコ臭，介護臭に関する研究がある。調

理臭[26]については、キャベツ炒めやハム炒めなどを調理するときに発生する臭気についての許容レベルが求められている。生ごみ臭[8]については、一般家庭から廃棄される生ごみの組成と重量を参考に生ごみ試料を作成し、臭気の許容レベルを求めているが、実験方法および検討方法の詳細については、3.2.6で述べる。トイレ臭[35]については、採取直後の尿と腐敗尿の臭気の許容レベルが求められている。タバコ臭[24]については、副流煙を用いた検討がなされている。介護臭[36]については、高齢者施設内の居室、便所、汚物処理室、フロアでサンプリングした臭気試料を用いて、許容レベルが検討されている。

それぞれの実験で、非容認率（不満を表す人の割合）の求め方、被験者や実験室の状態などが異なるが、タバコ臭、生ごみ臭、トイレ臭の臭気濃度と非容認率の関係を示すと、図3.2-5のようになる。図中の曲線は、測定値にロジットモデルを用いて回帰した曲線である。非容認率20％のときの臭気濃度を許容レベルとして求めると、生ごみ臭は6.9、トイレ臭は4.9、タバコ臭は5.4となる[10]。調理臭の臭気濃度と非容認率の関係は図3.2-6に示すとおりであり、許容レベルが最も低いたれ付きのハム炒めについて求めると、臭気濃度13となる。また、介護臭については図3.2-7に示すとおりであり、同じく非容認率20％の臭気濃度を許容レベルとすると、居室で7.9、汚物処理室で4.4、便所で11、フロアで9.9となる。ただし今回の測定では便所で値が若干高くなっており、再度検討を必要としている。

(4) 臭気の制御方法に関する研究

a. タバコ臭

タバコ臭は、室内に発散する前に対策を講じることが困難であり、室内に充満しやすい。このような臭気の場合、換気によって除去することが適切であると考えられる。1人の喫煙者が喫煙しているときのタバコ臭が室内に拡散し、完全混合状態にあると仮定した場合の必要換気量を算定する。算定式は、以下のとおりである。

$$(必要換気量) = (OER) / (許容レベル) \quad (3.2\text{-}1)$$

OERと許容レベルの値は、先に述べた臭気発生量と許容レベルの項で紹介した値を使用すると、タバコ臭に対する必要換気量は、65 m³/minとなる。この値は、室内に取り付けられる一般の換気扇の風量と比較するとかなり大きなものであり、タバコ臭に対して、換気対策だけでは現実的なものとはいえない。また、タバコ臭について換気、電気集塵機などにより一酸化炭素濃度は低下

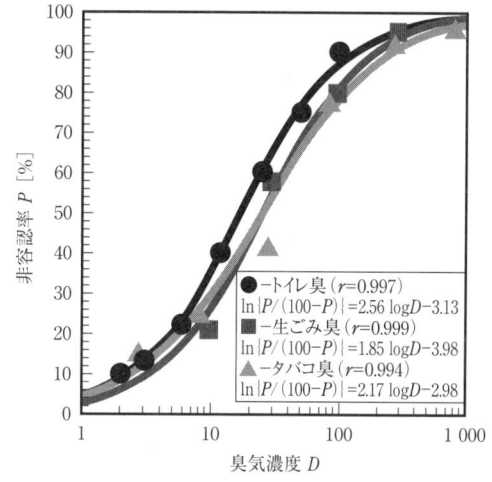

図3.2-5 トイレ臭、生ごみ臭、タバコ臭の臭気濃度と非容認率の関係

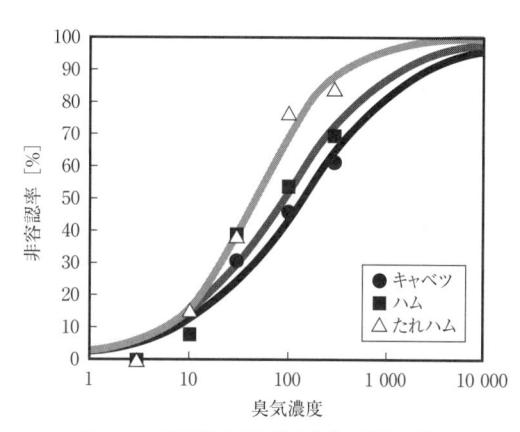

図3.2-6 調理臭の臭気濃度と非容認率の関係

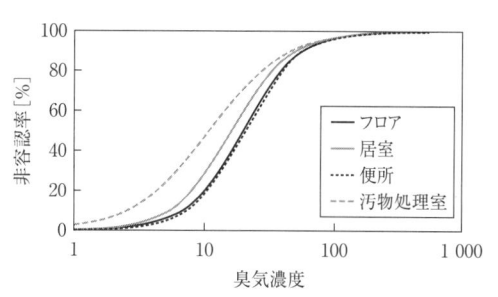

図3.2-7 高齢者施設内の各空間における臭気濃度と非容認率の関係

するが，不快感が残るという報告[37]があり，換気，電気集塵機は，臭気そのものに対する対策としては，十分なものであるとはいいがたい。家庭で行われているタバコ臭対策の代表的なものとして，タバコ用消臭剤，消臭スプレー，茶香炉などを使用した場合の効果を検討している研究[38]があるが，消臭剤，茶香炉などは感覚的な消臭効果が期待でき，タバコの臭気を対象とした場合には必要換気量の低減ができる。ただし，消臭剤からは化学物質が，茶香炉では火を使用するため二酸化炭素が発生することに注意する必要がある。さらに，タバコ臭の対策を検討する場合には，室内の壁面などへ臭気成分が吸着することを考慮して対策を講じる必要があると考えられる。

b. 生ごみ臭

現在のところ90％以上の家庭で生ごみは，ごみ収集日まで自宅で貯留し，ごみ収集日に収集場所まで運び出す方法がとられている[39]。したがって，自宅内に生ごみを貯めている間に発生する臭気が問題となる。そこで，生ごみ臭の制御方法として，①生ごみの腐敗を防ぐことで臭気の発生を抑制し，②生ごみを容器に入れておき，容器から漏出する臭気の量を抑え，③最終的に，容器から漏出した臭気を換気によって除去するという対策が考えられる[25]。生ごみの貯留時の臭気発生特性を実験によって明らかにし[14]，生ごみを容器に入れている場合に容器から漏出する臭気量が求められている[40]。生ごみ臭を対象とした必要換気量を検討した結果[25]から，とくに，①の対策は重要であり，貯留する温度を20℃までに抑えると，臭気の発生そのものをかなり抑制することができ，最終的な対策としての換気量を少量にできることが明らかになっている。また，貯留温度が25℃になる場合には生ごみの水切りにも注意を払う必要があり，30℃になる場合には生ごみの腐敗の進行を遅らせるように，アルコールスプレーなどを使用する工夫が必要となることが実験の結果より明らかになっている[41]。換気計画としては，生ごみ臭の場合は，生ごみの貯留場所に臭気のかたまりが滞留していることが考えられるため，局所換気などの工夫を行うと，より効果的であると考えられている。

c. 調理臭

調理臭も室内に発散し，充満しやすく，換気による除去を行うことが適切である。式(**3.2-1**)に，調理臭の発生量と許容レベルの値を代入して必要換気量を求めると，最も不快性の高いたれ付きのハム炒めで，$762 m^3/h$となる。調理臭に対する不快感は，調理中よりもむしろ調理後に残留した臭気によってもたらされる場合が多い[42]ことから，できるだけ室内に臭気が残留しないように防ぐ配慮が必要である。

d. トイレ臭

トイレ臭について，臭気発生量と許容レベルの値を式(**3.2-1**)に代入して必要換気量を求めると$61 m^3/h$となる。トイレ臭に対しては，住宅内の不快なにおいの原因として，「換気扇に関すること」と「掃除の不足」があげられている[22]。また，武藤らの調査[29]によって清掃による臭気の除去効果が明らかになっており，一つの対策として，臭気発生前に掃除によって発生源管理を行うことがあげられる。発生後の臭気に対しては，「換気による除去」とともに「芳香剤の利用」がよくとられている[43]。芳香剤の利用に関しては，強い臭気に対しては不向きであり，臭気をマスキングしようとして強い芳香を付加すると芳香自体が不快なにおいとなるので注意が必要である。

e. 介護臭

高齢者施設内の居室，便所，汚物処理室，フロアに光触媒ユニット付き空気清浄機，消臭剤を設置し，使用前と使用後の臭気の状態を調査した研究がある[44]〜[46]。光触媒ユニット付きの空気清浄機は比較的狭い空間では高い効果が得られ，消臭剤は空気清浄機のフィルタとして使用した場合に明確な消臭効果が認められている。

3.2.6 臭気濃度を指標として臭気の許容レベルを検討した研究紹介

室内の臭気について許容レベルを検討している研究としては，体臭，タバコ臭，トイレ臭，調理臭，生ごみ臭，介護臭などに関するものがあるが，許容レベルを求めるための実験方法の検討を行い，臭い袋を用いて求めた場合と実際の空間を使用して求めた場合の許容レベルについて検討して

いること，また臭気の評価指標についても検討していることから，ここでは，室内における生ごみ臭の許容レベルに関する研究[8]を紹介する。

(1) 研究の背景と目的

生ごみ臭は，住居内の不快臭の代表例としてあげられ，臭気の発生源管理，換気，脱臭などによる低減・除去が望まれる。通常，空気汚染物質に関する低減・除去対策としての必要換気量は，二酸化炭素などの評価指標の基準値に基づいて算出される。臭気を対象として低減・除去を考える場合にも評価指標の基準値が設定されれば，二酸化炭素などに対する場合と同様の方法で必要換気量を算出することができる。しかしながら，生ごみ臭に関する評価指標として確立されたものはなく，基準値も定められていない。このようなことから，この研究では，生ごみ臭の評価指標についての検討を行うとともに，臭い袋と実際の空間を用いて，臭気感覚に基づいた生ごみ臭の許容レベルを検討している。

(2) 実験の方法

生ごみ試料は，一般家庭から廃棄される組成と重量を参考として[47]，決定した**表3.2-4**に示す混合試料を用いている。臭気の提示方法としては，実際の台所を想定した空間に入室してもらった評価と臭い袋を用いた評価を行っている。それぞれの実験の特徴をまとめると，臭い袋を用いた実験では，臭気濃度を求めることはできるが，低濃度では袋自体のにおいが評価に影響を及ぼす可能性が考えられる。一方，実空間を用いた実験では，実際の生活の場を想定しやすいが，臭気濃度を求

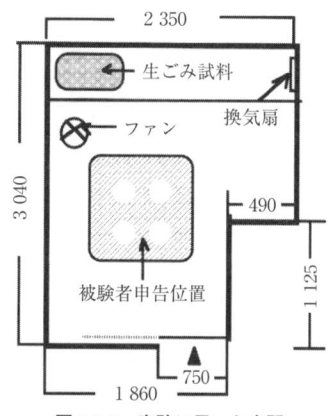

図3.2-9 実験に用いた空間

表3.2-4 実験に用いた生ごみ試料

	材料	重量[g]		材料	重量[g]
野菜	玉ねぎ	20	果物	りんごの皮	40
	じゃがいもの皮	20		みかんの皮	40
	キャベツ	60	茶殻	玄米茶	10
魚	いわし	20		混合試料	210

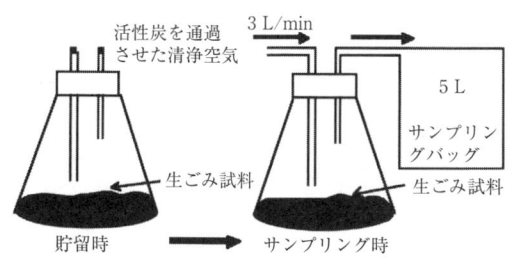

図3.2-8 臭い袋の実験に用いる生ごみの臭気試料のサンプリング方法

めることが困難であるという問題点がある。

臭い袋を用いた実験では，臭気試料を臭気濃度3，10，30，100，300となるように希釈して被験者に呈示し，自然な呼吸で嗅ぐように注意し，袋の中のにおいが台所でしたと仮定して，嗅いだ直後の印象を申告してもらっている。希釈する前のもととなる臭気試料のサンプリング方法は，**図3.2-8**に示すとおりである。30℃で3日間保存し，サンプリングの際に3 L/minの清浄な空気を送り込み，5 Lのサンプリングバッグに捕集している。

実際の空間を用いた実験では，**図3.2-9**の空間を用い，生ごみ臭の濃さの調整は生ごみを室内に置いて発生する臭気で行っている。生ごみ臭の発生には生ごみの表面積が影響を及ぼしていることから，許容レベルを求めるのための解析に必要な評価が段階的に得られるように生ごみの表面積を10 cm²，20 cm²，50 cm²，75 cm²，100 cm²，200 cm²の6段階に変化させている。被験者には一度に4人入室してもらい，台所に入室したと仮定して入室直後の臭気感覚を申告してもらっている。

(3) 実験の結果および考察

まず，臭い袋を用いた実験では，袋自体のにおいが臭気評価へ及ぼす影響を検討している。その結果，臭気の容認性に影響を及ぼすと考えられる不快性の評価が袋自体のにおいによって影響されていないことが明らかとなり，ここでは臭い袋の固有臭が臭気の評価に影響を及ぼす可能性は低いとしている。

実空間では臭気濃度を測定することが困難であ

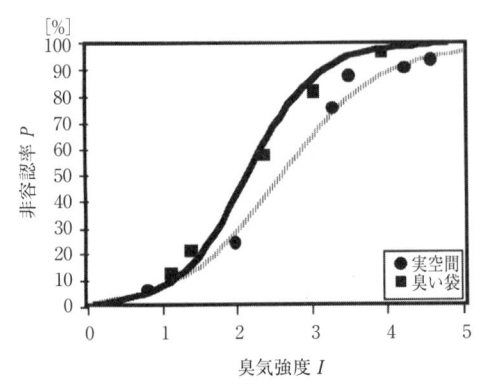

図3.2-10 生ごみ臭の臭気濃度と非容認率の関係
（臭い袋と実空間における実験の比較）

ることから，臭気強度と非容認率の関係を求め，臭い袋を用いた実験の結果と比較している。結果は図3.2-10に示すとおりであり，非容認率20％の臭気強度を求めると，臭い袋を用いた実験では1.4，実空間を用いた実験では1.7となっている。このことから，6段階臭気強度尺度で認知閾値に相当する，「2の何のにおいであるかわかる弱いにおいである」より低いレベルが許容レベルと考えられる。また，臭気濃度で許容レベルを求めておくと，臭気の低減・除去に必要な清浄空気量を算出できることから，臭気濃度を指標として許容レベルを求めている。検討の結果，臭い袋では臭気濃度6.9，実空間では臭気濃度11としている。

さらに，機器分析から得られる指標を用いて生ごみ臭の許容レベルを検討している。表3.2-5に，臭い袋の実験に用いた臭気試料の臭気濃度，機器による測定結果，各臭気物質の閾値[48]を示す。各臭気成分の検出濃度を嗅覚閾値となる濃度で割ると，何倍に薄めるとその成分のにおいが消えるかを示す指標，すなわち計算上の臭気濃度を求めることができ，生ごみ臭そのものの臭気濃度と比較することにより各臭気成分の寄与がわかる。実際に測定した臭気濃度は31 000であるのに対して，計算上ではメチルメルカプタンの臭気濃度が19 000であり，検出された臭気成分の中では生ごみ臭の臭気濃度に対する寄与が大きいことがわかる。図3.2-11はメチルメルカプタン濃度と臭気強度の関係を示している。各希釈段階の臭気中のメチルメルカプタン濃度は，臭気試料から検出されたメチルメルカプタン濃度と各段階の臭気の希釈倍数をもとに算出している。また，悪臭防止法の基準値設定の根拠となっている単一臭気物質としてのメチルメルカプタン濃度と臭気強度の関係[49]を同一グラフ上に示している。図中の〇の面積は実験における申告者数で，実線は申告値をもとに回帰した直線，点線は引用したメチルメルカプタン濃度と臭気強度の関係を示している。単一臭気物質としてのメチルメルカプタン濃度に対する臭気強度評価と生ごみ臭の指標として用いたメチルメルカプタン濃度に対する臭気強度評価が同程度の値を示していることがわかる。このことから，メチルメルカプタンが生じるような一般に家庭から廃棄される生ごみの臭気においては，メチルメルカプタンを指標として適用できるものと考えられる。臭気成分を指標として許容レベルを求めておくと，低濃度の臭気を測定する場合に臭気濃縮法を用いて測定することによって，臭気の低減・除去効率などの評価にも用いることができると考えられる。メチルメルカプタン濃度を非容認率の関係から非容認率20％の濃度を求めると，0.00031 ppmとなる。

以上のように臭気の評価指標も含んだ生ごみ臭の許容レベルを検討した研究を紹介してきたが，臭気を評価する場合には，測定が簡易で精度の高

表3.2-5 生ごみの臭気成分濃度と閾値から求めた計算上の臭気濃度

臭気物質	測定値	嗅覚閾値	計算上の臭気濃度 （測定値）/（嗅覚閾値）
臭気濃度	31 000	1	31 000
メタノール	50 ppm	33 ppm	1.5
酢酸	< 0.2 ppm	0.006 ppm	−
アンモニア	0.2 ppm	1.5 ppm	0.13
硫化水素	< 0.05 ppm	0.00041 ppm	−
メチルメルカプタン	1.3 ppm	0.00007 ppm	19 000
硫化メチル	0.072 ppm	0.003 ppm	24

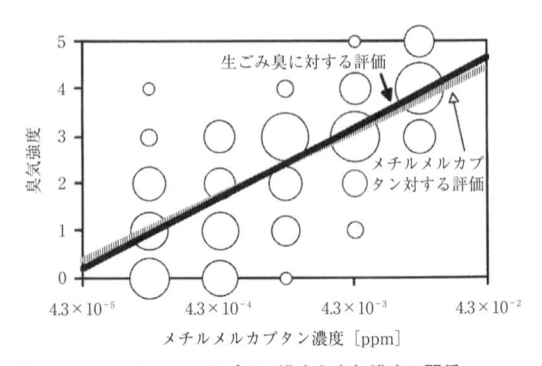

図3.2-11 メチルメルカプタン濃度と臭気濃度の関係
（生ごみ臭の一成分としての評価と単一物質としての評価の比較）

い方法であることが重要である。また機器分析から得られる指標を用いて許容レベルを求める際には，感覚量と対応した指標を用いることが重要である。この研究では生ごみ臭の許容レベルを臭気評価の基本的な考え方に基づいて検討しているが，より簡易で精度の高い評価方法および評価指標を検討することが今後の課題といえよう。

3.2.7 おわりに

人は，大部分を室内で過ごしており，室内空気質の問題は，最も身近な問題の一つであるといえよう。本節では，室内の不快臭に関する研究を紹介したが，住居内の不快臭についての発生原単位，許容レベルに関する基礎データは蓄積されつつある。しかしながら，事務所，施設，病院などの建築物におけるデータは不十分である。また，室内の臭気については，低濃度でも不快感を感じることから，高齢者施設の臭気測定について低濃度臭気の測定法を検討した例はみられる[50]が，低濃度臭気の測定は困難とされるため，具体的な制御方法の検討が進まない原因にもなっている。さらに，臭気の感じ方については，室内の温度，湿度などの影響があることが示唆されており[51]〜[54]，臭気評価とほかの環境要素との関係についても詳細な検討が必要であると考えられる。今後は，簡易で精度の高い低濃度臭気の測定法を検討するとともに，住居内の不快臭に対する具体的な制御方法の検討進める必要があり，さまざまな用途の建物内に存在する臭気に関して，臭気発生量や許容レベルなどの基礎データの蓄積を行っていくことが必要であろう。

参考文献

1) 岩崎好陽：臭気官能試験法（三点比較式臭袋法測定マニュアル），（社）臭気対策研究協会，1997
2) （社）臭気対策研究協会編：最新においの用語と解説，（社）臭気対策研究協会，1998
3) 川崎通昭，堀内哲嗣郎：臭覚とにおい物質，（社）臭気対策研究協会，1998
4) Fanger, P. O.: Introduction of the olf and the decipol unites to quantify air pollution perceived by humans indoors and outdoors, *Energy and buildings*, Vol.12, pp.1-6, 1988
5) 木村健一，佐藤友昭，田辺新一，土井 晋，池田耕一，岩田利枝，吉沢 晋，岩下 剛：人間の嗅覚に基づく室内空気質の評価に関する研究 その1，日本建築学会大会学術講演梗概集(D)，pp.681-682，1989
6) 横山慎太郎，落藤 澄，近藤 肇：空気環境試験室における臭気指標に関する基礎実験，日本建築学会大会学術講演梗概集(D)，pp.689-690，1989
7) Fanger, P. O.: New principles for a future ventilation standard, *Proceedings of Indoor Air '90*, Vol.5, pp.353-364, 1990
8) 光田 恵，磯田憲生，久保博子，梁瀬度子：室内における生ごみ臭の許容レベルに関する研究，日本建築学会計画系論文集，No.475，pp.35-40，1995
9) Mitsuda, M., Isoda, N., Osako, M.: Indicators to evaluate and manage indoor air quality from the viepoint of odor, *Proceedings of Indoor Air '96*, Vol.4, pp.361-366, 1996
10) Mitsuda, M., Osako, M., Isoda, N.: A comparison of odor evaluation indicators based on odor threshold value and those based on unpleasantness of body odor, and their effectiveness in the management of indoor air quality, *Journal of the Human-Environment System*, Vol.1, No.1, pp.65-71, 1997
11) 南野 修，藤井正一，清水則夫：建築物における必要換気量に関する研究 第2報，日本建築学会大会学術講演梗概集(D)，pp.347-348，1981
12) 南野 修，藤井正一，清水則夫：建築物における必要換気量に関する研究 第3報，日本建築学会大会学術講演梗概集(D)，pp.269-270，1982
13) 楢崎正也：喫煙に基づく必要換気量算定のための基礎的研究 その1，日本建築学会大会学術講演梗概集，pp.347-348，1986
14) 光田 恵，磯田憲生，大迫政浩：生ごみ臭の発生特性と影響要因に関する研究 第1報，空気調和・衛生工学会論文集，No.69，pp.19-27，1998
15) 光田 恵，磯田憲生，久保博子，梁瀬度子：生ごみ臭の指標として有効な臭気成分とその許容レベルの検討，日本建築学会大会学術講演梗概集(D-2)，pp.763-764，1996
16) 早川 真：各国換気規格の比較，空気調和・衛生工学，Vol.72，No.5，pp.383-390，1998
17) 大迫政浩：室内臭気と一般環境臭気における感覚的評価方法の相違点，臭気学会発表要旨集，pp.56-57，1993
18) 岡田誠之：居住環境の快適性と臭気，環境技術，Vol.21，No.8，pp.27-31，1992
19) 楢崎正也，松井静子：臭気に基づく必要換気量に関する考察，臭気の研究，Vol.25，No.2，pp.1-11，1994
20) 光田 恵，宮井克典，吉野 博，池田耕一：高齢者施設内の臭気に関する調査，日本建築学会東海支部研究報告集，No.38，pp.457-460，2000
21) 吉野 博，岸本知子，菊田 香：高齢者施設における臭気の実態に関する調査，臭気の研究，Vol.29，No.1，pp.1-12，1998
22) 光田 恵，山崎古都子，大迫政浩，西田耕之助：住環境における快適性因子としてのにおい事象について 第5報，臭気学会講演要旨集，pp.22-23，1992
23) 清水則夫，小峯裕己：石油給湯機の燃焼排ガスによる空気汚染に関する研究，日本建築学会大会学術講演梗概集(D)，pp.641-642，1990
24) 西田耕之助，大迫政浩，樋口能士，樋口隆哉：タバコ臭を対象とした室内必要換気量の評価方法に関する研究，環境衛生工学研究，Vol.5，p.11422，1991
25) 光田 恵：生ごみ臭の発生原単位の評価方法に関する研究，日本建築学会計画系論文集，No.486，p35-41，1996
26) 竹内基展，光田 恵，磯田憲夫：調理臭を指標とした必要換気量に関する研究，日本建築学会東海支部研究報告集，No.37，pp.557-560，1999
27) 松井静子，山中俊夫，楢崎正也：厨房の必要換気量に関す

る研究 その3，日本建築学会大会学術講演梗概集（D），pp.805-806，1988
28) 松井静子，山中俊夫，楢崎正也：厨房の必要換気量に関する研究 その4，日本建築学会近畿支部研究報告集，pp.5-8，1989
29) 武藤暢夫，岡田誠之：トイレの臭気についての実態調査，臭気の研究，Vol.19，No.6，pp.35-39，1988
30) 光田 恵，古市良樹，吉野 博，池田耕一：高齢者施設内の居室における臭気の発生量に関する研究，におい環境学会講演要旨集，pp.88-89，2001
31) 中野幸一，口野邦和，竹下志郎，守屋好文，黒澤貴子：トイレ臭の実測と対策技術 第1報—実測技術—，におい環境学会講演要旨集，pp.82-83，2001
32) 口野邦和，中野幸一，竹下志郎，守屋好文：トイレ臭の実測と対策技術 第2報—対策技術—，におい環境学会講演要旨集，pp.84-85，2001
33) 海津健樹：ガスクロマトグラフィーによる口腔内揮発性硫化物の分析，日歯周誌，Vol.18，No.1，pp.1-12，1976
34) 五十嵐清治，渡部 茂，中村俊雄，市田篤郎：重症心身障害児者の口臭と施設内臭気の採取法，分析法について，昭和56年度科学研究費補助金（一般研究B）研究成果報告書，pp.37-43，1982
35) 平石年弘，楢崎正也，佐藤隆二，山中俊夫，佃 慶一：嗅覚反応に基づく空気質評価に関する研究（その1）小便臭の濃度と嗅覚反応との関係，空気調和・衛生工学会近畿支部学術研究会論文集，pp.91-94，1992
36) 光田 恵：高齢者施設内の臭気の測定と許容レベル，日本建築学会大会学術講演梗概集(D-2)，pp.795-796，2000
37) 岩田利枝，土井 晋，田辺新一，木村建一：タバコ煙の室内表面付着に関する実験研究，日本建築学会計画系論文報告集，No.414，pp.23-30，1990
38) 中尾成孝，光田 恵，池田耕一：住居内の臭気に対する対応策に関する研究—その1 タバコ臭に対する対策—，日本建築学会東海支部研究報告集，No.39，pp.549-552，2001
39) 光田 恵，磯田憲生，久保博子，梁瀬度子：住居内の生ごみ臭に対する評価と影響要因に関する調査研究，家政学研究，Vol.42，No.1，pp.39-48，1995
40) 光田 恵，磯田憲生，玉木真弓，久保博子，梁瀬度子：生ごみ臭の臭気発生特性と制御に関する研究—第4報 生ごみ袋および生ごみ容器からの漏出臭について—，空気調和・衛生工学会近畿支部学術研究発表会論文集，pp.175-178，1994
41) 井上憲治，光田 恵，池田耕一：住居内の臭気に対する対応策に関する研究—その2 生ごみ臭に対する対策—，日本建築学会東海支部研究報告集，No.39，pp.537-540，2001
42) 光田 恵，磯田憲生，久保博子，梁瀬度子：住環境における快適性因子としてのにおい事象について 第6報，臭気学会発表要旨集，pp.58-59，1993
43) 光田 恵，山崎古都子，大迫政浩，西田耕之助：住環境における快適性因子としてのにおい事象について 第4報，臭気学会講演要旨集，pp.48-49，1992
44) 光田 恵，馬野兼光，吉野 博，池田耕一：高齢者施設内における臭気の制御方法に関する研究 第1報—空気清浄機による臭気の除去効果の検討—，空気調和・衛生工学会学術講演論文集，pp.1221-1224，2001
45) 光田 恵，吉野 博，池田耕一，平井真貴，高木 修：高齢者施設内における臭気の制御方法に関する研究 第2報—消臭剤の適用方法に関する検討—，空気調和・衛生工学会学術講演論文集，pp.1225-1228，2001
46) 光田 恵：高齢者施設における臭気対策について，建築設備と昇降機，No.32，pp.9-14，2001
47) 森田明博，木村 洋：ちゅう房の廃棄物，空気調和・衛生工学，Vol.64，No.2，pp.21-27，1990
48) 永田好男，竹内教文：三点比較式臭袋法による臭気物質の閾値測定結果，第29回大気汚染学会講演要旨集，pp.528，1988
49) 悪臭法令研究会編：四訂版 ハンドブック悪臭防止法，ぎょうせい，2001
50) 光田 恵，宮井克典，吉野 博，池田耕一：高齢者施設における臭気の測定法に関する検討と実測例，日本建築学会大会学術講演梗概集(D-2)，pp.825-826，1999
51) 荒川武志，光田 恵：臭気感覚評価に影響を及ぼす環境要因に関する研究—その1 被験室内の温度が臭気評価に及ぼす影響—，日本建築学会東海支部研究報告集，No.38，pp.453-456，2000
52) 深尾 仁，梅主洋一郎，佐川祐一郎，平野 功，島上和則：室内空気環境の評価研究—その1 温湿度変化による香り認知特性実験—，日本建築学会大会学術講演梗概集（D），pp.673-674，1990
53) 木村建一，佐藤友昭，田辺新一，土井 晋，岩下 剛：空気温度の臭気感覚へ及ぼす影響に関する研究，空気調和・衛生工学会学術講演論文集，pp.1197-1200，1990
54) 梅主洋一郎，佐川祐一郎，深尾 仁，平野 功，島上和則：室内空気環境の評価研究—その1 室内建築仕上げ材への吸着特性実験—，空気調和・衛生工学会学術講演論文集，pp.1217-1220，1990

第4章
視環境と心理・生理研究

　視環境計画の目的は明視性の確保と目的にふさわしい雰囲気を作り出すことであり，その良否は外界からの目への物理的な刺激（光）を人が評価することで決まる。このため視環境に関する研究は，目への光刺激を予測するための建築物理学と刺激に対する評価を予測するための建築心理生理学とからなり，後者はさらに明視性評価と全般視環境の雰囲気性評価に二分される。いずれの評価においても順応と評価視野条件の取扱いが重要な問題となる。評価視野の条件に関しては，輝度およびその分布，グレア，主光線の方向，色彩，光源の演色性，視対象の大きさ・対比・動き，空間の大きさなどが研究されている。目の感度については順応と視認能力に関する研究を中心として，視野の輝度，色，ならびにそれらの時間的変動や空間的分布の影響について研究がなされている。

　目の感度には個人差が大きく，また加齢に伴う低下も著しいことから，視覚心理生理学や医学の分野では個人による視認能力の違いについて，従来より検討がなされてきた。しかし，わが国において個人差の問題が取り上げられ，高齢者などの視覚的弱者に配慮した照明計画や色彩計画の重要性が浸透したのは1980年代以降のことといえる。高齢社会の到来を目前にしてようやく，医学・心理生理学分野で解明された視覚現象を参考にしつつ，その用途の違いから建築環境工学独自の立場からの高齢者の視覚特性と見えに関する設計用資料の整備が進められている。高齢者の視覚に対する基礎的な資料の蓄積に伴って住宅や事務所における照明環境の検討が進みつつある。

　明視環境計画においては視刺激として輝度（明度）のみを取り扱うことで大方の場合に対処できるが，雰囲気を計画する場合にあっては色彩計画が重要な位置を占める。この色彩計画の分野における研究の一つの柱として，色彩の使用頻度の調査がある。室内の色彩と外部色彩それぞれについて調査があり，後者の成果は一部景観条例に盛り込まれている。最近ではその間に位置するアトリウムの色彩に関する調査が注目されている。もう一つの大きな柱として，心理評価がある。単純な構成の室内の色彩，単体の建築の外部色彩それぞれに端を発し，現在では，室内では照明，材質感を組み込んだ評価，外部色彩では街並み，都市景観レベルでの研究が盛んである。さらに，高齢社会への対応として視覚特性に配慮した色の見えに関する検討も行われている。これらとは別に，たとえば色彩の面積効果のように，建築でとくに意味深い色彩効果のようなものについては，地道なデータの集積が望まれる。

　本章では，高齢者の眼球光学特性と視認能力，視覚特性を考慮した明視性評価法，ならびに室内や街並みの色彩の実態とその評価に関する研究を取り上げ，視環境計画における建築学的立場からの心理・生理研究の一端を紹介する。

4.1 加齢を考慮した視覚特性と視環境

　目から得られる情報量の多さと重要性については従来から言及されており、環境の総合的な質を決定するうえでの視環境の役割が大きいことが知られている。本節では、視環境計画における基本的な事項として、近年の高齢社会を考慮した視覚特性の加齢変化と、視環境設計のための具体的な研究事例について紹介する。

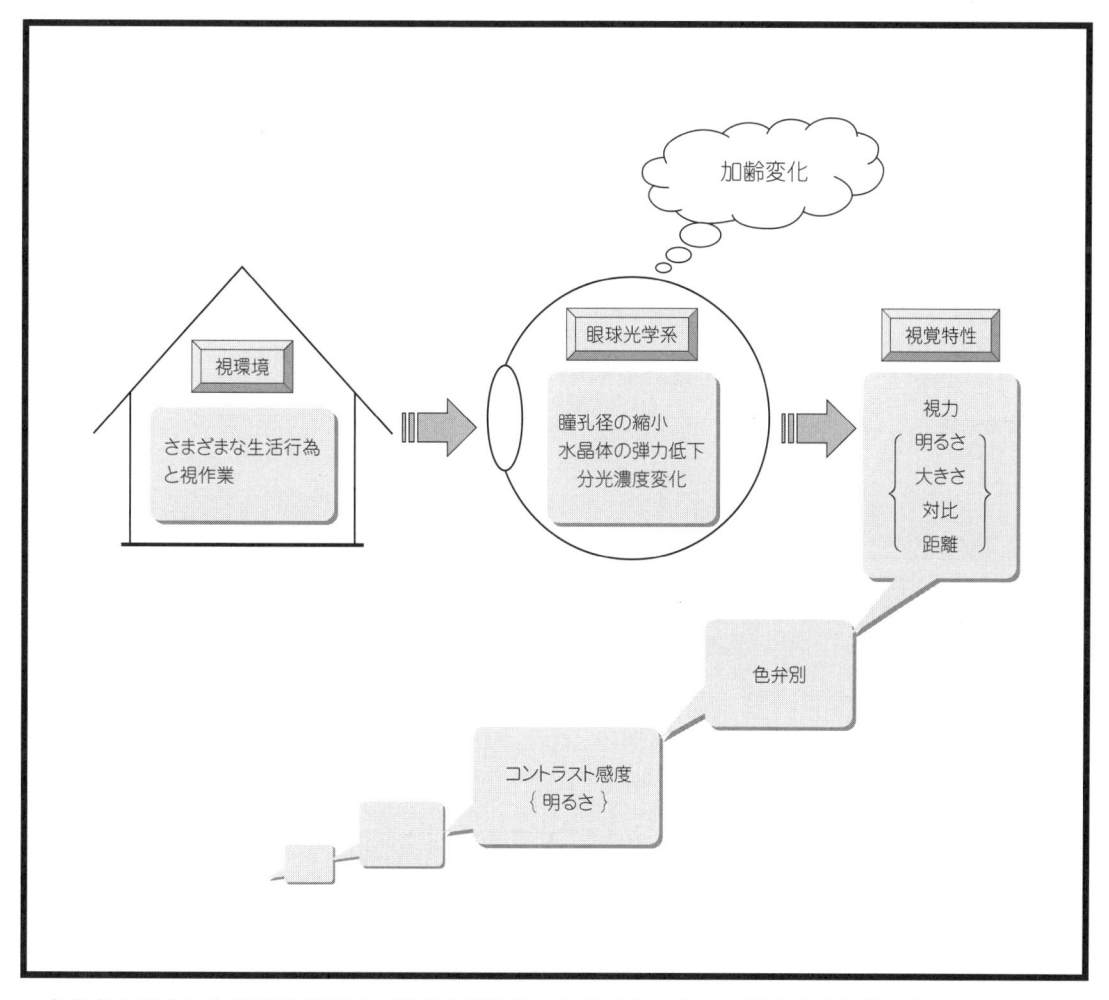

　高齢者を配慮した視環境計画は、眼球光学特性の加齢変化に基づく視覚特性と視認能力の変化について知ることが大切である。なかでも水晶体と瞳孔径の加齢変化が、網膜上の光刺激量に及ぼす影響は大である。

■基礎知識
・視力
　目がどのくらい細かいものまで認めうるかの能力で，国際的に視力を測るためにランドルト環が定められている。

・明視条件
　ものがよく見えるため，あるいは見やすいための条件を明視の条件と呼び，対象物の明るさ，対比，大きさ，見る時間という4条件がある。

・分光透過率
　光（可視光）は電磁波の1種で人間の目が感じる380 nm（ナノメートル）～780 nmの波長の範囲のものをいい，この範囲における波長ごとの透過率をいう。

・100Hueテスト
　色感の等級付けや訓練用として，またカラーシステムの教材としての活用を意図として開発された器具。明度6のCIE1964均等色空間上で100種の色を等間隔に選んで，CIE色差1単位レベルの色差弁別能力を検査できる。

・バリアフリー
　建物，環境，機器，システムなどのファシリティーを障害者・高齢者などが利用するうえで，物理的，精神的に支障がないように障害の除去が配慮されていること。

・ウエルフェアテクノハウス
　高齢化に対応した21世紀型の住宅を研究するため，「新エネルギー産業技術総合開発機構（NEDO）」が全国13箇所に設置した施設。快適で負担の少ない住宅，福祉機器，生活用具，医療情報ネットワークなど，よりよい住環境をめざした研究に役立っている。

4.1.1 はじめに

建築環境工学分野において高齢者に配慮した視環境を考える場合，視覚系の入口となる眼球に対する理解が必要となる。眼球では角膜，水晶体，虹彩，毛様体筋，硝子体，網膜などのそれぞれの部分で光学的加齢変化が起こり，これと密接に関係して，明るさに対する知覚，視力，色覚などに能力低下が生じる。本節では，眼球光学特性の加齢変化と，色覚や視力に関する加齢変化の研究成果を紹介するとともに，高齢者に配慮した照明設計が，視作業のレベルに基づいて行われることが重要であることを，コントラスト感度や実験住宅における照度測定実験をもとに明らかにされてきた状況を解説する。

4.1.2 眼球光学特性の加齢変化

(1) 角膜

眼球の光学特性として，光をもっとも大きく屈折させているのは眼球の外側にある角膜である。稲葉[1]は，加齢とともに周辺角膜が薄くなるために角膜全体が垂直方向に平坦化して屈折が変化することなどを述べている。しかし，320〜700 nmの範囲内では，とくに分光透過特性に加齢による変化がみられないことがわかっている[2]。

(2) 瞳孔

網膜照度の決定要因である瞳孔径については，明るいところで生じる縮瞳と，暗いところで生じる散瞳とによって大きさが調整され，通常，若年者では暗いところでは瞳孔が大きく開き直径7 mm程度になり，明るいところでも直径4〜5 mmに達する[3),4)]。これに対してPitts[5]は，高齢者は，瞳孔散大筋の萎縮，瞳孔括約筋下の硝子様物質の沈着，対光反応に関与する網膜視細胞の減少などの原因により，明るいところで2 mm程度になることを明らかにした。一般的にこれが眼球内に入射する光量減少の要因であると考えられている。

(3) 水晶体

高齢者の見え方を決定する大きな要因として水晶体の加齢変化があげられる。加齢変化の主たるものは，弾力性の低下と濃度変化である。通常，水晶体の弾力性が保たれていれば，水晶体の厚みが柔軟に変化することによって，近点での焦点調節が容易に行われる。しかし，この水晶体の弾力性が低下すると水晶体は扁平のままとなり，焦点調節能力を失い，近くでの視作業に矯正レンズを必要とする。いわゆる老眼である。

つぎに，水晶体の第二の加齢変化は濃度変化である。水晶体の濃度変化については，Savageら[6]によって，各年代別に10人以上の被験者を対象に分光濃度が求められた。ほかにも，文献7)〜11)などにより多くの研究成果が示されている。

これらの結果より，長年紫外線を浴び続けたことで高齢者の水晶体の分光濃度はすべての波長で増大し，とくに500 nm以下の短波長である青色光領域の透過率の低下が著しいことが明らかになっている。これはすなわち，水晶体の黄変化を意味するのであるが，この黄変化に加えて，高齢者の水晶体は白濁化が進み白内障疾患が多くみられるようになる。戸張[12]は，白内障の罹患率は70歳代になると急激に増加し，70歳代後半では90％以上になるとしている（表4.1-1）。

表4.1-1 高齢者の白内障罹患率[12]

	1185眼（1976）	1639眼（1982）
65〜69歳	63.2%	69.5%
70〜74	85.3	86.1
75〜79	94.4	93.3
80〜84	95.7	91.5
85〜89	100	97.0
90〜	100	100

4.1.3 視力の加齢変化

(1) 明るさの影響

通常，視力は明るいほどよくなる。20歳代の若年者では，夜の月明かりの下で0.2〜0.4程度の視力しかないのに対して，昼の戸外では1.7程度まで上がるとされている。これに対し高齢者は，明るいとき若年者の半分くらいであるのが，暗い照明環境下では視力が極端に低下する。

明るさと視力の関係について，中根，伊藤[13]は若年者を対象として，視認閾におけるランドルト環の大きさ（視力），背景輝度（明るさ），輝度対比の明視3要素の関係を明らかにし，標準等視力曲

第4章　視環境と心理・生理研究

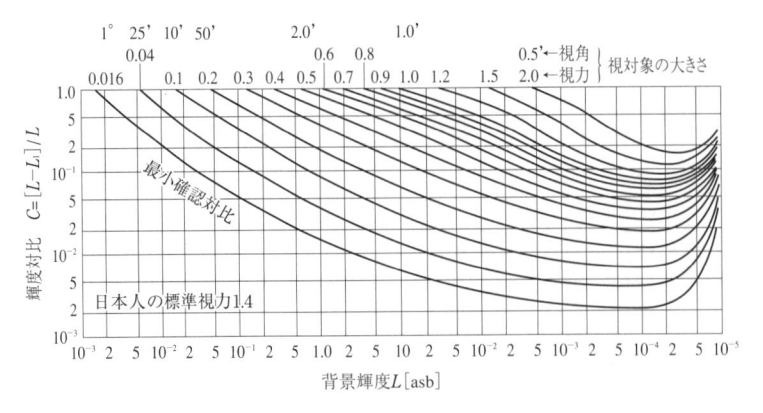

図4.1-1　若年者の標準等視力曲線[13]

線図として示した。視標は白い艶消しコート紙に、10種類の濃さのランドルト環を印刷し作成された。5分間の暗順応と30分間の暗順応の後に測定を行ったが、図4.1-1は30分間の暗順応後の測定結果に基づくものである。読みやすさ評価などの際に、VL（visibility level）の算定などに用いられる重要な基礎設計資料である。

しかし、ここでは若年者のみを対象としており、高齢者については明らかでないことから、岩田ら[14],[15]は、60〜81歳の102人の高齢者を対象に暗順応5分の後に同様の条件で実験を行って、視認閾における視力、明るさ、輝度対比の明視3要素の関係について、高齢者の等視力線図（図4.1-2）を示している。

岩田ら[16],[17]はさらに、高齢者の文字の読みやすさ評価についても研究を行って、視距離1mにおける文字の大きさと適正な明るさの関係に関して、数十名の高齢者を被験者として「もっとも読みやすい」、「普通に読める」、「やっと読める」の3種のカテゴリについて高齢者の評価結果を得ている。図4.1-3はその結果を整理しモデル化したものである。従来、文字の視認の際には、高齢者は若年者よりも2〜数倍の照度が必要である[18]といわれてきたが、この研究の結果、大きな文字では若年者と高齢者の必要照度に差がないことが明らかにされた。また、若年者は文字の大きさに対して照度の影響が小さいが、高齢者は文字の大きさに対して照度の影響が顕著で、かつ小さな文字では高い照度を申告することが明らかにされている。

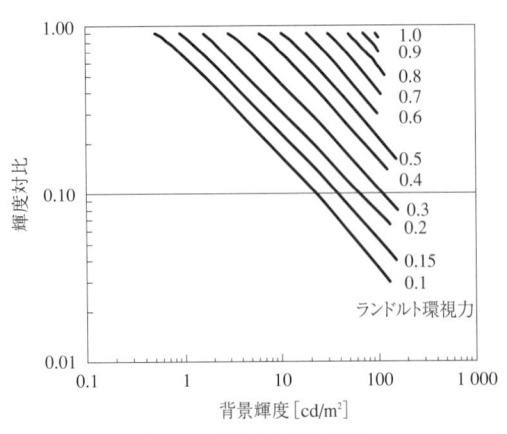

図4.1-2　高齢者の等視力線図

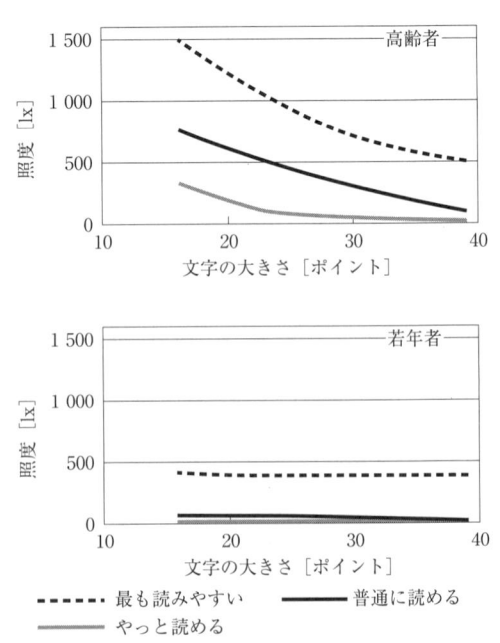

図4.1-3　読みやすさ評価に基づく文字の大きさと照度の関係

表4.1-2 視力1.0以上の出現率[19]

	裸 眼	矯 正
65～69歳	14.4%	21.3%
70～74	6.4	12.6
75～79	0.9	4.7
80～84	0.4	3.8
85～89	0.0	0.0
90～	0.0	0.0

(2) 視距離の影響

視力測定にはランドルト環が用いられ，健康診断では視距離5mでその切れ目をちょうど見分けられる切れ目の視角を"分"で求め，その逆数を用いて視力と定義している。戸張[19]は，若年者は裸眼で1.5～2.0という視力をもつ者がいるのに対して，高齢者は裸眼視力1.0以上の出現率は70歳代前半で6.4%となり，75歳以上では1%以下になるとしている（**表4.1-2**）。

ところが，建築や都市の視環境計画では視対象がさまざまである。健康診断で測定する5m以上の遠距離視力は，地下街の誘導表示の見やすさ評価においては有効であるが，机上での読書や事務作業，さらに繁華街や地下街に表示されている案内地図の字を読むような場合は，25cm～1mの近距離視力が評価の基準となる。加齢に伴って水晶体の弾力性が低下することは4.1.2でも述べたが，**図4.1-4**に示されるように近距離視力の加齢による低下は明らかである。言い換えれば，高齢者は視対象の視認性について視角による大きさのみでは評価しにくく，加えて視距離の影響を考慮する必要があるといえる。

(3) 視力分布

筆者らは，近年，公共空間における案内表示（サイン）の視認性に着目し，視距離1mの条件での加齢による視認性評価に関するデータ収集に努めてきた。とくに視力については，サインの視認性評価においてもっとも基本的な指標であり，かつ視距離1mの条件において加齢変化が著しいことから，高齢者と若年者の違いを知ることは重要である。

そこで，健康診断と同様の明るさおよび対比条件で，視距離1mの若年者と高齢者の両眼視力（矯正視力を含む日常の生活視力）を測定した結果を**図4.1-5**に示す。若年者のデータは本項(1)の標準等視力曲線図を求めた際の40名の測定結果であり，高齢者のデータは，同じく高齢者の等視力曲線図を求めた102名の被験者の測定結果である。高齢者と若年者の視力の比較において，高齢者は視力0.2～1.5に広く分散しているのに対して，若年者はほとんどが1.2，1.5に集中していることがわかる。無作為に抽出した両被験者群の視力データの一例として，両群の特徴が読み取れるものである。

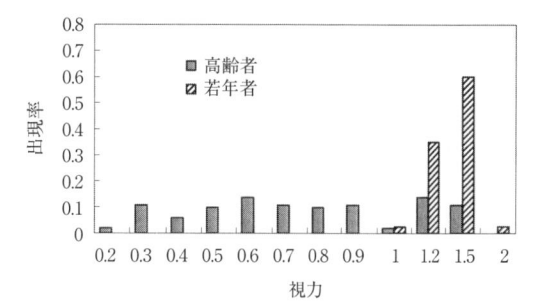

図4.1-5 高齢者と若年者の視力分布比較

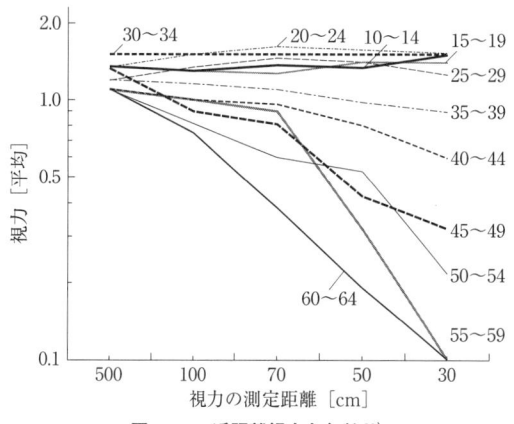

図4.1-4 近距離視力と年齢[20]

(4) 明るさに対する順応

目が見ることのできる明るさの範囲は1:10⁶以上にもなるとされているが，これには網膜の感光度が変わることで生理的に調整がとられている。この，網膜上に生じる像の明るさによって感光度を変化させる現象を順応という。

視環境を評価するうえで，明るさに対する順応を考慮しなければならない場面は多々存在する。とくに，暗順応時間が長いことで，視線がたえず移動することを考慮して，一般的には極端な輝度分布を生じさせないといった視環境上の配慮が必要である。

明るさに対する順応では，とくに，加齢により

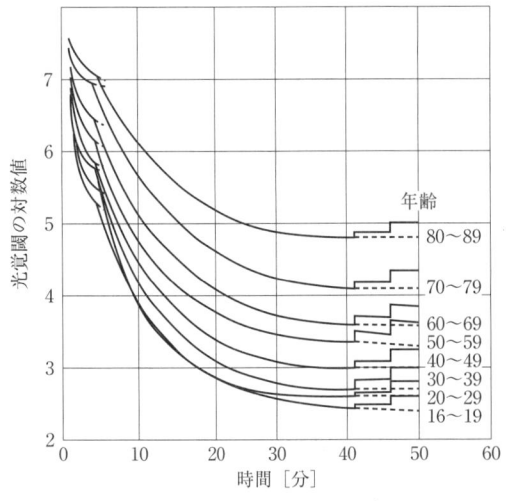

図4.1-6 年齢と暗順応時間[21]

暗順応時間が増加の傾向にあり，かつ視認限界の輝度が高くなることが，McFarlandとDomey[21]によって明らかにされている（**図4.1-6**）。

4.1.4 色覚の加齢変化

(1) 誤った擬似体験

黄色のフィルタを使って，高齢者の色の見えを擬似体験できるといった道具がある。黄変化や白濁化した水晶体を通して映し出された網膜上の像は，確かに若年者の場合と少し違った色味になるが，これで単純に高齢者の視覚の擬似体験ができると思わない方がよい。

その理由の第一は，高齢者の水晶体の分光透過率と黄色フィルタの分光透過率とが一致していない点にある。擬似体験の道具では，高齢者の水晶体よりも短波長域での透過率が極端に低いものが使用されていることがあり[22],[23]，これでは白が黄色に，青が黒に誇張されすぎる。少なくとも，正確なデータに基づいたフィルタを使用するべきである。

第二は，黄色のフィルタを通して見ている人の年齢を無視している点にある。仮に高齢者の水晶体がこの黄色のフィルタと一致していたとしても，フィルタを通して見ている人の水晶体が年齢に応じてすでに黄変化していることを忘れてはならない。その分の減衰率がフィルタによる減衰率に二重に掛け合わされてしまう。黄色のフィルタ

を使って写真を撮り，これを成人が目で見て評価するのも同じなので注意を要する。

第三は恒常性および順応を無視している点にある。水晶体の黄変化によって眼の分光感度が短波長側で低下していくのに対し，青色光に対する感度低下を自覚することがないのは，視覚系には全体として，このような変化を保証してしまう恒常性および順応の働きがあるからである[24],[25]。KraftとWerner[24]は，中心窩に提示した円形刺激を用いて，併置比較法により明るさ比視感度関数を測定するといった方法で，加齢による分光視認傾向が顕著でないことを明らかにしている。これより，何らかの受容体以降のメカニズムが，年齢による感度減少量を補って恒常性に関与していることを説明している。

(2) 色弁別能力

色弁別能力については，低照度条件下で加齢とともに減少することが一般的に知られており，これには錐体あるいは錐体以降の神経経路における加齢による感度低下が関与しているといった結果が得られている[26]。

佐藤[27]は，100 Hueテストの結果から，被験者の年代が上がるごとにエラースコアが大きくなり，加齢に伴って色弁別能が低下することを明らかにしている。しかし，若いときから色弁別能が劣っている紫から赤，ついで青から紫への色変化に対しては，加齢とともにその傾向が強くなるが，もともと色弁別能の高い赤から緑への色変化に対しては，加齢によってもその傾向は維持されることを明らかにしている。

色弁別能力とは意味合いが異なるが，高齢者の色覚が若年者と大きく違わないことについて，岩田らは，ランドルト環と背景とを有彩色と無彩色との組合せによる視標を作成して視力測定を行った結果，高齢者が短波長側での視力低下の特徴的な傾向を示さなかったこと[28],[29]により説明している。

4.1.5 コントラスト感度の加齢変化

(1) 空間周波数とコントラスト感度

TV画面や印刷画像などについて，画面に沿っ

て測った距離に対する輝度の変化をとると，距離に対する輝度の周波数の波に分解することができる．距離のかわりに画面をみている人を中心に視角で測ることもでき，このような視角や距離を総合して空間といい，そこでの周波数の波を空間周波，その単位当たりの波数を空間周波数という．

なだらかに濃さが変化（正弦波濃度変化）する縞模様（**写真4.1-1**）を見たときの心理的な閾値，すなわち縞の強さ（コントラスト）を減らしていって縞が見えなくなるぎりぎりのコントラストを求め，さらにこの逆数をとったものをコントラスト感度という．加齢により，コントラスト感度は低下の傾向にあり，とくに高空間周波数帯域で著しい[30]ことがわかっている．

これまで，NesとBouman[31]や，Rovamoら[32]によって，照度の低下，または加齢により高空間周波数帯域の感度が低下することが報告されている．

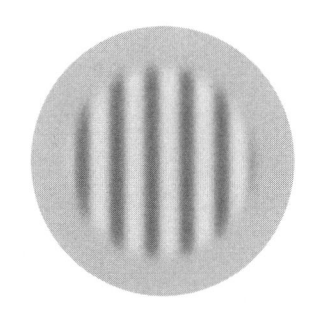

写真4.1-1　コントラスト感度の測定視標

（2）明るさの影響

従来のコントラスト感度に関する研究では，照度の低下と加齢とが同時に考慮されていないことから，岩田ら[33]は検査視標として，5種類の空間周波数で，16種類のコントラストを正弦波状に変調させた印刷視標を作成し，これを用いて1 000，100，10，1 lxの4照度条件について高齢者および若年者のコントラスト感度を測定した．**図4.1-7**は色温度5 000 Kの照明光の下での，高齢者および若年者のコントラスト感度と空間周波数との関係を示したものである．明るさの影響について，1 lxの低照度レベルでは，高齢者はコントラスト感度が顕著に低く，かつ，高空間周波数帯域ほどこの傾向が著しいことを示している．すなわち加齢により，コントラスト感度が明るさに対して，

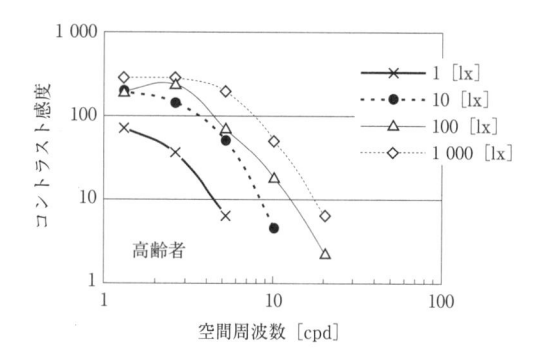

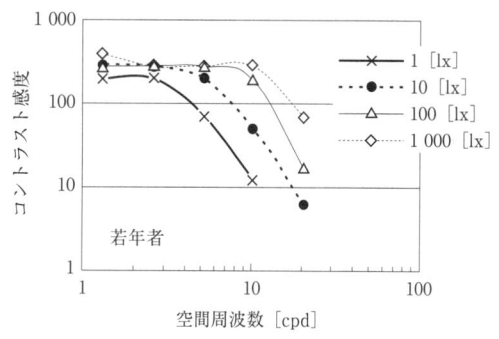

図4.1-7　コントラスト感度の照度依存性（5 000 K）

さらに依存度が高くなることを明らかにしている．

この結果，4.1.3(1)の**図4.1-3**より得られた，大きな文字では若年者と高齢者の必要照度に差がなく，高齢者は文字の大きさに対する照度の影響が顕著で，小さな文字ほど高い照度を申告するといった結果について，小さな文字を高空間周波数視対象に置き直して，これを裏付けることができたのである．

4.1.6　住宅の適正照度に関する研究[34], [35]事例紹介

1998年，照明学会の「視覚特性の年齢効果に関する特別研究委員会」では，その中に実験分科会（主査：岩田三千子）を設け，高齢者の生活環境のうちもっとも基本的生活場面となる住宅に着目し，ここでの生活行為と視作業レベルを考慮して照度測定実験を行った．本項では研究事例としてこれを紹介する．

（1）研究の背景と目的

文字の視認性やコントラスト感度の実験結果より，高齢者はとくに，視作業のレベルによって要求される明るさが大きく異なることを既述した．

実際の照明設計においては，高齢者はこの点を考慮して，視作業の内容により細やかな照度設定と照明設備に対する配慮の必要があると考えられる。

そこで実際の生活環境より，高齢者が生活時間の多くを過ごし多種多様の生活行為と視作業が存在する住宅をとりあげ，適正照度に関する実験研究を行って高齢者と若年者を比較検討した。

(2) 研究の方法

実験場所として，バリアフリー型実験住宅（ウェルフェア・テクノハウス大阪）を使用した。この住宅の1階および2階平面図を図4.1-8に示す。照度測定は日中に行うことにしたので，昼光の入射を防ぐために開口部にはすべて遮蔽装置を設けた。

研究にあたり，はじめに住宅での多種多様な視作業内容とそのレベルについて分類し，全般照明と局部照明に分けて，それぞれに代表される測定視作業を抽出した（表4.1-3，表4.1-4）。

同じ視作業条件でも，前段階の順応によって申告照度が異なることが知られている。また，調光の上昇系列と下降系列では，直前の明るさの影響を受け上昇時は下降時よりも低くなる。そこでこの研究では，通常の視作業は明所視の状態で継続

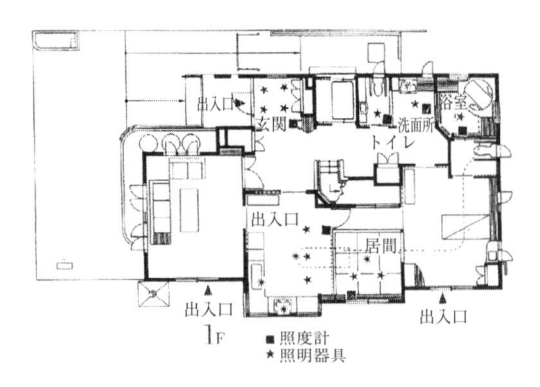

図4.1-8　1階および2階平面図

表4.1-3　全般照明下での視作業

	全般照明			摘要
玄関	人の顔	段差		
トイレ	操作盤		掃除	
洗面所				
浴室	ボトル・カラン		掃除	眼鏡なし
食堂			掃除	
台所	足元収納			
居間	テレビ*1	人の顔*2	掃除	
廊下	歩行		掃除	車いす使用
階段	上り	下り	掃除	
寝室	就寝者			

網掛け部分は前段階明順応・暗順応両条件での測定を行った
居間の「テレビ*1」は快適照度のみ，「人の顔*2」は最低所要照度のみ測定を行った

表4.1-4　局部照明下での視作業

	局部照明		
玄関			
トイレ			
洗面所	身繕い		
浴室			
食堂	食卓		
台所	シンク	コンロ*3	
居間	新聞	人の顔	家計簿
廊下			
階段			
寝室	薬		

「コンロ*3」は高齢者のみ測定を行った

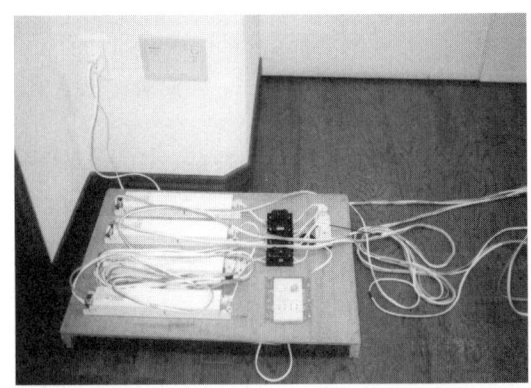

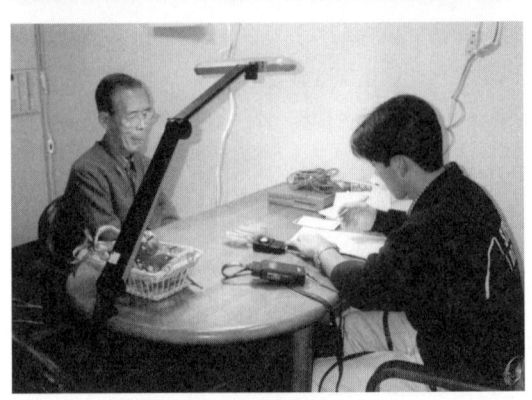

写真4.1-2　実験の様子。調光用安定器とコントローラー（上），食卓における照度測定（下）

4.1 加齢を考慮した視覚特性と視環境

的な視作業が行われると考えて，実験の前段階で視作業面照度800 lxの明るさに被験者を1分間順応させ明所視の状態を保った。調光は下降系列のみを選択して，作業面照度1 000 lxから徐々に暗くする方法を用いた。

ただし，夜間の帰宅時の玄関での視作業や，就寝後のトイレ使用，非常時の移動などなどを考慮したものについては，前段階で暗順応が適切であると考え，真っ暗な状態で被験者を5分間順応させた後，0 lxから徐々に明るくする方法を用いた。このように，順応を考慮して，いずれも視作業の内容に合わせて細かな配慮をした。

被験者は，64〜80歳の高齢者10名と，21〜24歳の若年者10名とした。各視作業について調光可能な照明器具を設置して，被験者1人につき5回ずつ「見やすいと感じる明るさ(快適照度)」と，「これ以上暗くなると見えにくくなる明るさ(最低照度)」を測定した。5回の測定データのうち，極端な値を削除するために，各被験者について中間3回分の測定データを分析対象とした。写真4.1-2に測定の様子の一例を示す。

(3) 実験結果・考察

データの性質や傾向を知ることを目的とする場合には，平均値や標準偏差を求めることで研究の目的は達せられるが，設計用資料としては平均値で示すことは適切ではない。そこで，目的に応じて設計基準値を柔軟に設定できるように，それぞれの条件ごとに，高齢者と若齢者の別に測定照度の累積頻度分布を求めることにした。

図4.1-9に，視作業別に全般照明による快適照度の20%タイル値，中央値，80%タイル値を示す。この結果，高齢者と若年者の差は小さく，全体的に若年者の方が若干高い値を示すことが明らかになった。若年者は視作業の違いによる快適照度レベルの差が小さく，中央値約80〜670 lxの範囲であるのに対し，高齢者は視作業の違いによる快適照度レベルの差が大きく，中央値約15〜670 lxである。高齢者の快適照度がほかと比べて低いのは，前段階暗順応後の「廊下・歩行」，「廊下・車いす歩行」，「玄関・人の顔」，「玄関・段差」の4項目であった。

また，20%タイル値と80%タイル値よりデータのばらつきを比較すると，高齢者は若年者よりもややばらつきが大きいことがわかる。

さらに快適照度の中央値を用いて，高齢者の若年者に対する比を求め比較検討したところ，全般照明の21項目の視作業のうちの17項目，局部照明の7項目の視作業のうち5項目と，約8割が1.0以下であった。比が1.0以上のものは，局部照明の「居間・家計簿」1.15が最大で，次いで「洗面所・身繕い」1.13であった。いずれも，細かな視作業において，高齢者が若年者よりも高くなったと考

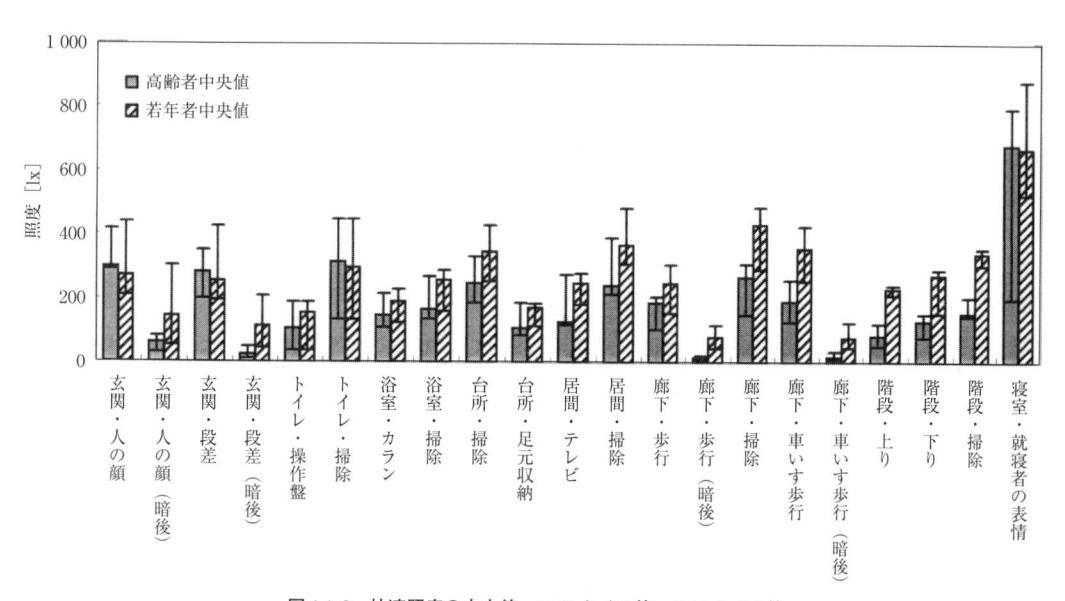

図4.1-9 快適照度の中央値・20%タイル値・80%タイル値

えられる。

以上より，住宅での快適照度は，細かな視作業を除いて，高齢者は若年者よりも高い照度を必要としないことが明らかになった。現在，高齢者は若年者よりも高い照度が必要であるといった考えが一般的であるが，住宅などにおける日常の視作業では，快適照度については高齢者と若年者に差がないことが本研究の結果確認できた。

つぎに，図4.1-10に視作業別に全般照明による最低照度の20%タイル値，中央値，80%タイル値を示す。これより，高齢者と若年者には差が認められ，全体的に高齢者の方が高い値を示していることがわかった。若年者の中央値の範囲は0.15〜15.3 lxであるのに対し，高齢者は0.20〜67.3 lxである。すなわち，高齢者は視作業の違いによる最低照度レベルの差が大きいといえる。20%タイル値と80%タイル値よりデータのばらつきを比較すると，高齢者は若年者よりもややばらつきが大きいことがわかる。

最低照度の中央値を用いて，高齢者の若年者に対する比を求めて両者を比較検討したところ，22項目の視作業のうち18項目，約8割が1.0以上であった。比の最大値は「寝室・就寝者の表情」40.3で，次いで「台所・足元収納」7.9であった。比の最小値は前段階暗順応後の「廊下・段差」0.22，次いで前段階暗順応後の「廊下・歩行」0.51であった。

5つの前段階暗順応後の視作業が最小より9位以内に入っており，快適照度と同様に，高齢者はとくに前段階の暗順応が最低照度に影響し，値が低くなったと考えられ，加齢による明順応速度の低下の影響が推察される。

以上のことより，住宅での最低照度は，おおむね高齢者は若年者よりも高い照度を必要とすることが明らかになった。この点において，高齢者と若年者とのコントラスト感度の比較実験結果と一致した結果が得られており，高齢者はとくに，最低照度に対応するような暗い照明環境下では視認能力の低下が著しく，明るさに依存する傾向が強いといえよう。

(4) まとめ

実験住宅において，同条件で高齢者と若年者の住宅照明環境に関する快適照度と最低照度とを測定し検討を行った結果，快適照度については，高齢者は若年者よりも高い照度を必要としないことが明らかになった。逆に，最低照度については高齢者は若年者よりも高い照度を必要とすることが明らかになった。

以上のことから，高齢者を配慮した照明設計においては，住宅などの日常的な視作業については若年者と共通の照明環境とし，文字を読むような細かな視作業では，局部照明を用いて高齢者は個別に高い照度を設定できるような設備上の配慮を

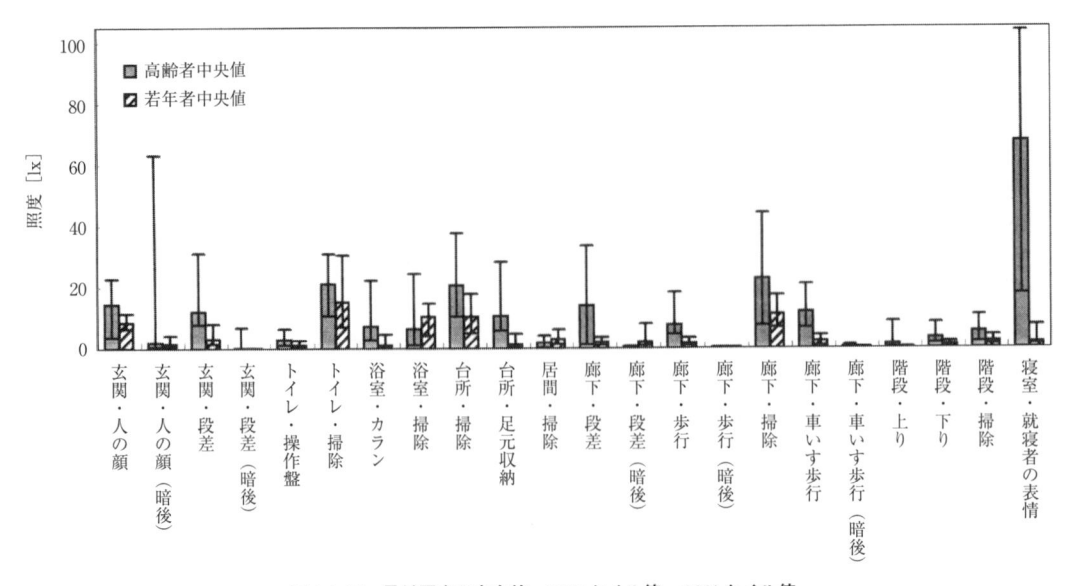

図4.1-10 最低照度の中央値・20%タイル値・80%タイル値

必要とすることが結論づけられた．

4.1.7 おわりに

眼球光学系の水晶体の濃度変化や縮瞳によって，すべての加齢による視覚特性を説明できるわけではないが，自然視条件下においては，これらの2要因による網膜上の刺激量変化によって加齢による見えの変化の主現象が説明可能なことが明らかになってきた[36],[37]ようである．

また，実環境の照明設計においては，日常的な視作業ではとくに高齢者に対する配慮は必要ないが，高い分解能を必要とする細かな視作業について，高齢者は若年者とは別に高い照度設定を必要とすることや，暗い照明環境下では高齢者の視認能力は極端に低下するので注意を要することが明らかになってきたといえる．

そこで筆者らは，高齢者を対象とした次の研究課題として，高齢者の視認能力が極端に低下する暗い照明環境を取り上げ，夜間の街路照明の明るさに関する検討を行っている[38],[39]．

参考文献

1) 稲葉和代：角膜の加齢変化，眼科，Vol.28, pp.587-594, 1986
2) Van Den Berg, T. J. T. P. and Tan, K. E. W. P.: Light Transmittance of the Human Cornea from 320 to 700nm for Different Ages, Vision Research, Vol.34, pp.1453-1456, 1994
3) 沖坂重邦：虹彩の加齢変化，眼科，Vol.26, pp.595-603, 1984
4) Weale, R. A.: Retinal Illumination and Age, *Trans. Illum. Eng. Soc.*, Vol.26, No.2, pp.95-100, 1961
5) Pitts, D. G.: The effects of aging on selected visual functions: dark adaptation, visual acuity. Stereopsis, and brightness contrast, In Aging and Human Visual Function: pp.131-159, Alan R. Liss. Inc. NewYork, 1982
6) Savage, G. L., Haegerstrom-Portnoy, G., Adoms, A. J. and HewLett, S. E.: Age changes in the optical density of human ocular media, *Clin. Vision Sci.*, Vol.8, No.1, pp.97-108, 1993
7) Said, F. S. and Weale, R. A.: The Variation with Age of the Spectral Transmissivity of the Living Human Crystalline Lens. Gerontologia, Vol.3, pp.213-223, 1959
8) Pokorny, J., Smith, V. C. and Lutze, M.: Aging of the Human Lens, *Applied Optics*, Vol.26, pp.1437-1440, 1987
9) Weale, R. A.: Age and the Transmittance of the Human Crystalline Lens, *J. of Physiology*, Vol.395, pp.577-587, 1988
10) Delori, F. C. and Burns, S. A.: Fundus Reflectance of the Mesurement of Crystalline Lens Density, *J. Optical Soc. Am.*, Vol.A13, pp.215-226, 1996
11) Xu, J., Pokorny, J. and Smith, V. C.: Optical Density of the Human Lens, *J. Optical Soc. Am.*, Vol.A14, pp.953-960, 1997
12) 戸張幾生：老人と眼疾患―その2 老人性白内障の年齢分布と水晶体の混濁形態について―，日本の眼科，Vol.47, p.341, 1976
13) 中根芳一，伊藤克三：明視照明のための標準等視力曲線に関する研究，日本建築学会論文報告集，No.229, pp.101-109, 1975
14) 岩田三千子：高齢者のための視環境設計に関する基礎的研究―高齢者の視認閾値―，兵庫県立福祉のまちづくり工学研究所報告集，pp.36-46, 1994
15) 西田尚代，岩田三千子，中根芳一：高齢者のための視環境設計に関する基礎的研究―1. 視認閾値と視力との関係―，日本建築学会大会学術講演梗概集(D-1), pp.367-368, 1995
16) 岩田三千子，西田尚代，中根芳一：高齢者のための視環境設計に関する基礎的研究，ランドルト環および漢字視標の読み易さ評価―，日本建築学会大会学術講演梗概集(D-1), pp.369-370, 1995
17) 西田尚代，大垣裕美，岩田三千子，中根芳一：高齢者の視認能力に関する研究―ランドルト環および漢字視標の読みやすさ評価，大阪市立大学生活科学部紀要，No.43, pp.97-105, 1995
18) (財)建材試験センター：「住宅性能標準化のための調査研究報告書」，p.161, 1978
19) 戸張幾生：老人と眼疾患―その1 老人の視力について，日本の眼科，Vol.47, p.161, 1976
20) 長南常男，加藤 勝：第19回交通眼科学会予稿集
21) McFarland, R. A. and Domey, R. G.: Experimental Studies of Night Vision asaFunction of Age and Change in Illumination, I. A. Statistical Analysis, *J. Genontol*, Vol.15, pp.149-154, 1960
22) 日本建築学会編：高齢者のための建築環境，光環境，pp.96-106, 1994
23) 吉田あこ，橋本公克：高齢化視界黄変化の研究―その1 消える案内標識と水晶体の透過率・その2 見やすい案内標識の色彩分析―，日本建築学会大会学術講演梗概集(E), pp.669-671, 1991
24) Kraft, J. M. and Werner, J. S.: Spectral Efficiency across the Life Span, Flicker Photometry and Brightness Matching, *J. Optical Soc. Am.*, Vol.A11, No.4, pp.1213-1221, 1994
25) Werner, J. S.: Visual Problems of the Retina during Aging. Compensation Mechanism and Color Constancy across the Life Span. Progress in Retinal and Eye Research, Vol.15, pp.621-645, 1996
26) Shinomori, K., Schefrin, B. E. and Werner, J. S.: Wavelength Discrimination in Young and Old Observers, *Pflygers Archiv Europian J. Physiology*(Supplement), Vol.431, No.R57, 1996
27) 佐藤千穂：加齢に伴う色の見えの変化，照明学会誌，Vol.82, No.8A, pp.530-537, 1998
28) 岩田三千子，島尾明子，宮野道雄，中根芳一：有彩色視標の視認性に及ぼす加齢の影響について―黒と有彩色―，生理人類学会誌，Vol.13, No.3, pp.137-143, 1994
29) 岩田三千子，中根芳一：有彩色視標の視認性に及ぼす加齢の影響について その2, 日本建築学会大会学術講演梗概集(D), pp.1167-1168, 1993
30) 大頭 仁，行田尚義：視覚と画像，森北出版株式会社，pp.13-26, 1994
31) van Nes, F. L. and Bouman, M. A.: Spatial moduration transfer in the human eye, *J. Soc. Am.*, Vol.57, pp.401-406, 1967
32) Rovamo, J., Virsu, V. and Nasaren, R.: Contical

magnification factor predicts the photopic contrast sensitivity of peripheral vision, *Nature*, Vol.271, pp.54-56, 1978

33) 岩田三千子, 岡嶋克典, 氏家弘裕：照度レベルに依存するコントラスト感度の加齢変化, 照明学会誌, Vol.85, pp.352-360, 2001

34) 照明学会視覚特性の年齢効果に関する特別研究委員会：高齢者の視覚特性を考慮した照明視環境の基礎検討―第5章住宅所要照度と視覚特性の年齢効果に関する実験―, pp.69-79, 1999

35) 岩田三千子, 土井正：高齢者のための住宅の適正照度に関する研究, 日本建築学会大会学術講演梗概集(D-1), pp.445-446, 1999

36) 篠森敬三：高齢者の色の見え, 加齢による色覚の変化, カラーフォーラムJAPAN講演論文集, 1997

37) 岡嶋克典, 岩田三千子：水晶体加齢モデルによる高齢者の照明シミュレーションと最適照度の検討, 照明学会誌, Vol.82, pp.564-572, 1998

38) 伊藤斉英, 岩田三千子：高齢者を配慮した街路照明の明るさに関する研究―その1 対向者の視認性―, 照明学会全国大会講演論文集, p.221, 2002

39) 白尾憲作, 岩田三千子：高齢者を配慮した街路照明の明るさに関する研究―その2 雰囲気評価―, 照明学会全国大会講演論文集, p.222, 2002

4.2 視覚特性を考慮した明視環境の評価

　視認能力は加齢に伴い確実に低下するが，個人差が大きく，年齢による差以上に同一年齢層内での個人差が大きいこともある。明るさや視距離，視対象の大きさや輝度対比などの物理条件の影響の受け方には個人差がある。また，物理条件が等しくても，各人の視認能力によって評価は大きく変化するため，個人の視覚特性を評価条件の中に組み込むことが必要である。ここでは明視環境評価に際しての個人の視覚特性の合理的な取扱い方法について紹介する。

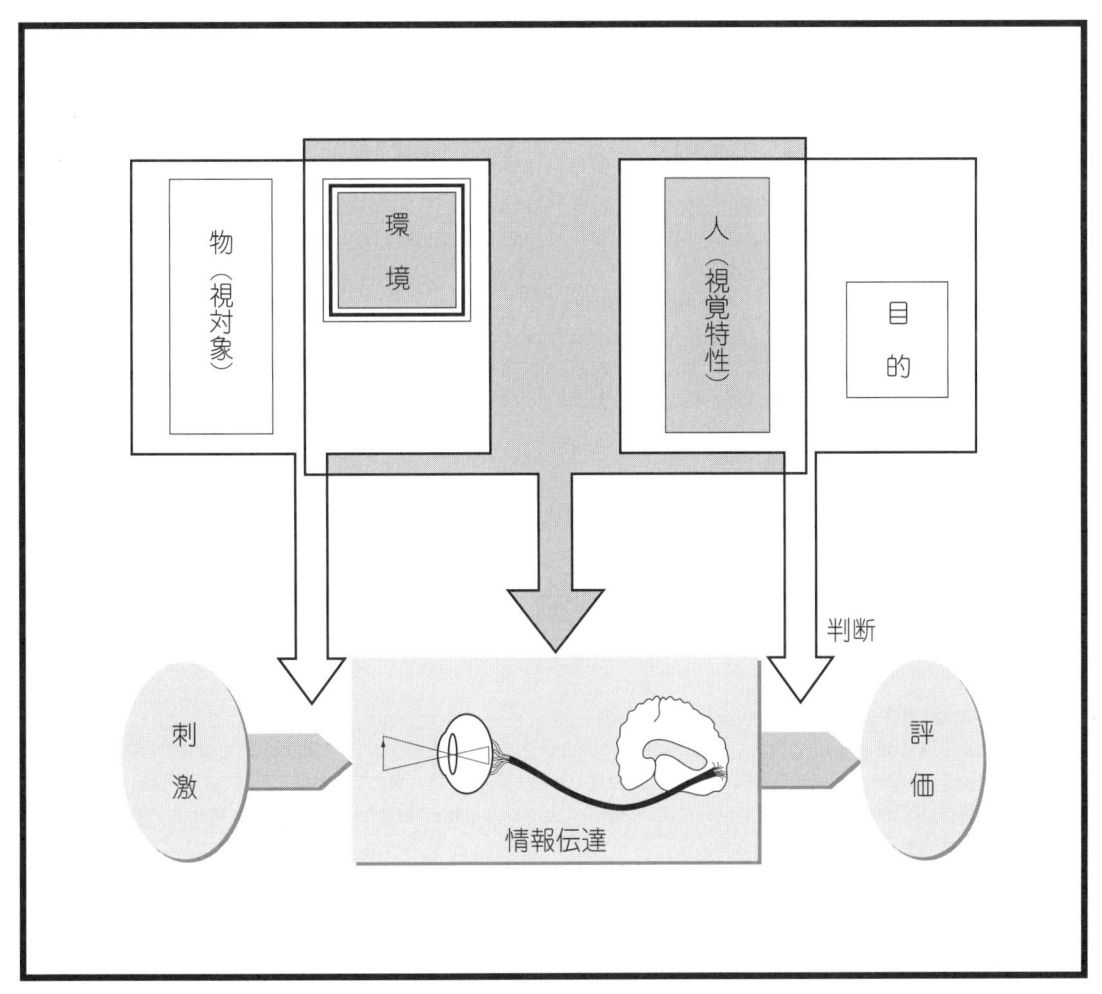

　目への光刺激が電気信号となり，脳に伝わることで視覚が生じる。したがって，視環境の評価は目への光刺激の状態とセンサとしての目の感度に依存する。環境条件と視対象条件によって目への光刺激の状態が決定され，また，環境条件と作業者の視覚特性によって情報センサとしての目の感度が決定され，刺激と感度に応じて評価が決まる。目の感度には個人差があるが，実用的には個人の最大感度を評価条件に組み入れることで，個人差に対応できる。

■基礎知識

・輝度（luminance）

　ある方向に対する面の明るさを表す測光量であり，見かけの面積当たりの光度として定義されている[cd/m^2]。面の法線との角度 θ の方向の輝度は，$L_\theta = dI_\theta/dS\cos\theta$ として表される。dS は対象面の面積であり，$dS\cos\theta$ はその方向への正射影面積（＝見かけの面積），dI_θ はその方向への光度である。θ によらず L_θ が一定である面，すなわちどの方向からみても明るさの等しい面を均等拡散面という。

　ここで，光度[cd]とは立体角当たり放出される光の量（光束）である。立体角[sr]は空間的な広がりを表す量であり，全空間は 4π [sr]。放射束が同じであっても波長によって明るさは異なって感じることから，光束[lm]は放射束を波長ごとの明るさを感じる能力（視感度）によって補正した量である。

・輝度対比（luminance contrast）

　物理的意味では時間的・空間的に異なる二つの輝度（L_1, L_2）の量的差を数学的な差または比で表したもの。数種の定義がある。たとえば，文字などの視対象の輝度が L_1，その背景の輝度が L_2 であれば，視対象と背景の輝度対比は $(L_1-L_2)/\max(L_1, L_2)$，L_1/L_2 など。後者は輝度比と称する場合が多い。また，空間周波数による分析ではマイケルソンコントラスト $(L_{max}-L_{min})/(L_{max}+L_{min})$ の使用が一般である。

　知覚的意味にも用いられ，輝度の相違が感覚的にいっそう強調されて現れる現象，またはその主観的評価（見えの明るさ）の差をいう。

・輝度差弁別閾値（luminance difference threshold）

　広義には輝度が時間的あるいは空間的に変化している場合，その感覚的検知・不検知の輝度変化量の境界値をいう。輝度変化がこの値を超えたとき，その変化が知覚できる。通常は，視対象とその背景など，隣接する2面の知覚できる最小の輝度差をいう。心理実験では50％検知（人数または回数）の値を取ることが多い。輝度差弁別閾値の逆数を輝度差弁別能力と称する場合がある。

・細部識別能力（recognisible threshold）

　二次元的に広がった物の形を細かく見分ける能力。文字，図形等物体の形状を認め得る閾値の大きさで表す（最小認識能）。点を認め得る能力（最小視能，点視力），2つの点を分離して認め得る能力（最小分離能），物体の輪郭のずれを認め得る能力（副尺視力）などの総合的なものであり，外界の事物の認識を大きく支配する能力である。視力（visual acuity）はその代表的なものであり，実用上は非常に近接した2点を見分ける能力をいう。国際眼科学会の規定では5mの視距離でランドルト環の1分の切れ目を判定できる場合を視力1.0と定めている。一般には，かろうじて見分けられるランドルト環の切れ目角[分]の逆数で表す。

4.2.1 はじめに

五感の情報収集能力の中で，目から得られる情報はほかの感覚器官からのものに比べて格段に多い。快適で安全な生活を営むうえには，視覚を通じて身の回りの情報が容易かつ的確にとらえられることが必要不可欠であり，明視性を確保することは作業能率の向上，事故や疲労の防止につながる。

作業を行う場合は作業対象が見やすく，楽に作業ができ，視野内に明視性を損なうものや不快を招くものがないことが重要な要件であり，一方，ロビーやホールなどではその使用目的にふさわしい快適な雰囲気をつくり出すことが大切である。また，休息や睡眠の場合は不要な光がないことが肝要である。このように，視環境の計画は視作業のしやすさ，あるいは展示物の好ましい見え方を主目的とする場合と，室全般の雰囲気や快適性を作りだすことを主目的とする場合とに大別することができる。視環境計画にあたっては，主目的の達成に主眼を置いたうえで，ほかをも十分に配慮したバランスのとれた計画が求められる。

本節では明視性の確保を主目的とした明視環境計画について取り上げ，視覚特性の年齢差・個人差を合理的に評価する手法を紹介する。また，視認実験を行ううえでの留意事項を実験事例を通して紹介する。

4.2.2 明視性の評価構造

明視性の良否は，図4.2-1に示すように，人，物，環境の各条件が総合されて決まる。環境と物によって定まる外界からの目への物理的な刺激と，環境と人によって定まるそのときどきの目の感度とに応じて明視性は決まる。したがって明視環境の評価法には，この三者それぞれに関連する主要な要因が評価変数として組み込まれる必要がある。

(1) 環境条件

環境条件とは，人工照明，採光，空間の大きさ，形状，内装など，空間の光の状態を決定する物理的要因である。これらは時間的に安定したものとして取り扱える場合と，時間的変動の考慮が必要な場合とがある。

環境条件は，視野の輝度やその分布，視対象と背景との見かけの対比や見かけの色を決定するとともに，観察者の目の感度の決定にも関与する。

(2) 視対象条件

視対象条件とは視対象の物理的条件である。視対象の大きさ，形状，配列，背景との輝度対比，色対比という視対象の空間的要素と，静止しているのか動いているのか，現れたり消えたりするのかという時間的な要素とがある。

視対象には文字や絵画のように平面的なものと機械部品や彫刻のように立体感が得られなければならないものとがある。また，文字や機械部品のように細部が識別できればよい場合と，絵画や彫刻のように本来の色彩や光沢などの美しさが鑑賞できることが必要な場合とがある。

(3) 作業者の視覚特性

視覚特性とは，視認能力(細部識別能力，輝度差弁別能力，色差弁別能力)に関与する機能の総称である。これらは眼球光学系の散乱・透過特性，屈折力，焦点調節力，順応特性などに依存しており，これについては4.1に詳説されている。

視野や視対象の物理条件が等しくても，視認能力によって物の見え方は大きく変化するため，個人の能力に応じた評価ができることが肝要である。とくに，高齢者などの視覚的弱者の自立した生活を促進するための視環境の提供にあたっては，利用者の視覚特性を評価条件に組み込んだ明視環境評価法の確立が必須の事項である[1), 2)]。

4.2.3 明視環境の要件[3)〜5)]

図4.2-2に明視環境を計画するうえで留意すべき主要事項を示す。

見え方には個人の視認能力が大きく関与する

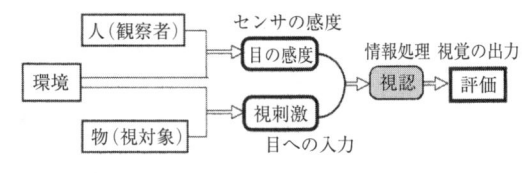

図4.2-1 明視性の評価構造

```
1. 目の感度（順応輝度）
2. 見やすさ（明視性）
   (1) 背景輝度
   (2) 視対象の大きさ，背景との輝度対比
   (3) 色彩
   (4) 見る時間，位置，動き
3. 主光線の方向（影，立体感）
4. 輝度分布・変動（空間的，時間的）
5. グレア
   (1) 減能グレア
   (2) 不快グレア
6. 演色性
7. 維持・管理
```

図 4.2-2　明視計画の要件

が，同一人であっても視認能力は一定ではなく，環境条件，とくに明るさによって変化し，それに応じて見え方は変化する。したがって，目の感度がどのような状態にあるのかを十分に把握しておくことが必要である。視対象の明視性に大きく関与する物理的条件は，視対象の大きさと，視対象と背景との輝度対比，および背景輝度であり，この三者を明視の三要素という。さらに，明視性は視認に許される時間や視対象を見る位置，あるいは視対象の動きによって左右される。

明視性を確保するためには光の量だけでなく，その質もまた重要である。光の質とは，照明する光の方向や色，視野内の輝度分布，不快さや明視性低下を招くグレアなどの状態をいう。計画にあたっては，主光線の方向や強さ，あるいは拡散性を適正にして，視対象の立体感や陰影を適切にする必要があり，手暗がりを生じさせないことが大切である。また，視野輝度の変化に追随して目は感度を変える。これを順応という。このため，輝度や照度の空間的・時間的変動は順応の乱れを生み，視力の低下や疲労の原因になるため，明視性の観点からは避けるべきである。まぶしさなどの不快感を招来したり，視対象の輝度対比や色対比を低下させ見え方を損なう原因となるグレア源のないことも重要である。演色性がよく，色が計画意図通りに見えることが望ましく，このため照明光の分光分布や周囲の色彩への配慮も大切である。

さらに維持・管理が容易に行えることが，これら光の質を維持するうえで欠くことのできない要件である。

4.2.4　視認能力

(1) 視覚特性と視認能力[6], [7]

視認能力とは物をみる能力のことであり，細部

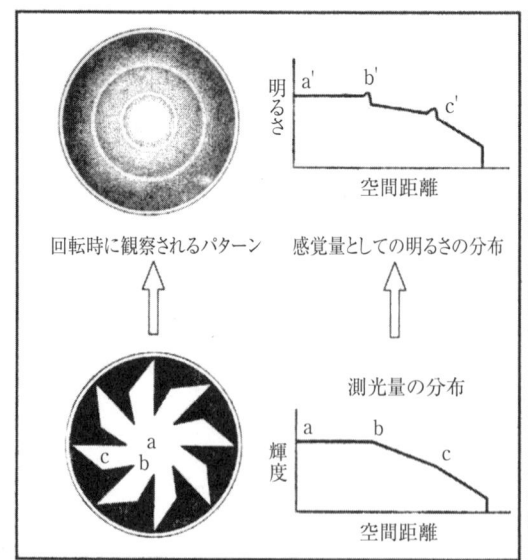

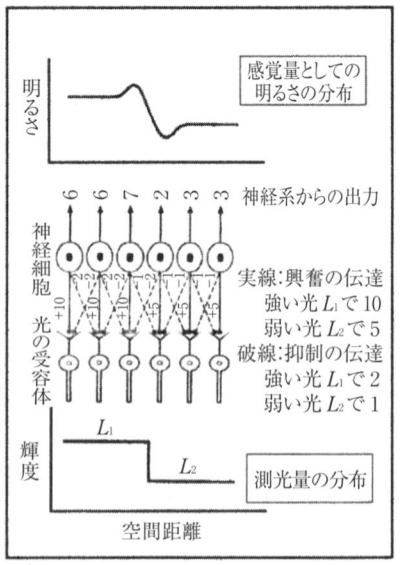

マッハ・バンド：輝度分布が変わりはじめる部分（bとcの部分）の明るさ（または暗さ）が強調される現象

側抑制：興奮と抑制の伝達

図 4.2-3　マッハ・バンドと側抑制[6]

識別能力（視力）や輝度差弁別能力がその代表的なものである．視認能力には眼球の光学的性能とそれに応じて視細胞に取り込まれた刺激が神経系へ伝達される際の伝達メカニズムが関与する．

しかし，眼球の光学部分の機能だけでも，瞳孔の調節機能，毛様体筋による焦点調節機能，水晶体や硝子体の光の散乱・透過特性，順応（網膜の光感度調節）などの数種の機能が関与する．

また，刺激が神経系へ伝達される際には，空間的，時間的な視覚の寄せ集め機能が働くとされており，代表的なものに輝度分布が変わりはじめるところにできるマッハ・バンド（輪郭の強調），マスキング光のon-offによって生じる閾値の顕著な上昇（オンおよびオフ効果）や刺激の提示時間によって明るさ感が異なるブロッカ・ザルツァー効果などがある．これらの現象は，視覚の抑制機能（側抑制）によって大方説明されている．図4.2-3はマッハ・バンドと側抑制の関係を概説したものである[6]．

視力や輝度差弁別能力はこれらのメカニズムと密接にかかわっているが，その関係を究めるには，今後の更なる研究の積み重ねが必要である．したがって建築環境工学的立場から明視性を評価する際の視認能力の取扱いは，大きさや輝度などの物理的条件を目への刺激（入力）とし，これと視覚系全体からの最終出力としての視力（または輝度差弁別能力）との関係を把握するというものである．

(2) 順応輝度（目の感度）

視認能力はそのときの目の感度によって決まる．目の感度は順応状態によって決まる．順応状態は視野内の輝度分布やその時間的変動によって変化する．

図4.2-4に順応輝度の一般的な考え方を示す．非発光体視対象の場合は，均一な背景上の小さな単一視対象を視認する場合であれば背景輝度を順応輝度とし［(a)-(イ)］，十分な大きさの領域（面積）をもつ文書を読む場合であれば文字と背景との平均輝度を順応輝度として扱うのが妥当である［(a)-(ウ)］[8]．不均一な視野や順応過渡の状態にあっては，その時点の視認能力と等しい視認能力の得られる均一視野の輝度を順応輝度と考えることができる［(b), (c)］[9]．

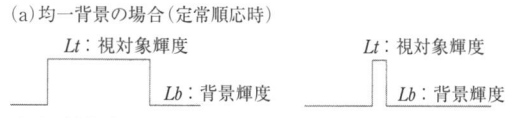

(a) 均一背景の場合（定常順応時）

Lt：視対象輝度　　　Lt：視対象輝度
Lb：背景輝度　　　　Lb：背景輝度

(ア) 順応輝度：$L=Lt$　　(イ) 順応輝度：$L=Lb$
視対象が十分に大きい場合や視対象の輝度が非常に高い場合　　視対象が小さい場合

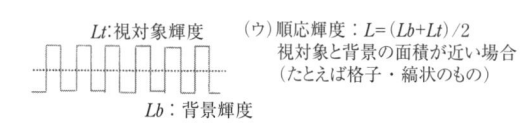

Lt：視対象輝度

(ウ) 順応輝度：$L=(Lb+Lt)/2$
視対象と背景の面積が近い場合
（たとえば格子・縞状のもの）

Lb：背景輝度

(b) 不均一視野の場合（定常順応時）
等しい視認能力が得られる均一視野の輝度Lbを順応輝度と考える

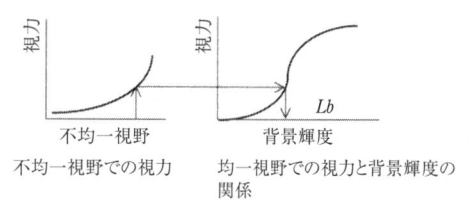

不均一視野での視力　　均一視野での視力と背景輝度の関係

(c) 順応過渡時
その時点での視認能力と等しい能力が得られる定常順応時の均一視野の輝度Lbを順応輝度と考える

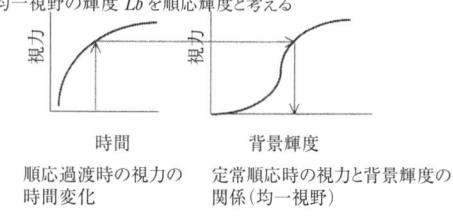

順応過渡時の視力の時間変化　　定常順応時の視力と背景輝度の関係（均一視野）

図4.2-4　順応輝度の考え方

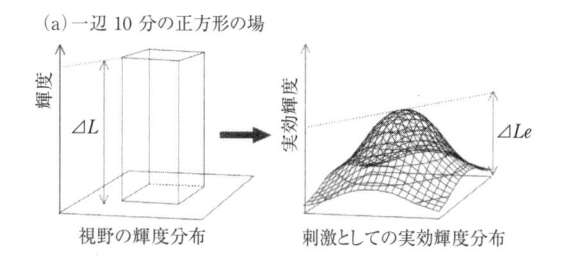

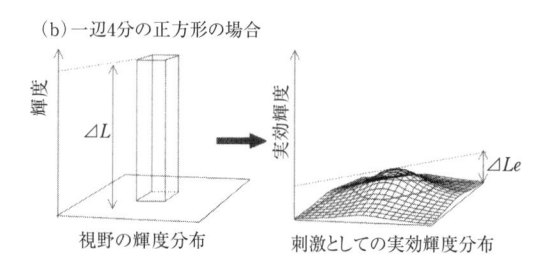

(a) 一辺10分の正方形の場

視野の輝度分布　　刺激としての実効輝度分布

(b) 一辺4分の正方形の場合

視野の輝度分布　　刺激としての実効輝度分布

ΔL：視標と背景の輝度差，ΔLe：視標と背景の実効輝度差

ΔLeがそのときの輝度差弁別閾値より大きい場合，視対象の視認が可能．したがって，小さい視対象ではより大きな背景との輝度差（ΔL）が必要となるため，小さな物は大きな物に比べて見にくくなる．

図4.2-5　大きさによる実効輝度の変化[17]

(3) 視力と輝度差弁別能力

視対象の見やすさは，その大きさと背景との輝度対比（または輝度差）によって決まる。大きさ，すなわち細部を見分ける能力を視力（細部識別能力）といい[10)～13)]，背景との輝度差を判別する能力を輝度差弁別能力という[14)～16)]。

背景輝度が一定で背景との輝度差が等しい視対象であっても大きさにより見え方は異なり，小さいほど見にくくなる。しかし，視対象が順応に影響しないと仮定した場合，背景輝度が一定であれば目の感度は一定であり，明るさを識別する能力，すなわち輝度差弁別能力は変化しないので，一見矛盾している。これについては視覚の心理生理学的見地からさまざまな説明が試みられているが，その関係を極めるまでには至っていない。

実用性を優先して，この現象を眼球光学系の散乱特性に帰着させて説明したものに実効輝度の概念がある[17),18)]。図4.2-5に示すように，視対象と背景の輝度は，その大きさに応じて眼球内の散乱光の影響を受け，実際の輝度とは異なったもの（実効輝度）として知覚され，視対象が小さいと知覚される輝度差（実効輝度差）が小さくなるため見にくくなるというものである。視対象と背景の輝度差と，実効輝度差との比は，視対象や背景の輝度にかかわりなく大きさに依って一意的に定まる。したがって，大きさまたは輝度差に関する弁別能の一方が決まれば，他方も自ずと定まるため，個人の視認能力を表す指標としてはいずれか一方でよい。

わが国ではランドルト環による視力の測定が一般に普及しており，実用上の利便性を考えると，測定が比較的容易で，広く理解されている視力が個人の視認能力の指標として適している。ただし，視認に関するさまざまな理論的解析は輝度差弁別能力を用いて行う方がわかりやすい。

(4) 視力の個人差・年齢差

図4.2-6は，各自適切に視力矯正を行っている人達を対象に，普段の矯正状態での両眼視による近点視力を測定した結果である[19)]。この場合の近点視力とは，ピントの合う最短視距離で測定した視力のことである。図にみるように，同一年齢層であっても，視力の分布範囲はかなり広い。若齢

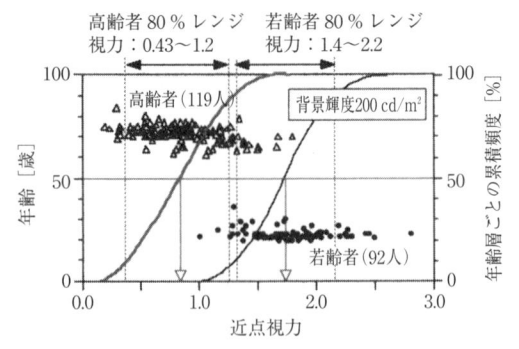

視標背景輝度 220 cd/m² で測定された輝度対比 0.93 のランドルト環による両眼視力（若齢者92名，高齢者119名）

図4.2-6　視力の年齢差・個人差[19)]

者であっても高齢者より視力の低い人もいる。

また，高齢者は焦点調節機能が低下しているため，遠距離についても必要に応じて矯正を行っており5m視力もこの近点視力とほぼ同じような分布を示す。一方，若齢者は，ピント調節機能が十分にあるため，中距離や近距離である程度の視力が得られる場合は近視矯正を十分に行っていない人も少なくない。したがって，5m視力は図4.2-6に示すものより低い範囲にまで渡って分布する[19)]。このため5m視力の同一年齢層内の個人差は，年齢層間の差よりも大きくなる。

このように，視力の個人差・年齢差は大きく，見え方は視力に応じて決まるため，個人の視力を明視性の評価変数に組み込む必要がある。

4.2.5　視認能力の個人差の取扱い方法

図4.2-6に示すように，視認能力には個人差があるが，さまざまな局面での能力の変化の仕方にも個人差がある。したがって，その特性を明確にして合理的に取り扱わなければ，いたずらに評価変数が増えて，評価法が複雑なものとなる。ここでは，多様な視覚特性が総合された視覚系最終出力の代表値として視力を取り上げ，その特性と取扱い方法を紹介する。

(1) 視力と視力比 （環境条件の変化に対しての視力の取扱いに関する考察[19),20)]：4.2.7(1)参照）

各環境条件に十分順応した状態であっても，環境条件の影響に対して個人差が現れる。たとえば，背景輝度の違いに応じて視力は変化するが[21)～29)]，

図4.2-7(a)に示すように，その値や変化の仕方は年齢や個人によって大きく異なる。

また，視力に関与する重要な機能の一つに焦点調節機能があり，これが加齢とともに低下することで，視力は視距離とも密接にかかわるようになる[30]～[33]。図4.2-8(a)に示すように，適切な矯正を行っている若齢者は，近点距離以遠であれば視距離による視力の変化はみられないが，高齢者はピントの合う位置が限られており，それからずれると視力が低下する。したがって視対象の大きさを視距離に応じて変え，見かけの大きさを確保すればよいという単純な考え方によって行われた視環境計画では，十分な調節能力をもつ30代までを対象とした場合は問題は少ないが，調節力の低下した人達には見えにくいことの多い環境となるおそれがある。

このような背景輝度や視距離などの環境条件の変化に対する個人差を取り扱ううえでの提案として，式(4.2-1)に示す視力比の考え方がある[19],[20]。

$$視力比 = \frac{ある条件下での視力}{最大視力} \quad (4.2\text{-}1)$$

ここで，最大視力とは，十分に明るく，かつ，ピントの合う位置で得られる視力であり，背景輝度800～900 cd/m^{2}の下で，輝度対比0.9以上のランドルト環によって得られる視力である。

同一の背景輝度であっても得られる視力には個人差が大きく，背景輝度や視距離の違いの影響の受け方も個人によって大きく異なっているが，図4.2-7(b)に示すように，各条件下での視力を個人の最大視力に対する比（視力比）で表すと，背景輝度の影響については個人差が払拭される。視距離については，図4.2-8(b)に示すように高齢者の場合に個人差を無視できるのは，各矯正状態に適した視距離のごく近傍に限られる。

これらのことは照明学会や眼科学会などにおいて報告されている各種視力の測定結果[29]～[31]に対しても成立している[20]。

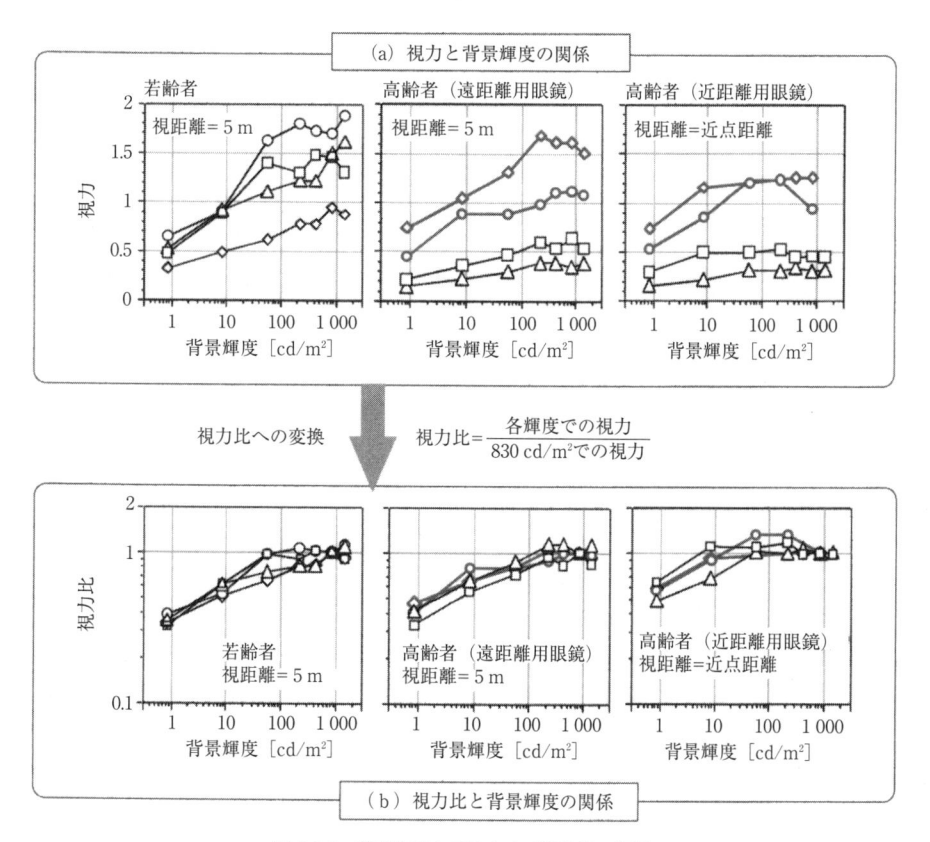

図4.2-7　背景輝度と視力および視力比の関係

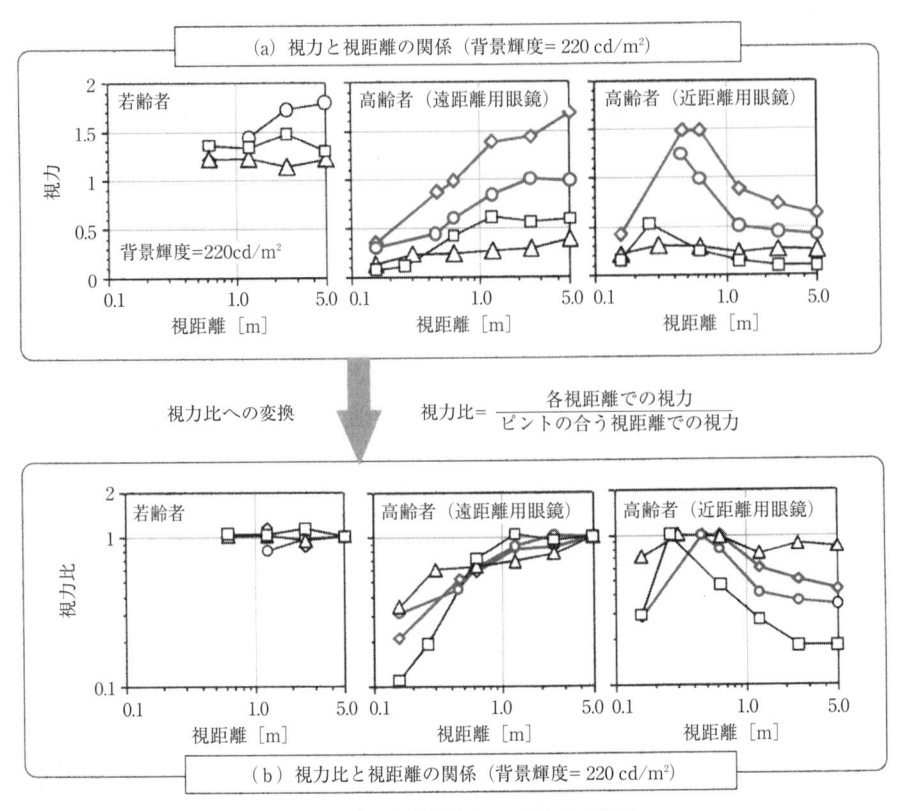

(a) 視力と視距離の関係（背景輝度 = 220 cd/m²）

視力比への変換　　視力比 = 各視距離での視力 / ピントの合う視距離での視力

(b) 視力比と視距離の関係（背景輝度 = 220 cd/m²）

図 4.2-8　視距離と視力および視力比の関係

したがって環境条件の変化に対する視力の変化率（視力比）が，視力や年齢を問わず共通している範囲であれば，視力比と個人の最大視力によって，各環境条件下での視力を把握することができる。

(2) 相対視力（視対象条件の変化に対しての視力の取扱いに関する考察[34),35)]：4.2.7(2)参照）

同じ視対象であっても，個人の視力によって当然見やすさは異なるが，視対象の大きさや背景との輝度対比などの視対象条件が変化した場合の評価の変化にも個人差がある。図 4.2-9 に示すように，視対象の大きさを変えることで読みやすさが大いに向上する人もいれば，あまり変化しない人もいる。視力の高い人は小さい文字であっても読みやすく，視力の低い人が同等の読みやすさ得るためにはより大きな文字を必要とする。

このことに着目して，大きさと個人の視力を一元化したものが相対視力である。相対視力は式（4.2-2）のように定義されたものであり，個人の最大視力を，検討すべき大きさの視対象を視認するのに必要な最小視力に対して相対的に評価したものである[34),35)]。相対視力 = 1 は視対象が視認閾となっていることを意味し，相対視力 > 1 では視対象は視認閾より大きく，相対視力が大きいほど明視性が高いことになる。

$$相対視力 = \frac{最大視力}{視対象を視認するのに必要な最小視力}$$
(4.2-2)

図 4.2-10 は，相対視力と読みやすさの関係を年齢層別に示したものである。相対視力と読みやすさなどの明視性評価との間には，個人の視力や年齢層および視対象の大きさを問わず共通した関係がある。このため，大きさの違いに対する明視性評価の変化を個人の視認能力別に検討するには，個人の最大視力の違いを考慮すればよい。大きさのほかに視対象条件として重要なものに輝度対比があるが，実効輝度の考え方に基づけば，輝度対比の効果は背景輝度に依らず大きさの効果に一意的に置換されるため，輝度対比の影響についても同様に考えられる。

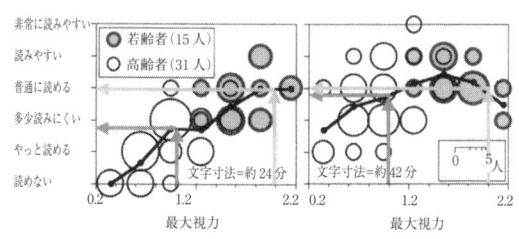

4.2 視覚特性を考慮した明視環境の評価

図4.2-9　最大視力および文字寸法と読みやすさ [34), 35)]

(作業面の照度=30 lx, 輝度対比=0.93)

視力2.0の人は，文字寸法が約24分から約42分になっても読みやすさはほとんど向上しない。また，視力0.1の人が文字寸法約42分で得られる読みやすさを，視力2.0の人は約24分の文字で得ることができる。

図4.2-10　相対視力と読みやすさ [34), 35)]

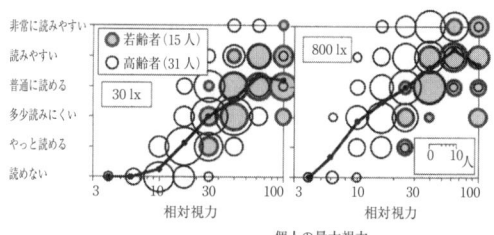

$$\text{相対視力} = \frac{\text{個人の最大視力}}{\text{視対象を視認するのに必要な最小視力}}$$

(文字寸法約18〜56分，輝度対比0.93，両眼近点視力約0.3〜2.5)

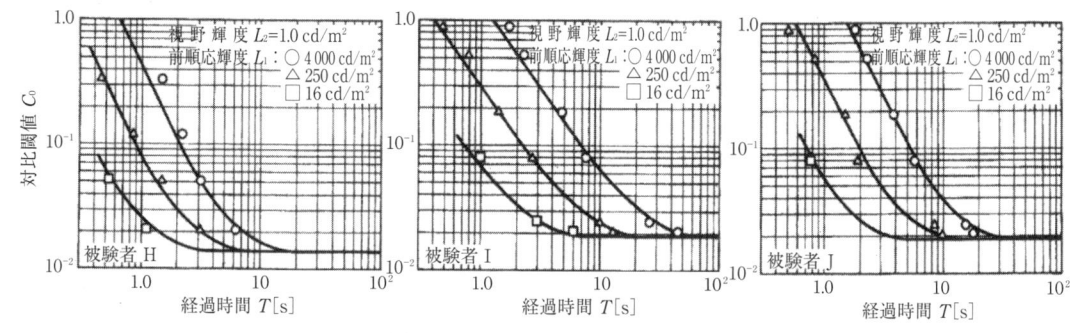

図4.2-11 (a)　順応曲線：対比閾値の時間経過（若齢者）[36)]

(3) 目の感度の回復率（順応の時間変化に対しての視力の取扱いに関する考察 [36)〜38)]）

暗い室へ入ったときや窓や光源を直視して視線を作業面に戻した場合は，眼がその明るさに順応していないため一時的な視力低下が生じる [36)〜43)]。この視野輝度の変化に順応する時間特性にも個人差がある。図4.2-11(a)は十分大きな視標を用いて，視認閾となる輝度対比の時間変化（対比閾値の回復過程）を測定した結果である [36)]。同図より，視野輝度が変化してからの閾値の時間経過の個人差が大きいことは明らかであるが，順応曲線の形状そのものの違い(個人差)は比較的小さい。また，被験者ごとに回復過程は同じ形の曲線で回帰され，順応過渡状態における閾値の回復率$R(t)$が，変化前後の視野輝度比と視野輝度が変化した後の経過時間tによって定まるという点は個人によらず共通している。このことは，図4.2-11(b)に示すように，細部識別閾の時間変化についても成立する [37)]。ここで，回復率$R(t)$は式(4.2-3)のように定義されている [36)]。

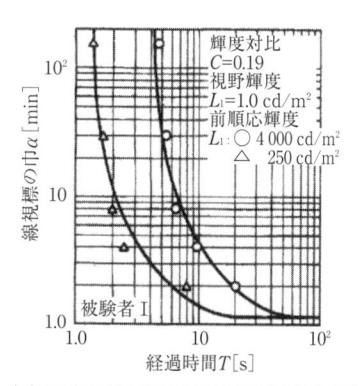

図4.2-11 (b)　順応曲線：細部識別閾の時間経過（若齢者）[37)]

$$\text{回復率}R(t) = \frac{\text{順応過渡状態における感度}}{\text{定常順応時の感度}} \quad (4.2\text{-}3)$$

したがって，視力（細部識別閾値の逆数）で考えると，$R(t)$は視力比に対する回復率でもある。

$$\text{回復率}R(t) = V(t)/V_{\text{th}} \quad (4.2\text{-}4)$$
$$= (V(t)/V_{\max})/(V_{\text{th}}/V_{\max})$$
$$= \frac{\text{非定常時の視力比}}{\text{定常順応時の視力比}} \quad (4.2\text{-}5)$$

ここで，
 $V(t)$ ：順応過渡過程での視力
 V_{th}：当該視野での定常順応時の視力
 V_{max}：個人の最大視力

したがって，順応過渡時の明視性を取り扱ううえでの視力の導入とその個人差の合理的な取扱いのためには，定常に順応するのに要する時間や順応曲線に個人の最大視力や年齢がどのように関与しているか，最大視力や年齢に依らない視力比の回復として扱うことができるか否かを明確にすることが必要である。

(4) 散乱による視力低下（等価光幕輝度）

視対象の近くに輝度の高いものが存在すると，それによる眼球内の散乱光の影響によって視対象が見難くなる[44]〜[47]。これを視対象を覆うベールにたとえて光幕現象といい，これと等価な作用をもつ視野全体への一様な輝度の重畳量を等価光幕輝度という。

光幕が生じることによる明視性の低下は，図4.2-12に示すように，光幕によって順応輝度が上昇し，目の感度が低下（輝度差弁別閾値の上昇）するためである。この現象は光幕による見かけの輝度対比の低下としても説明できる。

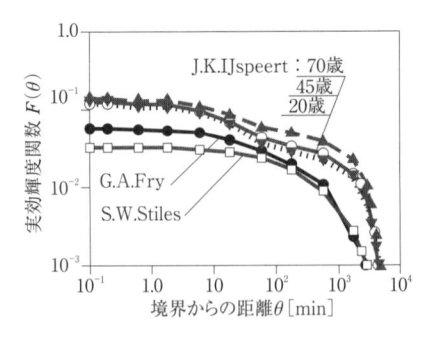

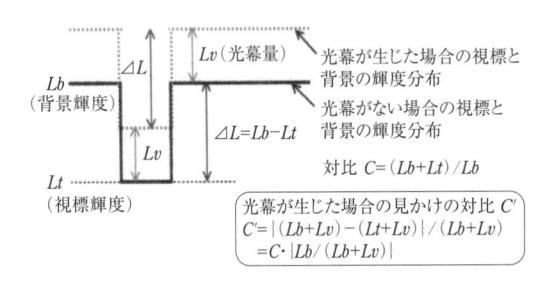

図4.2-13 等価光幕輝度に関する既往研究から求めた実効輝度関数 $F(\theta)$ [49]

4.1に紹介されているように，加齢に伴って眼球光学系の散乱・透過特性は変化し，光幕量や，その順応への影響には年齢差がある[48]。図4.2-13は等価光幕輝度に関する既往の研究結果[46]〜[48]から，眼球内の散乱特性を表す実効輝度関数を算出した結果である[49]。年齢差よりも研究間の差の方が大きく，視力の場合と同様，年齢差よりも個人差の方が大きいとも考えられる。

色彩の影響を考えなくてよい場合，光幕による視認能力の低下は視力の低下として取り扱うことができると考えられるが，この個人差をどのように評価条件に組み込むかについては，今後の研究に負うところが大きい。この問題の解明は不均一視野における順応輝度の問題の解明でもあり，明視性評価のみならず，視環境評価全般における重要課題である。

4.2.6 明視性の検討方法

文字の見やすさや文書の読みやすさなど平面視対象に対する評価法を概観し，これまで考慮されていない視認能力の個人差をどのようにすれば評価変数として組入れることが可能であるかを考える。

(1) 保証視力による方法

明視性が高ければ細かいものの識別が可能となるため，その環境で保証される視力の大小によって環境や視対象を評価する方法である。

検討にあたっては，評価する視対象の視方向への背景輝度 L と，背景と視対象との輝度対比 C が必要である。したがって，視標および背景の反射

図4.2-12 光幕による見えの低下

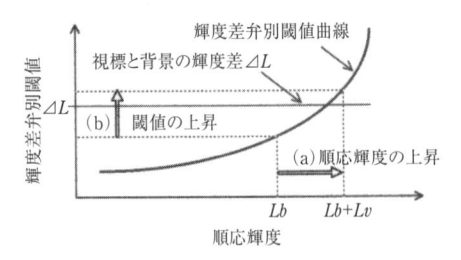

視標は ΔL が輝度差弁別閾値より大きいほど，見やすい。グレア源による光幕 Lv によって順応輝度が増加するため(a)，輝度差弁別閾値が高くなる(b)。視標と背景の輝度差 ΔL は光幕の有無によって変化しないため，図のように弁別閾値が ΔL より大きくなることもあり，その場合は視標が見えなくなる。

特性，照明器具の配置と配光，室形状と内装の反射特性，作業者の視方向が必要となる。文書などのように視対象である文字の作業面（紙面）に占める面積が大きい場合は，作業面全体の平均輝度を背景輝度とする。

視野に定常に順応している場合であれば，被験者の最大視力別に，背景輝度 L，ランドルト環視標と背景の輝度対比 C，および切れ目方向が判別できる環の最小切れ目巾 a[分]の三者の関係が明らかにされていれば，背景輝度と輝度対比からそこで判別できる視標の大きさ a_{th} を知ることができる。輝度対比によって a_{th} の値は異なるが，輝度対比が 0.9 以上であれば，得られる値はほぼ等しい。この輝度対比 0.9 以上のランドルト環で得られる a_{th} の逆数 $1/a_{th}$ がその背景輝度での保証視力 V_{th} とみなせる。視力の個人差を考慮せずに三者の関係を求めた研究[26), 49)]はあるが，視力の個人差が組み込まれたものはない。

個人の視力を組み入れる場合，先の視力比の概念[式(**4.2-1**)]を導入すれば，定常・非定常を問わず取扱いが簡便になる。

図**4.2-14**は定常順応時の視力比と背景輝度の関係を被験者実験より求めたものであり[19), 20)]，輝度対比 0.93 の場合の結果である。検討対象視野の背景輝度 L に対応する視力比 $Q(L)$ を図**4.2-14**より求める。式(**4.2-6**)に示すように，これに最大視力を掛けると保証視力 V_{th} が求まる。

$$V_{th} = (V_{th}/V_{max}) \times V_{max}$$
$$= Q(L) \times V_{max} \qquad (4.2\text{-}6)$$

ここで，

V_{th}：最大視力 V_{max} の人が当該条件下で得られる視力（保証視力）

$Q(L)$：背景輝度 L に対する視力比

作業面の明るさに定常に順応していない場合は，無彩色の均一視野の場合に限っても，前順応輝度と視野輝度が変化した後の経過時間 t の二者が変数として新たに加わる[36)~38)]。目の感度の回復率 $R(t)$ [式(**4.2-3**)]が，年齢や視力の影響を受けず，前順応輝度と評価対象視野輝度の比，および視野輝度変化後の経過時間とによって一意的に決まる範囲であれば，回復率と視力比および最大

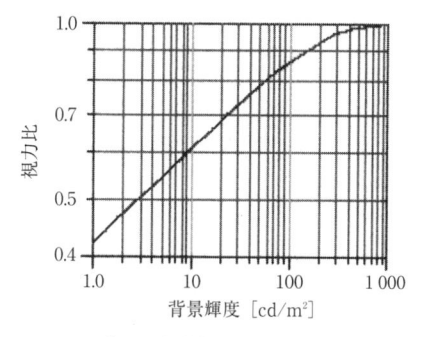

視力比 = 各人が当該背景輝度で得られる視力 / 各人の最大視力

図 4.2.14 視力比曲線：視力比と必要背景輝度の関係[19)]
（若齢者 4 名と高齢者 4 名の平均）

視力を用いることによって個人の視力を組み入れた，簡便な評価システムの構築が可能である。

(2) 閾値に対する倍率による方法

視対象の見やすさは，そのときの視認能力がその視対象を視認するために必要な最小能力（視認閾）よりどの程度高いかによって決まる。言い換えれば，そのときの視認能力で閾となる視対象の条件と実際の評価視対象の条件との比率の大小が見やすさに対応する。これについては，Visibility Level[50)]や見やすさレベル[51)]などの提案がある。これらのレベルは与えられた物理条件と視認閾条件との関係を数値で表現したものであるが，この数値と主観的な見やすさとの関係が 1 対 1 であるとは限らず，さらにその適用範囲にも限界があることへの留意が必要である。

レベルに用いることのできる変数としては明視三要素の大きさ，輝度対比，背景輝度，ならびに視標と背景との輝度差が考えられる。どの変数によるレベルが最適かについては諸説[50)~53)]あるが，これらの変数は従属関係にあるため，どれを用いても結果的には同じである。見やすさレベル[51)]は，式(**4.2-7**)に示すように大きさを採用したものである。

$$\text{見やすさレベル} = a/a_{th} \qquad (4.2\text{-}7)$$
$$= V_{th}/V$$
$$= (V_0/V)(V_{th}/V_{max}) \times (V_{max}/V_0)$$
$$= (V_0/V) \times 視力比 \times 相対視力$$
$$\qquad (4.2\text{-}8)$$

ここで，

α：視標の大きさ
α_{th}：当該条件下で各人が視認閾となる大きさ
V_{th}：当該条件下で得られる各人の視力
V：当該条件下で視標視認に必要な視力
V_0：視標視認に必要な最小視力
V_{max}：各人の最大視力

見やすさレベルは，式(4.2-8)に示すように V_0/V，視力比[式(4.2-1)]および相対視力[式(4.2-2)]によって表される。ここで V_0/V は，視標と環境の条件(大きさ，輝度対比，背景輝度)によって定まり，視力比は環境条件(背景輝度)によって一意的に定まる。したがって，視認能力の個人差を考慮するには，相対視力，すなわち個人の最大視力 V_{max} を評価変数に加えることのみでよいと考えられ，各条件下で得られる視力 V_{th} の個人差を取り上げる必要はない(図4.2-15)。

(3) 読みやすさの評価図による方法

活字や文書の読みやすさを直接被験者に評価させれば，その結果をもとにして，活字の大きさ・対比・照度の3つの組合せから読みやすさが評価できる図表が作成される[54),55)]。図4.2-16は年齢層別評価図の例である[34),35)]。同一年齢層であっても，図4.2-9に示したように個人の視力によっ

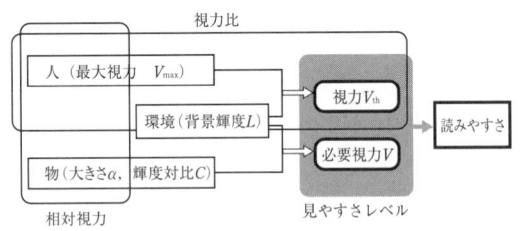

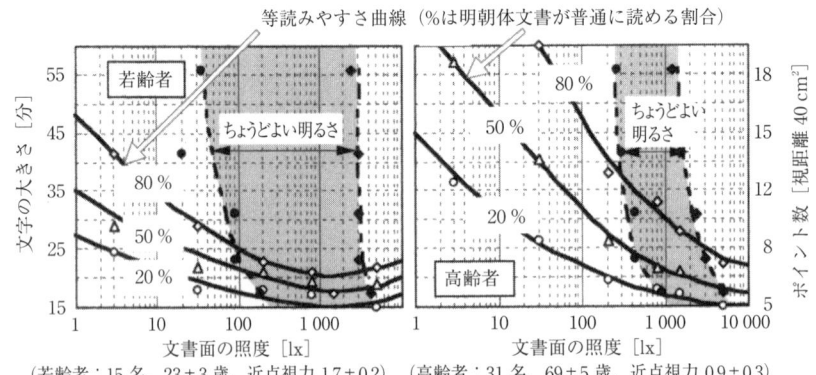

図4.2.15 読みやすさと相対視力・視力比

図4.2.16 若齢者と高齢者の所要条件（輝度対比＝0.93）[34),35)]
（若齢者：15名，23±3歳，近点視力 1.7±0.2）（高齢者：31名，69±5歳，近点視力 0.9±0.3）

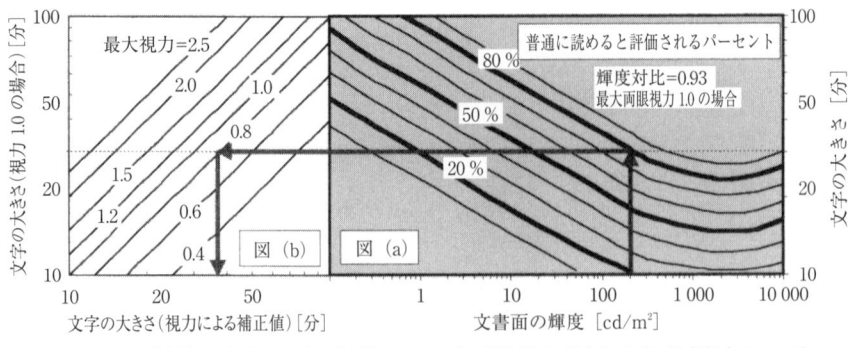

被験者：若齢者15名(23±3歳，近点視力1.7±0.2)，高齢者31名(69±5歳，近点視力0.9±0.3)
視標：明朝体の文書(字間比＝1.0, 行間比＝2.0)

矢印は200 cd/m²（白上質紙に印刷された文書をおよそ750 lxで読む状態）で，近点視力1.0の人たちの80％が文書を普通に読めるには大きさ30分の文字（視距離40 cmで約10ポイント）が必要であり，視力0.8であれば37分，(約12ポイント)となることを示している。なお，輝度対比 C が0.93以外の場合の等価文字寸法は，$S×(C/0.93)$ である(S は検討視標の文字寸法)。

図4.2.17 文書の読みやすさの評価図[56),57)]

て評価は異なるため，個人の視力を考慮するためには，視力別の評価図が必要となる。しかし，各視力群に対する評価図を逐一求めておくのは，実際問題として煩雑である。

ここに，前述の相対視力［式(**4.2-2**)］を導入すると，**図 4.2-17** に示すように評価の取扱いが簡便になる[56),57)]。**図 4.2-17**(**a**)は最大両眼視力 1.0 の場合の評価図であるが，相対視力が等しい場合は読みやすさ評価が等しいことから，**図 4.2-17**(**b**)によって最大視力に応じた文字寸法が求まる。この図は，グレア源のない拡散照明の下での文書を読むという作業であれば，年齢層にかかわらず適用可能なものである。なお，輝度対比 0.93 の場合の評価図であるので，それ以外の場合は，輝度対比に応じた補正が必要である。補正を文字寸法に対して行う場合の補正文字寸法 S' は，式(**4.2-9**)のようになる。

$$S' = S \times (C/0.93) \qquad (4.2\text{-}9)$$

ここで，

S：検討視標の文字寸法［分］

C：検討視標の輝度対比($C \geqq 0.5$)

また，等読みやすさ線［**図 4.2-7**(**a**)］が，両対数軸上で直線となっている範囲(0.1～500 cd/m^2)では，文字寸法 S，文書面輝度 L の場合と等しい読みやすさが得られる文書面輝度 L' に対する文字寸法 S' は式(**4.2-10**)によって得られる。

$$S' = S \times (L/L')^{0.23} \qquad (4.2\text{-}10)$$

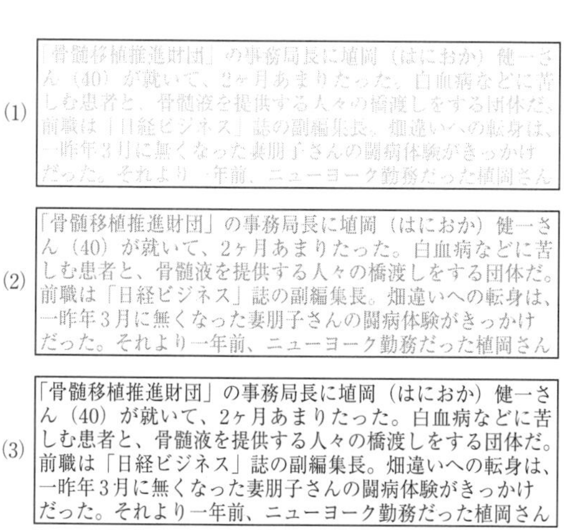
(1)
「骨髄移植推進財団」の事務局長に埴岡（はにおか）健一さん（40）が就いて、2ヶ月あまりたった。白血病などに苦しむ患者と、骨髄液を提供する人々の橋渡しをする団体だ。前職は「日経ビジネス」誌の副編集長。畑違いへの転身は、一昨年3月に無くなった妻朋子さんの闘病体験がきっかけだった。それより一年前、ニューヨーク勤務だった埴岡さん

(2)
「骨髄移植推進財団」の事務局長に埴岡（はにおか）健一さん（40）が就いて、2ヶ月あまりたった。白血病などに苦しむ患者と、骨髄液を提供する人々の橋渡しをする団体だ。前職は「日経ビジネス」誌の副編集長。畑違いへの転身は、一昨年3月に無くなった妻朋子さんの闘病体験がきっかけだった。それより一年前、ニューヨーク勤務だった埴岡さん

(3)
「骨髄移植推進財団」の事務局長に埴岡（はにおか）健一さん（40）が就いて、2ヶ月あまりたった。白血病などに苦しむ患者と、骨髄液を提供する人々の橋渡しをする団体だ。前職は「日経ビジネス」誌の副編集長。畑違いへの転身は、一昨年3月に無くなった妻朋子さんの闘病体験がきっかけだった。それより一年前、ニューヨーク勤務だった埴岡さん

図 4.2.18　サンプル視標の一例

(4) サンプル視標による方法

現場でグレア源による散乱光や表皮反射光などの照明の質と入射光の量の両者を総合的，直接的に利用者によって評価する方法である。

たとえば，事務所作業の明視性を評価する場合であれば，作業としての標準的な反射特性と大きさをもつ活字を各種の濃さに印刷したものをサンプル視標とする。視標の一例を**図 4.2-18** に示す。各種の対比の視力表を用いてもよい。これを作業面上に置き，正常な視方向でみたとき，どの濃さの印刷面までが読み取れるかによって作業面の照明を評価する。対比の小さなものまで見えることはグレアが少なく文字の読みやすい照明であることを示す。簡易で実用的な評価法であるが，評価者の視覚特性が，実際の利用者のものと等しいことが肝要である。

美術館などの展示用照明を評価するには，絵画に近い反射特性をもつカラーサンプルを視標として，色の見えを評価することで展示照明の質を評価することができる。

4.2.7　明視性に関する実験事例

明視性の評価実験は，当該条件下での視対象視認のための閾条件を測定する場合と，視対象の主観的な見やすさや読みやすさを評価する場合とに大別される。また，定常順応時か非定常時かによって，実験方法が異なる。いずれの場合も目的に応じて精粗さまざまな方法がある。実験を通じて何を知りたいのか，結果をどのように利用しようとしているのかを明確にしたうえで，目的に応じた合理的な方法を見いだすことが大切である。

(1) 視力測定(視認閾の測定)[20)]

図 4.2-7，**図 4.2-8** の結果を得るために行った実験であり，環境条件と視力の関係の把握を目的としている。

a.　実験手順

測定にあたっては，視標に何を用い，どのように呈示するか，視力をどのように表すか，片眼視か両眼視か，被験者をどのような矯正状態とするか，などを目的に応じて決定する必要がある。

この実験は，生活視力の実態を把握することを

目的としているため，ランドルト環視標を用いた両眼視による視力の測定とした。環境条件として，視標面輝度と視距離を変化させている。使用眼鏡は各自が日常用いているものとした。

測定方法は，視力検査のように，与えられた環境条件下でどの大きさまで見えるかという，視認できる最小の大きさを測定する方法と，提示された視標の大きさが閾となるように背景輝度や視標輝度を調節する方法とがある。この実験は前者によった。

被験者を設定された照明環境に10分間順応させた後，それぞれの視距離ごとに視力を測定する。視標の視認に許容される時間(呈示時間)によって，得られる視力値は変化し，時間が短いほど値は低くなるが，この実験では視認時間に制限は設けていない。視力表は視線に対して垂直に，中心を被験者の目の高さと一致させて呈示する。被験者の視線方向と視距離を一定に保つために，被験には顎と額を支持する台を用いている。

高齢者は視距離ごとに2種類の眼鏡について視力を測定するが，まず遠距離用眼鏡で測定し，続いて近距離用眼鏡にかけ直して1分間眼鏡に慣れさせた後に測定する。測定は日を変えて繰り返し3回行った。

b. 実験室

実験に用いる視野が均一輝度となることを条件として，実験環境を決定した。実験室の大きさは，W 5.2 m × D 2.7 m × H 2.6 mである。天井以外の壁面の内装はすべて無光沢の白(反射率82%)で塗装されている。天井には5 000 K，40 Wの三波長域発光形Hf蛍光ランプを60灯設置しており，乳白パネルを通して拡散させ，室内を均一に照明している(光井)。測定に用いる視力表の背景部分と壁面の反射率もできる限り一致させる(この場合は87%と82%)。背景輝度は0.83〜1 400 cd/m²の範囲で7段階設定した。視表面照度にして3.0〜5 000 lxである。

また，図4.2-19に示すような半球状視野を用いれば，均一な輝度視野を効率よく得ることができる。同装置は視半径110 cm，内面白色拡散仕上げである。光源は蛍光ランプ(FLR 20 SW)36灯とハロゲン電球(JL 100/100 VWF)24灯であり，暗視野〜16 000 cd/m²の任意の視野輝度が呈示可能である。中心から60°の範囲内の輝度は，中心100に対して100〜110の範囲内に納まる。

c. 被験者

各個人の最大視力が同じであっても，高齢者と若齢者では，視対象や環境条件の影響の受け方が異なることが予測される。そこで，被験者は若齢者4名と高齢者4名の2つの年齢層とした。

図4.2-6に示したように，若齢者の両眼視による近点視力はおよそ1.0〜2.5であり，高齢者はおよそ0.2〜1.5で，若齢者の方が視力が高い者が多いが，年齢の影響の検討のために，高齢被験者の内の2名は若齢者と視力の近い者(最大視力1.1と1.7)とした。ほかの2名の最大視力は高齢者の中でも低めの0.4と0.6である。若齢被験者の最大視力は1.1〜1.8である。

d. ランドルト環視力表

使用したランドルト環は，白地に黒のもので，背景の反射率は87%，ランドルト環と背景の輝度対比は0.93であり，輝度対比は視力表の規定である0.9以上を満たすことを考慮して決めた。切れ目方向は縦横斜めの八方向とした。実験に用いたランドルト環の実寸法は，切れ目寸法0.11〜16.00 mmであり，複数の環を同時に呈示する。ランドルト環の配列範囲は視距離に対して視角15度以内とした。

e. 視力の算出方法

偶然正答した確率を差し引いて，真の正答率80%の視力を求めている。ランドルト環の切れ目方向を被験者が必ず答えるという方法で測定を行い，ランドルト環の切れ目方向がすべて正しく判断できる大きさから，まったく切れ目方向が判

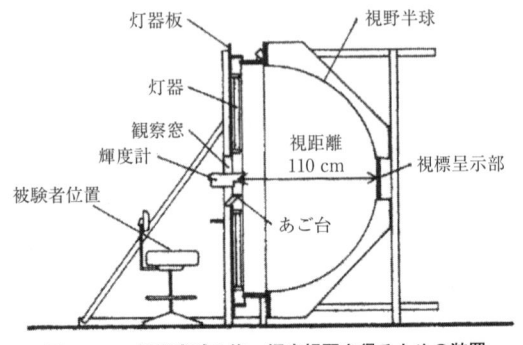

図4.2.19 視野半球：均一輝度視野を得るための装置

断できなくなる大きさまで行う。判断できない場合に，被験者がある方向のランドルト環の切れ目方向を答える確率は$1/N$（N＝環の切れ目方向数）である。各大きさごとに，そのときの正解率から偶然正答した確率$(1-P)/N$を差し引いた真の正答率Pを式(4.2-11)によって求める。

$$\text{真の正答率} P = (NP' - 1)/(N - 1) \quad (4.2\text{-}11)$$

ここで，
　P'：偶然の正答を含む見かけの正答率
　N：ランドルト環の切れ目方向数

　得られた各大きさごとの真の正答率とその視力値（＝切れ目巾［分］の逆数）の関係を図に表し，それをもとに被験者の視力を決定する。真の正答率50％に対応する視力値を用いる場合が多いが，この研究では安全側をとり真の正答率80％を採用している。

　採用する真の正答率が異なると視力値は当然変化するが，主たる検討対象である環境条件（背景輝度と視距離）の変化による値の変動傾向自体は変わらないことを確認している。

f. 視距離

　視距離によって視力は必ずしも一定ではない。高齢者は眼の調節力が低下しているため視距離による視力の変化が著しく，視距離が重要な環境条件となる。そこで視距離を実験変数とし，各被験者ごとに近距離でもっともピントが合うと申告した視距離をその被験者の近点距離とし，これを含め，15.6～500 cmの範囲で6段階の視距離を設定している。

g. 結果の表示

　実験変数である背景輝度または視距離を横軸に，正答率80％の視力を縦軸にして結果を表示したものが図4.2-7(a)，図4.2-8(a)である。図中のプロットは3回の測定結果の平均値である。各回測定視力の平均視力に対する差は，±10％以内が全体の約7割を占めており，平均値を用いて検討することに問題はないと考えた。なお，平均値は，結果を線形表示する場合は算術平均値，対数表示の場合は幾何平均値を用いるのが適当であるが，図4.2-7，図4.2-8では2種類の平均値を混用することを避け，すべて幾何平均値を用いている。

(2) 読みやすさの主観評価[34),35)]

　図4.2-9，図4.2-10，図4.2-16，図4.2-17の結果を得るために行った実験であり，個人の視力を評価変数として合理的に組み込んだ読みやすさ評価図の作成が目的である。

a. 実験手順

　実験はすべて両眼視による定常順応時の文書の読みやすさの主観評価である。

　視力測定の場合と同様，与えられた環境条件下で視対象の読みやすさを評価する方法と，特定の読みやすさが得られるように環境条件（たとえば，背景輝度）や視対象条件（たとえば，文字サイズ，輝度対比）を被験者が調節する方法とがあるが，この実験も前者によった。

　均一背景視野において文字の大きさ，文字と背景の輝度対比，文書面照度を変化させている。いずれの照度レベルにおいても室内の水平面照度分布はほぼ一様である。

　視力を評価条件の中に組み込むにあたり，年齢によらず同様の取扱いが可能か否かを検討する必要がある。このため，各自適正な矯正を行っている若齢者15名と高齢者31名の2つの年齢群を被験者とした。

　高齢者は焦点の合う領域が狭く，その個人差も大きい。そこで，実験時の視距離は各被験者ごとに，無理のない姿勢で焦点が合う所に設定した（高齢者29～51 cm，若齢者38～47 cm）。被験者の視線に対し文書面をほぼ直角に維持するために，45度の傾斜をつけた書面台を用い，視距離を維持するために額と顎を固定した。

　評価は設定照度に十分順応した状態で行い，文書を45秒間読んだ後，その読みやすさを評価する。文字寸法または対比を変えてこれを繰り返し，照度を変化させた場合は10分以上の順応時間を設けた。

b. 評価文書

　文書の内容は時事評論（天声人語）であり，使用文字は明朝体である。文字寸法は15～65分の範囲で各被験者について5段階設定した。

　日常接する印刷物で輝度対比が低いものは，新

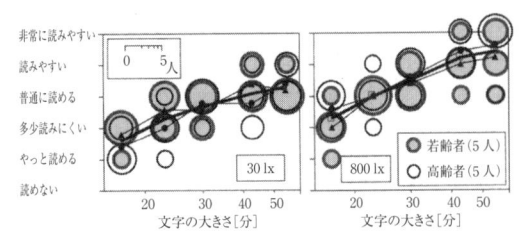

図4.2-20　近点視力のほぼ等しい若齢者と高齢者の評価[56]

近点視力：若齢者1.3～1.6（平均1.5），高齢者1.3～1.7（平均1.4）
年　　齢：若齢者21～25（平均22.8），高齢者64～70（平均66.2）

聞・雑誌などにみられるように用紙の反射率が低い場合が多いことから，文字と背景の輝度対比は用紙の反射率を変化させることによって，0.52，0.85（新聞相当），0.93の3段階に変化させた。文書面照度は3.0～5 000 lxの範囲で6段階設定した。

c. 評価尺度

評価には，カテゴリ評価尺度による方法，読めない状態と非常に読みやすい状態の間を数値または距離で表現させる方法，基準とするものより読みやすいか否かを判断させる方法などがある。ここでは図4.2-20の縦軸に示す6段階の読みやすさの程度を答えるというカテゴリ評価尺度法を用いた。

結果の検討には各カテゴリの申告度数または申告率を用いている。この実験結果については，各カテゴリに数値を等間隔に割り当てて処理した場合と，各カテゴリの申告率で処理した場合とで，等しい結果が得られることが背景輝度と文字寸法について確認されているが，必ずしもすべての実験結果において両者が等しいとは限らない。

主観評価の場合，高齢者と若齢者で評価が異なり，高齢者が若齢者よりよい評価を行う傾向があることが指摘されている。この実験においても視力の等しい高齢者と若齢者の結果を比較したところ，図4.2-20に示すように，両者の評価はほぼ等しいが[58]，読みやすい以上の評価の申告率が高齢者の方に若干高いという傾向が認められた。属性によって，同じ質が異なったカテゴリとして評価されることへの注意が必要である。

d. 結果の表示例

図4.2-9に近点視力と読みやすさとの関係を示している。各評価カテゴリの申告度数（人数）を近点視力について示したものであり，各図での文字の大きさ，輝度対比，作業面照度は一定である。

図4.2-10は相対視力と読みやすさの関係を示したもので，図4.2-9同様，各評価カテゴリの申告度数によって示している。

図4.2-16は視力を問わず，年齢群別に結果を示したものである。図中のプロットは，設定照度や文字の輝度対比ごとに，文字の大きさと評価の申告率との関係を図に表し，申告率80％，50％，20％の値に対応する文字寸法を求めた結果である。用いた申告率は普通に読める～非常に読みやすいの3カテゴリの申告率の合計である。縦軸を対数目盛とすると，図4.2-17(a)のように回帰線は平行になる。

図4.2-17(a)は，設定照度や文字の輝度対比ごとに，相対視力と申告率の関係を図に表し，各申告率の値に対応する相対視力を求めたうえで，相対視力を視力1.0の場合の文字寸法に換算した結果である。

4.2.8　おわりに

本節では，まず，明視性の評価構造と視認能力について概説し，実効輝度の概念を導入することで視力（細部識別能力）と輝度差弁別能力という2種類の能力の相互関係が合理的に説明されることを紹介している。

次いで，個人の視認能力に応じた環境評価を行うには，個人の最大視力を評価構造の中に組み込むことで対処できることを実験結果に基づいて示し，視力比，相対視力，回復率などの概念を紹介したうえで，明視性の4種の評価方法を紹介し，視力比，相対視力，および感度の回復率を導入することで，視認能力の個人差が合理的に取り扱えることを示している。

最後に，明視性に関する実験実施にあたっての留意点を実験事例を通して紹介している。

本節で取り上げた評価法は平面的な文字や文書の読みやすさを評価する方法であるが，このほかに視対象には立体的なもの，単に見えればよいだけではなくて本来の特徴の認識が要求されるものがあり，これらの評価方法についての検討が必要である。

さらに，色については，明視性には色の三属性のうち明度の影響が圧倒的に大きいことが経験的通説となっているが，色相や彩度の明視性への効果についても，客観的データに基づいた検討が必要である．

参考文献

1) 日本建築学会編：高齢者のための建築環境，高齢化社会環境整備特別委員会，彰国社，1991
2) 井上容子：視覚特性を考慮した視環境の評価・計画に関する一考察，建築環境分野における心理生理研究の動向，日本建築学会環境生理WG，pp.57-61，1994
3) 照明学会：最新やさしい明視論，照明学会，1984
4) 日本建築学会：日本建築学会設計計画パンフレット23，照明設計，彰国社，1975
5) 照明学会：屋内照度基準，照明学会・技術規格 JIES-008 (1999)，照明学会，1999
6) 池田光男：視覚の心理物理学，森北出版，1975
7) 池田光男：目は何を見ているか―視覚系の情報処理，平凡社，1988
8) 井上容子，伊藤克三：不均一輝度視野における目の順応輝度(その3)縞状輝度分布視野の場合，日本建築学会大会学術講演梗概集(D)，pp.619-620，1986
9) Moon, P. and Spencer, D. E.：Lighting Design, Addition Wesley Co., 1947
10) 大江謙一：日本人の視力，照明学会雑誌，Vol.47, No.4, pp.17-24，1963
11) 大島祐之：視力検査の基準化について，照明学会雑誌，Vol.49, No.2, pp.25-36，1965
12) 長南常男：視力，交通医学，Vol.29, No.4, pp.249-252，1975
13) 所敬：視力に関する用語，眼科，Vol.33, pp.483-484，1991
14) 井上容子：輝度差弁別閾値曲線の標準化―20歳代前半の場合，日本建築学会近畿支部研究報告集，No.31, pp.121-124，1991
15) Blacwell, O. M., Blacwell, H. R.：Visual performance data for 156 normal observers of various ages, J. Illum. Engng. Soc., October, pp.3-13, 1971
16) Blacwell, O. M., Blacwell, H. R.：Individual responses to lighting parameters for a population of 235 observers of various ages, J. Illum. Engng. Soc., July, pp.205-232, 1980
17) 井上容子：実効輝度，建築雑誌，環境のページ，Vol.112, No.1406, pp.65, 1997.4
18) たとえば，伊藤克三，野口太郎，井上容子：実効輝度による視認問題の統一的解明，照明学会誌，Vol.72, No.6, pp.324-331，1988
19) 井上容子：やさしい照明技術，利用者の視力に応じた必要輝度の予測方法，照明学会誌，Vol.86, No.7, pp.466-468，2002
20) 秋月有紀，井上容子：個人の最大視力に対する視力比の概念の導入，個人の視力に配慮した視認能力評価における背景輝度と視距離の影響の取り扱いについて，照明学会誌，Vol.86, No.11, 2002
21) 平澤英司：照度の近距離視力，近点距離並びに明視領域に及ぼす影響について，日本眼科学会雑誌，Vol.41, No.7, pp.848-857，1937
22) 大塚任：試視力表の照明に関する研究，日本眼科学会雑誌，Vol.42, No.6, pp.890-903, 1938
23) 大塚任，本多得二：種々なる照度における視力と対比との関係についての研究，日本眼科学会雑誌，Vol.44, 1940
24) Boyce, R. M.：Age, illuminance, visual performance and preference, Lighting Research and Technology, Vol.5, No.3, pp.125-143, 1973
25) 山地良一：中距離視力と照度に関する研究，日本眼科紀要，Vol.25, No.8, pp.742-747, 1974
26) 中根芳一，伊藤克三：明視照明のための標準等視力曲線に関する研究，日本建築学会論文報告集，No.229, pp.101-109, 1975
27) 池田紘一，野口貢次，山口昌一郎：均一な背景の下における順応輝度とランドルト環視力，照明学会雑誌，Vol.64, No.10, pp.65-71, 1980
28) 池田紘一：ランドルト環視標の輝度対比および順応輝度と視力との関係，照明学会誌，Vol.67, No.10, pp.527-533, 1983
29) 照明学会編：高齢化社会における照明の調査研究委員会報告書，1988.9
30) 長南常男：運転適性としての中距離視力に関する研究，交通医学，Vol.31, No.3, pp.177-183, 1977
31) 長南常男：試作中距離視力検査器とその使用成績について，交通医学，Vol.33, No.5, pp.303-309, 1979
32) Luckiesh, M. and Moss, F. K.：The dependency of visual acuity upon stimulus distance, J. opt. soc. Amerc. Bd., 22, 1932
33) 江原勇吉，田上満年：眼屈折状態と調節力，日本眼科学会雑誌，Vol.42, pp.604-610, 1938
34) INOUE, Y., AKIZUKI, Y.：The optimal illuminance for reading, Effects of age and visual acuity on legibility and brightness, Journal of Light & Visual Environment, Vol.22, No.1, pp.23-33, 1998
35) 井上容子：相対視力の導入による視力を考慮した読み易さ・明るさ感の評価法，日本建築学会近畿支部研究報告集，No.38, 環境工学，pp.5-8, 1998
36) 井上容子，伊藤克三：実効輝度を用いた視認能力の動的評価法(その1)順応過渡過程における目の感度，日本建築学会計画系論文集，No.486, pp.11-16, 1995
37) 井上容子，伊藤克三：実効輝度を用いた視認能力の動的評価法(その2)順応過渡時の視認能力と実効率の関係，日本建築学会計画系論文集，No.474, pp.1-5, 1995
38) 井上容子，伊藤克三：実効輝度を用いた視認能力の動的評価法(その3)均一視野における視認能力の動的評価図，日本建築学会計画系論文集，No.501, pp.17-21, 1997
39) 早川宏学：輝度と瞳孔の大きさとの関係及び暗順応時における瞳孔散大の時間関係についての実験的研究，日本眼科学会雑誌，Vol.43, No.7, 1938
40) Brown, J. L., Leibwitz, G. H. and Ranken, H. B.：Luminance thresholds for the resolution of visual details during dark adaptation, J. O. S. A., Vol.43, No.3, pp.197-202, 1953
41) Boynton, R. M. and Miller, N. D.：Visual performance under conditions of transient adaptation, Illum. Engng., August, pp.541-550, 1963
42) 蒲山久夫：急激な明暗変化に対する緩和照明について，照明学会雑誌，Vol.47, No.10, pp.4-12, 1963
43) Bodmann, H. W. Greule, R. and Kokoschka, S.：Contrast threshold at transient adaptation, CIE Proceedings 22nd session, Div.1, pp.25-28, 1991
44) 井上容子，野口太郎，伊藤克三：実効輝度関数$F(\theta)$の定量方法に関する検討(その1)高輝度面の実効輝度への影響，日本建築学会計画系論文集，No.473, pp.1-6, 1995
45) Campbell, F. W. and Gubisch, R. W.：Optical quality of the

human eye, *J. of Physiol.*, No.186, pp.558-578, 1966
46) Fry, G. A., Pritchard, B. S. and Blackwell, H. R.：Design and caliburation of a Disability Glare Lens, *Illum. Engng.*, Vol.58, No.5, pp.120-123, 1963
47) Vos, J. J.：Disability Glare—A STATE OF THE ART REPORT, *CIE-Journal*, Vol.3 No.2, pp.39-53, 1984
48) IJspeert, J. K., de Waard, P. W. T., van den Berg, T. J. T. P and de Jong, P. T. V. M；The intraocular straylight function in 129 healthy volunteers；Dependence on angle, age and pigmentation, *Vision Res.*, Vol.30, No.5, pp.699-707, 1990
49) 井上容子, 野口太郎, 高光正博：実効輝度関数 $F(\theta)$ の変曲に関する検討, 日本建築学会大会学術講演梗概集（D）, pp323-324, 1992
50) CIE：An Analytic Model for Describing the Influence of Lighting Parameters upon Visual Performance, CIE Publication No.19/2.1, 1981
51) 佐藤隆二, 伊藤克三, 大野治代：見やすさに基づく明視照明設計に関する研究—照明の評価指標としての見易さレベル（VEL）の有用性, 照明学会誌, Vol.64, No.10, pp.541-548, 1980
52) 中根芳一：印刷文字の見易さ及び適正照度に関する研究, 日本建築学会論文報告集, Vol.229, pp.111-120, 1975
53) 中根芳一：読み易さ評価に基づく質的照明計画法に関する研究, 照明学会誌, Vol.65, No.10, pp.64-70, 1981
54) 印東太郎, 河合 悟：適正照度に関する心理学的実験, 照明学会雑誌, Vol.49, No.2, pp.52-63, 1965
55) 河合 悟, 黒沢涼之助：照度と読み易さとの関係を表わす簡単な実験式, 照明学会誌, Vol.57, No.6, pp.580-583, 1973
56) 日本建築学会編：光と色の環境デザイン, 文字の可読性, pp.148-151, オーム社, 2001
57) 井上容子, 秋月有紀：個人の視認能力を考慮した明視環境評価法の提案, 照明学会全国大会講演論文集, pp.190-191, 2002
58) 井上容子：視認能力における個人差とその取り扱い, 建学環境生理心理シンポジウム, 環境心理生理における個人差, pp.5-14, 1994
59) 井上容子：適正照度への年齢と視力の影響（読書の場合）, 建築環境分野における心理生理研究の動向, 日本建築学会心理生理の到達点WG, pp.29-31, 1999

4.3 室内の色彩計画とその評価

　色彩が人の心理面に大きく影響することは周知のことであるが，色彩により室内をより目的にあったイメージにすることができる。また，物体の色は，その物を照射している光の色の影響を受ける。昨今，光源の開発がめざましく，光源の選択肢が増えた。それにより，室内色彩を計画する際，光源の演色性についても考慮する必要が生じている。一方，人の色順応，明・暗順応などや高齢社会での色彩の在り方についてどの程度考慮していくかも課題である。

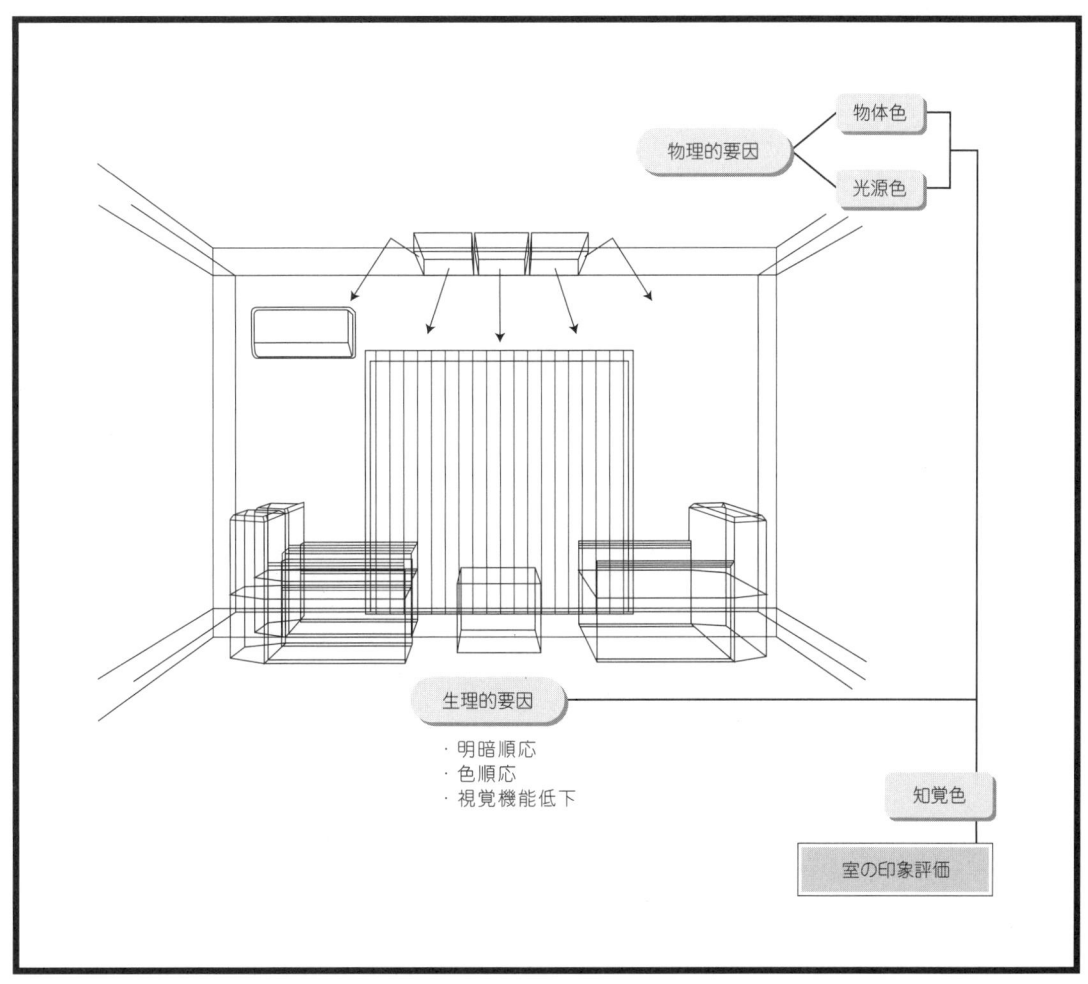

　室内の色彩計画をする際，室内の物体の色のみではなく光源の色についても考慮する必要がある。また，それを見る人間側の順応状態や視覚機能の状態など生理的な側面をとらえておく必要がある。さらには，室内色彩と照明条件の組合せは無数に考えられるため，どのように実験条件を設定していくかが重要である。

■**基礎知識**

・色温度

　光色を数値的に表すもので，ある光源の光色が，ある絶対温度の黒体の色と等しく見えるとき，その黒体の絶対温度がその光源の色温度であり，単位はケルビン［K］で表す。多くの一般照明用光源の色度は黒体軌跡上にないため，等色度線を推定し，それにより色温度を求める。これが相関色温度である。本文で述べている色温度は相関色温度も含めている。

・日本色研配色体系（P.C.C.S.）

　色の明度と彩度を一緒に取り扱ったトーン（色調）を採用しており，無彩色をWhite, light Gray, Gray, dark Gray, Blackの5種，有彩色の明度と彩度の似通っている色をpale, light grayish, grayish, dark grayish, light, soft, dull, dark, bright, strong, deep, vividの12種に分類，色相は6色相を基本に12, 24, 48色相と分割。配色計画や色彩調査によく使われる。

・マンセル表色系

　米国のA. H. Munsellの考案による色票集に基づいて，米国光学会の測色委員会が尺度を修正した表色系であり，マンセルヒュー（色相），マンセルバリュー（明度）/マンセルクロマ（彩度）で表面色を表す。

・調整法

　被験者自らが刺激を調整することによって，そのときの刺激の物理量を知ることができる。この方法は，等価判断を求めるのに使用されることが多い。

・数量化理論第Ⅰ類

　数量化理論とは数だけでなく質的なデータもこれを数量に表して分析を行う手法であり，Ⅰ類からⅣ類まである。その中のⅠ類は，たとえば，壁面の色相（質的データ）とSD法による評定値（外的基準）の関係式を求め，壁面がある色相の場合の評価を予測したり，説明したりできる。

4.3.1 はじめに

照明は物体の色の見え方に大きく影響していることは明らかである。しかし，これまで室内計画に関しては色彩と照明を別々に取り扱った研究が多くみられた。光源が多様化してきた現在，室内の色彩計画をするうえで色彩要素と光源の演色性とのかかわりが室の雰囲気にどのように影響しているのかを検討することも必要である。

また，高齢社会で快適な室内環境を計画するとき，色彩計画は重要である。前節でも述べられているように，高齢者の色彩の見え方に関しては，研究が進められてきており，高齢になると色彩の誤認が増加することがわかっている。それによって室空間のイメージが変化している可能性があるが，実空間での高齢者に対する心理的影響をとらえたものは少なく，色彩の選択も限られたものとなっている。

そこで本節では，これまでの色彩計画に関する研究の流れをとらえたうえで，今後の室内色彩計画で望まれる点について考察する。

4.3.2 室内色彩の実態

まず，室内に使われている色彩の実態調査として，小木曽らの研究[1]がある。小木曽らは建築の色彩計画で，色のモジュールが確立されていないために，失敗が繰り返されていることから，実用的モジュールの確立をめざし，1957～60年の建物に使用されている色を調査し，それらをもとに標準色の選定を行っている。実測には，改良マンセル色票またはMunsell Book of Colorが使用されており，取り上げた建物数は137，室数は281，色彩頻度は2139，色彩数は704である。その結果，使用頻度の高さから得られた色彩（頻度順位法）と使用色の頻度を表す各点からの色差の和が最小になるような色彩（色差減少法）をそれぞれ標準色として選定している。

乾[3]はその調査によって得られたデータから室種別による色彩の使用頻度を紹介しており，住宅には，色相10YR～2.5Yで彩度4付近の木肌色が多く使用されていることを示した。

その後約30年間の研究には，同様の調査はみられない。そこで，福西ら[2]は，住宅の内装材の色について，現状を把握すると同時に，過去の調査結果との比較を試みている。住宅136戸について126色のカラーリストを使用し，内装材の色と種類について実測し，その結果を1994年に発表している。その中で，30年以上前の小木曽らの実態調査[1]の結果と現在の室内に使われている色は似通っていることを明らかにしている。

4.3.3 室内色彩の心理的評価

効果的な色彩の使用により，室のイメージを変化させることができるが，とくに天井，壁，床などの内装色については，簡単に変更ができないため，その場の使用目的に合った色彩を選択する必要がある。そこで，室内色彩計画の資料として有用であるのが，室内色彩の心理的評価についての研究である。

室内色彩の心理的評価に関する研究で，まず，最初にあげられるのが，建築の分野で初めてSemantic Differential (SD)法を使用した小木曽と乾の研究[4]である。その中では実験用の形容詞対の選択についてかなり慎重に検討されている。これは，建物のカラー写真を用いた実験であり，これ以降，SD法は広く使われるようになる。実験により得られたデータから因子分析を行い，5つの因子，「動き」，「気持ちのよさ」，「新しさ」，「暖かさ」，「強さ」を得ている。それまでの色彩計画では，主に「気持ちのよさ」が重視されていたが，「動き」，「暖かさ」，「新しさ」，「強さ」なども建築色彩計画の目標または検討項目として考えていかなければならないことが示唆されている。

長町らの情緒工学の研究[5]では，SD法を使用して室の雰囲気の尺度化を検討している。正面1枚と側面2枚の3面で構成されたシミュレータを使用し，4色を選択し，正面と側面の2色配色，照度2段階とした実験を行い，室の雰囲気を数量的にとらえた。また，実物，模型，スライドを使用し，3種の実験方法の検討を行っており，各評価間の相関係数が高いことから，模型やスライドによる実験が保証されたとしている。しかし，個別

に結果をみると,「ムードがある」,「快い」,「上品な」,「立派な」,「居間的な」など室の価値(気持ちよさ)にかかわる項目で若干差がみられる。また,形容詞対のSD得点の平均値の差の検定についてもふれられていない。

菊地ら[6]の室内の三色配色の研究では,5分の1縮尺シミュレータを使用したSD法による実験を行っている。壁の色10種類,床の色3種類,家具(ソファ2個)の色5種類を選定し,これらの組合せによる合計85対象について,イメージ調査および室内の構成要素(色,光沢感,明るさなど)に対する性能評価の2つについて,多次元的な分析を試みている。イメージ調査の結果から,美的感覚の因子,暖かさの因子,近代性の因子,重量感の因子の4因子が抽出されている。

以上のように,若干命名されている因子名は異なるが,室内の色彩から受けるイメージには,「活動性」,「気持ちよさ」,「暖かさ」,「新しさ」の因子が寄与していることが明らかとなっている。

これらは経験的には予測された因子ではあるが,科学的な検討を加えたことに意義がある。また,色彩の視覚的効果が数量化されることにより,ある要因の効果の予測や特定の効果をもつ色彩の選定が経験や勘のみに頼らず可能となった。

これらの研究では,色彩の選択にはマンセル表色系を使用しており,色の三属性である色相,明度,彩度の室内のイメージへの影響について検討している。

これに対し,1985~87年の(社)インテリア産業協会に設置された色彩専門委員会によるインテリア配色に関する調査では,配色体系としてP.C.C.S.表色系が使われている。評価方法としては,SD法が用いられており,"インテリア配色のモデル"として8つの基調色(壁面と床面の色)配色パターンが導き出されている[7]。

この8つの配色パターンは因子分析によって得られた室内のイメージに寄与している主要な3因子,「コントラスト・アナロジー」因子(トーンと関係),「ライト・ダーク」因子(壁面の明度と関係),「バラエティ・アイデンティティ」因子(色相と関係)から検討している。

それにより,ライト・ユニティー,ダーク・ユニティー(同一・類似色相,同一類似色調配色),ライト・ソフト,ダーク・ソフト(対照色相,同一・類似色調配色),ライト・バラエティー,ダーク・バラエティー(対照色相,対照色調配色),ライト・ハード,ダーク・ハード(同一・類似色相,対照色調配色)の8つの配色パターンが決定されており,実用的な配色モデルの一つとなっている。

田中と植松ら[9],[10]は,色彩要素として壁面家具の色,人体支持用家具の色,壁面の色,床面の色をとりあげ,縮尺10分の1模型を使用したSD法による実験を行っている。壁面家具,人体支持用家具の色はP.C.C.S.表色系およびカラーイメージ[11](日本デザイン研究所)を参考に,トーンやイメージの偏りがないように,それぞれ8種類と5種類が選定されている。壁面および床面の色は,野村のインテリアのカラーコーディネート[12]や前述のインテリア産業協会色彩専門委員会のインテリアカラーコーディネーション事典[13]を参考とし,壁面は明度/彩度が8/4,6/3と色相を組み合わせた有彩色と無彩色の計6種類,床面は壁面より低い明度の有彩色と無彩色の計6種類を選定している。また,室全体の配色に関しては,P.C.C.S.色相調和理論をもとに同一色相,類似色相,中差色相,対照色相を考慮している。このほかに,光源を2種類,壁面家具の形状(幅,高さ,量)8通りを評価対象要素としており,これらを組み合わせると膨大な数になるため,それらの組合せを検討し,合計246対象を取り上げている。

実験の結果,価値因子(気持ちよさ)には室全体の配色や壁面家具の色および形状が影響し,活動性因子(動き)には,壁面家具の量および明度が,

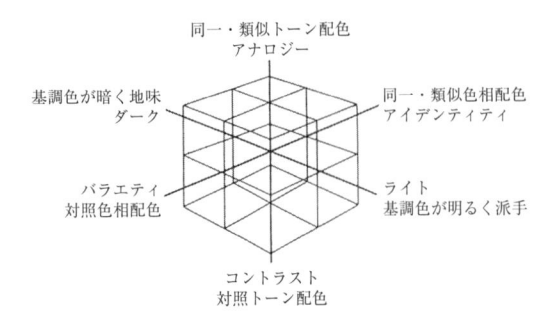

図4.3-1 インテリア配色モデルと配色形式[8]

暖かさ因子には色彩の暖色系，寒色系が影響していることが明らかとなっている。

4.3.4 光源の演色性

1879年のエジソンの実用炭素電球完成は，人工光源の歴史上大きな意義がある。一方，1938年の米国GE社Inmanらによる実用蛍光ランプの開発以降，新光源の開発はめざましく，色温度，演色評価数の異なる多種多様なランプが登場している。それら光源の演色性の違いは，色彩の見え方にかかわり，室の所要照度や明るさ感と関係する。

(1) 光源の演色性と所要照度

Kruithof[14]は1941年に物体色が正常に見えるときの明るさと光源の色温度の関係を示した。この実験に用いられた光源は，白熱電球，蛍光ランプと昼光である。その結果，色温度の低い光源で照明した室内は，比較的低い照度で快適な明るさが得られ，色温度の高い光源で照明した室内は，比較的高い照度で快適な明るさが得られるとしている。

しかし，金谷ら[15]は，この実験で用いられた光源の演色性や光の拡散性が一定でないことや快適な照度領域とはどのような状態を指すのかが明確でないこと，色順応について考慮されていないことなどを問題点としてあげている。そこで，光の拡散性，光源の色温度，演色性をそれぞれに変化させることのできる装置を使用し，光の拡散性が一定な条件で光源の演色性と色温度が室内の所要照度に及ぼす影響について検討している。このとき，対象室は事務室で，室内での明るさ感を左右する主要因が顔の見え方であることから，視対象は女性モデルおよび被験者自身の顔である。実験では，実験室の光源の色温度の予測を不可能にするために3種類の着色眼鏡を用意して，その1つを被験者に3分間装着させた後，予備ブースに入れ，色順応のため10分間在室させた。実験室では与えられた照明条件に5分間輝度順応させた後，所要照度の評価を行っている。このように厳密な条件設定の下で，室照明に色順応・輝度順応した状態での色温度と演色性のみの影響をとらえている。その結果，光源の色温度は室内の所要照度に影響しないことがわかっている。また，特殊演色評価数R15（日本女性の肌色に対する評価）が高い光源ほど顔面に対する所要照度は低くできることが明らかとなっている。

(2) 光源の演色性と明るさ感

AstonとBellchamber[16]は，2つのテストキャビネットを用意し，調整法による実験を行っている。キャビネットの内部色彩は，両側面N8，前面7.5YR4/4，床10G4/4とし，地の色が2.5YR7.5/2の花柄のカーテン，バラの造花とガラスの花瓶，表紙の色が5Y4/12，5G4/2，2.5B2/2，5Y6/2である4冊の本を設置した。光源は色温度の異なる普通形蛍光ランプ3種類と高演色形蛍光ランプを用いた。2つのキャビネットを並べ，右側のキャビネットを普通形蛍光ランプで照明し，照度を200，400，800lxの3段階に固定した。それぞれの段階で，高演色形蛍光ランプで照明した左キャビネットと，右キャビネットの明るさ感が同じになるように，被験者自身に調光させている。その結果，空間を高演色形蛍光ランプで照明した場合，普通形蛍光ランプで照明した場合よりも約25～40％低い照度で，同じ明るさ感が得られることが明らかとなっている。しかし，この研究では，多色配色された空間について検討しており，光源の演色性と色彩の明るさ感への影響は明確ではない。

その後，Bellchamberら[17]は，実空間を用い，同様の実験を行っている。

納谷と橋本[18]～[20]は高演色蛍光ランプの照明下での単色サンプルの明るさ感知覚，2色配色，4色配色の目立ち感情の研究を行っている。単色サンプルを使用した実験では，光源の演色性の変化によりサンプルが高彩度に演色される場合，明るく知覚された。よって，単色空間では，同じ光源を使用した場合でも，色彩によって明るさ感は異なることがわかっている。一方，赤，青，緑，黄の4色配色サンプルを用いた実験の結果からは，光源の演色性と多色配色の室内で得られる明るさ感の関係を推定でき，演色性のよい光源ほど明るく感じることが明らかとなっている。

以上から，光源の種類と室内色彩の心理的な効

果については，関連が深いものであることは明確である。

4.3.5 光源の種類と室内色彩の心理的影響についての研究事例

光源の種類と室内色彩とのかかわりが室の雰囲気にどのように影響するのかについての研究は少なく，その研究方法もCGや縮尺模型，スライドを使用したものが大半である。

湯尻[22]は，照度レベルと光源の演色性のかかわりが視環境評価に及ぼす影響について，実際の居間を使用した実験により検討しているが，室内色彩は一定であり，光源の演色性と室内色彩とのかかわりについては検討していない。

一方，実物大模型を使用し，光源の種類と壁面の色，床面の色，人体支持用家具（以下，椅子と記す）の色が居間の雰囲気にどのように影響するのかについて検討した研究[22]~[25]があるので紹介する。

(1) 研究の背景と目的

わが国は，昭和30年代からの高度経済成長に伴って，国民の生活意識も急速に質的向上に向けられ，快適で豊かな生活を指向するようになった。その生活の質を高める一つの手段としてインテリア計画があげられる。

住宅の居間は，主に天井，壁，床や壁面家具，椅子，机などの家具，照明，ウィンドートリートメント，敷物などのインテリアエレメントで構成されているが，國嶋の研究[26]によると，空間評価に影響を及ぼすと考えられる視環境要素は，部屋全体のカラーコントロール，家具の色，床・敷物の色柄，家具のデザインである。これらはほぼ目の高さより下方または目の高さあたりに位置している。そこで，この研究では，室内色彩の中でも大きな面積を占め，視野に入りやすい壁，床，椅子の色を取り上げ，光源の種類とのかかわりが室内雰囲気にどのように影響するのかについて検討し，室内設計計画の一資料を得ることを目的としている。

(2) 研究の方法

評価方法としては，インテリア空間のイメージを把握するのに効果的であるSD法を使用しており，評価項目は24項目7段階評価である。このほかに，調整法によって団らんをするのに望ましい明るさに被験者に調光させた。また，これまでの室のシミュレーションによるイメージ評価実験から，縮尺模型やスライドによる実験では臨場感に欠け，価値因子に関する評価に問題があると考えられるため，住宅の平均的な広さ[27]に近い居間の実物大模型（8畳大）を使用した。被験者は実際に室内に入り，評価を行った。

実験室は前室と実物大模型からなり，前室の照明条件は，白色蛍光ランプで，机上面照度が50 lxである。模型室の天井面は5 Y 9/1のビニールクロス張りボード，窓面には素材アクリル100％，色2.5 Y 8/2のドレープと素材ポリエステル100％，色7.5 Y 9/2のレースの二重カーテンを装備し，窓面外部は暗幕により昼光を遮断し，設定条件を夜間とした。

また，照明の設置位置は室中央とし，蛍光灯は矩形半透明アクリルカバー付き天井直付け器具，ランプは直管20 W 8本，白熱灯は球形の乳白つや消しガラスグローブ付き器具で100 Wミニ電球（クリア）を4個使用した。

評価対象として使用した色彩は，市販の壁材，床材カタログ，ブロード色見本の色を色彩色差計により測定し，各要素の色相，明度，彩度のそれぞれの影響や各要素の交互作用が検討できるように色彩を選定した。

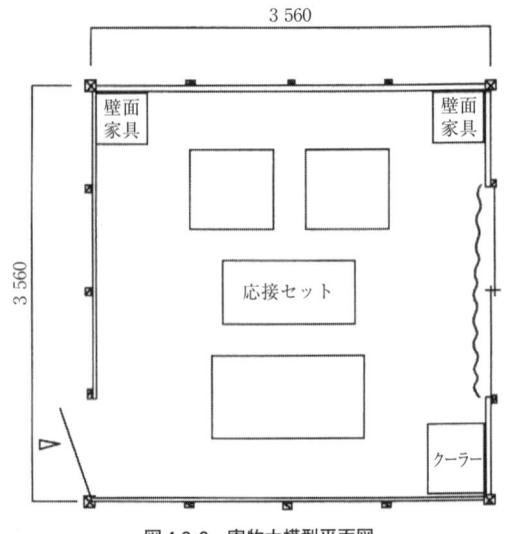

図4.3-2 実物大模型平面図

実験は表4.3-1に示すように3回(1986〜88年)に分けて行った。実験1では,光源の種類と壁面の色の組合せを中心に48対象,実験2では,光源の種類と床面の色の組合せを中心に72対象,実験3では,光源の種類と椅子の色の組合せを中心に64対象を取り上げた。各実験には,同一対象が含まれているため,それらを整理すると総対象数166となる。

被験者は,19歳から24歳までの住居学を学んでいる女子大学生および大学院生である。

被験者は,まず前室に入り,前室に約5分間順応した状態で模型室に入り,入室後椅子に腰掛け,すぐに直感で室内の雰囲気を評価する。評価後,前室に戻り,ふたたび前室に順応した状態で模型室に入るという手順を繰り返した。この間,室内の机上面照度が200 lxの対象の評価をした後,いったん前室に戻り,その後模型室に入り,「この部屋で団らんをするとしてちょうどよいと思う明るさに調光してください」との指示により,被験者自身が調光した。

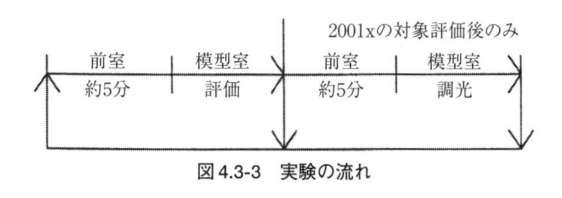

この研究では,入室直後の印象評価に着目しており,模型室内での色順応・輝度順応については考慮していない。

一回の実験の最初と最後に同じ対象を評価させ,評価の再現性を検討し,信頼性が低いと考えられるデータは分析から除外した。再現性は,最初と最後の対象のSD得点の相関係数により検討した。

(3) 実験結果・考察

a. 室内色彩のイメージ評価

まず,室内色彩と光源のかかわりから醸し出される室のイメージに寄与している因子を導き出すため心理評価実験で得られた評定値の平均値を変量とし,因子分析(バリマックス法)を行った。第Ⅰ因子にActivity(活動性)が析出され,光源の種類と室内色彩とのかかわりから得られる室のイメージとして,活動性が大きく影響していることがわかる。続いて,室の快適性(居心地)を価値づける因子であるEvaluation(価値),室の豪華さにかかわる因子であるGorgeousness(豪華さ),室の柔らかさにかかわる因子であるSoftness(柔らかさ)が得られており,室内色彩から受けるイメージに寄与する主要な因子である動き(Activity)と気持ちよさ(Evaluation)の因子は一致している。

つぎに,数量化理論第Ⅰ類による分析から,因

表4.3-1 評価対象要素

要因		カテゴリ	実験1	実験2	実験3
光 源		白熱電球 (IL) 2 850 K	○	○	○
		3波長域発光形電球色蛍光ランプ (EX-L) 3 000 K			○
		白色蛍光ランプ (W) 4 200K	○	○	○
		3波長域発光形昼白色蛍光ランプ (EX-N) 5 000 K	○	○	○
机上面照度 [lx]		200	○	○	○
		400	○	○	○
壁面	色相	YR・R系	○	○	○
		B・BG系	○		
	明度	6	○		
		8	○		
	彩度	2	○		
		4	○		
床面	色相	YR・R系		○	
		B		○	
		N		○	
	明度	3		○	
		5		○	
	彩度	3		○	
		6		○	
椅子	色相	YR・R系	○	○	○
		PB			○
	明度	2	○	○	○
		7			○
	彩度	2	○	○	○
		7			○

図4.3-3 実験の流れ

表4.3-2 因子構造

因子	因子負荷量の高い形容詞対
第Ⅰ因子 Activity	明るい ― 暗い 開放的な ― 閉鎖的な 活動的な ― 沈静的な あざやかな ― くすんだ 陽気な ― 陰気な 澄んだ ― 濁った 軽やかな ― 重苦しい 落ちつきのある ― 落ちつきのない 派手な ― 地味な はっきりした ― ぼんやりした にぎやかな ― 寂しい 広々した ― 狭苦しい
第Ⅱ因子 Evaluation	自然な ― 不自然な 好きな ― 嫌いな 上品な ― 下品な 親しみやすい ― 親しみにくい 団らん的な ― 団らん的でない くつろいだ ― 緊張した
第Ⅲ因子 Gorgeousness	あっさりした ― くどい 豪華な ― 質素な 情緒豊かな ― 情緒に乏しい 暖かい ― 涼しい
第Ⅳ因子 Softness	柔らかい ― 堅い 女性的な ― 男性的な

子別の重相関係数，偏相関係数，カテゴリ負荷量を算出した。重相関係数からは，取り上げた全要素でどの程度各因子を説明できるかを予測でき，偏相関係数からは，それぞれの要素の各因子への影響の度合いを予測できる。カテゴリ負荷量は，各カテゴリの各因子への影響量を予測できる。以下に，予測できる結果を示す。

① Activityについては，机上面照度が高い対象がもっともカテゴリ負荷量が高く，活動性が向上するといえ，室の活動性は室内色彩よりも机上面照度に大きく左右されている。また，室内色彩要素の中でも椅子の色の影響が大きく，明度，彩度ともに高い寒色の椅子の場合，活動的な雰囲気となる。

② Evaluationについては，重相関係数が低く，光源の種類と室内色彩要素の関係のみでは十分な室の評価が得られないということがいえる。しかし，光源の色温度，壁面の明度・彩度，椅子の彩度，床面の色相・彩度などに室の居心地への影響がみられ，光源の色温度が低いほど居心地が向上する傾向がみられる。壁面は明度が高く，彩度が低い対象の場合，室の居心地がよくなるのに対し，ほかの要素は明度の影響は少なく，色彩要素によって色相，明度の影響の仕方が異なることがわかる。

③ Gorgeousnessについては，光源の色温度，椅子の明度，彩度が影響が大きく，色温度は低いほど，明度は低く，彩度の高い対象が豪華な雰囲気をつくる。

④ Softnessについては，光源の色温度，椅子の色相，明度が大きく作用しており，色温度は低いほど，椅子の色相は暖色で明度は高い方が柔らかなイメージとなる。

光源の色温度はEvaluation, Gorgeousness, Softnessの各因子に大きく影響しており，白熱電球の色温度（2 850 K）に近い3波長域発光形電球色蛍光ランプ（3 000 K）で照明された室は白熱電球の場合と並んで室の価値，豪華さ，柔らかさへの評価が高い。

また，全体的にみると，壁面の色相，床面の明度は居間の雰囲気への影響が少ない。

b. 調整法による団らんに最適な照度

実験2と併行して，室内を団らんに最適と思われる明るさに調光させる実験を行った。その結果を以下に示す。

まず，光源の種類と室内色彩の調光照度に対する影響を数量化理論第Ⅰ類による分析から検討したところ，光源の種類の影響が大きく，色温度の高い光源ほど高い照度に設定する必要があるという結果を得ている。また，光源の種類と比較して，室内色彩の調光照度に対する影響は少ないことが明らかとなった。

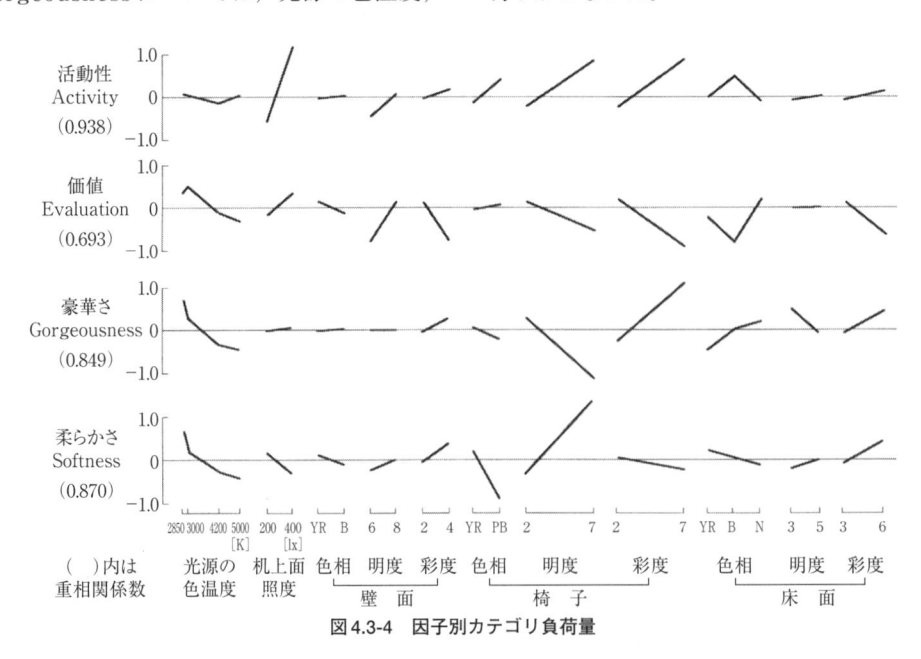

図4.3-4　因子別カテゴリ負荷量

また，調光照度と基準とした室のイメージ評価の評定値との相関検定から，「暖かい」，「柔らかい」，「あっさりした」など室の暖かさにかかわる項目と調光照度との相関が高いという結果を得ている。調光には，団らんにとってより暖かみのある空間を作ることが重視されており，単に明るくしようとしているのではないことが明らかである。

オフィスや作業スペースでは，明るさ感と室の所要照度には相関が得られるが，居間のような団らんを目的とする室の所要照度は，明るさ感よりも暖かく，くつろいだ雰囲気が得られることが必要になることが明らかとなった。

4.3.6 高齢社会における室内色彩計画

高齢者は地味な色彩の衣服を着て，茶系の色彩空間で生活することを好むといわれるが，空間に望まれるイメージは加齢に伴って変化するのであろうかという疑問が生じてくる。

筆者が行った日本カラーデザイン研究所のイメージアナリストを使用した「家を新しく建てるとします。トイレをどのようなイメージにしたいですか」というアンケート調査がある。この調査では，180語の形容詞の中から各自のイメージを10語選択させた。調査対象は16歳から84歳までの男女393名である。24歳以下と25歳から59歳，60歳以上の3つの年代に分けてイメージの分析をしたところ，どの年代も，「清潔な」，「落ちついた」，「さわやかな」というイメージを望んでいることがわかった。また，どの年代もNatural，Clear，Elegantの3つのイメージ比率が高く，年代が異なっても空間に求められるイメージは似通っていると考えられる。しかし，同じものを見ても視覚機能の低下によってもののイメージのとらえ方が異なる可能性がある。

高齢者の視覚機能の低下については前節で述べられているのでここでは詳述を避けるが，近年，高齢者を対象にした室内色彩の心理的影響に関する研究がされてきている。

まず，筆者が行った色彩の感情効果についての高齢者[28]・若齢者を対象とした研究がある。その結果から，若齢者の場合は色彩のもつ暖かさと柔らかさには正の相関がみられるのに対し，高齢者の場合には暖かさと柔らかさには逆相関がみられることがわかっている。これは，生活経験から青空や，水のイメージなどが柔らかなイメージと結びついているのではと考えられ，必ずしも寒色が堅い印象を与えるとは限らないことが明らかとなっている。

つぎに，実空間での色彩と照明との心理的影響を，高齢者と若齢者との比較実験より検討した研究[29]があるが，ここでは，色彩パターン5種類，光源2種類の組合せ10対象について取り上げ，SD法による評価実験を行っている。その結果，光源の違いによる評価の差は高齢者の方が少ないことから，高齢者の方が光色に対する感度が低下気味だと推測している。色彩のパターンによる評価の差は，若齢者，高齢者ともに同様の傾向を示しており，色相差の認識は高齢になっても変わらないという既往の研究結果と関連していると考え

表4.3-3 光源と室内色彩の調光照度への影響量

要因	カテゴリ	カテゴリ負荷量		偏相関係数	重相関係数
壁面の色彩	YR	0.037		0.249	
	B	−0.037			
光源の種類	IL	−0.717		0.964	0.964
	W	0.205			
	EX-N	0.512			
床面 明度	3	0.016		0.112	
	5	−0.016			
床面 彩度	3	0.037		0.249	
	6	−0.037			

表4.3-4 調光値と評定値との相関検定

因子	評定項目	相関係数	相関検定値	有意性
I	開放的な	−0.150	0.885	
	あざやかな	−0.226	1.355	
	はっきりした	0.139	0.816	
	明るい	−0.231	1.385	
	軽やかな	0.123	0.722	
	活動的な	−0.289	1.763	
	澄んだ	0.234	1.401	
	落ちつきのある	0.252	1.519	
	陽気な	−0.468	3.092	**
	広々した	0.111	0.651	
II	暖かい	−0.853	9.522	**
	柔らかい	−0.876	10.599	**
	豪華な	−0.840	9.045	**
	女性的な	−0.778	7.220	**
	あっさりした	−0.854	9.575	**
	洋風な	−0.815	8.208	**
	情緒豊かな	−0.802	7.823	**
	にぎやかな	−0.673	5.306	**
	派手な	−0.694	5.627	**
	団らん的な	−0.648	4.960	**
	くつろいだ	−0.671	5.284	**
III	自然な	−0.246	1.477	
	上品な	−0.219	1.309	
	好きな	−0.543	3.768	**
	親しみやすい	−0.459	3.015	**

危険率 P　$0.01 < P \leq 0.05$: *　$0.01 \geq P$: **

られる。しかし，この実験では色彩のパターンや光源の種類が限定されていること，高齢者にとって誤認しやすいとされている彩度や室の明るさとのかかわりなどについての検討がされていないなど，まだ十分な資料が得られていない。

また，スライドを用いた実験[32),33)]もされているが，色再現の問題や照明の演色性や配光の再現性に問題があるとしている。また，照明に関してはどこまで臨場感が出せるかも今後の課題である。

4.3.7 おわりに

以上のように，光源や室内色彩それぞれが室内の雰囲気に大きく影響していることは明らかとなっており，さらには色彩の見え方による光源の演色性と明るさ感の関係などが明らかにされているが，それらの相互のかかわりが室内の視環境評価にどのように影響しているのかについての研究は少ない。

また，高齢社会における色彩計画のあり方についての検討がされつつあるが，生理面の検討に対し，心理面の検討が少ないことや，扱っている色彩が限定されていることなどこれからの課題は多い。

今後は，高齢者・若年者ともに快適な室内色彩計画のために，色彩要素の定量的な評価法を確立していくことが望まれる。

参考文献

1) 小木曽定彰，乾正雄，松下正：標準色の選定に関する研究，日本建築学会論文報告集，No.70, pp.68-74, 1961
2) 福西正，大野治代，井上容子：住宅の視環境の実態について　その1, 照明学会全国大会講演論文集, pp.273, 1994
3) 乾正雄：色彩計画　その新しい理論とデータ(1), 建築技術, Vol.163, pp.71-79, 1965
4) 小木曽定彰，乾正雄：Semantic Differential（意味微分）法による建物の色彩効果の測定，日本建築学会論文報告集，No.67, pp.105-113, 1961
5) 長町三生，瀬沼勲，岩重律子：情緒工学の研究，人間工学, Vol.10, No.4, pp.121-130, 1974
6) 菊地正，和気典二，武市啓司郎，中田隆夫：室内の三色配色について，製品科学研究所, No.83, pp.9-29, 1978
7) 財団法人日本色彩研究所編：色彩ワンポイント7　環境と色彩，pp.89-96, 日本規格協会，1993
8) 梁瀬度子編：健康と住まい, p.80, 朝倉書店，1997
9) 田中宏子，植松奈美，梁瀬度子：住宅居間における色彩の視覚的効果に関する実験的研究，日本建築学会計画系論文集，No.408, 1990
10) 植松奈美，田中宏子，梁瀬度子：壁面家具の色彩が室内雰囲気に及ぼす影響に関する実験的研究，人間工学, Vol.26, No.3, pp.67-73, 1990
11) 小林重順：カラーイメージ辞典，日本カラーデザイン研究所，講談社，1983
12) 野村順一：色彩効用論，住宅新報社, pp.20-22, 1988
13) インテリア産業協会色彩専門委員会：インテリア・カラーコーディネーション事典，誠文堂新光社，1988
14) Kruithof, A. A.：Tubular luminescence lamps for general illumination, Philips Tech. Review 6, pp.65-73, 1941
15) 金谷末子，吉瀬英雄：光源の色温度・演色性が室内の所要照度に及ぼす影響，National Tech. Report, Vol.23, No.4, pp.58-594, 1977
16) Aston, S. M., Bellchamber, H. E.：Illumination, colour rendering and visual clarity, *Light. Res. Technol.*, pp.259-261, 1969
17) Bellchamber, H. E., Goodby, A. C.：Illumination, Colour Rendering and Visual Clarity, *Light. Res. Technol.*, pp.104-106, 1972
18) 納谷嘉信，橋本健次郎：高演色性蛍光ランプの照明下での明るさ感，照明学会誌, Vol.67, No.6, pp.34-39, 1983
19) 納谷嘉信，橋本健次郎：光源の演色性による明るさ感と配色の目立ち感情の関連，照明学会誌, Vol.70, No.2, pp.7-13, 1986
20) 橋本健次郎，納谷嘉信：4色配色の目立ち感情に基づく明るさ感の評価と予測，照明学会誌, Vol.74, No.2, pp.34-39, 1990
21) 湯尻照：照度レベルと光源の演色性の違いによる物体色の明るさ感，照明学会誌, Vol.72, No.2, pp.3-7, 1988
22) 宮本雅子，梁瀬度子：光源と色彩が室内雰囲気に及ぼす影響，日本建築学会大会学術講演梗概集(D), pp.1129-1130, 1993
23) 小島雅子：光源とそのとりまく要因が室内雰囲気に及ぼす影響，家政学研究, Vol.34, No.1, pp.69-77, 1987
24) 宮本雅子：光源と床面色彩が室内雰囲気に及ぼす影響，家政学研究, Vol.36, No.1, pp.35-42, 1989
25) 宮本雅子，梁瀬度子：光源と人体支持用家具の色彩の関わりが室内雰囲気に及ぼす影響，照明学会誌, Vol.77, No.6, pp.68-73, 1993
26) 國嶋道子：室内視環境要素の居住性評価に及ぼす影響，奈良女子大学博士論文, p.67, 1985
27) 馬場宏子，國嶋道子，梁瀬度子：団らん空間の家具の量および配置に関する調査研究，家政学研究, Vol.32, No.2, pp.76-82, 1986
28) 宮本雅子：照明による色彩の見え方の生理・心理的影響—高齢者の場合，照明学会全国大会講演論文集, pp.206-207, 2002
29) 中込千穂，福多佳子，田村明弘：室内における色彩と照明の組み合わせによる心理的影響について　その1, 日本建築学会大会学術講演梗概集(D), pp.331-332, 1998
30) Schefrin, B. E., Werner, J. S.：Age-Related Change in the Color Appearance of Broadband Surfaces, *Color Res. Appl.*, Vol.18, No.6, pp.380-389, 1993
31) 佐藤千穂：加齢に伴う色の変化，照明学会誌, Vol.82, No.8A, pp.530-537, 1998
32) 福多佳子，中込千穂，田村明弘：室内における色彩と照明の組み合わせによる心理的影響について　その2, 日本建築学会大会学術講演梗概集(D), pp.333-334, 1998
33) 八束智恵美，福多佳子，田村明弘，山本早里：室内における色彩と照明の組み合わせによる心理的効果について　その1, 日本建築学会大会学術講演梗概集(D), pp.397-398, 2000

4.4 建築の外部色彩と街並みの色彩評価

　建築室内の色彩に比べ，外部色彩に関する研究が立ち後れたのは事実である。その一つに調査の煩雑さ，実験条件の多様さがあげられる。固定された人工照明と比較し変動の多い昼光，広告，看板の類や雑多なストリートファニチュアの存在を考えればおよそ想像がつくであろう。しかしながら，景観に関する研究の進展，一般市民の「景観色彩」に対する関心の高揚などもあり，この分野の研究は急速かつ確実に，蓄積を見せている。方向性としては，単体の建築の色彩評価から，街区，街並みレベルでの評価へと視点が拡がっており，景観条例への適用などに期待がふくらんでいるのが現状である。

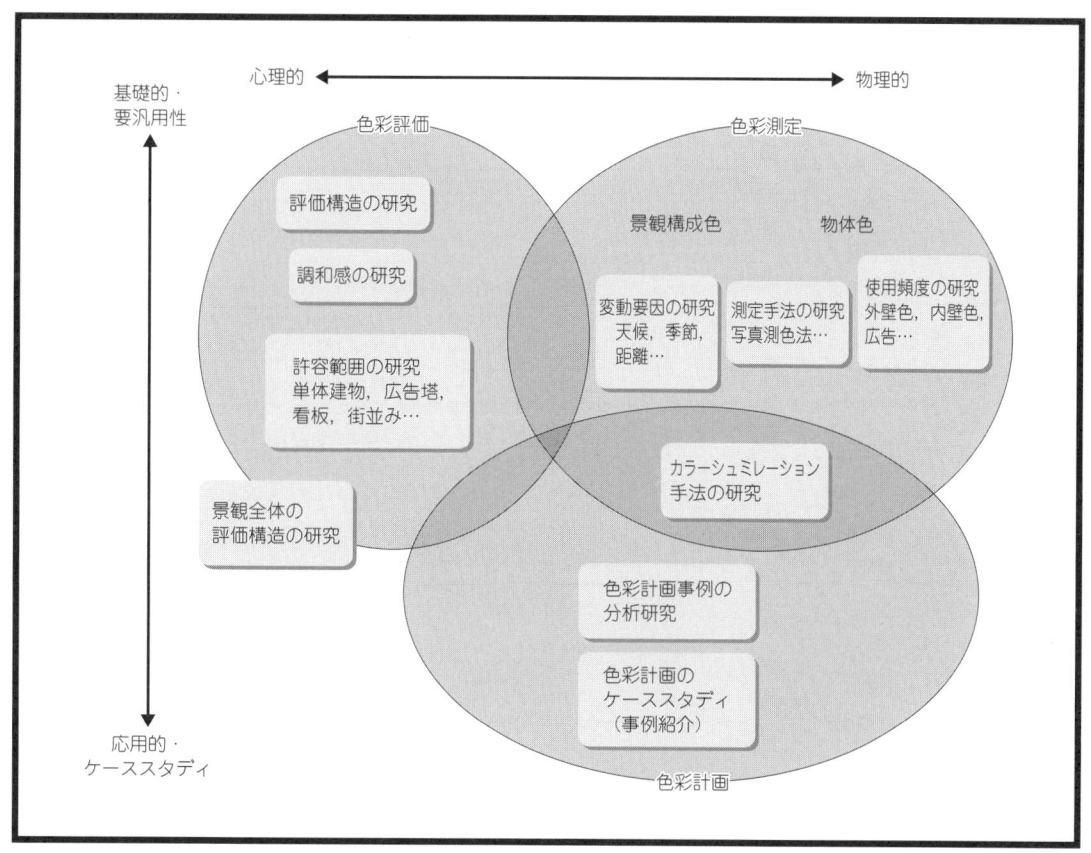

```
                    心理的 ←――――――――――→ 物理的
基礎的・
要汎用性          色彩評価              色彩測定
  ↑
  |         評価構造の研究      景観構成色      物体色
  |
  |         調和感の研究
  |                           変動要因の研究  測定手法の研究  使用頻度の研究
  |                           天候，季節，   写真測色法…    外壁色，内壁色，
  |         許容範囲の研究      距離…                       広告…
  |         単体建物，広告塔，
  |         看板，街並み…
  |                                  カラーシミュレーション
  |                                    手法の研究
  |         景観全体の
  |         評価構造の研究
  |                           色彩計画事例の
  |                             分析研究
  |
  |                           色彩計画の
  |                           ケーススタディ
  ↓                           （事例紹介）
応用的・
ケーススタディ                         色彩計画
```

　外部色彩の研究を大別すると，まず基礎的・実験的な研究として，色彩評価を主とするものと，色彩測定を主とするものとに分けられる。色彩評価の研究では，SD法などを用いたアンケート調査を行うことが一般的で，対象は広告，建物，街並みと幅広い。色彩測定の研究では，測色調査を行い現実の色彩分布の傾向をとらえる研究と，測定やシミュレーションの手法を開発・改良する研究が代表的である。さらに，実際に計画に役立てるためには，色彩評価と色彩測定の研究成果を取り込んだ応用的な研究が重要であると考えられるが，このような研究として外部色彩の規制値を提案するものや，最近では色彩設計の事例研究がみられる。

■基礎知識

・色の三属性

　表面色を表す場合，3つの軸が必要となる。色相，明度，彩度がそれであり，マンセル表色系ではそれぞれヒュー，バリュー，クロマという。色相はその色が赤っぽいとか青っぽいとかを表すものであり，波長に対応させることが多い。明度は視感反射率と完全に対応がついており，完全な白をバリュー10，完全な黒をバリュー0としている。彩度は飽和度ととらえられ，白から黒に至るグレイ軸からの距離，俗にいうあざやかさと考えてよい。マンセル表色系では，この彩度の最大値が，色相，明度によりまちまちで，その結果，複雑な色立体を形成することになる。

4.4.1 はじめに

1つの建築室内で使われる色彩の数は10色内外といわれている。また，1つの建築の外部色彩は通常，その半分程度の5～6色で構成されることが多い。

しかし街路・都市レベルで眺めれば，個々の外部色彩にはとくに縛りがないため，実に多くの色彩が眼に入ることになる。それに広告・看板の類，ストリートファニチュア，信号・サイン類が加わる。煩雑で統一感のない景観が形成されるのは必然的である。色彩的に調和がとれた景観を形成するうえで，まずどのような色彩が使われているか，という実態調査が必須となる。つぎにシミュレーションを主体とした心理実験がさまざまなアプローチからなされてきた。さまざまな調査，実験などの結果から，「色彩設計」の現場に真に役立つ情報が抽出される動きがみられる。

4.4.2 都市における色彩の実態

本項では，景観を構成する要素について，種々の要因に基づいた見かけの色の変動，日本の大都市における色彩の実態などを扱った研究を紹介する。

(1) 景観を構成する要素の色彩と，その変動要因

普段見慣れたものでも，光の状況で見かけの色が大きく変動することは，経験上よく知られたことである。たとえば，真っ赤な自動車は，空からの光の色温度が低い曇り空や雨空の下で，いっそう色あざやかに見える。昼間の空から来る光の色は結構変動が大きく，ものの見かけの色(色度)も，生理的に恒常性がはたらくものの，変動は小さくないと考えられる。屋外の景観を構成する要素の色彩を物体色としてとらえれば，その後の検討は容易であろうが，光環境を構成する種々の要因による変動はそれを難しくしている。

山本ら[1]は，景観を眺める際にみられる色彩を景観構成色と名づけ，この輝度と色度を測定して，これをスクリーンの物体色で表すことを提案した。しかし，景観構成色を物体色に変換して表した値は，スクリーンの光環境の設定に左右され不安定であった。また，景観構成色間の相対的な色の関係には，対象物の太陽位置との関係や，表面特性，立体構成が影響していることを明らかにした。このように，景観を構成する要素の色彩は単純にはとらえがたいものである。

ここでは，光環境を形成する変動要因として，天候，季節，対象物までの観察距離をとりあげ，それぞれについて影響の程度を検討した研究をあげる。

a. 天候の影響

ここでは，1年間にわたり同一対象物を約500回実測した稲垣の研究[2]を例にとりあげる。図4.4-1に代表的な様相を表した4例を示す。いずれも各天候のデータを確率楕円[3]（データが正規分布であれば，母集団の約63％をその中に含む）で代表させ，見やすくした。

図4.4-1（a）は距離100 mの小学校の壁面(5 YR 6/8)である。これは北側外壁面のため日中は直射を受けることはない。曇天時は当然晴天時に比べ，色温度が低いため，この面の見かけの色は赤みが強くなることが，大きな特徴である。薄日は，当然ながら晴天と曇天との中間的な傾向を示すが，これはほかの対象物にも共通した特徴である。もやがかかると色味は若干落ちる。

図4.4-1（b）は距離150 mのオレンジ色の瓦(7.5 YR 7/7)である。直射を受けると色味が増すことが顕著に表れている。暖色系の色彩にはほぼこの傾向が通用するであろう。しかし，寒色系の色彩についてはむしろ逆の傾向があるようで，曇天で色味が増しあざやかに見えるという報告[4]もある。

図4.4-1（c）は距離10 mのアスファルト面である。直射，薄日，曇天の差異は小さいものの，それぞれの位置関係は前者と似通っている。雨天時は表面がぬれ，見た目には大きく印象が異なるが，色度分布にはそれほど明白には表れていない。輝度の変動，あるいはほかの対象物との対比も含めた検討が必要かも知れない。日陰時，分布が大きく青側にシフトするとともに，楕円が大きくなることが注目できる。

図4.4-1（d）は距離110 mの常緑樹群葉である。天候ごとの確率楕円の位置関係は，およそ既述の

第4章　視環境と心理・生理研究

対象と類似したものとなっている。いずれの楕円もy軸方向に長いのは，それぞれ1年間にわたる季節変動の影響を内包しているからであり，これが群葉の大きな特徴と考えられる。落葉樹の変動がこれをさらに上回るものであることは想像に難くない。

以上，4対象に絞り検討を加えたが，ほかの対象についてもほぼ以上のような傾向は共通して眺められた。

以上の検討を別の角度から眺めたものが，図4.4-2である。ここでは，上記で扱った対象物にさらに1つ対象を加え（マンション壁面：5Y9/0.5，距離140m），天候ごとに掲載したものである。

直射→曇天→雨天（日陰）→もや，と推移することにより，各対象物の色味が薄れていくことが確認できる。この推移の終局に白色点があると考えられ，この白色点を中心に，各対象の色味が天候により増減しているといってよいだろう。光が豊かな情景では見えるものも色あざやかに，光が不足すれば文字どおり色あせて見える経験的事実が，実証されたことになる。またこの色味（刺激純度）の増減は，現実の視環境では順応，対比などによりかなり緩和されて感じられるものの，このような客観的データから判断すれば，かなり大きなものと位置づけるべきであろう。

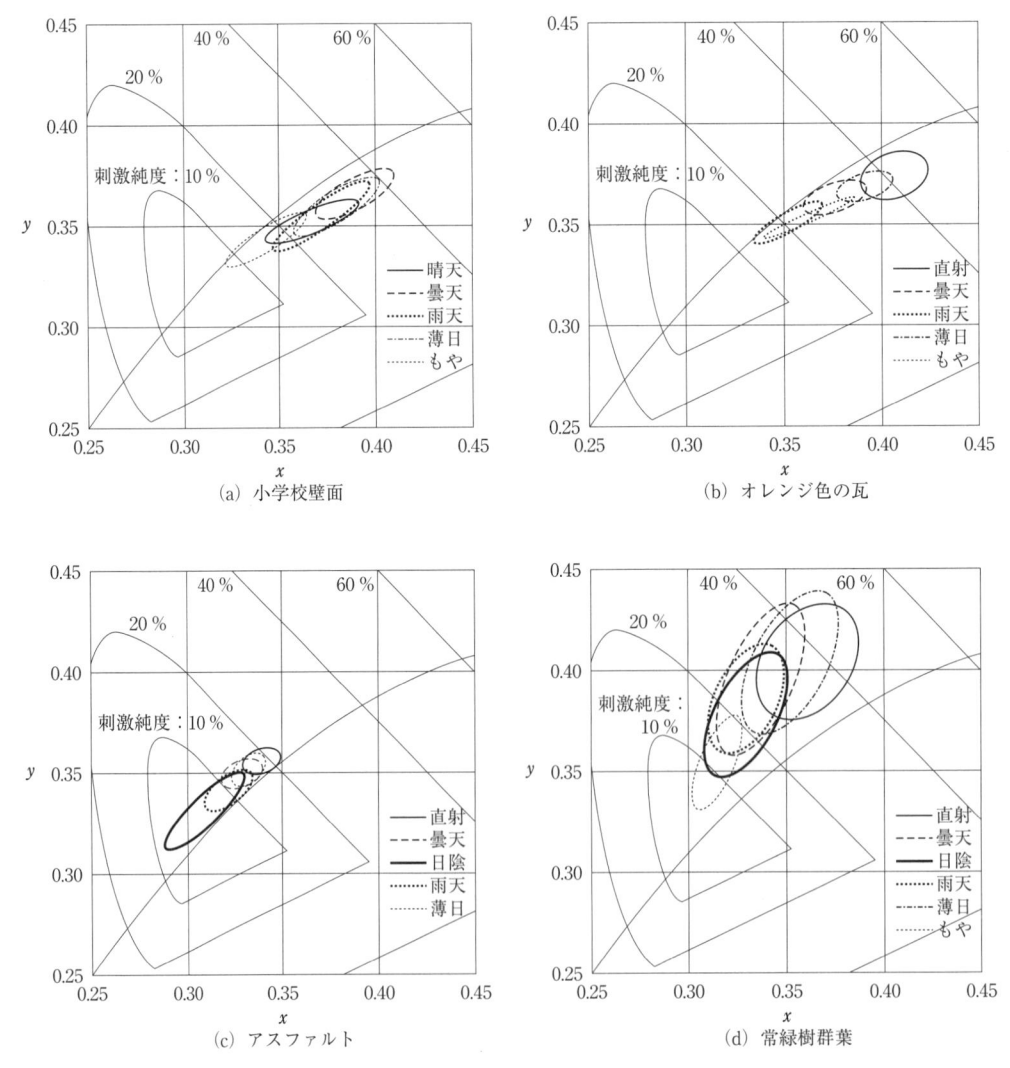

(a) 小学校壁面

(b) オレンジ色の瓦

(c) アスファルト

(d) 常緑樹群葉

図4.4-1　天候による色度の変動

4.4 建築の外部色彩と街並みの色彩評価

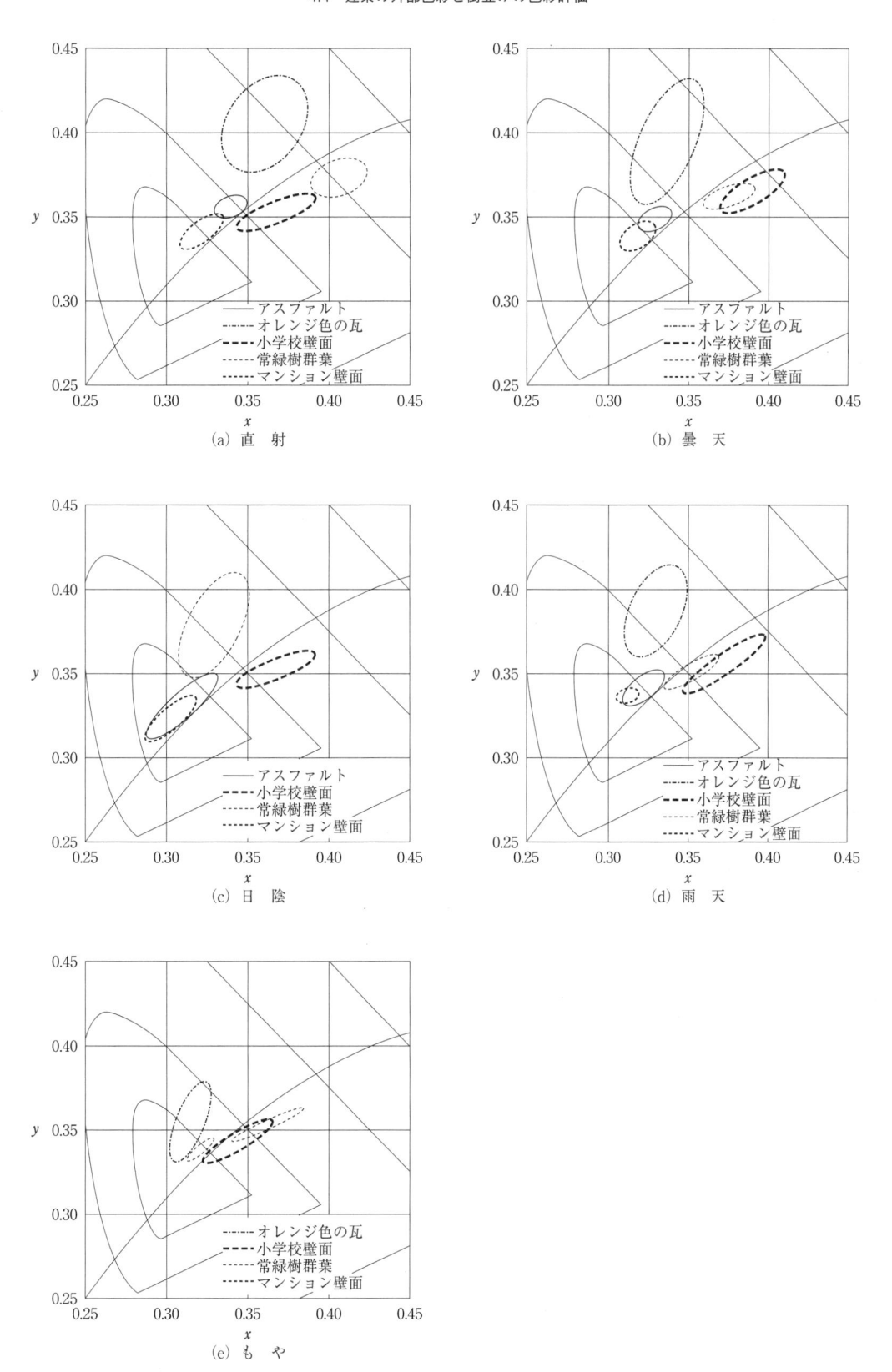

(a) 直 射

(b) 曇 天

(c) 日 陰

(d) 雨 天

(e) も や

図4.4-2 天候別分布の様相

b. 季節の影響

ここでは下村らによる測定結果[5]を紹介する。

空については季節による差異は予想外に小さく、年間を通じてほとんど変動がないといってもよいようである。建物は冬に黄色側に偏っていることが多く、夏は白色点に近づいている。この理由としては、季節による太陽高度の差異が思い当たるが、影響の程度などについては明確ではない。最も明確な変動を見せるのは、当然ながら群葉である。春は黄緑側に、夏は濃い緑付近に、秋は濃い緑から黄色側にかけて、冬は茶色側に集まっており、前述した群葉の変動の傾向を裏付けている。対象が落葉樹のため、春は新緑の黄緑色、夏は深緑、秋は紅葉の黄色側、冬は落葉による枯れ枝の茶色とはっきりとした違いが示された。

景観上、ほかのどの要素よりも、季節を雄弁に語るものは、何といっても自然の樹々の緑である。

c. 距離の影響

屋外の対象物までの距離が増すと、一般に見かけの明るさ(輝度)は高くなり、また見かけの色は飽和度が低くなり、さらに距離を増すと青色にシフトし、最終的には輝度も色も水平線の空に近くなってくることは経験的にもよく知られた事実[6]である。どんなに色あざやかな対象でも、距離をおくと色あせ、最後には別の近距離の対象を引き立てる背景と化してしまうわけである。

下村ら[5]はこの事実を実際の測定と散乱理論に基づく計算とにより確かめた。群葉を例にとって大気の状態ごとの結果を示した。一般には、大気が濁っていると遠景がかすんで色が変わると思われがちであるが、大気が澄んでいるときほど、距離の影響が大きいことをこの研究では語っている。

(2) 建築の外部色彩の使用頻度

景観を構成する要素の中でも、建築の外部色彩は大きなウエイトを占める。道路、ペーブメントほど画一的ではないし、街並みの印象を特性づけるうえで、もっとも饒舌な要素である。

建築の外部色彩についての調査研究はけっして少なくない。ここでは、比較的新しいもので、調査規模も大きな稲垣[7]の例をとりあげて解説する。これは名古屋市の都心部を範囲とするものであるが、名古屋がほかの日本の中枢都市と比較し、とくに色彩的に特殊性があるとも思えないため[8]、この調査をもって、日本の大都市における色彩の実態を代表させることにする。

原則的に1つの建築を1色で代表させることとし、1097の建築から1170色を採集し、その結果について述べる。

まず、三属性ごとにその特徴を述べる。

色相分布を示したものが図4.4-3である。この図では無彩色を省いてあるが、その頻度は22.6%にも達した。5Yをピークとしたかなり先鋭的な集中が、暖色系にみられる。10Rから7.5Yまでの暖色系で、有彩色(906色)の実に87.2%を占めており、さらに、10YR～5Yに絞れば、この範囲で有彩色全体の2/3(67.3%)を成していることがわかる。したがって、この10YR～5Yと無彩色とを併せれば、全体の3/4(74.7%)を占め、色相的には非常に偏っていることが明確であろう。あとは、5Bから5PBに至るごく低い分布が目につく程度である。

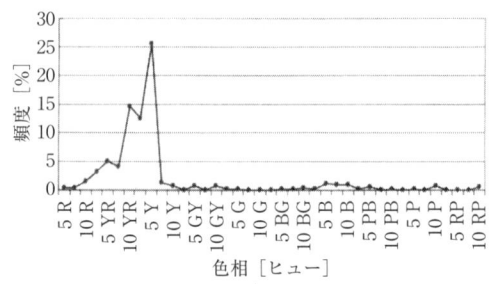

図4.4-3 建築の外部色彩の色相分布

つぎに、明度の分布を図4.4-4に示す。バリュー9が4割に迫るほどの頻度を示すが、バリュー4あたりを中心に緩やかなピークももつようである。累積頻度では、バリュー8以上で60%を超し、80%以上をバリュー5以上で占めているように、建築の外部色彩は、高明度が主流であること

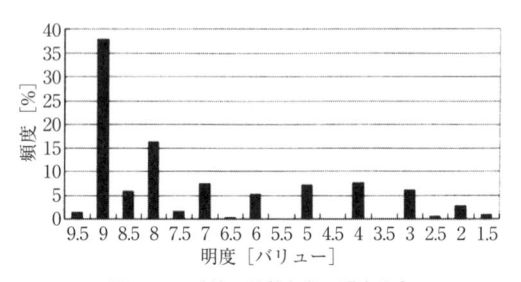

図4.4-4 建築の外部色彩の明度分布

が明らかである。その要因としてバリュー9の著しく高い頻度があげられる。なお、バリューの平均は7.16, その標準偏差は2.22であった。

最後に、彩度の分布を図4.4-5で検討する。クロマ2までの低彩度の頻度がきわめて高いことが、まず注意を引くが、ここでも明度同様クロマ6の頻度は見逃せない。累積頻度では、クロマ3以下で80％を占め、クロマ6を超えるものは5％以下である。このように、建築の外部色彩は明確な低彩度の傾向を示す。平均クロマは2.14, 標準偏差は2.25であった。

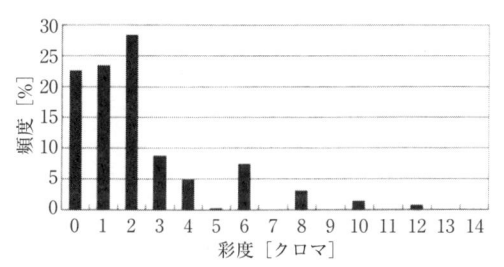

図4.4-5　建築の外部色彩の彩度分布

以上から、建築の外部色彩の主潮は室内のそれと同様、暖色系の高明度低彩度であることが明らかとなった。すなわち、人間とその生活を包み込む建築の内側と外側とに、色彩的にはほとんど差異がないことをみた。建築の外部色彩は都市スケールで考えれば内皮と考えることもでき、人間は暖色系の高明度低彩度色に包み込まれることに、大きな心の安寧を感じるのであろう。また、以上のデータをほぼ同時期に実施された永田ら[9]の調査結果と比較したところ、両者はよく符合し、ともに調査の信頼性が高いことを付け加えておく。

(3) 広告などの色彩の使用頻度

建築の色彩についで、広告などの色彩も街並みを特性づけるうえで、大きなウエイトを占める。頻繁に使われている色彩は建築同様、あるいはそれ以上に限られている感があるが、実際はどうであろうか。

ここでも建築と同様、稲垣[7]の調査結果をもとに述べる。以下に述べる広告などの色彩とは、極端に文字が大きい場合を除いて、原則的に「地」の色を指すことにする。ただ、文字と地とが強い対比を生む場合は2色を選んだ。その結果、181の対象から188色を採集した。また、ここでいう「広告など」とは、屋上広告塔、店舗看板、袖看板などを指すが、主体は前二者であることを断っておく。

図4.4-6が色相分布である。5Rの先鋭なピークは目を見張るばかりであるが、この図には現れていないものの、無彩色の頻度も非常に高い(40.4％)ことには注意を払うべきである。ほかには、5Y, 5G, 5Bなどに小さなピークがあるだけである。ただし、これらのピークが基本5色相に含まれていることは、重要な点である。

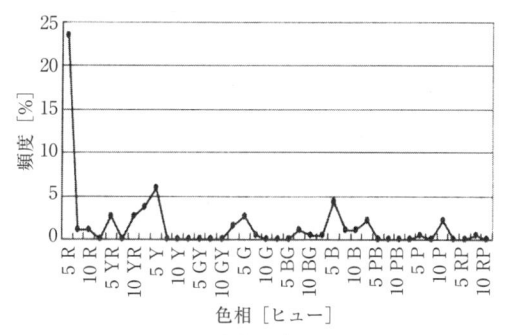

図4.4-6　広告などの色相分布

図4.4-7は明度分布を示す。バリュー9と4とに大きな集中がみられる。補足すれば、バリュー9はその88.2％がN9に相当し、最高でも彩度はクロマ2止まりであった。また、バリュー4には高彩度色が非常に多く含まれている(94.6％がクロマ8以上)。

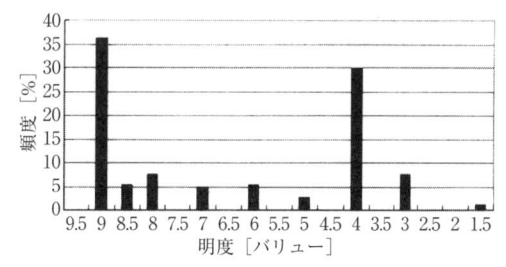

図4.4-7　広告などの明度分布

図4.4-8からも、広告などに使われている色は無彩色(うち, 94.7％をN9～N8のいわゆる白が占める)と、クロマ6以上の彩度が高い色とで構成されていることが再認識させられる。

端的にいえば、5Rのバリュー3～4で、クロマ12以上のいわゆる「赤」と、N9～N8の「白」とで、ほぼ6割(59.6％)を占めることになる。

163

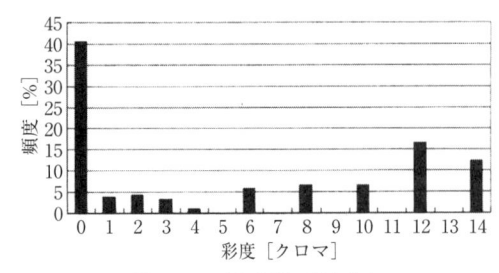

図4.4-8 広告などの彩度分布

「赤」の頻度が高いことは，その誘目性の高いこと，デザインにおいてほかの色ではけっして代用できないほどインパクトの強いこと，またCI（コーポレート・アイデンティティ）のうえで，企業の商標，商品のパッケージなどでの圧倒的に高い使用頻度などから，十分うなずける結果となった。

「白」は，有彩色の背景，文字，そしてどの有彩色とも極端な不調和とはなりえないことなどから，このような結果が生じたと考える。

赤と白以外には，5YR高彩度の「オレンジ色」，10YR～5Y高明度高彩度の「黄色」，2.5G～7.5Gの「緑色」，5B～2.5PBの「青色」，10Pの「灰紫」が目立つ程度で，10Pを除けば，いわゆる「原色」が大いに幅を利かせていることが，明白である。

まとめれば，広告などの色彩は，赤と白とで6割を占め，残りをYR系，Y系，G系，B系の純色が補っていることになり，予測どおり非常に限られた範囲の色彩が多用されていることが明白になった。

以上のような結論はほかのいくつかの調査からも裏付けされている。

4.4.3 色彩規制の提案

(1) 建築の外部色彩についての提案

a. 単体の建築

景観条例などで，具体的な数値で色彩の範囲を規定しようとするとき，もっとも行政側が当惑する点は，規制の根拠となる基礎的データが乏しいことであろう。建築の外部色彩については，評価実験が従来から少なくはないが，ケーススタディの域にとどまるものがほとんどで，前述のような目的には応用しづらい性格のものであった。ここでは，研究目的を絞り，そのような規制範囲を明確に表現した模型実験[10]の結果を紹介する。

この評価実験の特徴としては，大都市の都心部を想定した街並みの縮尺模型を使うことにより，スライド映写や画像処理装置による刺激提示とは異なり，現実の街並みを眺めるときのように三次元の立体的な対象を評価できることと，評価対象を表面色のモードで観察できること，とがある。

評価対象は典型的なファサードをもつ6階建てのオフィスビルとし，この建築の窓ガラス以外の壁面に，暖色系を中心とした335色の色票を貼り付け，個々の外部色彩について評価させた。評価項目は，①活動性，②目立ち，③街並みにおける調和，④規制の必要性（法的に規制すべきかどうか），の4つとした。

その結果，①活動性については，明度が高くなるほど，また彩度が高くなるほど，「生き生きとした」印象が強くなり，②目立ちは，彩度が高くなるほどよく目立つことが実証された。③調和，④規制の必要性ともに彩度の説明力が大で，高彩度ほど街並みの中で不調和と感じられやすく，また規制の必要性が高くなり，さらに，この2項目の評価結果に非常に高い相関があることがはっきりした。ここで，④規制の必要性については，「その色彩を規制すべきだ」と答えた被験者の数を，被験者の総数で除したものを規制必要率と呼び，数量化して検討しやすくした。

その結果，どの色相，明度についても，③調和の「やや不調和」というカテゴリに相当する彩度が，④規制必要率の50％に相当する彩度に，ほぼ一致した。したがって，この2つの基準を，評価対象の色彩が建築の外部色彩として許容できるかどうかの一つの判断基準と見なしてもよいと考えた。

以上の考察から，建築の外部色彩として許される彩度の上限を明らかにした。**表4.4-1**がその結果である。暖色系では，2.5YR近辺をピークにかなりの高彩度まで許容されるが，バリュー5と4との格差が比較的大きいなど，暖色系の範囲でも，色相，明度により，きめ細かな規制値をしかねばならないという，大きな根拠となりそうである。

寒色系が，比較的頻度の高い10GY，10Bの2色相のみにとどまっているが，寒色系の一つの目安として利用価値はありそうであるし，今後の追

表4.4-1　建築の外部色彩の許容される彩度（クロマ）の限界
(適用範囲：大都市都心オフィス街，単体建築，高さ25m（6階建て），建築面積400m²)

色相（ヒュー）	明度（バリュー）					
	9	8	7	6	5	4
5 R		3.5	4.5	4.5	5	3.5
7.5 R		5	6	6	6.5	3.5
10 R		5.5	6	8	8	5
2.5 YR		5.5	8	10	10	6
5 YR		6	9	9	7.5	6
7.5 YR		7	9	9	7.5	6
10 YR		9	8.5	9	7.5	5
2.5 Y	6	8	8	7.5	7.5	
5 Y	7	8	8	7.5	7	
7.5 Y	6	7	7	6	6	
10 Y	6	7	7	6	4.5	
10 GY		3	4.5	3.5	3	1.5
10 B		5	6.5	5.5	3.5	2

試で容易にほかの色相にも適用範囲は拡充できそうである．厳密には特定の規模の建築にのみ適用しなければならないが，画像処理装置を使用した実験[11]から，建築の規模（建築面積，高さ）による色彩評価への影響は予想外に小さいことを勘案すれば，表4.4-1の応用範囲は結構広いものとなろう．

b．周辺環境の影響

通常の生活では，視野が一色で覆われることは滅多になく，さまざまな光沢感，材質感を伴ったいくたの色彩で視環境が構成されている．ある対象の色彩評価をする場合，対象の周辺の色彩の影響を受けることは明らかで，これが色彩の対比・同化である．都市景観においても，ある建築の色彩評価をしようという場合，周辺，とくに隣接する建築の色彩の影響を受けることは想像にかたくない．

小松ら[12]は，画像処理によるカラーシミュレーションで周辺建築の色彩との調和という観点から検討した．その結果，周辺建物の色彩分布が暖色系から寒色系に変化するにしたがって，調和する建物の色彩も寒色系に移行し，周辺建物の色彩の影響を大きく受けることを明らかにした．また周辺建物の色彩が寒色系の方が，調和する色彩の範囲も小さくなり，調和しづらくなること，周辺建物の色彩が暖色系の方が調和のレベルがより高いことも示した．

稲垣の画像処理を用いた実験[11]でも，隣接建築との色彩対比が調和に大きく反映し，とりわけ明度対比がもっとも大きく関与することを明らかにしている．

さらに模型実験[13]でも，周辺建築が高彩度色と彩度が低めの無彩色（N5）の場合，調和しづらいことを示した．

今まででもみてきたように，建築の外部色彩の主流は，暖色系の高明度低彩度色であった．この主流からはずれると，以上のように周辺環境から浮き上がり調和しづらいことが明白となった．

ニュータウンにおけるように新たに多くの建築を計画する場合は，新しい色彩調和の可能性も残されているかも知れないが，既存の街並みにあらたに建築を設計する場合，周辺環境の色彩調査に大きなウエイトをかけるべきだという，警鐘と受け止める必要があろう．

(2) 屋上広告塔の色彩とスケールについての提案

屋上広告塔が街並みの秩序を乱すことは珍しいことではない．日本では屋上広告塔も含め，広告・看板などのメディアについては，欧米より容認の度合いが大きいようである．それは，日本の社会構造，日本人の特質によるところが大きいと考えられる．

屋上広告塔は街を行き交う人々にとっての情報の発信源ばかりでなく，街並みに活気を与え，さらに屋上設備の目隠しの働きも兼ね備えている．日本人にとって，屋上広告塔によってスカイラインが乱された街並みに見慣れ，その存在が日常的なのである．

模型実験で，屋上広告塔の色彩の許容される範囲を確かめた研究[10]がある．大小二つの屋上広告塔を設定し，評価実験により，大きい方の広告塔について，建築の外部色彩同様，許容される彩度の上限を示したものである．その結果，彩度の上限は建築の外部色彩同様，色相ばかりでなく，明度によっても大いに変動することを明らかにした．

このような色彩評価に広告塔の大きさがかなりのウエイトを占めることを予測し，さらに画像処理による実験[11]を行った．そこでは12種類の大きさの広告塔を設定し，大きさのほかに色彩も実験変数とした．その結果，色彩と比較し大きさの説明力が圧倒的に大きく，屋上広告塔に関しては，まずその大きさが決定的な意味をもち，その後色彩を検討すべきであるとの結論をえた．具体的に

は，現在屋外広告物法で許されている，広告塔の高さをその下にある建築物の高さの2/3以下に抑えよ，というのはいかにも甘く，それを1/2以下に改めるべきだ，ということである。また，幅に対して極端に高さが大きい広告塔(ローソク広告塔)に対しても，厳しい評価が下された。

　以上のことは，実際の街並みにおける評価実験[14]でも確かめられた。この実験は，被験者を街並みに連れ出し，景観を構成する要素のうち，色彩的に問題があるものを指摘させ，それを改善するうえでの方策を尋ねたものである。その結果，屋上広告塔に関しては，色彩の変更よりも，スケールそのものを抑える，といった改善策がより多く選択された。さらに実際の広告塔の大きさとそれらに対する評価結果とから，下層の建築との高さ比と，高さそのものとで，屋上広告塔のスケールを抑えるといった，多くの地方公共団体が屋外広告物条例で用いている手法が，もっとも効果的であることを明らかにしている。

　以上より，具体的には，屋上広告塔に関しては，高さ比(たとえば下層建築の高さの1/2以下)と高さ(たとえば10m以下)とを併用した規制を設けた後，さらに色彩について制限を加える方策が有効であると考えられる。

(3) その他の要素の色彩についての提案

　ここでは，屋上広告塔以外の，店舗看板，広告板，袖看板，壁面広告，ストリートファニチュア，などの色彩について検討する。スケール的には屋上広告塔にはかなわないが，以上のものは，群を造って街並みを構成する傾向がある。軒を連ねて並ぶ商店街の看板，駐車場を目隠しして囲むような広告板，雑居ビル入口に人目を引く袖看板，街並みに一定間隔に立ち並ぶストリートファニチュア，幹線道路端にはためく捨て看板群，など枚挙にいとまがない。前述のフィールドにおける評価実験[14]では，改善策としてやはり「スケールを抑える」がもっとも多く選択され，次いで色相の変更，色彩の組合せ(配色)を替える，が続いた。詳細に眺めれば，有彩色2色以上の組合せをさけるべき，のような現実的な対応策も浮かび上がってきた。

　一般的には，総量規制などで縛るのが得策と考えられるが，法に頼らず，たとえば1つの商店街，1つの町内での合意を徹底させるなど，地域コミュニティの自覚に期待することも今後考えていいことであろう。

4.4.4　最近の景観色彩評価の研究

　最近では，心理的な評価構造と物理的な色彩の値とを結びつけた研究や，色彩計画に評価構造をとり入れた研究など，1つの手法にこだわらない，横断的な研究がなされている。基礎的な研究が成熟し，応用的な研究がなされる時期に来ていることの表れと考えられる。その一方で，技術環境の変化に伴い，新たな基礎的研究課題がもちあがっている分野もある。本項では，便宜上，各研究を分野に分けて論ずるが，各研究のなされた意図は分野に限られたものでないことを断っておく。

(1) 評価構造や評価手法を主とした研究

　景観色彩の評価手法を扱った研究として，レパートリーグリッド発展手法(評価グリッド法)を用いて街路評価を予測する簡易な手法を提案した大山ら[15]の研究と，ニューラルネットワークを用いて建物色彩の印象評価を予測する手法を検討した中山ら[16]の研究を紹介する。つぎに，評価構造と色彩構成を結びつけた木多ら[17]の研究を紹介する。

　大山ら[15]の研究では，総合評価を「街路が調和している」としているので，景観の色彩調和の予測としては参考にできないが，評価予測に至る手続きを具体的かつ詳細に解説している点と，評価項目の中に色彩に関する言葉がいくつかみられるので，街路の調和に与える色彩の影響力を読みとれる点は参考になる。評価予測の手続きは，レパートリーグリッド発展手法によって抽出した街路の評価項目をチェック項目とし，その評価項目をあげた被験者数から，チェック項目1つずつに異なる「得点」を与えて重み付けを行い，回帰式を作成するというものである。全チェック項目53個中(表4.4-2)，形・高さ・大きさの項目が合わせて12個あることに比べて，色彩の項目は5個あげられていること，重み付けと考えられる「得点」が高い項目をみると，もっとも高い「高さが揃う」(得点26)，「街路樹や木がある」(20)の次に，「色

4.4 建築の外部色彩と街並みの色彩評価

が揃っている」(18)があげられていること，ほかにも「同系色である」(13)や「派手で目立つ色がある」(-6)が得点の絶対値が比較的大きい項目としてあげられていることなどから，街路の調和に与える色彩の影響力が大きいということがわかる。

一方，中山ら[16]は，建物単体の建築色彩を選定する手法としてニューラルネットワークを用いることを検討している。CGを使い98色に色彩変換させた画像を30の形容詞対で評価させて因子分析を行ったうえで，ニューラルネットワークを用いて印象評価の結果と色彩との関係を検討している。ニューラルネットワークと従来使われている重回帰分析とを印象評価の回帰の精度で比較すると，どちらも精度は高いがニューラルネットワークの方がいっそう誤差が少ないという結果がでている。このため，ニューラルネットワークを用いたシステムの検討を行っている。印象から色彩を推定するシステムは，一組のイメージプロフィールを与えるとそのイメージに合う建物外観色彩を推定するもので（図4.4-9)，結果の誤差は，たとえば色相では全色相を100としたときのおよそ1である。逆に色彩から印象を推定するシステムは，色彩を与えるとそれぞれの形容詞対ごとにニューラルネットワークを介して評価値が定まり，最後にイメージプロフィールが作成されるというものである。この誤差は大きいもので7段階評価の0.8未満であり，おおむね良好な結果を得ている。これらのシステムは，色彩設計で候補色を選定する段階でとくに有効だろうとしており，研究発表後，ソフトウェアとして製品化されている。

中山らが建築単体を研究対象としているのに対し，木多ら[17]は，街並景観の色彩構成を対象としている。この研究では，画像処理を施した景観のカラーシミュレーション画像を用いて，評価実験を行っている。評価項目は，「まとまり」などの視覚形態的評価，「親しみ」などの情緒的評価，「好き」などの価値評価に関係する項目から選ばれている。因子分析の結果，第Ⅰ因子「調和」，第Ⅱ因子「華やかさ」，第Ⅲ因子「暖かさ」，第Ⅳ因子「力強さ」が抽出され，第Ⅰ因子「調和」では色相が同

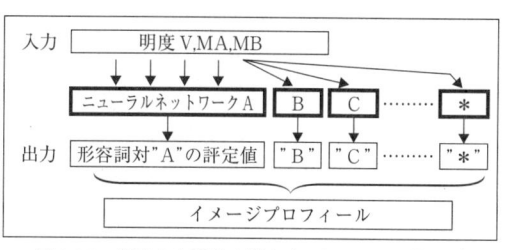

図4.4-9　色彩から印象を推定するシステムの構成[18]

表4.4-2　チェックリスト[15]

チェック項目			得点	街路景観 1	街路景観 2	街路景観 3
建物	用途	同じ用途の建物が並ぶ	8			
		商業地域である	9			
	高さ	高さが揃う	26			
		高さが低い	3			
		高さが高い	1			
	大きさ	幅が揃う	7			
		窓の大きさが揃う	6			
		小さな建物が並ぶ	2			
	形	形が揃っている	13			
		窓の形が揃う	5			
		窓の形が縦長	1			
		屋根の形が揃う	8			
		目新しいプロポーション	1			
		現代的なデザイン	18			
	色	色が揃っている	18			
		同系色である	13			
		派手で目立つ色がある	-6			
		落ち着いた色	2			
		多色である	4			
	材料	光沢が揃う	3			
		造りが揃う	2			
		外壁の仕上げ材が同じ*1	2			
		屋根の仕上げ材が同じ*2	2			
	装飾性	窓の並び方が同じ	5			
		デザイン様式が同じ	2			
		凹凸が同じ	4			
	並び方など	建物がたくさん	2			
		等間隔である	3			
		等隙間である	3			
		壁面が揃う	2			
	看板	付け方が同じ	7			
		字の大きさ，並びが同じ	7			
		色の種類が同じ	4			
		数が少ない	4			
道路		広い道路である	7			
		適度の曲がった道である	2			
		高い建物と広い道路である	4			
		石畳と石造りである	4			
		タイル舗装である	2			
		アスファルトである	-3			
		歩道がある	3			
街路樹		街路樹や木がある	20			
		高さが揃う	5			
		両側にある	1			
		一直線にある	3			
		等間隔にある	8			
		葉が繁っている	6			
		街路樹の種類と街の雰囲気*3	4			
ストリートファニチュア		建物と合う街灯である	16			
		電柱／電線がある	-15			
		鉄塔がある	-3			
		噴水や水のみ場	6			
その他		人がいる（多い）	11			
合計得点						

*1：外壁の仕上げ材とは，コンクリートや木，タイルなど
*2：屋根の仕上げ材とは，瓦や西洋瓦，コンクリート，トタンなど
*3：街路樹の種類と街の雰囲気があっている例はヤシの木とリゾート地や，松と伝統的町並みなど

一・類似，第Ⅱ因子「華やかさ」では高明度で同一・類似，中彩度で同一・類似，第Ⅲ因子「暖かさ」では暖色で同一・類似した街並みの得点がそれぞれ高くなっている。この研究の特徴は，評価にばらつきのみられた景観の色彩構成を分析している点である。色相とトーンのどちらか一方がまとまり，一方がばらついている景観では，まとまり感の感じ方が色相によるのか，トーンによるのか人によって異なることで総合評価が分かれると述べている（表4.4-3）。また，緑系統の色相やダークトーンでまとまっている景観を，まとまっているから調和するという人と，都市景観として色自体が不適切であるから不調和だとする人とに分かれることも指摘している。最後に，研究結果と既往研究との比較を行い，景観の色彩構成手法の整理を行っている。調和やまとまりをもたせるためには，色相をそろえたり，ある程度の範囲をもたせて茶色にそろえることが効果的であり，青色一色や茶色一色にそろえるのは効果的でないなど，具体的なコントロール手法を提案している。この論文では，既往の建築色彩の研究を，都市景観を構成している色彩調査についてのものと都市景観の色彩評価についてのものとに分けて詳しく整理し研究課題を明確にしており，研究手法としても参考になる。

(2) 色彩計画事例の紹介および分析

色彩計画の事例をあげた研究例がいくつか発表されている。たとえば，尾崎ら[18]は，東京都江東区の既存建物の色彩調査と江東区の風土色の調査を行い，調査結果をもとに江東区の景観色彩ガイドラインを作成している。色彩ガイドラインでは，区が作成した「江東区都市景観ガイドライン」に基づき，5つの地域ごとに色彩を特徴づけたうえで，区全域の共通色と地域別の色を提案している。また，この色をベースカラー，サブベースカラー，フレームカラー，アクセントカラーの4つに分け，建物のどの部分に使うべきかを提案している。この研究で行われているように，色彩計画の流れは，調査から始まって分析，提案に至るのが一般的だが，分析から提案の過程については詳しく説明されないことが多い。この研究ではこの過程を明確にしている点が評価できる。

このような色彩計画の事例がいくつか発表されるようになったので，当然にこれら色彩計画事例の分析研究もなされるようになってきた。

山本ら[19]は，色彩計画の計画要件を文献整理と色彩計画実験により検討している。色彩計画実験の結果からは，色彩を決定するために必要な項目として「周辺の色」，「用途」，「デザイン」，「建築設計のコンセプト」などを得ている（表4.4-4）。

中山ら[20]は，文献に掲載されている色彩設計事

表4.4-3 評価が分裂する景観の特徴[17]

	評価項目		評価が分裂する景観	評価の分裂する要因	
第Ⅰ因子	配色が統一	20	色相類似(寒色)	色相がそろっている(寒色)	⇔ トーンがまちまちである
		34	明度・彩度同一(高明度・低彩度)	トーンがそろっている	⇔ 色相がまちまちである
	雰囲気が統一	12	色相同一(5B)	色相がそろっている(5B, 5G)	⇔ トーン差が大きくまちまち
		21	色相同一(5G)		
		34	明度・彩度同一(高明度・低彩度)	トーンがそろっている(ライトトーン)	⇔ 色相がまちまち
		24	明度同一(低明度)	色彩として見れば黒っぽくそろっている(低明度)	⇔ 都市景観の色として見れば不適切
	まとまりがよい	3	色相・彩度同一(5G・低彩度)	色相がそろっている(5B, 5G, 5YR)	⇔ トーン差が大きくまちまちである
		12	色相同一(5B)		
		14	色相・彩度同一(5YR・低彩度)	トーン配列にリズムがある	⇔ 色彩の並び方にリズムがある
	複雑である	19	彩度類似(中彩度)	色相と明度がまちまちである	⇔ 色彩の並び方にリズムがある
		33	明度同一(中明度)	色相がまちまちである	⇔ 彩度の変化があまりなく，トーンがそろっている
	調和している	1	色相類似(中性色)	グリーン系統で調和している	⇔ 都市景観の建物としてはグリーンは適切でない
		3	色相・彩度同一(5G・低彩度)		
		21	色相同一(5B)		
		5	無彩色	無彩色でそろっている コントラストによるリズムがある	⇔ 明度差が大きくまちまちである
		22	無彩色・明度類似(無彩色・高明度)	無彩色にそろっている	⇔ すべて同一の無彩色は単調
第Ⅱ因子	華やか	10	明度同一(高明度)	色相がまちまち	⇔ ライトトーンでそろっている
第Ⅳ因子	力強い	9	色相同一(5YR)	暖色は力強い	⇔ 高明度に反射する部分がある トーンがまちまちである

4.4 建築の外部色彩と街並みの色彩評価

表4.4-4 色彩計画実験で抽出した項目[19]

回答率20％(5人以上)を示す

項　目	回答率[%]	具体例の一例
周りの色	88	周りの色が緑のときにピンク色にしない
場所性	80	繁華街では周りに対して目立つ色がよい，住宅地では周りと同じ色
用途	80	病院は清潔感のある色，デパートは存在感のある色
その場で行われる行為	32	働く所は爽やかな色，住む所は落ち着いた色
デザイン	56	マッシブなものは軽い色，ペンシル型は濃いめの色もよい
ファサード	44	平面的なときは色で陰影をつける
大きさ	44	大きいときは濃い色を使わない
材料	40	木造は木の色を活かす色
設計時のコンセプト	52	人目につくコンセプトでは周りと違う色を使う
周囲に対する建物の位置づけ	24	目立たせたいときは自然にない色
好み	44	許される範囲で好きな色を使う
外壁として常識的な色の範囲	36	派手な色は使わない
慣習・既存の建物の色	24	今までに見てきた建物の色を使う
利用者の属性	20	子供が使うときは原色をポイントに
気候	20	晴れた日と曇った日の空の色が違う

表4.4-5 建物規模，用途，工事内容による色彩設計の対象分類[20]

	条件設定	例
A	規模大，公共性高，新築	大規模開発・公共施設・高層建築・大型店舗新築など
B	規模中，公共性中，新築 規模大，改修	事務所・集合住宅・店舗など新築，大型施設改修
C	規模小，公共性小，新築 規模中，改修	一般住宅・小規模事務所新築，中規模事務所改修など

表4.4-6 色彩設計の対象分類と項目の採択[20]

	項　目	対象A	対象B	対象C
1	基本コンセプトの確認	○	△	△
2	環境アセスメントの確認	○	×	×
3	法律・条例の確認	○	○	○
4	社会動向調査	○	△	×
5	立地環境・風土の確認	○	△	△
6	視点場調査	△	×	×
7	環境色彩調査	○	△	△
8	施設イメージアンケート調査	△	×	×
9	対象空間のゾーニング	△	×	×
10	景観形成に対する方向性	△	×	×
11	色彩設計コンセプト立案	○	○	○
12	候補色選定	○	○	○
13	外観パースの作成	○	○	○
14	評価	△	×	×
15	色彩一覧(カラースキム)作成	○	△	△
16	色彩設計書作成	○	△	△
17	最終評価，決定	○	○	○

○：必須項目，△：状況に応じ実施する項目，×：検討不要項目

例を利用して，色彩設計を整理している。この中で，建物の規模や公共性などを条件にした色彩設計プロセスの分類を提案している。公共性が高く規模が大きい建物の色彩設計では，色彩設計項目の大部分を必須項目とし，公共性が低く規模が小さい建物の場合は色彩設計項目の大部分を検討不要とするなどである(表4.4-5，表4.4-6)。色彩設計のプロセスを建物の条件によってランクづけした点がユニークであると考えられるが，この分類が妥当であるか検討が待たれる。

今後はこのような分析研究が盛んになり，客観的な色彩設計プロセスが提案されることを期待したい。

(3) 外部色彩や街並みの色彩測定の研究

色彩測定の研究では，色彩分布や使用頻度など測定結果を考察する研究が本質的と考えられるが，測定手法に関する研究や，その応用といえるカラーシミュレーションの手法に関する研究も多いので，ここで論じることにする。

a. 色彩分布や使用頻度の研究

小規模な色彩調査の研究が散見される中で，比較的大規模に街並みの色彩を測定したものとして中山ら[21]の研究をあげておく。日本と欧州でそれぞれ新しい街並みと古い街並みとを対象にして，街並みのファサードの色彩を測定し，歴史的な背景を交えて考察している。従来，日欧の街並みを比較した文献は数多くみられたが，定性的で感覚的なものに終わっていたように思う。色彩を物理的に測定したうえで比較考察をした研究が蓄積されれば，今後の景観色彩のありようを客観的に論じられるのではないかと期待される。

b. 測色手法とカラーシミュレーション手法の研究

最近，カラーシミュレーションを施したり，色彩解析を行ったりするために，画像処理ソフトを使う研究が多くみられる。確かに簡易に色変換ができ，実験刺激を作る手間が大いに省けることは喜ばしい。しかし，コンピュータ上の色の値と実空間の色の値との関係を考慮していない安易な研究がみられるのは残念である。コンピュータ使用に際しては，物体色と光源色の扱いの違いや，コンピュータのもつ色体系と既存の表色系との関係などに留意する必要がある。前述の山本ら[1]の景観構成色の研究ではこれらの関係についても整理しており，たとえば実空間を撮影した画像の色の値は，輝度・色度値と対応しているのであって，物体色のみの色関係とは異なることを説明している。実際に，ディジタルカメラを用いた測定を行

第4章 視環境と心理・生理研究

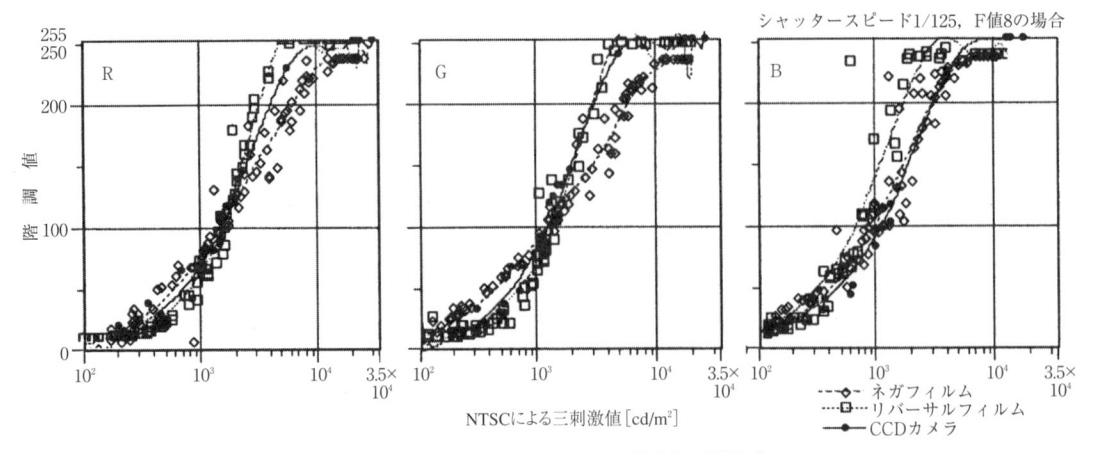

シャッタースピード1/125, F値8の場合

図4.4-10 階調値とNTSCによる三刺激値の関係[24]

- - ◇ - - ネガフィルム
……□…… リバーサルフィルム
―●― CCDカメラ

NTSCによる三刺激値 [cd/m²]

い，コンピュータ上の色の値と実空間の輝度値・色度値との関係を回帰している。この関係を具体的に図に表した中村ら[22]の論文の図（**図4.4-10**）を参照して頂きたい。この図は，輝度値，色度値から一義的に求めることができるNTSC方式のR，G，B三刺激値と，画像のR，G，Bの階調値との関係を表しているのだが，この方式を用いれば再現範囲内ではほぼ回帰できることが示されている。

シミュレーション画像を作成する際にも，中村ら[22]のコンピュータを利用した色彩シミュレーション手法が参考になる。中村らは，現実の空間が画像に変換されるときの関係式が求まれば，建築壁面の物体色と画像の値との関係も明らかになると述べている。この関係を利用することはCGでレンダリングを行うときには周知のことであるが，新築前に建物と周辺環境の写真合成をする際にもこの関係式を用いることができること，既存の建物の塗り替えにもこの考え方が応用できることを示した点は非常に参考になる。

測定手法の分野についても触れておく。光源色または輝度や色度の測定は，古くから写真測光法があり，最近ではディジタルカメラが活用されている。たとえば上谷[23]は，ビデオを用いた色度測定を提案している。この分野はコンピュータと機器類の発展に応じて精度も利便性も高まっている。色順応などを考慮したうえで，色度の値を景観色彩の評価にどのように利用していくのかが今後の課題と考えられる。

一方，山本ら[24]は，中村ら[22]の研究の考え方を景観の色彩測定に応用し，物体色を測定する方法を提案している。色彩校正板を景観の写真撮影時に同時に写し込み，景観の物体色を推定しようとするものである。物体色の測定は，外部色彩環境の研究には必須であるから，今後は誤差要因を整理して，実用化に向けた試みが待たれる。

このように今後コンピュータを活用した色彩測定の研究はさらに発展すると思われる。

4.4.5 おわりに

本節では，外部色彩の分布傾向を概説し，これを踏まえた色彩規制の提案例を示した。また，最近の外部色彩と街並み色彩の研究の傾向を紹介した。色彩の研究は，最近の学術講演会での発表件数の増加にみられるように，質量ともに充実してきているといえるのではないだろうか。しかしながら，設計に役立つ研究に至っているかというとそうでもないようである。

外部色彩に関する研究は，物理的な測定の研究と，環境から受ける心理的な側面の実験的研究とに分かれる傾向がある。これはほかの環境要因の研究についてもいえることかもしれない。専門化，細分化する流れの中では，この物理面と心理面の両極化は致し方ないかもしれないが，設計計画に役立たせるためには，片方の研究だけでは足りないのは明らかである。最近，まだ数は少ないながら，両極の研究を踏まえた応用研究や，色彩設計

や色彩計画を直接扱う研究がなされるようになったのは必然であったのかもしれない．今後，研究結果が色彩設計指針などの形になることを期待したい．

なお，4.4.2および4.4.3は，「新編色彩科学ハンドブック【第2版】」(東京大学出版会，1998年)の第33章 都市・建築の色彩計画 §3 建築の外部色彩と都市の色彩の計画(稲垣卓造・分担執筆)から，多くを転載していることを，ご了承願いたい．

参考文献

1) 山本早里，中村芳樹，乾 正雄：光環境を考慮した景観構成色に関する研究，日本建築学会計画系論文集，No.485, pp.9-15, 1996
2) 稲垣卓造：景観要素の色度分布に関する研究，大同工業大学紀要，Vol.29, pp.253-269, 1993
3) 奥野忠一，芳賀敏郎，久米 均，吉澤 正：多変量解析法改訂版，日科技連，1981
4) 飯島祥二：大型建築物の天候と距離による輝度・色度の変化に関する研究，日本建築学会中国支部研究報告，No.20, pp.333-336, 1997
5) 下村恭子，正木 光：都市野外物体の見かけの色，日本色彩学会誌，Vol.12, No.1, pp.84-93, 1988
6) 正木 光：野外物体の測光・測色，照明学会雑誌，Vol.44, No.1, pp.31-38, 1960
7) 稲垣卓造：都市の色彩分布に関する一考察，日本建築学会大会学術講演梗概集(D), pp.429-430, 1987
8) 吉田慎悟，藤井経三郎：都市と色彩，洋泉社，1994
9) 永田泰弘，吉田慎悟，坂井 豊，宮沢弘之：兵庫県の大規模建築物等色彩基準作成調査，日本色彩学会誌，Vol.10, No.1, pp.40-41, 1986
10) 稲垣卓造：景観整備を目的とした都市の色彩評価に関する実験的研究，日本建築学会計画系論文集，No.451, pp.29-39, 1993
11) 稲垣卓造：都市の構図と構成要素がその色彩評価に与える影響，日本建築学会計画系論文集，No.462, pp.9-19, 1994
12) 小松稔明，槙 究，中村芳樹，乾 正雄：街路景観の色彩調和—画像処理によるカラーシミュレーション，日本建築学会大会学術講演梗概集(D), pp.431-432, 1987
13) 稲垣卓造：周辺環境の色彩が建築の外部色彩の評価に与える影響，日本建築学会大会学術講演梗概集(D), pp.429-430, 1996
14) 稲垣卓造：実地における都市の色彩評価に関する研究，日本建築学会計画系論文集，No.467, pp.31-37, 1995
15) 大山能永，西村正和，中山和美，佐藤仁人：心理学的評価構造による街路の調和性予測，日本建築学会計画系論文集，No.502, pp.71-77, 1997
16) 中山和美，佐藤仁人，澤田敏実：ニューラルネットワークを用いた建物外観色彩選定法の研究，日本建築学会計画系論文集，No.510, pp.9-15, 1998
17) 木多道宏，奥 俊信，舟橋国男，紙野桂人：都市景観における色彩の評価構造に関する研究，日本建築学会計画系論文集，No.502, pp.147-154, 1997
18) 尾崎真理，金 敬仁，小林正美：風土に基づいた都市色彩計画に関する研究—東京都江東区を事例として—，日本建築学会計画系論文集，No.511, pp.147-152, 1998
19) 山本早里，増田倫子，中村芳樹：建築物の外部色彩計画の計画要件に関する研究，日本建築学会大会学術講演梗概集(D-1), pp.427-428, 1996
20) 中山和美，佐藤仁人：建築外部空間の色彩設計プロセス，日本色彩学会誌，Vol.24, supplement, pp.74-75, 2000
21) 中山和美，山本早里，槙 究，佐藤仁人，乾 正雄：街並の色彩構成に関する研究，日本建築学会計画系論文集，No.543, pp.17-24, 2001
22) 中村芳樹，山本早里，澤田敏実：建築外部色彩のシミュレーションに関する研究，日本建築学会計画系論文集，No.494, pp.7-14, 1997
23) 上谷芳昭：Measurement of cie tristimulus values xyz by color video images, 日本建築学会計画系論文集，No.543, pp.25-31, 2001
24) 山本早里，中山和美，槙 究，乾 正雄：日欧街並の色彩に関する調査研究—その4 街並色彩調査への写真測色適応の試み—，日本建築学会学術講演梗概集(D-1), pp.371-372, 1999

第5章
心理・生理研究の総合的アプローチ

　心理・生理研究に関する研究テーマをめぐるトピックスにはさまざまなものがある。前章までは建築・都市環境学における基本的な要素である音，熱，空気，光・色彩という要因別に章立てを行って心理・生理研究の現状と研究の具体例について論じてきたが，本章では少し視点を変えて，いくつかのトピックスについて紹介したい。

　たとえば，通常は心理・生理研究においては，被験者を用いて実験を行うことが多いが，被験者の個人差という問題が常につきまとう。年齢，性別，教育，国籍，文化…など個人差の要因と考えられることは数多くある。心理生理研究に関する個人差の問題については，建築学会におけるシンポジウムのテーマになったこともあり，研究者の関心も高いといえよう。

　本章では，その中でも景観評価における異文化間比較研究をとりあげている。とくに欧米の文献を中心にして現状を紹介するとともに，筆者の研究である英国，中国，日本の3か国の比較研究について紹介している。

　また，前章までは音，熱，空気，光・色彩という各環境要因別に論じてきたが，実際には我々はこれらは個別の要因が複合された環境の中で生活している。したがって，このような複合環境を心理的・生理的側面から総合的に評価する研究も重要である。この種の研究は，ある環境要因がほかの環境要因に関する評価をどのように変化させるか，という特異的評価に関する研究と，複数の環境要因を非特異的に評価する研究とに大別される。本章では，両者の研究の現状についてレビューするとともに，具体的な研究例についても紹介している。

　さらに心理・生理研究においては多くの場合，統計的手法を適用するが，建築・都市分野の研究者が，数学や統計学の教育を十分に受けているとは限らない。本書の読者の方々もそうであろう。したがって，建築・都市分野の心理・生理研究において統計的手法を適用する意義について考察し，同時に誤解の生じやすい項目をとりあげて，統計的手法を適用するうえでの留意点をまとめている。

5.1 景観評価における異文化間比較研究

　景観に対する心理的評価は，その評価を下す評価者のそれまでの生育環境によってどのように影響されるだろうか．本節では，評価者の属する社会的，文化的環境の相違を取り上げる異文化間比較研究について，欧米の文献を中心に紹介し，異文化間の相違性や共通性に関する考え方の変遷や理論的背景，これまでの成果，今後の展望などについて概説し，併せて具体的な研究事例を参照することによって，研究を進めるうえでの方法論について述べる．

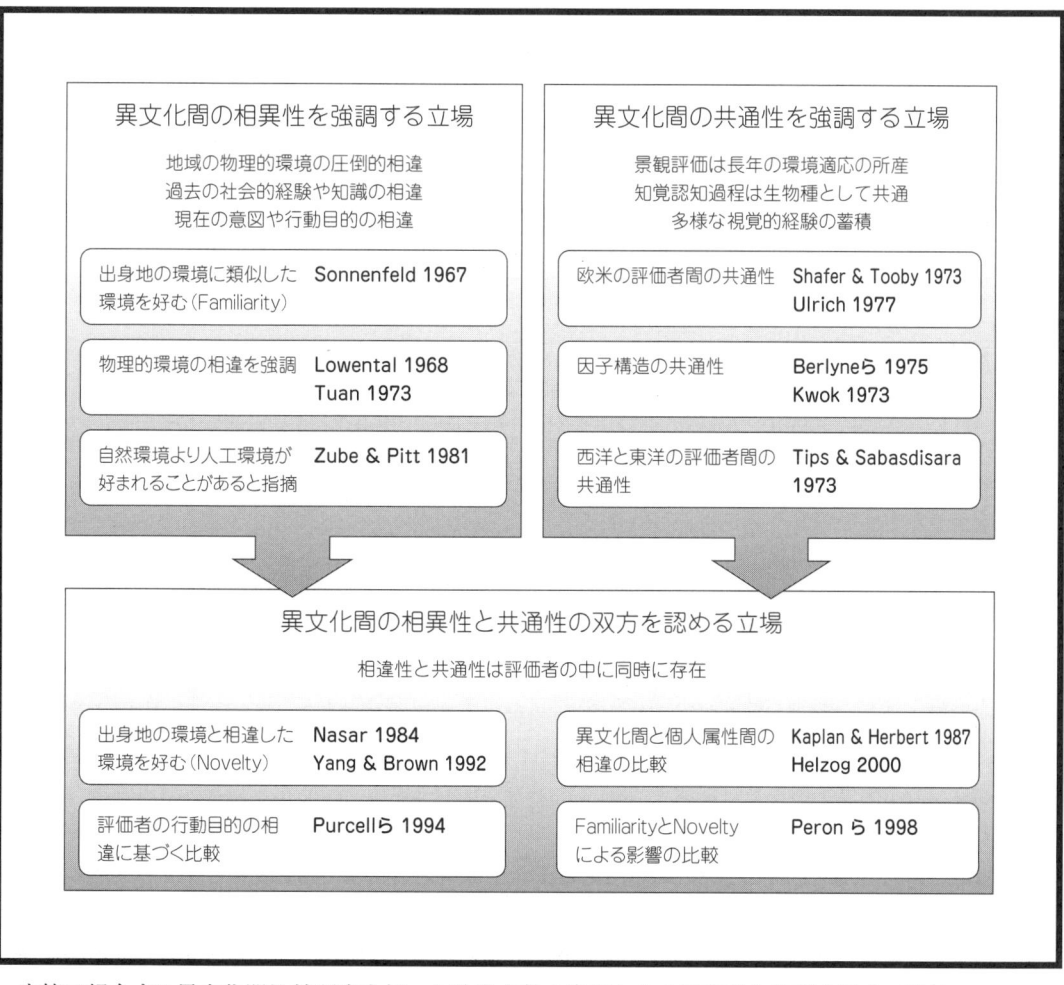

異文化間の相異性を強調する立場	異文化間の共通性を強調する立場
地域の物理的環境の圧倒的相違 過去の社会的経験や知識の相違 現在の意図や行動目的の相違	景観評価は長年の環境適応の所産 知覚認知過程は生物種として共通 多様な視覚的経験の蓄積
出身地の環境に類似した環境を好む(Familiarity)　Sonnenfeld 1967	欧米の評価者間の共通性　Shafer & Tooby 1973／Ulrich 1977
物理的環境の相違を強調　Lowental 1968／Tuan 1973	因子構造の共通性　Berlyneら 1975／Kwok 1973
自然環境より人工環境が好まれることがあると指摘　Zube & Pitt 1981	西洋と東洋の評価者間の共通性　Tips & Sabasdisara 1973

異文化間の相異性と共通性の双方を認める立場
相違性と共通性は評価者の中に同時に存在
出身地の環境と相違した環境を好む(Novelty)　Nasar 1984／Yang & Brown 1992 ／ 異文化間と個人属性間の相違の比較　Kaplan & Herbert 1987／Helzog 2000
評価者の行動目的の相違に基づく比較　Purcellら 1994 ／ FamiliarityとNoveltyによる影響の比較　Peronら 1998

　本節で紹介する異文化間比較研究を扱った欧米文献の内容とその歴史的な変遷を示す．所与の環境を人間がどのようにとらえるのか，いわゆる環境に対する評価について，地域によって環境や文化が著しく異なることから，当初は異文化間の相違が当然視されていたのに対し，生物学や心理学的観点から異論がとなえられ，最近は，相違性と共通性の双方を認める立場へと移行してきている．人間の発達における「遺伝か環境か」の論争とある意味類似しており興味深い．

■基礎知識

・評価グリッド法（レパートリーグリッド発展手法）

　特定の評価対象（たとえば室内環境や街路景観など）について，個人の有する認知構造システムを抽出，整理することを目的とした調査方法。あらかじめ用意された多様な対象群より，異なる2対象を選び，1組ずつ評価者に呈示する。どちらが好ましいか判断を求め，続いてその理由を尋ねることにより，評価構造の一端を示す具体的な内容を抽出する。このような操作を複数の評価者に対して多数回反復して行い，得られた内容を階層的に整理，構造化することが多い。評価者から自由な回答を求めることにより，調査者の認識していない内容，また，調査者の恣意の入らない構造が得られることに，その大きな特長がある。

・相関係数

　2つの変数間の直線的な関連を表す尺度で，ピアソンの積率相関係数を，単に相関係数と呼ぶことが多い。2変数 (Y, X) の複数の組に対して，(XとYの共分散)／(Yの標準偏差・Xの標準偏差) で算出される。値は1〜−1の範囲をとり，1あるいは−1に近い値をとるほど2変数間に直線的な関連性が存在し，0の場合はないことを示す。

・SD法

　Semantic Differential methodの略。日本語では意味微分法と訳されるが，SD法の方がより一般的な名称として用いられている。多様な側面を有する複雑な対象が，評価者にいかにとらえられるかをみるためにOsgoodが考案した方法で，相反する内容の形容詞対（たとえば，快適な―不快な，大きい―小さいなど）を複数用意して評価を求めることにより，対象の有するさまざまな意味内容の全容を把握しようとする。個々の形容詞対ごとの評価結果も検討されるが，評価結果全体に因子分析が適用されることが多い。

・因子分析

　多数の変数間の関連から，それら関連を左右すると考えられる少数の潜在的な変数（因子）を抽出する，多変量解析の一手法。得られた因子の性質は，その因子と各変数との関連の程度を示す因子負荷量と呼ばれる値によって定義される。因子の抽出や回転に多くの方法が提案されているが，主因子法によって抽出し，バリマックス回転を行うことが多い。また，因子抽出のみならず，対象（サンプル）群の評価傾向を概括するため，各因子に関する対象の得点である因子得点を併せて求めることも多い。

・重回帰式

　2変数 (Y, X) の複数の組があるとき，XでYを予測する $Y = aX + b$ なる式の最適なa, bを求めることを回帰分析といい，その際の予測式を単回帰式という。同様に，Yを説明する変数が，$X_1, X_2\cdots$と複数ある場合に，最適な予測式 $Y = a_1X_1 + a_2X_2 + \cdots + b$ を求めることを重回帰分析，予測式を重回帰式という。

・最小次元解析

　複数の対象群あるいは変数群について，異なるすべての2対象（変数）間の類似性が得られている場合，これらの類似性ができるだけ反映されるように，対象（変数）の多次元平面上への布置を行う統計解析手法を多次元尺度構成法という。最小次元解析もその一種で，結果の理解を容易にするため，なるべく少ない次元での布置を得ようとするものである。

5.1.1 はじめに

我々は，自分が置かれている環境を好ましいか好ましくないか判断する場合に，何を基準にしているのだろうか。たとえば，高層ビルの展望台に登って眺める景色について考えてみよう。遙かに連なる山並みからは開放感や自然の美しさを感じるかもしれないし，眼下に広がる街並みからは人工物の冷たさを感じるかも知れない。また，夕暮れなら日没の美しさに目を見張るかもしれないし，曇天であればただそれだけでうっとうしく感じるかもしれない。これらのことから，景色を構成するさまざまな事物や全体的な状況について，我々が抱くさまざまな感情や印象が複雑に組み合わさって，一つの景色全体に対する総合的評価に結びつくだろうことは容易に想像される。

それでは，このような総合的評価は，対象が同じであれば多くの人に共通なのだろうか，それとも人によって大きく異なるのだろうか。先の例でいうなら，遥かな山並みや落日には誰もが心を打たれるだろうし，ごみごみした街並みからは多くの人は目を背けるだろう。環境に対して人が同じような感じ方や考え方をする場合は多い。しかし，その一方，たとえ猥雑な街並みであっても，そこで営まれる人々の活動をみて，生活感あふれる心和む景色だと肯定的にとらえる人もいるはずであり，同じ景色が人によってまったく異なる評価をされる場合も少なくない。

人の環境に対する評価は，その人が環境の中からどのような情報を読み取り，それら多くの情報のうち何を重視するのかによって，似通ったり著しく異なったりするものと思われる。そして，このような人の内なる情報処理システム（以降ではこれを認知構造あるいは評価構造と呼ぶ）は，現在までのさまざまな経験によって培われた，その人の有する知識の体系や価値観，習慣，嗜好などによって大きく左右されるものと考えられる。

本節では，景観に対する心理的評価が，その評価を下す評価者のそれまでの生育環境によってどの程度，また，どのように影響されるだろうかという視点から，評価者の属する社会的，文化的環境の相違による影響を取り上げる。具体的には，それらの側面にある程度共通の基盤を有する，たとえば国や地域のような比較的大きな広がりをもった環境に着目し，それらの相違について検討する。ここでは，このような問題意識に基づく研究を異文化間比較研究と定義し，主として欧米の文献を中心に紹介し，異文化間の相違性や共通性に関する考え方の変遷やこれまでの成果，今後の展望などについて概説する。併せて具体的な研究事例を参照することによって，研究を進めるうえでの方法論について述べる。

5.1.2 異文化間比較研究の意義

最近，国内における景観や環境の心理的評価に関する研究に，上述した，人が環境からどのような情報を読みとり，そのうち何を重視するのかといった評価構造について，個人や集団による差異を検討しようとするものが多くみられる。これは，それ以前に多く行われた，景観の物理的な特性によって評価が決定されるという，いわゆる環境決定論的な研究が実状に合わない，あるいは，有用な情報をもたらさないとする観点に立脚している。たとえば，「人間は自然的な環境を好み，人工的な環境を嫌う」という知見は，とくに欧米の自然景観の評価に関する研究領域で重ねて議論されてきている[1]〜[5]が，学術的な意義はともかく，あまりに当然の内容で，誰もが共有している志向であるがゆえ，実際の計画，設計の現場では価値の高い情報でないことは自明であろう。

讃井ら[6],[7]は，それまでの研究を，『「人間は一定の刺激に対してどの個体もほぼ一定の反応をする」という行動主義的仮定のもとに「標準人間」を人間モデルとして設定したものが多い』と批判し，人間はそれぞれの経験を通じて固有の認知構造システムを有すると想定した。そのうえで，評価者が対象のどのような部分に着目し，どのように評価し，それらが総合的な評価にどのように関与するのかといった認知構造を個人ごとに体系的に整理した。さらに，それらの類似性から，評価者をいくつかのグループに分類し，各グループの嗜好の差異について明らかにした。讃井らのこのような問題意識と方法論は，結果として広く受け入れ

られ，評価構造を扱う多くの研究が行われるようになった。

これには，上述した環境決定論的な研究に対する反省のほか，社会基盤の充実や生活水準の向上によって，あらゆる側面に対してさまざまな付加価値が要求されるようになった社会情勢の変化がその背景にある。すなわち，WHO(世界保健機構)の提唱する，居住環境を規定する4因子「安全性」，「衛生性」，「利便性」，「快適性」のうち，人の生存に直接関与し，そのために評価に個人間の差異が生じにくい「安全性」や「衛生性」などが，少なくとも現在の先進諸国ではある程度充足されたことにより，「快適性」の向上が次なる目標となったのである。このため，価値観や嗜好，ライフスタイルなど，個人の有するさまざまな特性によって評価の左右されることが多い「快適性」に基づく計画・設計を行うにあたって，評価構造を扱う研究は着目されるようになったといえる。

ただし，讃井らの提案した評価グリッド法(旧，レパートリーグリッド発展手法)やそれに類する手法を用いた多くの研究では，評価構造そのものを興味の対象としており，さまざまな評価構造を評価者それぞれがどのような経験を経て獲得してきたか，生育環境の何が影響を及ぼしたのかという点についてはあまり取り上げられてはいない。

評価構造の異なる，いくつかのグループの存在が確かめられ，グループごとにその詳細が明らかになれば，あるグループだけをより満足させるような選択的な商品開発が可能であろう。また，注文住宅などの場合，ヒアリングなどで顧客がどのグループに所属するかが判断できれば，顧客の要求内容やこだわりを的確に把握し，より適切な計画，設計を行うことも可能であろう。したがって，このような研究成果の有用性については論を待たない。

ところが，個人に帰属せず，不特定多数の人々が接触し行動するような，公園などの公共空間や，都市や地域，景観などの場合はどうだろうか。おそらく，それらはある特定のグループにとってのみ，より適切になるよう変更することは許されないし，また，変更には長い時間を要するから，上述したような単純な議論にはならないだろう。むしろ，それらの場合には，環境の緩やかな変容に伴い，人それぞれが内面に抱える評価構造も変化していくことを前提とし，人間と環境との相互作用(トランザクション)を想定した，新たな政策的枠組みや法規制などの内容を考える必要があるのではないだろうか。

その意味では，評価構造の詳細を明らかにするのにとどまらず，同じ評価構造を有するグループの人達がどのような共通の特性を有しているのかを別の視点から記述し，現在の評価構造の成立に至るまでに，生育環境やその社会的・文化的背景がどのように影響を及ぼしたか，仔細な検討を行うことも重要な意味をもってくる。それにより，人間と環境との相互作用に関する論理の一端を明らかにすることが可能となるからである。

このような観点からは，従来から実施されてきた性別，年齢，収入といった人口統計学的属性によって，評価者をあらかじめ明確なグループに分けたうえでの比較分析も単純に否定されるべきではない。なぜなら，そのような属性の違いが，人々のそれまでの生活経験の違いを往々にして反映しているからである。実際，筆者らの研究[8]においても，河川周辺の住民がどのような河川環境整備を望むかについて，属性項目群と心理的評価との関連について多変量解析を用いて検討し，興味深い結果を得ている。

本節では，心理的評価の対象として景観を，評価に影響を及ぼす可能性のある個人の有する特性として，評価者の生まれ育った国や地域の違いをそれぞれ取り上げる。景観に対する人の評価・判断の基準や選好性は，それまでの日常的な視覚的経験のすべてによって培われると考えられる。そのような経験の場として，国や地域という範囲をとらえるなら，気候的・地理的条件など物理的環境がそれぞれ固有の特徴を有するために，その相違によって評価者の経験も著しく異なることが予想される。また，国や地域という枠組みの成立の基盤として，民族，言語，文化，宗教など生物学的，人文学的背景の独自性もあることから，その相違によって評価構造が学習されていく過程にも差異の存在する可能性が指摘できる。このようなさまざまな側面を含む国や地域による差異および

その差異の生じる要因について検討することは，上述した理論的知見の蓄積に寄与する。また，国や地域の相違が評価に及ぼす影響は，さまざまな個人属性の中でもきわめて大きいことが予想され，個人属性による影響を比較検討する際のもっとも極端な例にもなると考えられる。

5.1.3 異文化間の相違性を強調する研究

欧米においては，文化の相違が美的感覚，審美的な評価に及ぼす影響はきわめて大きいものとして，歴史的，伝統的に受け止められてきた。景観の評価に関する地理学や景観工学，心理学など各分野における研究においても，たとえばLowenthal[9]やTuan[10]によって，文化の相違は景観の好ましさ（preference）を大きく左右する要因として指摘され，異文化間の共通性より相違性が強調される傾向が強かった。

このような考え方を実証する研究としてSonnenfeld[11]がある。彼は北極圏で生活する住民を対象にいくつかの調査を行い，単純に彼らの有する文化や環境の記述にとどめるのではなく，異なる文化，環境間の比較研究の一環として位置づけ，さまざまな検討を行っている。過酷な環境への適応性や評価，気候に対する意識などを尋ねるアンケート調査や，北極圏の自然現象や生物相に対するSD法による評価など多岐に渡る研究内容のうち，自然景観のスライド映像50対の一対比較法による評定実験を，景観の評価に関する研究としてここでは取り上げる。

評価者は，北極圏で生まれ育ったnative（エスキモーの大人と子供），北極圏に移住したnon-native（北極圏研究所職員，陸軍の特殊部隊員，パイプライン基地管理者）および北極圏とかかわりのないnon-native（デラウエア州の大学生，高校生）など多様である。各スライドの景観は，地形の起伏，水体，植生，気温の4つの次元であらかじめ実験者が3段階に評定しており，50対中，好ましいと判断されたスライド50枚について，各次元に付与されている得点を集計し個人ごとに平均得点を求め，さらにグループごとに平均化することにより，各評価者グループの選好性について比較検討がなされている。

結果として，nativeに比べnon-nativeは起伏と植生に富む景観を選好する傾向が有意に得られ，同様の傾向が北極圏外の体験の有無によりnativeを2群に分けた場合にもみられた。また，以前の居住地の気候区分によっても，Cs（地中海性気候）の場合は起伏に富んだ景観を，A（熱帯気候）の場合は平坦な景観を，BS（ステップ気候）の場合は水体のない景観をそれぞれ好むなど，興味深い知見を示している。結論的には，北極圏に対する適応レベルの差や経験による影響が指摘されており，現在あるいは以前の生活環境によって景観の評価は影響を受け，多くの場合，出身地と類似した環境を好む傾向があるとしている。

5.1.4 異文化間の共通性を強調する研究

このような異文化間の相違性を強調する研究に対して，ShaferとTooby[12], [13]は，景観の評価において，英国人と米国人との間に高い共通性のあることを示している。彼らはスコットランドの4箇所のキャンプ場で無作為に抽出したキャンパー250名（欧州各国からの観光客を含むため，正確には英国人のみではない）と，米国の10箇所のキャンプ場で同様に抽出した米国人250名を対象に，米国の森林景観100種類の白黒写真を呈示して評価を求める調査を実施しており，両グループ間の相関係数が0.91という著しく高い値になったことを報告している。もっとも彼らの研究の主な目的は，異文化間の比較ではなく，景観の物理的な構成要素による心理的評価の予測式の適用性を検討することにあり，異文化間の相違性や共通性についてとくにそれ以上の考察はしていない。

彼らと同様に異文化間の共通性を示唆した研究には，ZubeとMills Jr.[14]もあげられる。彼らは，オーストラリアのLaune海岸の景観について，地域住民24名，季節的滞在者を含む観光客76名，景観工学専攻の米国人大学院生22名の3グループに，24種類のカラーパノラマ写真を呈示して評価を求め，グループ間の相関係数を算出し，0.76～0.89の関連が得られたとしている。

Ulrich[15]も，ミシガン州の道路際の自然景観53

種類を，地域住民48名と，スウェーデン人大学生および大学院生50名に呈示してpreferenceの判断を求める調査を実施し，両者の評価傾向が相関係数0.88で共通性の高いこと，とくに評価が著しく高い，または，低い景観で一致性の高いことなどを示している。また，両者の相違として，地面が十分に管理された景観が米国人により高く評価される傾向をあげ，芝生の手入れなど日常的な生活習慣の違いによるものと考察しているが，結論的には，異文化間の相違は評価傾向の共通性を凌駕するほど大きくはないとしている。

Ulrichは，ほかの文献[16]で異文化間の比較に関するより詳細な見解を述べており，次のような理由から，異文化間の相違をいたずらに強調することに懐疑的な立場をとっている。

① Appleton[17]の「prospect refuge theory」に代表されるように，どのような景観を好ましいと感じるかという選好性が，人間の原始的な環境適応の所産であるとすれば，それは人間という生物種に共有される性質のはずであること。

② 視覚的な刺激が情報として大脳に伝達され処理される，基本的な知覚認知過程において，たとえば人種などによる生物学的な差異が存在するとは予想されないこと。

③ マスメディアや交通の発達によって，視覚的な経験は地理的制約を受けず，想像される以上に誰もが豊富に蓄積している可能性があること。

このような考え方を補強する研究として彼は，景観の評価に関する研究とはいえないが，Kwök[18]と，Berlyneら[19],[20]による研究をあげている。

Kwökは，SD法による評価から導かれる因子構造の，異文化間での安定性を検証している。すなわち，Kuller[21]がスウェーデンで実施した，屋内外の多様な環境15種類をカラースライドで呈示する評価実験を，英国人の中流階級の専門家36名とシンガポールの建築系大学生51名に対し，形容詞対をスウェーデン語から英語に翻訳して実施し，グループごとに因子分析を適用して相互に比較している。その結果，英国人とスウェーデン人とがより類似する傾向などが多少みられたものの，各グループともほぼ意味内容の共通する因子が抽出され，文化的相違，言語的相違にかかわらず因子構造は安定していたとしている。

また，Berlyneらはカナダ人大学生30名，ウガンダの農村地域・郊外・都市域より抽出した住民300名，インド人の大学生と文盲の村人各30名に対して，各対でパターンは共通するが複雑性の異なる図5.1-1に示す抽象図形16対を呈示し，注視時間の測定や，一対比較法による選好判断，7段階尺度のSD法7形容詞対の評価を求め，それぞれの相互比較を行っている。その結果，評価傾向や因子構造などで多くの共通性が得られ，視覚的対象の判断基準が地理的，文化的背景の相違によらず共有される可能性を指摘している。なお，複雑な図形をより長く注視する傾向がカナダ人，インド人学生で得られたが，文化的背景による差異というより，むしろ都市化の程度による影響としている。

Kwökによる，因子構造が異文化間で共通するという事実は，ある対象を評価する場合に用いられる評価語間の類似性や相違性，すなわち言語的な枠組みが共通することを示すと考えられ，Ulrichの指摘する①の内容と関連して，共通の評価構造の存在を示す証左となる。また，Berlyneらによる，単純な視覚的刺激に対する反応の共通性は，同様にUlrichの②の内容を裏付ける結果であるといえる。

5.1.5 相違性と共通性をともに認める研究

以上の相反する研究成果を受け，異文化間に相違性と共通性の双方が存在することを暗黙または自明の前提とした研究展開が図られるようになった。

たとえば，Buhyoffら[22]は，ロッキー山脈5種（米国西部），アパラチア山脈6種（米国東部）の自然景観計11種をカラースライドにより呈示し，米国人学生196名，オランダ人の学生と住民51名，デンマーク人学生28名，スウェーデン人学生59名の4グループに，それぞれ一対比較法による評価判断を求めている。

表5.1-1に示すグループ間の相関係数によれば，

5.1 景観評価における異文化間比較研究

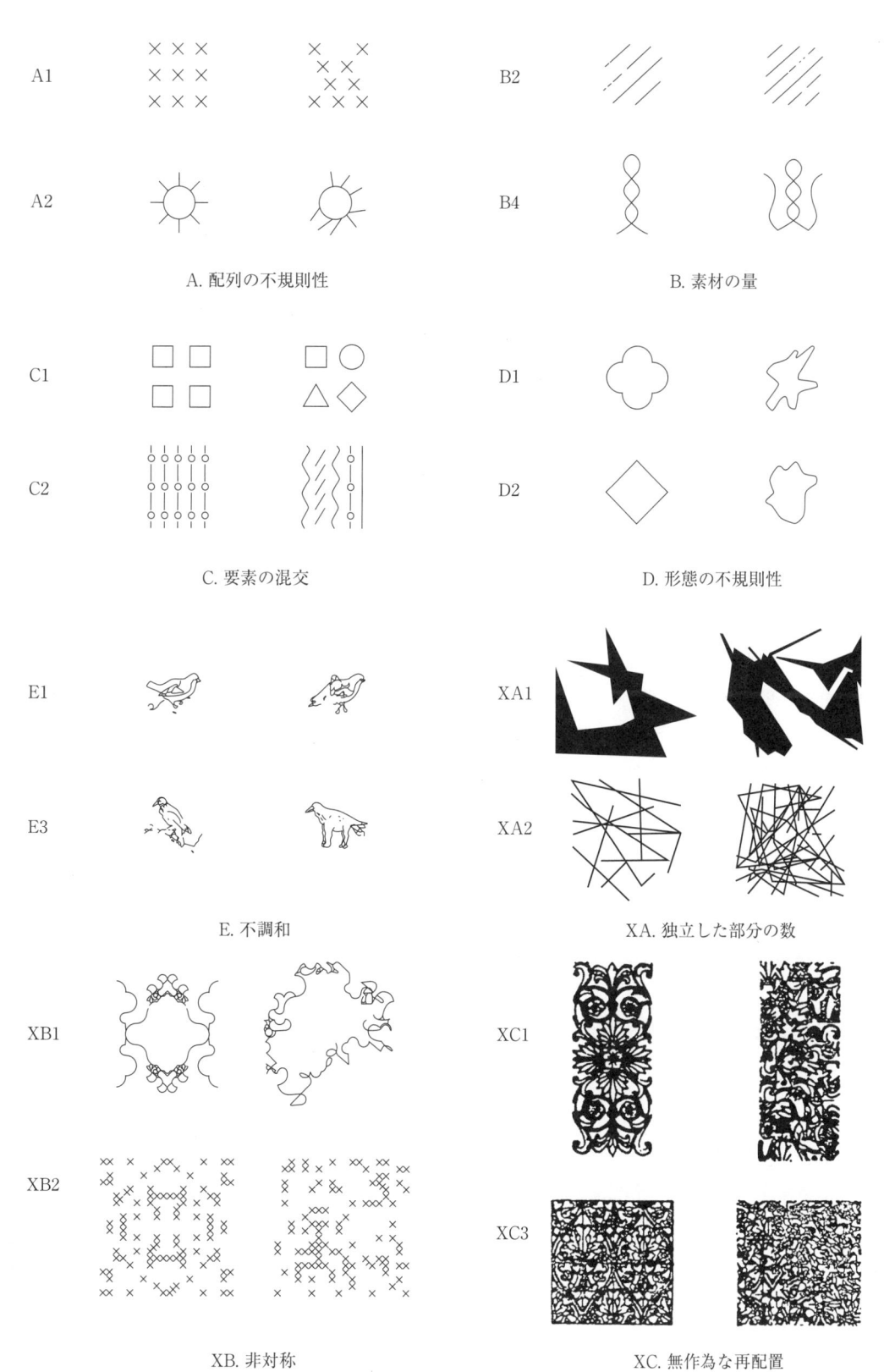

A1

A2

A. 配列の不規則性

B2

B4

B. 素材の量

C1

C2

C. 要素の混交

D1

D2

D. 形態の不規則性

E1

E3

E. 不調和

XA1

XA2

XA. 独立した部分の数

XB1

XB2

XB. 非対称

XC1

XC3

XC. 無作為な再配置

図 5.1-1　Berlyne らの用いた抽象図形[19), 20)]

表5.1-1　4か国間の相関係数行列[22]

	デンマーク	オランダ	スウェーデン	アメリカ
デンマーク		0.840	0.755	0.727
オランダ	0.700		0.586	0.550
スウェーデン	0.564	0.490		0.890
アメリカ	0.655	0.573	0.838	

注）上三角行列はピアソンの積率相関係数，下三角行列はスピアマンの順位相関係数

最低でも0.55となり，4グループ間の共通性がある程度うかがえる。ただし，仔細にみるなら，オランダとデンマーク，米国とスウェーデンの組合せでとくに高い値を示していることがわかる。前者の2グループでは，平坦で広がりがあり人工的な要素を伴う景観が，後者の2グループでは，起伏に富む山や森林で，人工的な要素のほとんど存在しない景観がそれぞれ好まれたことから，Sonnenfeld[11]と同様にBuhyoffらは，自国の自然環境に対する馴染み（familiarity）の程度による影響と推測している。

ただし，これに先行してWellmanとBuhyoff[23]は，同じ11種類の景観を用い，ユタ州立大学（米国西部）とバージニア工芸大学（米国東部）の学生を被験者に実験を行い，同一国内での地域差による影響を検討しているが，両者の相関係数は0.90と高く，大きな相違性は認められなかった。

以上の結果は対照的といえるが，両者を併せて解釈するなら，評価者の社会的，文化的背景の隔たりが大きくなるほど景観評価の差異も大となるという関係が予想され，異文化間の差異の存在を示すある程度の証拠が得られたとしている。ただし，実験としては，景観の代表性や種類数の点で一般性に問題があることを彼ら自身も認めている。

また，ZubeとPitt[24]は，世界遺産を考えるうえで，その価値が国際的に共有可能かどうかという視点から，景観評価における判断基準の共通性，相違性に対して2つの調査結果を示し，検討を行っている。

最初の調査はConnecticut River Valleyの景観について，地域住民307名，ボストン在住のイタリア系米国人25名，ユーゴスラヴィアの学生26名に，56種類のカラー写真を呈示して評価を求めるもので，評価項目として視覚的な質（scenic quality）のほかに，SD法による18形容詞対を用いている。

初めに，地域住民を居住地や職業によって分類した13グループ間で評価結果を比較し，都市中心部の黒人居住者がほかの12グループとは異なる傾向を示した（黒人グループと12グループとの相関係数は，scenic qualityで0.22〜0.55，形容詞対で0.49〜0.75であったのに対し，12グループ間では，scenic qualityで0.75〜0.96，形容詞対で0.83〜0.97であった）ことから，黒人グループを地域住民から分離し，ほかの2グループと合わせ4グループ間の相関を検討している。その結果，scenic qualityにおいては，黒人グループを除く3グループ間では相関係数が0.80〜0.86といずれも高い値を示すのに対して，黒人グループとほかの3グループ間では0.44〜0.63と低く，社会的，文化的背景が米国人と異なるユーゴスラヴィア学生や，英語能力に難のあるイタリア系米国人に比べ，英語にも堪能で対象景観にも相応の認識を有する黒人グループにおける顕著な差異が報告されている。

また，2番目の調査では，カリブ海Virgin Islandの海岸景観について，地域住民743名，マサチューセッツ大学の学生48名，最初の調査と同一のユーゴスラヴィア学生26名を対象に，15枚の写真を貼付した複数のパネルを呈示し，各パネルから好ましい景観を選択させている。グループ間の相関は社会的・文化的背景を異とする学生グループ間で0.9以上の値を示したのに対し，地域住民と両学生グループでは0.46〜0.64程度の低相関となっている。

最後に，両調査のグループによる評価傾向の相違を，景観における人工物の存在と関連して検討し，黒人グループとVirgin Islandの地域住民はほかのグループと異なり，人工物の存在する景観を好み，存在しない景観を嫌うという傾向を見いだしている。このことから，ZubeとPittは，さまざまな属性の違いにかかわらず共有される傾向，先に例としてあげた「人間は自然的な環境を好み，人工的な環境を嫌う」という知見，すなわち，Ulrichのいう人間の原始的な環境適応に起因する共通性の存在に対して疑問を投げかけている。ただし，彼らの結果は，先に述べたBuhyoffらの考え方を直接的に支持するとはいえず，黒人グルー

プと地域住民になぜそのような特異な傾向がみられたのかについては言及していない。

HullとRevell[25]は，バリ島の景観を対象に，欧米諸国からの旅行者と島民とのpreferenceの比較を行っているが，その報告の中で，異文化間比較研究における相違性と共通性について整理している。すなわち，共通性をもたらす背景としては，Ulrichと同様に，人間という生物種が獲得した適応機構の中に，景観の評価や判断に関する部分も包含され，とくに視覚的情報を瞬時に処理し，生存のために効果的に活用可能な情報処理システムが共有されることをあげている。また，このほか，人が景色をみて「美しい」と感じるのは情緒的反応の一種であることから，感情や情動の共通性を指摘しており，その証左として，SD法の適用性の検討にあたり，情緒的言語の使い方が異文化間で共通することを示したOsgood[26]や，感情の外界への表出である表情が異文化間でも共通しており，学習以前の乳児や幼児でも変わらないことなどをあげている。

一方，相違性については，評価者の過去の経験と評価を行う時点で評価者が抱える目的という二つの要因をあげており，いずれも文化的背景に大きく依存すると述べている。前者については，5.1.1でも述べたように，環境から受け取る情報を解釈，記述，構成する際に参照され，同じ状況下で繰り返し試され修正が加えられる，各個人が有する情報処理システム（Kerry[27]のいうコンストラクト）は，その性質上，それぞれがいかなる経験を経てきたか，その履歴によって異なることを予想している。また，後者についても，そのとき，意図している目的に応じて，評価の際に探索する情報や判断基準が大きく変化する可能性が存在するとしている。

彼らは，バリ島民と旅行者各70名に対して，それぞれが好ましいと感ずる30種類を含む，Ubud村の景観写真50種類を呈示し，10段階尺度で評価を求めている。結果としては，グループ間の相関係数が0.64である程度の値を示すこと，さらに，表5.1-2に示す被験者を変数とする因子分析結果において，両グループで評価傾向の一致する被験者によって第1因子が構成されることから，共通性の存在を把握している。

しかし，その一方で，伝統的なバリ風の建物や，森の奥へと直接入って行くことができそうな景観は，旅行者には感じられない宗教的な意味を有することから島民には有意に高く評価され，逆に，バリ島の人々，南国の空や棚田は，島民にとっては日常的な景観であるが，旅行者には文化的な差異が強く感じられ高評価となることから顕著な相違性の存在も検証しており，景観評価における異文化間比較においては，彼らが整理した共通性と相違性は同時に存在し，それらは必ずしも矛盾するものではないと結論づけている。

5.1.6 西洋文化圏と東洋文化圏の比較

HullとRevell[25]は，上述の報告の中で，これまで異文化間の共通性を指摘してきた研究の多くは，いずれも自然景観を対象としており，都市や近郊の住民を評価者とする，ほぼ同様の枠組みを用いていることから，共通性を過大に評価している可能性のあることを指摘している。これと同様な問題意識として，これまでの研究は，西洋文化圏の評価者同士で比較することが多く，異文化間比較とはいうものの社会的，文化的背景の類似性が高いために，評価傾向に共通性が高くなるのではないかという指摘がなされ，西洋文化圏と西洋以外の文化圏との比較研究も進められるようになった。

TipsとSabasdisara[28]は，バンコク市内で抽出したタイ人75名，中国系タイ人75名，欧米からの旅行者52名と，アジア工科大学の各国留学生（ネパール37名，バングラデシュ35名，スリランカ70名，インドネシア31名，台湾63名）に対してインタビュー調査を実施している。Buhyoffら[22]の研究と比較することを意図し，彼らの実験と同じ自然景観計11種を白黒写真（12×9cm）で呈示

表5.1-2 バリ島民と旅行者の因子分析結果[25]

	第1因子		第2因子		第3因子	
	島民	旅行者	島民	旅行者	島民	旅行者
0.3を超える人数	22	31	1	11	9	1
−0.3を下回る人数	0	0	8	4	1	3

注）第1因子は，類似した評価傾向を示す評価者が，島民，旅行者ともに多数存在することを示す。
第2因子は島民の評価が高いとき，旅行者の評価が低下するような評価傾向の存在を示す。

表5.1-3 東洋・西洋文化圏の評価傾向の比較[28]

	デンマーク	オランダ	スウェーデン	アメリカ
台湾	0.761	0.853	0.515	0.565
ネパール	0.687	0.678	0.514	0.845
スリランカ	0.645	0.705	0.247	0.430
タイ	0.669	0.734	0.213	0.370
タイ(中国系)	0.659	0.647	0.317	0.376
インドネシア	0.752	0.804	0.441	0.617
バングラデシュ	0.652	0.745	0.367	0.375
欧米旅行者	0.646	0.732	0.278	0.491

注) 表中の数値はピアソンの積率相関係数。

して評価を求めている。

上述の8グループとBuhyoffらが評価者としたデンマーク，オランダ，スウェーデン，米国の4グループについて，グループ間の相関係数を算出したところ，8グループ間の相関係数は最低でも0.63，おおむね0.8～0.9となり，比較的高い相関を得ている。これに対して，表5.1-3に示すように8グループと4グループとの相関係数はおおむね0.6～0.8程度となったことから，西洋文化圏と東洋文化圏の差は東洋文化圏内よりやや大きいという結果が示されている。

ただし，欧米旅行者と西洋文化圏の各グループ間の相関係数も低いことから，異文化間の相違より景観呈示方法の差異(Buhyoffら[22]はカラースライド映像)による影響としており，結論的には，東洋文化圏，西洋文化圏によらず，景観の知覚には文化間，民族間，国家間で共通の基礎があるとしている。

また，彼ら[29]は生育環境による影響を検討するため，東洋文化圏のさまざまな出身国の被験者全体について，現在の居住環境や生育環境の地理学的な相違による影響を同様の手法を用いて検討しているが，著しい差異はみられなかったとしている。最終的に彼らは，これらの結果をふまえ，景観の評価傾向は個人属性によらないとする，異文化間の共通性を主張するUlrichらと同様な立場に到達している。

一方，TipsとSabasdisaraと同様に，西洋文化圏と東洋文化圏の比較を行ったYangら[30], [31]の研究では，やや異なる結果が示されている。彼らは，韓国人の住民415名，大学生135名，ソウル市への欧米旅行者110名に，植栽，水面，庭石に配慮した西洋風12種，韓国風16種，日本風12種の計40種の庭園風景を白黒写真で呈示し，5段階尺度で評価を求めている。結果として，韓国人，欧米旅行者ともにもっとも好むのは日本風庭園であるが，韓国人は次いで西洋風を，欧米旅行者は次いで韓国風を好む傾向がみられ，このことから，評価者は自身の文化的背景とは異なる景観をより好ましく感じると結論づけている。

また，Nasar[32]は，日本人大学院生29名と米国人大学院生17名に，日米各4都市計8都市(東京，大阪，京都，仙台，San Francisco, Cleveland, Columbus, Cincinnati)の主要街路について，走行中の自動車からの街路景観を，VTRならびにスライドで呈示し評価を求めている。

この研究では，どのような要因が評価に寄与するかについて，異文化間で比較検討することを主な目的としており，あらかじめ評定された，「多様性」，「秩序性」などの項目を説明変数とする重回帰式がグループごとに構成され，内容的な共通性が確かめられている。しかしながら，グループ間で評価傾向の共通性がかなり高いならば，それぞれの評価を説明する回帰式の内容が類似するのは自明であり，むしろ着目すべき知見としては，Yangら[31]と同様に，日本人，米国人ともに自国より相手国の景観を高く評価する傾向が得られている点であろう。

YangらおよびNasarによる以上の結果は，Sonnenfeld，やBuhyoffらが指摘する，環境に対する馴染みの程度(familiarity)による影響(馴染みのあるものの方が高く評価される)とは相反する傾向であり，新しく珍しい事物への興味や関心(novelty)によって，評価者の社会的，文化的背景とは異なる対象が，より高く評価される場合のあることが理解できる。このような知見が得られた最大の理由は，これまでの研究の多くが，単一地域から採集された自然景観を評価対象としていたのに対し，文化的背景の著しく異なる景観を複数用いたことによると予想される。言い換えれば，評価者と評価対象との文化的背景が極端に相違したことによる影響と考えられる。

5.1.7　ほかの個人属性による影響との比較

このように異文化間の比較研究が多く行われ，さまざまな議論がなされたことにより，5.1.5で述

べたように，異文化間の共通性と相違性の存在は次第に研究の前提とされるようになり，むしろそれらの詳細や，それらが存在する理由などが着目されるようになった。そのような視点を有する研究の中で，先に紹介したZubeとPittと同様に，評価者の社会的，文化的背景の相違を格別に重視するのではなく，性別や年齢などの個人属性の一つとして同等に扱い，属性の違いによる評価の差異が意味する内容を，比較分析によって明らかにしようと試みた一連の研究がみられる。

たとえば，KaplanとHerbert[33]は，米国人大学生145名，オーストラリア人大学生120名，それにオーストラリア人の環境保護団体のメンバー74名に対し，オーストラリアの森林景観60種類をスライド呈示して評価を求めている。3グループの相関係数は0.65〜0.84で比較的高いが，同じオーストラリア人でも環境保護団体のメンバーは学生と比べて自然植生により強い関心を有し，異文化間の差異以上に他の個人属性による差異の大きい場合のあることが指摘されている。

また，最小次元解析（SSA-Ⅲ）によって，グループごとに60種類の景観を類型化した結果，オーストラリア人学生が地域に固有の植生的な特徴によって景観を弁別しているのに対し，米国人学生はそれらをいずれも外国的として細かく弁別していないことから，景観の知覚や認知における異文化間の差異の存在を示唆している。

Herzogら[34]も，さまざまな個人属性のオーストラリア人384名と米国人大学生250名を被験者として，異文化間の比較のほかに，年齢や専門性，民族性などによる差異の検討も意図して，さまざまなグループ間での比較分析を試みている。評価対象は，あらかじめ設定した6種類の景観タイプから選択したオーストラリアの自然景観60種類で，農地や廃屋など，人の手の加わった景観も含まれている。

KaplanとHerbert[33]と同様に，オーストラリア人全体と米国人学生の評価に，最小次元解析（SSA-Ⅲ）を適用しており，それぞれで得られた6種の景観類型を比較した結果を**表5.1-4**に示す。多くの景観が，両者で同じ類型に弁別されていることから，景観の知覚，認知における異文化間の共通性が確認できるが，オーストラリアの在来種ではない「柳」を主とする景観が，米国人とは異なりオーストラリア人では農地の類型に入ることから，認知的な差異の存在も同時に指摘されている。

また，6類型の平均評価得点を算出して比較した結果，全般に米国人よりオーストラリア人，とくにアボリジニの学生の評価が高いことから，環境との馴染みの程度，すなわちfamiliarityによる影響を指摘している。しかし一方では，6類型のうち建物の類型においてのみ，一般学生よりアボリジニの学生の評価が低いことや，環境自然資源局の局員が他のグループに比べ，外来種である「柳」を主とする景観を好まない傾向などを示して

表5.1-4 自然景観の類型化における2か国間の比較[34]

		オーストラリア					
		景観数	植生	平坦地	荒地	河川	農地	構造物
米国	景観数		20	11	7	5	5	3
	植生	13	12					
	平坦地	6		6				
	荒地	14	3	2	6			
	河川	9	1			5		
	農地	5		1	1		3	
	構造物	5						3

表5.1-5 被験者グループ[35]

	グループの内容	年齢	被験者数
	ハーバード大学大学院生	23〜43	24（Graduate School of Design）
A	landscape horticulturist	45〜55	32（造園家）
B	landscape designer	27〜35	25（設計者）
C	landscape architecture 学生	19〜22	22（86年），32（87年），35（88年）
D	landscape horticulture 学生	23〜35	25（85年），27（87年）
E	一般学生（専門課程以前）	19〜20	45
F	勤労学生（農繁期に補助労働）	19〜20	41（全体），24（男性），17（女性）
G	都市の高校生	16〜17	26（全体），13（男性），13（女性）
H	都市の中学生	13〜14	44（全体），22（男性），22（女性）
I	農村の小学6年生	12〜14	43（全体），17（男性），26（女性）
J	農村の小学3年生	9〜11	38（全体），22（男性），16（女性）
K	都市の小学3年生	8〜10	46（全体），29（男性），17（女性）
L	労働者	25〜35	20
M	農民	25〜35	47
N	専門家集団1		B+C
O	専門家集団2		A+B+C+D

おり，景観の中に存在する意味を見いだせるかどうか，また，それをどのように解釈するのかによっても評価が左右されることを指摘している。

Yu[35]も同様な観点から，さらに，東洋文化圏と西洋文化圏の比較を含めて，表5.1-5に示す多様な属性の中国人28グループと，景観に関して専門的知識を有するハーバード大学大学院生の評価の差異について検討している。評価対象は，中国広東省の国立公園から採集した50種類の景観で，スライド呈示により評価を求め，相関分析や因子分析を適用している。

その結果，小学生〜高校生などの教育水準の違いや，都市と農村といった生活環境の違いの方が，中国人と欧米の学生といった社会的，文化的背景の相違や，専門的知識の有無よりも評価を大きく左右し，欧米の学生の評価は都市在住の教育水準の高い中国人ともっとも類似するとしている。

ただし，中国人と欧米の学生では，伝統的な農村景観について評価が異なっており，その地域の典型的な景観であることが理解できたかどうかという点で異文化間の差異が認められたとしている。また，景観や造園の専門家が新しい観光施設を否定的に，寒々とした霧深い景観を肯定的にとらえるのに対し，農民は生産性や作業性の観点から相反するとらえ方をすることなどを明らかにしている。

これらの研究成果を整理すると，まず，異文化間の共通性と相違性が，いずれの研究でも改めて確認されているが，さらに，景観の心理的評価に関する次のような新しい知見を示している。すなわち，KaplanとHerbertやHerzogらの研究における植生や，Yuの研究における伝統的農村景観にみられるように，景観の知覚，認知という段階における社会的，文化的背景の相違である。景観の中からどのような情報を読み取るのかということに評価者の知識や経験の差が反映され，それが評価傾向の差異にも関連する可能性が指摘された事実は重要であろう。

また，環境保全活動や農業への従事など，景観に対して評価者が抱く行動目的や意図が大きく異なることが予想される属性で，異文化間の差異以上に評価に違いがみられることが多いことがわかる。評価者の行動目的や意図は，先に述べたように異文化間の相違性が生じる要因としてHullとRevell[25]が指摘しており，この結果から，社会的，文化的背景にしろ，ほかの個人属性にしろ，それらの違いが評価者の行動目的や意図の違いを代表する場合に大きな差異の生じることが予想されるだろう。

5.1.8 異文化間の比較を用いた理論的検討

5.1.7では異文化間の差異を個人属性の一つとしてとらえ，多様な属性のグループ間の比較分析によって，景観の心理的評価についてより一般的な知見を得ようとする試みについて述べた。ここでは，それらの研究成果をふまえ，景観の評価に影響する要因を検討するにあたり，異文化間の比較を一つの手段として，より理論的な取扱いをしようとするPurcellらによる研究[36],[37]を紹介する。

先に述べたように，Sonnenfeld[11]は異文化間の相違性を，ShaferとTooby[12]は異文化間の共通性を主張する，相反する結果が得られたわけだが，彼ら[36]はその違いを，前者が生活する場としての評価，後者が単純な視覚的印象による評価であったことによると考えた。すなわち，景観の評価には，単なる視覚的印象の良し悪しだけではなく，ある行動をするのに適切かどうかや，その行動をしたくなるかどうかなど，その環境が有するさまざまな機能的側面も反映されるものであり，評価者がどのような立場に立つかによって変化するものと想定した。

彼らはこのような仮説のもとに，景観の全体的な評価のほかに，「生活や仕事を行う場としての評価」，「休日に余暇を過ごす場としての評価」という，行動目的が異なる2種類の評価を加え，同じ景観に対して3種類の評価（preference）を尋ねる実験を行っている。これは，HullとRevell[25]の指摘した評価者の抱く行動目的や意図を，あらかじめ研究者によって与えた実験であるといえる。

被験者はオーストラリアとイタリアの学生96名，評価対象は住宅地や工業地域，街路から森林や丘陵，農地までの12種類のタイプごとに，両国からそれぞれ2種類を選定した合計48種類の景

観であり，カラースライドにより呈示している．

被験者グループごと，景観のタイプごとに3種類の評価による平均評価得点を算出した結果を図5.1-2に示す．両グループおよび3種類の評価のいずれも，傾向はおおむね類似しているが，それと同時に，「生活や仕事を行う場としての評価」では，自然景観で評価が劣り，景観の撮影場所が市街中心から離れるに従って低評価となること，「休日に余暇を過ごす場としての評価」では，別に尋ねたfamiliarityの回答から，馴染みの薄い景観が高く評価されることなどから，行動目的の違いが評価に影響を及ぼす可能性が指摘されている．

また，Peronら[37]は，Purcellら[36]と同一の実験結果に基づき，典型的で馴染みあるものが好まれるとする古典的モデル（preference-for-prototypes model）と，馴染みのない見慣れないものは，馴染みあるものに比べて特別な評価になるとするモデル（preference-for-difference model）のうち，いずれが景観の心理的評価を説明するモデルとして適合性が高いか検証している．

彼らは，認知心理学の理論に基づき，対象から認識される相違（difference）と自律神経系の活性化との関連から，preferenceを次のように説明している．すなわち，覚醒水準が低い間は，preferenceと相違とは正の相関を示し，相違が大きくなるほど好ましく感じられるが，覚醒水準が高くなり，相違が著しくなると逆に負の相関を呈し，適度な相違がもっとも好まれるとしている．

これにしたがえば，覚醒水準の高い場合が，familiarityによる影響を重視する前者のモデル，覚醒水準の低い場合が，nobeltyによる影響を重視する後者のモデルとそれぞれ対応するといえる．これまで述べてきた研究の中では，たとえばSonnenfeld[11]やKaplan[33]，Herzogら[34]では前者を，Yangら[31]やNasar[32]では後者をそれぞれ支持する結果が得られているといえる．

彼らは，preferenceのほかに回答を求めた，familiarityとtypicalityの3種の項目について関連を検討し，さらに，景観タイプごとに典型的か否かの判断によってデータを区分して，各区分の平均評価得点の比較を行っている．結果としては，仮説として示した2つのモデルのいずれも積極的に肯定する根拠は得られなかったとしている．

以上の研究は，preferenceの要因として，Purcellらが評価者の行動目的や意図を，Peronらが評価者の経験（生活環境に対する馴染み）を，それぞれ検討しているといえるが，両者に共通して得られる知見として，彼らは，景観のタイプがpreferenceを大きく左右するという傾向をあげている．ただし，これまでの多くの研究によって指摘されてきたように，自然が豊富であれば評価が向上し，人工物が増加すれば評価が低下するといった一様な関係を単純に示すものではなく，さらなる研究蓄積が必要であるとしている．

Purcellらによる一連の研究は，異文化間の差異や，それが生じる理由について必ずしも重視しておらず，結論的にもとくに画期的な成果をあげているとはいえない．しかし，異文化間で評価を比較検討することにより，景観の心理的評価に影響を及ぼす要因について，一般的な知見を得ようとするものであり，5.1.7で述べた研究成果をさらに進展させた実証的研究であるといえる．異文化間の比較を扱う領分において，このような研究は

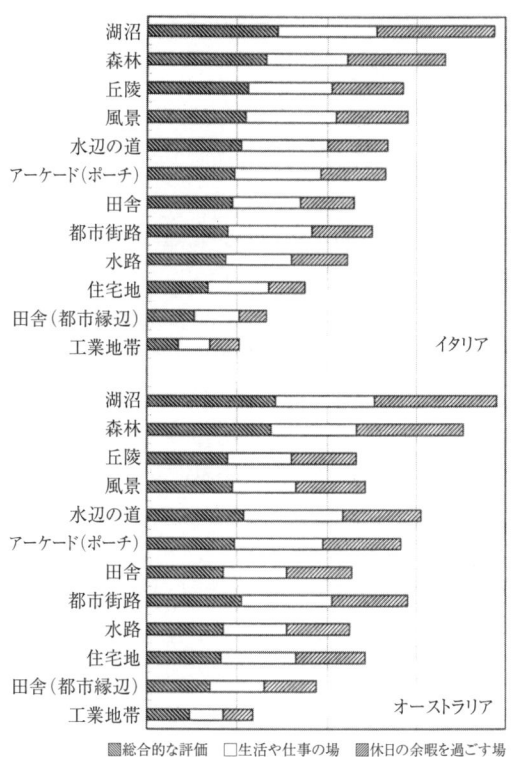

図 5.1-2 グループ別，景観タイプ別の平均評価得点[36]

5.1.9 国内における異文化間比較研究

地域間の比較の単純な拡張が国際的な比較へと自然に発展する欧米では、異文化間の比較研究はかねてから多く行われてきている。これに対して、日本ではいまだ研究例は少なく、関心もあまり高いとはいえない。ただし、日本庭園を対象とした鈴木ら[38]や杉尾[39]による研究、伝統的建築物を対象とした岡島ら[40]〜[42]の研究など、顕著な文化的特徴を有し、異文化間での差異が期待できる対象について、最近、いくつか研究が展開され始めている。日本の研究例では、景観の心理的評価にSD法が用いられることが多いため、各形容詞対について仔細な検討が行われるのが特徴的である。

たとえば、鈴木ら[38]は外国人と日本人の日本庭園観について、7庭園を対象として、そこを訪れた旅行者に、SD法による評価を求めている。平均評価得点と因子分析による結果から、日本庭園に対して外国人は「派手で、明るく、動的」な印象を抱くのに対し、日本人は「地味で、暗く、静的」な印象を有すること、外国人が水景に、日本人が石組みに、より注意を払うことなどが結論として見いだされている。また、興味深い指摘として、日本人若年層と外国人老年層、日本人老年層と外国人若年層の間にそれぞれ類似性があり、前者は観光的な動機から、後者は日本文化に対する関心から、それぞれ評価傾向が類似したとしており、KaplanとHerbert[33]が示したように、異文化間の差異より個人的な関心や態度による影響の顕著であることが示されている。

また、杉尾[39]は、ニュージーランド人と日本人の住宅庭園景観に対する評価を求め、日本人が「カラフルさ」と「派手さ」に共通の意味を見いだすのに対し、ニュージーランド人では異なること、ニュージーランド人は日本人と異なり、「親しみやすさ」より「おもしろさ」を評価の基準としていることなどを示している。前者は言語的な意味空間の相違として、後者については文化的視点の違いとしているが、日本人ではfamiliarityが、ニュージーランド人ではnoveltyがそれぞれ影響したと考えることもできる。

これらの例を含め、日本における数少ない異文化間比較研究においても、興味深い知見は散見される。しかしながら、5.1.8までで述べた欧米での研究成果の十分な検討や配慮もなく、独自の観点から行われることが多いため、これまでは研究の体系化や成果の共有化が図られていなかったといえる。一口に異文化間比較研究といっても、それぞれが抱える理論的な前提や問題意識には大きな幅があることから、自らの研究の目的と位置づけについて、既往研究の成果と照応したうえで、明確に認識することが、この分野の日本における今後の発展には改めて必要といえるだろう。

5.1.10 河川景観評価における異文化間比較

これまで述べてきた背景をふまえ、ここでは具体的な研究例として、金らが実施した、英国・日本・中国の学生被験者による河川景観評価の比較研究[43]について紹介し、異文化間比較研究を行ううえで留意すべき点を中心に述べる。

(1) 研究の背景と目的

この研究の問題意識としては、まず、東洋文化圏と西洋文化圏、東洋文化圏同士の評価傾向を比較することがあげられる。これにより、社会的、文化的背景の差異の程度が評価に及ぼす影響についての基礎的な知見が得られる。同様な目的の研究には、TipsとSavasdisara[29]などがあるが、留学生や旅行者を評価者としているため、調査が実施された国の文化に対して、はるばる異国を来訪した評価者の興味や関心によるバイアスが予想される。この研究では、3国それぞれで被験者実験を行うことにより、評価の異同をより純粋に抽出しようとしている。

つぎに、西名ら[44]が提案している景観の心理的評価を説明する予測式の、異文化間での適合性の検討である。予測式は、景観の物理的特徴を示す構成要素の面積比を説明変数とした重回帰式であり、これはいわば単純化された評価構造を示すと言える。したがって、予測式の適合性に差がない

5.1 景観評価における異文化間比較研究

1：ヴェネチア
2：アムステルダム 
3：ニーシェピン 
4：コペンハーゲン 
5：イエーブレ 
6：ブルージュ 
7：アムステルダム 
8：パリ 
9：ウィーン 
10：イギリス 
11：ロンドン 
12：イギリス 
13：イギリス 
14：ロンドン 
15：北海道　小樽 
16：兵庫　大谿川 
17：広島　瀬野川 
18：広島　京橋川 
19：東京　皇居 
20：兵庫　佐用川 
21：東京　横十間川 
22：中国　蘇州 
23：中国　蘇州 
24：中国　蓬莱閣 

写真 5.1-1

なら，評価構造も共通する可能性が示唆される。ただし，Nasar[32]の研究について指摘したように，評価傾向の類似性が高いなら，予測式の適合度も類似するはずである。ここでは，適合性の比較だけでなく，適合しない景観にこそ異文化間の相違が顕著に現れていると想定し，その特徴を検討することによって，評価基準の違いをより明確に把握することを意図している。

(2) 研究の方法

実験に用いた景観は，西名らが実施した，国内外河川景観の心理的評価に関する研究[45]で使用した30種類の景観から特徴的なものを採用するとともに，英国・中国の景観を適宜加えて選定した24種類である。景観の内容を**写真5.1-1**に示す。選定にあたっては，familiarityやnoveltyの影響を考慮して，各被験者の社会的，文化的背景に帰属する景観とそうでない景観を用意している。

回答票の質問項目を**表5.1-6**に示す。フェースシートの項目は，評価結果の解釈上，多少なりとも有用な情報となることが予想されるものならばなるべく選定するようにした。各景観の評価項目には，景観を見る頻度，総体的・個別的評価7項目，SD法によるイメージ評価20形容詞対を採用した。このうち，景観を見る頻度は，その景観に対するfamiliarityを測る目的で選定した。その他の項目は既往研究との比較可能性を考え，あまり変えないようにしたが，SD法の評価には異文化間の比較という研究目的を反映した形容詞対（たとえば「英国的な―日本的な」など）もいくつか加えている。なお，総体的・個別的評価とは，景観全体のpreferenceを示す「満足意識」や「景色」といった総体的評価と，景観の部分的，具体的な状況を示す「緑量」や「建て込み」などの個別的評価の総称として，ここでは用いている。

回答票は，日本語で作成した内容を英訳，中訳し，各国用を作成した。使用した言葉の意味的相違は，評価を大きく左右し，場合によっては結果をまったく無意味にするため，翻訳には細心の注意をはらい，それぞれnative speakerによる十分な査読を受けた。ただし，時間的，経済的に余裕があるなら，何度かのback translation（翻訳結果を第三者が再翻訳して元の言語に戻した際に，翻訳前の内容と一致するかどうかを確認すること）によるチェックが望ましい。

実験場所，期間，被験者数の一覧を**表5.1-7**に示す。当然のことながら，実験室や機材などは各国で異なるが，たとえば被験者の着座位置から眺めた場合のスライド映像の大きさや，教示の内容などについて，なるべく条件が一定となるよう留意した。被験者数は，景観などの評価に個人差が大きく反映される対象では，1つの実験条件につき50名程度は確保する必要がある。

実験の手順は，実験者の教示，フェースシートへの記入後，被験者にあらかじめ24種類の河川景観を5秒間隔で呈示した後に，改めて1種類ずつ順に呈示して評価を求めた。あらかじめすべての景観を呈示するのは，被験者にこれから評価する対象の全容を把握させることにより，各人に内なる基準をもたせ，対象の出現順序が評価へ及ぼす影響を防ぐための配慮である。実験時間は以上

表5.1-7 実験概要

国名	実験場所	実験期間	被験者数
英国	ロンドン大学	1997年12月3日～1998年3月6日	72
日本	広島大学	1998年5月14日～6月16日	85
中国	大連理工大学	1998年10月9日～10月12日	100

表5.1-6 回答票の質問項目

フェースシート	1) 属性			性別，年齢，学部，出身地，居住年数など
	2) 価値観	12項目	4段階尺度	協調―独自，自然―都市，利便―保護など
	3) 河川に対する関心 関心の内容		5段階尺度 自由記述	治水面，利水面，親水面など
	4) 河川との親しみ 親しみの内容		5段階尺度 自由記述	
	5) 好ましい河川景観		自由記述	
	6) 渡航経験			経験の有無，行った国名・期間・目的
	7) 関心のある国名 関心の内容		自由記述 自由記述	
	8) 景観に対する印象		5段階尺度	英国，日本，中国の景観の美しさ
景観評価	9) 見る頻度		4段階尺度	
	10) 総体的・個別的評価	7項目	5段階尺度	国内外の別，満足意識，緑量など
	11) SD法によるイメージ評価	20項目	7段階尺度	さわやかな，安らぎのあるなど

のすべてのプロセスで約80分を要したが，この程度が被験者の集中力が持続する限度であろう。したがって，質問項目や景観が多数に及ぶ場合には，実験を何度かに分ける必要がある。

(3) 実験結果・考察

総体的・個別的評価の各項目について，各国間の相関係数を求めた結果を**表5.1-8**に示す。「景色」や「満足意識」の総体的評価では，日本と中国の相関は比較的高いものの，英国の評価傾向はこれら2国と異なり，同じ東洋文化圏の中での共通性，東洋文化圏と西洋文化圏との相違性が示されている。ただし，「建て込み」や「流れの快適さ」では，逆に英国と日本の相関が日本と中国の相関より高

く，必ずしもすべての評価項目で同様な傾向は得られていない。また，具体的な要素についての，とくに量的な側面を示す「緑量」，「水量」では，異なる2国間の相関はいずれも比較的高い値を示し，評価項目の内容がより客観的になるに従って，文化的背景の相違による影響の減少することがわかる。

表5.1-8 総体的・個別的評価の相関係数

		英国－日本	中国－日本	中国－英国
総体的・個別的評価	国内外の別	－0.54	0.56	－0.54
	満足意識	0.25	0.77	0.07
	景色	0.38	0.73	0.15
	緑量	0.90	0.95	0.84
	建て込み	0.90	0.74	0.55
	流れの快適さ	0.81	0.60	0.64
	水量	0.95	0.95	0.94

表5.1-9 英国・日本・中国および全体のSD法によるイメージ評価の因子分析結果

英国

SD法によるイメージ評価	快適性	躍動性	伝統性	親近性	統一性
さわやかな－うっとうしい	0.795	－0.044	0.041	0.074	－0.049
好きな－嫌いな	0.824	－0.011	－0.188	－0.014	0.137
安らぎのある－安らぎのない	0.727	－0.197	－0.089	0.118	0.120
開放的な－圧迫感のある	0.539	－0.127	0.118	0.054	－0.375
自然的な－人工的な	0.268	－0.212	－0.464	－0.019	－0.323
調和した－不調和な	0.744	－0.201	－0.148	0.058	0.090
豊かな－貧しい	0.420	0.136	0.439	0.342	0.017
整然とした－雑然とした	0.256	－0.230	0.454	0.206	0.179
統一的な－ばらばらな	0.340	0.080	0.027	0.017	0.536
平凡な－特徴のある	－0.344	－0.104	0.216	0.255	－0.116
英国的な－日本的な	－0.026	－0.079	－0.036	0.800	－0.024
華やかな－寂しい	0.357	0.541	0.057	－0.022	0.252
複雑な－単調な	－0.160	0.507	0.110	－0.058	0.075
活発な－おとなしい	－0.198	0.728	0.139	－0.026	0.043
速い－遅い	0.092	0.648	0.121	0.010	－0.045
荒々しい－穏やかな	－0.290	0.570	－0.120	－0.020	－0.144
新しい－古い	－0.204	0.073	0.783	－0.018	－0.079
伝統的な－革新的な	0.140	－0.183	－0.639	0.115	0.078
大きい－小さい	0.072	0.149	0.347	0.035	－0.334
親しみやすい－親しみにくい	0.150	0.011	0.010	0.782	0.026
寄与率（％）	18.0	10.6	9.7	7.6	4.2

中国

SD法によるイメージ評価	快適性	躍動性	伝統性	統一性	開放性
さわやかな－うっとうしい	0.803	0.116	0.134	－0.060	0.210
好きな－嫌いな	0.877	－0.014	0.054	0.164	0.057
安らぎのある－安らぎのない	0.719	－0.354	－0.016	－0.102	－0.136
開放的な－圧迫感のある	0.641	－0.101	0.186	－0.140	0.457
自然的な－人工的な	0.426	－0.138	－0.292	－0.314	－0.089
調和した－不調和な	0.735	－0.118	0.005	0.315	0.069
豊かな－貧しい	0.671	0.275	0.110	0.152	0.038
整然とした－雑然とした	0.582	－0.330	0.235	0.482	0.121
統一的な－ばらばらな	0.628	－0.239	0.104	0.486	0.068
平凡な－特徴のある	－0.498	－0.243	－0.097	－0.213	0.101
英国的な－日本的な	0.088	0.084	－0.024	0.269	0.070
華やかな－寂しい	－0.335	0.507	0.193	0.174	0.360
複雑な－単調な	－0.010	0.530	0.043	0.143	－0.048
活発な－おとなしい	0.082	0.473	0.163	－0.228	0.061
速い－遅い	－0.174	0.457	0.173	0.098	0.399
荒々しい－穏やかな	－0.647	0.475	－0.011	－0.070	0.110
新しい－古い	0.199	0.101	0.759	0.042	0.219
伝統的な－革新的な	－0.039	－0.175	－0.780	0.030	－0.119
大きい－小さい	0.066	0.055	0.183	0.127	0.474
親しみやすい－親しみにくい	0.715	0.055	－0.022	0.024	－0.086
寄与率（％）	28.1	8.7	7.7	5.0	4.6

日本

SD法によるイメージ評価	快適性	躍動性	伝統性	親近性	統一性
さわやかな－うっとうしい	0.786	0.134	0.250	0.017	－0.018
好きな－嫌いな	0.750	0.377	0.067	－0.086	－0.009
安らぎのある－安らぎのない	0.789	0.084	0.158	－0.056	－0.099
開放的な－圧迫感のある	0.678	－0.111	0.206	0.079	－0.054
自然的な－人工的な	0.466	－0.254	－0.164	－0.259	0.201
調和した－不調和な	0.550	0.433	0.281	－0.192	－0.014
豊かな－貧しい	0.628	0.370	0.067	0.230	0.011
整然とした－雑然とした	0.295	0.109	0.685	0.074	－0.145
統一的な－ばらばらな	0.242	0.411	0.572	－0.133	－0.101
平凡な－特徴のある	0.227	0.533	－0.052	0.384	0.130
英国的な－日本的な	0.153	0.479	0.100	0.027	0.113
華やかな－寂しい	－0.029	－0.534	0.082	0.068	0.016
複雑な－単調な	－0.081	0.228	－0.618	－0.037	0.152
活発な－おとなしい	－0.146	0.367	－0.298	0.266	0.505
速い－遅い	0.128	0.049	－0.058	0.035	0.722
荒々しい－穏やかな	－0.360	0.000	－0.277	0.040	0.585
新しい－古い	0.101	0.060	0.082	0.816	0.036
伝統的な－革新的な	0.087	0.078	0.062	－0.700	－0.063
大きい－小さい	0.311	0.039	0.102	0.164	0.014
親しみやすい－親しみにくい	0.745	0.156	0.037	－0.055	－0.062
寄与率（％）	21.2	8.9	8.2	8.0	6.3

全体（統合データ）

SD法によるイメージ評価	快適性	躍動性	伝統性	親近性	統一性
さわやかな－うっとうしい	0.701	0.418	－0.076	0.126	0.117
好きな－嫌いな	0.641	0.579	0.018	－0.021	－0.054
安らぎのある－安らぎのない	0.624	0.371	－0.270	－0.015	－0.008
開放的な－圧迫感のある	0.622	0.192	－0.097	0.169	0.374
自然的な－人工的な	0.543	－0.105	－0.134	－0.252	－0.069
調和した－不調和な	0.474	0.624	－0.106	－0.077	0.015
豊かな－貧しい	0.390	0.466	0.163	0.232	0.074
整然とした－雑然とした	0.107	0.626	－0.335	0.246	0.251
統一的な－ばらばらな	0.160	0.690	－0.157	0.045	0.014
平凡な－特徴のある	－0.198	－0.369	－0.180	－0.003	0.245
英国的な－日本的な	0.008	0.263	0.088	－0.030	0.060
華やかな－寂しい	－0.128	0.165	0.535	0.112	0.169
複雑な－単調な	－0.060	－0.015	0.488	0.070	－0.219
活発な－おとなしい	－0.006	－0.049	0.562	0.175	－0.049
速い－遅い	－0.030	0.021	0.589	0.072	0.262
荒々しい－穏やかな	－0.339	－0.343	0.561	－0.097	0.064
新しい－古い	0.014	0.085	0.108	0.814	0.148
伝統的な－革新的な	0.041	0.046	－0.183	－0.731	－0.049
大きい－小さい	0.099	0.090	0.132	0.199	0.369
親しみやすい－親しみにくい	0.745	0.156	0.037	－0.055	－0.062
寄与率(%)	13.5	13.4	9.9	8.1	3.2

第5章　心理・生理研究の総合的アプローチ

つぎに，SD法による20形容詞対の評価結果に，主因子法，バリマックス回転による因子分析を適用した。英国，日本，中国の国別と，それらを併せた統合データについての分析結果を表5.1-9に示す。ここでは，因子構造の比較を目的としたために，一般的な固有値1.0以上という基準を用いず，因子数を変更した幾つかの結果を検討し，最終的に抽出因子数を5因子に固定した。

各国とも抽出順は異なるが，いずれも「快適性」，「躍動性」，「伝統性」，「統一性」なる意味内容の共通した因子が得られており，翻訳による言語構造の変化，異文化間の相違にかかわらず，Kwökと同様におおむね安定した因子構造の得られていることが確認できる。残る1因子は各国で異なり，英国では馴染みの程度を示す「親近性」が，日本では和洋の特徴を示す「異国性」が抽出されている。このことから，同じ「英国的な—日本的な」が，英国では単純にfamiliarityを表しているのに対して，日本では多分に文化的な相違まで含む概念としてとらえられていることがわかる。この結果には，「親しみやすい—親しみにくい」の翻訳における配慮の不足も反映されていると考えられることから，統合データの分析ではこの形容詞対は除いている。

このように，SD法による形容詞対の場合，評価対象に対してもともと多義的で曖昧な尺度を使用するため，とくに個々の評価においては，とらえられ方や翻訳による意味内容の相違が生じることがあり，その場合，結果が大きく左右されることに注意する必要がある。その一方で，異文化間でおおむね意味内容の共通する安定した評価尺度を得るために，因子分析を積極的に用いて，多くの形容詞対に内在する因子を抽出することも考えられる。

最後に，景観の物理的特性と心理的評価との関連性について，総体的・個別的評価における，景観構成要素の面積比による予測値と，実際に得られた平均評価得点との相関を表5.1-10に，「満足意識」と「緑量」における，予測値と平均評価得点による各景観の布置を図5.1-3に示す。評価傾向の類似性から予想されるように，対応する物理的特徴が明確な「緑量」，「水量」で高相関，景観全体のpreferenceを示す「満足意識」や「景色」で低相関を呈する。また，予測式の適合性は，英国や中国に比べ総じて日本で高くなっている。予測式が日本人被験者の評価結果に基づくことから，景観の評価・判断における文化的な一貫性がうかがえるとともに，景観の評価予測手法を社会的，文化的

表5.1-10　予測値と実測値との相関係数

	満足意識	景色	緑量	建て込み	流れの快適さ	水量
英国	−0.004	−0.039	0.892	0.740	0.399	0.665
日本	0.472	0.344	0.874	0.610	0.592	0.731
中国	0.327	0.319	0.836	0.128	0.394	0.671

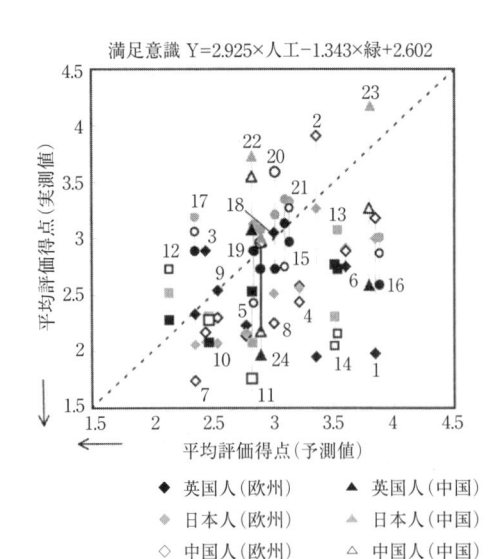

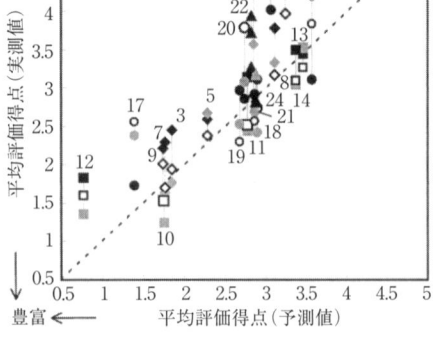

図5.1-3　平均評価得点の予測値と実測値との関連

背景を超えてあらゆる場面に敷衍することの危険性を示唆しているといえる。

さらに，実際に得られた平均評価得点と予測値とに大きな隔たりのある景観を抽出し，異文化間の顕著な相違をもたらす要因について考察した。たとえば，「満足意識」において，英国では，日本，中国，欧米を問わず，地域固有の特徴が明確に現れた景観で，予測値より実際の評価が大きく上回った。また，中国では，建物や植生が乱雑に並ぶ景観で予測値より実際の評価が低く，建物や植生が整然と並ぶ景観で，逆の傾向が認められた。これらから，英国では景観の文化的価値などを含む伝統性を重視する傾向があり，中国では整然性や統一感など，景観の視覚的印象によって評価がなされる傾向があるといえる。この結果は今後さらなる検証が行われ，確認されなければならないが，社会的，文化的背景の異なる被験者の評価傾向の相違を説明するうえで，きわめて有意義な知見が得られたといえるだろう。

5.1.11 おわりに

以上，異文化間の比較に関する，主として海外の既往研究を概括したが，今後の研究展開を考えるならばいくつかの視点が考えられる。まず，景観の心理的評価傾向は，Ulrichが指摘するように人類という種の生物学的機構や進化における環境適応を背景とする共通性が存在し，「人間は自然的な環境を好み，人工的な環境を嫌う」などの知見が一般的な前提となるだろう。

しかしながら，ZubeとPittが批判し，HullとRevellが整理したように，異文化間の相違性もまた，共通性と同時に存在することも，すでに事実として認められているといってよい。その場合，問題となるのはその差異の重要性の判断と，その差異を引き起こす要因についての検討となる。とくに後者については，景観に対する評価者の経験や知識，目的や意図が重要である。たとえば，景観から何を発見し意味ある情報として解釈するのかという認知的側面における差異については，特定の景観タイプと特定の社会的，文化的背景とのかかわりを仔細に検討する必要があるだろう。また，評価に対して肯定的にも否定的にも作用する，familiarityやnoveltyによる両義的な影響についても，評価者の置かれている立場や状況などに配慮した分析を進めていく必要があるだろう。

異文化間の比較研究は先に述べたように日本ではあまり盛んではない。この理由には，たとえば，他国の被験者の確保が国内では困難であることや，日本語から他言語への翻訳作業で生じる支障などがあげられる。しかし，昨今の留学生や旅行者の増加などによって国際交流の機会は増してきており，翻訳作業もとくに日本に限った問題ではない。

もっとも大きな問題は，おそらく研究の有用性や工学寄与性に関する疑問ではないだろうか。異文化間の比較研究が特定の文化的背景や特定の対象に問題意識を限定するなら，そのような指摘もある面ではうなずけるであろう。しかしながら，単に文化的な差異を理解するためだけではなく，得られた結果をより広い視野をもって解釈することにより，景観や環境の心理的評価に関して，さらに理解を深めるうえで有益な手がかりが得られると考えられる。

日本は，四方を海で隔てられた閉鎖的な文化圏であるとの指摘がある一方で，ほかの文化圏の所産を積極的に導入し，アレンジする術に長けているともいわれる。日本における異文化間の比較研究は，その意味でたいへん興味深く，今後の研究の進展を期待したいところである。

最後に，本節では触れなかったが，異文化間の比較研究には，環境評価に関しても，たとえば住宅写真を評価の対象としたCanterとThorne[46]やGrovesとThorne[47]，好ましいと思う場所を自由記述で回答させたNewell[48]などの関連研究が存在し，さらに，発達や学習などの基礎心理学の分野や，移民や移転，留学などによる環境適応の側面でも多くの研究蓄積のあることを申し添えておく。

参考文献

1) Kaplan, S., Kaplan, R., and Wendt, J. S.: Rated preference and complexity for natural and urban visual material,

Perception and Psychophysics, Vol.12, pp.354-356, 1972

2) Ulrich, R. S.: Natural versus urban scenes ; some psychological effects, *Environment and Behavior*, Vol.13, pp.523-556, 1981

3) Brown, T. C. and Daniel, T. C.: Contest effects in perceived environmental quality assessment ; Scene selection and landscape quality ratings, *Journal of Environmental Psychology*, Vol.7, pp.233-250, 1987

4) Orians, G. H.: An ecological and evolutionary approach to landscape aesthetics. In A. C. Penning-Rowsell & D. Lowenthal (Eds.), Landscape Meanings and Values. London : Allen and Unwin

5) Kellert, S. R. and Wilson, E. O.: The Biophilia Hypothesis. Washington, DC : Island Press

6) 讃井純一郎, 乾 正雄：レパートリー・グリッド発展手法による住環境評価構造の抽出—認知心理学に基づく住環境評価に関する研究(1)—, 日本建築学会計画系論文報告集, No.367, pp.15-21, 1986.9

7) 讃井純一郎, 乾 正雄：個人差および階層性を考慮した住環境評価構造のモデル化—認知心理学に基づく住環境評価に関する研究(2)—, 日本建築学会計画系論文報告集, No.374, pp.54-60, 1987.4

8) 西名大作, 村川三郎：コンピュータ画像処理による河川環境整備策に対する住民意識評価構造の分析, 日本建築学会計画系論文集, No.441, pp.15-24, 1992.11

9) Lowenthal, D.: The American scene, Geographical Review, Vol.58, pp.61-68, 1968

10) Tuan, Y. F.: Visual bright ; Exercises in interpretation. In Visual Blight in America (Commission on College Geography Resource Paper No.23). Washington, D. C.: Association of American Geographers, 1973

11) Sonnenfeld, J.: Environmental perception and adaptation level in the arctic. In D. Lowenthal (Ed.), Environmental Perception and Behavior. Chicago : University of Chicago, Department of Geography, 1967

12) Shafer, E. L. and Tooby, M.: Landscape preferences ; an international replication, *Journal of Leisure Research*, Vol.5, pp.60-65, 1973

13) Shafer, E. L. Jr., Hamilton, J. F. Jr. and Schmidt, E. A.: Natural landscape preferences ; A predictive model, *Journal of Leisure Research*, Vol.1, pp.1-19, 1969

14) Zube, E. H., and Mills, L. V. Jr.: Cross-cultural explorations in landscape perception. In E. H. Zube (Ed.), Studies in Landscape Perception, pp.167-174. Amherst : University of Massachusetts, Institute for Man and Environment, 1976

15) Ulrich, R. S.: Visual landscape preference ; A model and application, *Man-Environment Systems*, Vol.7, pp.279-293, 1977

16) Ulrich, R. S.: Aesthetic and affective response to natural environment, In I. Altman and J. F. Wohlwill (Ed.), Behavior and the Natural Environment (pp.107-110), Plenum, New York, 1983

17) Appleton, J.: The Experience of Landscape. London, John Wiley

18) Kwök, K.: Semantic evaluation of perceived environment ; a cross-cultural replication. *Man-Environment Systems*, Vol.9, pp.243-249, 1979

19) Berlyne, D. E., Robbins, M. C. and Thompson, R.: A cross-cultural study of exploratory and verbal responses to visual patterns varying in complexity. In D. E. Berlyne (Ed.), Studies in the New Experimental Aesthetics : Steps toward an Objective Psychology of Aesthetic Appreciation (pp.259-278). New York : Wiley, 1974

20) Berlyne, D. E.: Extension to Indian subjects of a study of exploratory and verbal responses to visual responses to visual patterns, *Journal of Cross-Cultural Psychology*, Vol.6, pp.316-330, 1975

21) Kuller, R.: A semantic model for describing perceived environment, National Swedish Building Research, Document D12, Stockholm, 1972

22) Buhyoff, G. J., Wellman, J. D., Koch, N. E., Gauthier, L. and Hultman, S.: Landscape preference metrics : an international comparison, *Journal of Environmental Management*, Vol.16, pp.181-190, 1983

23) Wellman, J. D. and Buhyoff, G. J.: Effects of regional familiarity on landscape preferences, *Journal of Environmental Management*, Vol.11, pp.105-110, 1980

24) Zube, E. H. and Pitt, D. G.: Cross-cultural perceptions of scenic and heritage landscapes, *Landscape Planning*, Vol.8, pp.69-87, 1981

25) Hull, R. B. and Revell, G. R. B.: Cross-cultural comparison of landscape scenic beauty evaluations : A case study in Bali, *Journal of Environmental Psychology*, Vol.9, pp.177-191, 1989

26) Osgood, C. E.: On the whys and wherefores of E, P, and A, *Journal of Personality and Social Psychology*, Vol.12, pp.194-199, 1969

27) Kerry, G.: The Psychology of Personal Constructs. New York : Norton

28) Tips, W. E. J. and Sabasdisara, T.: Landscape preference evaluation and sociocultural background : A comparison among Asian countries, *Journal of Environmental Management*, Vol.22, pp.113-124, 1986

29) Tips, W. E. J. and Sabasdisara, T.: The influence of the environmental background of subjects on their landscape preference evaluation, *Landscape and Urban Planning*, Vol.13, pp.125-133, 1986

30) Yang, B. and Kaplan, R.: The perception of landscape style : a cross-cultural comparison, *Landscape and Urban Planning*, Vol.19, pp.251-262, 1990

31) Yang, B. and Brown, T. J.: A cross-cultural comparison of preferences for landscape styles and landscape elements, *Environment and Behavior*, Vol.24, pp.471-507, 1992

32) Nasar, J. L.: Visual preferences in urban street scenes ; A cross-cultural comparison between Japan and United States, *Journal of Cross-Cultural Psychology*, Vol.15, pp.79-93, 1984

33) Kaplan, R. and Herbert, E. J.: Cultural and sub-cultural comparisons in preferences for natural settings, *Landscape and Urban Planning*, Vol.14, pp.281-293, 1987

34) Herzog, T. R., Herbert, E. J., Kaplan, R. and Crooks, C. L.: Cultural and developmental comparisons of landscape perceptions and preferences, *Environment and Behavior*, Vol.32, pp.323-346, 2000

35) Yu, C.: Cultural variations in landscape preference : Comparison among Chinese sub-groups and Western design experts, *Landscape and Urban Planning*, Vol.32, pp.107-126, 1995

36) Purcell, A. T., Lamb, R. J., Peron, E. M. and Falchero, S.: Preference or preferences for landscape?, *Journal of Environmental Psychology*, Vol.14, pp.195-209, 1994

37) Peron, E., Purcell, A. T., Staats, H., Falchero, S. and Lamb, R. J.: Models of preference for outdoor scenes, Some experimental evidence, *Environment and Behavior*, Vol.30, pp.282-305, 1998

38) 鈴木 誠, 田崎和裕, 進士五十八：外国人の日本庭園観に関

する比較研究，造園雑誌，Vol.52, No.5, pp.25‐30, 1989
39) 杉尾邦江：ニュージーランド人と日本人の住宅庭園景観に対する意識に関する比較研究，造園雑誌，Vol.54, No.5, pp.227‐232, 1991
40) 岡島達雄，金 東永，麓 和義，内藤 昌：日本・韓国伝統建築空間のイメージ評定尺度抽出 日本・韓国伝統建築空間のイメージ特性 その1，日本建築学会計画系論文集，No.458, pp.171‐177, 1994
41) 岡島達雄，金 東永，麓 和義，内藤 昌：構成部位・要素からみた日本・韓国伝統建築のイメージ特性 日本・韓国伝統建築空間のイメージ特性 その2，日本建築学会計画系論文集，No.464, pp.209‐214, 1994
42) 金 東永，岡島達雄，麓 和義，黄 武達，内藤 昌：日本・台湾伝統建築空間のイメージ特性，日本建築学会計画系論文集，No.475, pp.203‐208, 1995
43) 金 華，村川三郎，飯尾昭彦，西名大作：英国・日本・中国の被験者による河川景観評価構造の比較分析，日本建築学会計画系論文集，No.544, pp.63‐70, 2001
44) 西名大作，村川三郎：河川景観評価予測モデルの作成と適用性の検討，コンピュータ画像処理による河川環境評価に関する研究 その2，日本建築学会計画系論文集，No.494, pp.61‐69, 1997
45) 西名大作，村川三郎：国内外河川景観の評価特性の比較分析，日本建築学会計画系論文集，No.491, pp.57‐65, 1997
46) Canter, D. and Thorne, R.：Attitudes to housing ; A crosscultural comparison, *Environment and Behavior*, Vol.4, pp.3‐32, 1972
47) Groves, M. and Thorne, R.：Aspects of housing preference ; Revisiting a cross-cultural study with the hindsight of improved data analysis, *Journal of Environ- mental Psychology*, Vol.8, pp.45‐55, 1988
48) Newell, P. B.：A cross-cultural examination of favorite places, *Environment and Behavior*, Vol.29, pp.495‐514, 1997

5.2 複合環境の評価研究とそのフィロソフィ

建築内外の環境を構成する複数の要因を総合的に評価するうえで，複合環境評価の考え方は重要である。本節では，複合環境評価に関する既往研究を概観するとともに，複合環境評価の考え方と具体的な研究の事例について紹介する。

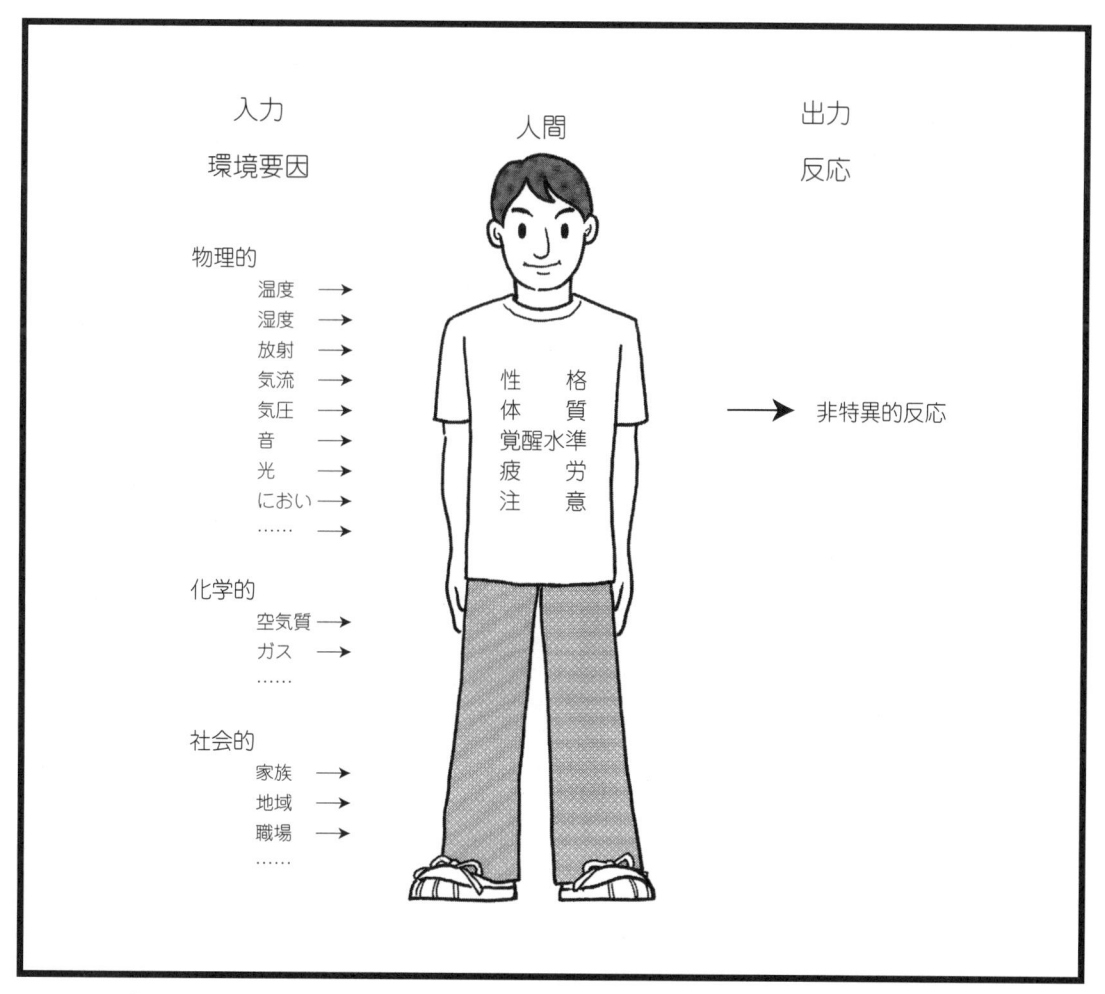

上図は，複合環境と人間の反応に関する便宜的な工学的モデルである。異種の数多くの環境要因が人間に影響し，個別の要因に特異的でない非特異的尺度上で評価されるという考え方を示すものである。環境要因としては，建築環境分野では，主として物理的な要因が対象とされるが，化学的要因や，社会的要因も人間の評価に関係する。また，評価主体である人間の個人差の要因(性格，体質，覚醒水準，疲労，注意など)も評価に関係する。

第5章　心理・生理研究の総合的アプローチ

■基礎知識
・複合影響
　2つの要因が複合する場合，無効果，加算，相乗，相殺という4つの場合が考えられるが，多くの場合は，無効果と加算であるといわれている。

・特異的反応と非特異的反応
　英語ではspecificとnonspecificあるいはunspecificという用語が相当する。前者は，その要因に特有の反応のことであり，後者は必ずしもその要因に特有とはいえず，複数の環境要因に共通する反応のことを意味する。

5.2.1 はじめに

我々の周囲の環境は，気温，気流，湿度，放射，昼光，人工照明，騒音，色彩などいくつもの要因から構成されている。これらの環境中で生活する人間には，それぞれの要因に関連する個別の感覚がさまざまに生じていると同時に，それらの複合的な環境を総合的に評価しているといえる。このように多くの要因からなる環境を人間がどう感じているのかを明らかにして，環境設計への応用について考察することは，建築や都市における環境心理生理学に関する重要なテーマの一つである。

前章までは，音，熱，空気，光というそれぞれの要因に関する心理生理研究について論じてきたが，本節ではこれらの要因が複合された環境の心理的生理的影響について述べる[1]〜[6]。

5.2.2 複合環境評価の考え方

(1) 環境刺激に対する感覚

人間の感覚には，大きくわけて特殊感覚（specific sensation），体性感覚（somatic sensation），内臓感覚（visceral sensation）がある。これらの，感覚としてのレベルはかなり異なっている。視覚や聴覚などは特殊化・分化が高度に進化した特殊感覚の一種であり，古くから実験心理学的な研究対象として興味をもたれてきた。一方温冷感などは体性感覚であり，特殊感覚と比較すると，かなり原始的な感覚である。各種の環境要因はさまざまな感覚と関係しており，異種要因を複合的に評価することの複雑さが示唆される（**表5.2-1**）。複合環境を構成する個々の要因に関係する感覚は，特殊感覚だけではなく体性感覚をも含んでいる。複合環境に対する人間の側の評価を考える場合には，これらのレベルの異なる感覚を統合化する研究上の哲学が必要になる。この具体的なメカニズムは高次の大脳活動に関係しているが，意識的無意識的プロセスが混在しており，けっして単純ではない。たとえば数多くの要因に関連する感覚は種類も多いが，人間はこれらの多数の環境要因に対して選択的に注意を向けている。選択的注意の問題を考慮するだけでも，問題が飛躍的に複雑になってしまう。したがって，個別要因に特殊な感覚に関する研究と複合環境評価研究とは哲学も方法論も異なってくるのである。

表5.2-1 人間の感覚様相と環境要因

環境要因	感覚
光	視覚
色彩	
空間形状	
気温	触覚
湿度	圧覚
放射	温度感覚
気流	痛覚
空気質	臭覚
音	聴覚
振動	運動感覚
	振動感覚
	前庭感覚

視覚や聴覚などを感覚のモダリティ（様相）と呼ぶが，それらがどのように作用を及ぼしあうか，については，心理学分野においては異系感性相互作用（sensory interaction, inter-sensory effect）などと呼ばれる問題として議論されている[7]〜[9]。しかし，この場合は通常，視覚や聴覚など特殊感覚の間の問題に限定されるので，熱環境のように体性感覚を含む場合は，独自の考え方が必要になる。

(2) 基本的なフィロソフィ

複合環境評価の研究を行ううえでの基礎的な理念（哲学）が重要である。異種の環境要因を共通尺度で評価するという試み自体を否定する立場も存在する。しかし，ここでは，5.2.1で述べたように，多くの環境要因からなる環境を評価することについて議論することを目的としているので，以下の理論を紹介することには意義があると思われる。

異種要因の複合環境の評価ということを考えるとき，より根本的な哲学について考えることも有意義であろう。たとえば，功利主義哲学におけるベンサムの有用性概念も関連している[10]。"有用性"として何をとりあげるかという問題もあるが，いずれにせよ複合環境を何らかの評価尺度で評価するというのは，有用性をどうはかるか，という行為の一種である。

複合環境に限らず，建築環境学分野における快適性の計量化の試みは比較的最近のことであるが，この試みのルーツは古く18世紀英国の"功利

主義（utilitarianism）"哲学者であるベンサムによる快楽の計量化と快楽計算に始まるといえる。その快楽のベースになっているのは"有用性あるいは功利（utility）"と呼ばれる概念である。彼の『最大多数の最大幸福』という言葉は有名であるが，彼の主張は『幸福とは快にあり，快をもたらす行為は有用なものであり，道徳的であるが，苦をもたらすものは役に立たず不道徳である』というものであり，一種の快楽主義であるとみなされている。重要なことは，彼が快・苦が比較計量されるとしてこの計算を試みたことである。現在の環境心理・生理分野で行っている実験研究の多くはまさにこの延長線上に位置づけられるであろう。ベンサムの場合は，個々人の幸福追求が多数の人間の幸福の総和を増大させることにつながるように法律を整えるべきであるということが重要な主張であったが，この点については批判が多い。筆者もベンサムの理論を全面的に擁護するつもりではないが，今日の我々の研究のルーツの一つとして，彼の快楽の計量化の理論は非常に興味深いと思われる。

(3) 非特異的な評価と非特異的な評価

ここで，ある要因に特有な評価尺度を特異的な評価尺度，要因の種類のよらない評価尺度を非特異的な尺度と呼ぶことにする。特異的（specific）という用語は，医学分野においてある病因に特有な反応であるか，そうではなく一般的な反応であるかを区別する場合に用いられる用語であるが，環境評価研究においても有用な術語であると考えられる。ただし，この区別は絶対的なものではなく，「特異的」という用語の意味する内容によって変化しうる相対的なものである。たとえば，温冷感・熱的快適感などは，気温・湿度・放射・気流という4つの要因のいずれにも共通する非特異的な評価であるともいえるし，音や光という異種の要因に対して温熱的な要因を単一のものと見なす場合には温熱的要因に特異的な評価であるともいえる。いろいろな場合において明快な定義をしておけば，便利な用語であるといえる。

異種環境要因のおのおのの受容器（receptor）は異なっているが，その影響は受容されて以後は統合されて総合的な効果器（effector）としての人間に現れてくる。この時点では，異種の環境要因が，何らかの非特異的な反応をもたらしたと考えられる。その統合のメカニズムはよくわかっていないが，工学的には入力，出力の関係をもとに研究することが可能である。この具体例として，便宜的なS-R図式的なモデルが考えられる（5.2扉図）。複合環境評価研究の今日的段階として，このような単純な環境決定論的モデルからスタートせざるを得ないことは誰しも否定できないであろう。

しかし，このような段階ではより分析的な刺激-反応を解明できるわけではなく，いわば高次の中枢神経系の処理をへた反応を，原始的なモデルを用いて考察することにとどまっているといえよう。

5.2.3 光環境と温熱環境

(1) 色彩の温熱的効果

色彩には感情効果と呼ばれる働きがある。これらのうちでも暖色，寒色という言葉はなじみ深いものであろう。一般に赤やオレンジ，ピンクなどの色は暖かく感じ，また青や緑，水色などは涼しく感じると思われている。だとすればたとえば暖色系のインテリア空間は実際の温度が低くても暖かく感じるようだが，本当にそうだろうか。これは色相-熱仮説（hue-heat hypothesis）と呼ばれており，この問題は古くから興味をもたれて，実証研究がいくつも行われてきた。

Cheskinの著書[11]には，「ある工場の食堂の壁の色を桃色から薄い青色に変えたところ，寒いという不満が出されたが温度は同じであった。壁の色をもとの桃色に塗装し直し，椅子にオレンジのカバーをかけたところ，寒いという不満がなくなった」という事例が紹介されているが，科学的なデータはまったく紹介されていない。

MorgensonとEnglish[12]は，円筒を6種類の濃い色（紫，青，緑，黄，橙，赤）の紙で覆っておき，被験者に温度の等しい2つの円筒を見せて，いずれがより暖かいかを判断させる実験を行った。しかし，この実験では暖色の円筒の方が暖かく感じるという結果は得られなかった。

米国の照明学会と暖房換気協会（ASHVE）は合

同で照明と空調に関する委員会を設置してこの問題に取り組んでいる[13]。その結果色彩は"快適"感の申告に影響しないと結論している。ただし，必要な統計的分析を行っていないことや，技術的理由でスクリーンの明るさが各色彩ごとに少し異なっていたことが問題点として指摘されている。また，この実験では快適な温度条件で行われたが，快適でない温度条件の場合の実験を行うことも必要であろう。

またBerry[14]は5色（こはく・黄・白・緑・青）の照明を用い，22.2℃，50％の温湿度条件から一定速度（1.1℃/分）で室温を上昇させたとき，作業中の被験者が，不快を感じ始めたときの不快指数を分析の対象とした。結果は，これらの色彩の間で，不快を感じる不快指数に有意な差はみられなかったが，被験者に実験の最後に各色彩が伝える熱に順位づけをさせると，色相-熱仮説に従った判断を示した。しかし，その順位と実験結果との間に相関関係は存在していないので，色相-熱仮説は証明されなかったという。この研究は，不快指数という体感温度を導入している点が重要であるが，不快指数は温度と湿度のみの指標であり，気流や放射は考慮されていない。

BennetとRey[15]は，被験者に赤・青・透明の3種類のめがねをかけさせて，24.4℃，50％近辺で周壁温の変化により，22.8～26.4℃に変化する実験室中で，20分間にわたり1分間隔で7段階の温冷感申告をさせた。結果は，被験者と温度変化の方向の効果は有意であったが，色彩の主効果や相互作用はみられなかった。そして，この実験の結論は色彩は心理的な効果——ある色彩がほかの色彩より暖かいあるいは涼しいという考え——を生じることはあっても，温熱的快適感には影響しないというものであった。

Fanger[16]は，色彩や騒音レベルがpreferred temperature（好みの温度）に与える影響を検証しようとした。極端な赤と青の光を用い，2.5時間の実験のうち後の2時間の好みの温度を測定した。その結果，青い色彩の場合の好みの温度は，赤い色彩の場合よりも0.4℃高かった。しかし，現実の室内環境では，このような極端な色彩はまれであるから，この差はもっと小さいと考えられるので，この差は実用的な意味をもたないと結論している。また，好みの温度ではその温度からはずれた温度の場合に被験者がどういう反応を示すかについての情報が得られないことはいうまでもない。

GreeneとBell[17]は，壁の色彩による暖冷房の省エネルギーの可能性について検討した。3種類の壁の色彩（赤，青，白）と4種類の温度（18，22，29，35℃）を用いた。結果は，温度は快適性・覚醒水準・知覚温度（perceived ambient temperature）に影響を与えたが，色彩は知覚温度に影響を与えなかったので，壁の色彩によって省エネルギーを行うことは不可能であろうと結論している。

大野ら[18]は寒暑感や涼暖感などが色彩の影響をうけるか否かを検討した。室温条件が変動する場合にわずかに影響があるといわれている。しかし，その程度はわずかであり，あまり顕著な影響はなさそうである。

以上のように色相-熱仮説に関する実験的な研究は大部分が否定的な結果であった。しかし，色彩学やインテリア関連の本には暖色系のインテリアにすると暖かく感じるという記述があるし，また実証的な研究においても何らかの有意な影響は報告されている。この点について，視覚的に色彩を与えて温度判断を求めると色相-熱仮説に合う結果が得られるが，皮膚感覚的にも温度を感じるような実験では結果がまちまちになるという実験心理学者の指摘もある[19]。

松原ら[20]は，冬期20，24℃，夏期24，29℃の条件で，橙色および薄い青色の2種類の色彩を呈示した場合の「温冷感」および非特異的環境評価尺度である「寒暑の印象」と「涼暖の印象」に及ぼす影響，非特異的評価法の教示の効果，色彩の影響の時間変化などについて検討を行い，以下の結果を得た。

『温熱環境条件を不快側に設定して色彩を呈示した場合，熱的な心理的負荷の軽減効果は高温側の寒色あるいは低温側の暖色がより大きい』という仮説に関しては「涼暖の印象」の評価にもっとも典型的な結果がみられ実証されたといえる。色彩の提示による至適温度や温冷感の変化を検討した

従来の研究では，それほど明確な結果は得られなかったが，この研究では色彩と室温の複合環境を非特異的に評価させることによって明確な結果を示すことができたといえる。また，「寒暑の印象」と「涼暖の印象」という非特異的尺度での評価は，特異的尺度である「温冷感」に比べ色彩の影響を受けやすい。その理由は室温よりも色彩により多く注意が配分されるためと考えられる。

以上より，暖色や寒色を利用して温熱環境に起因する心理的負荷を軽減することの可能性が示されたといえよう。このことは，『結果がまちまちになる』[19]という見解に対する一つの回答といえよう。

(2) 照明と温熱環境

Kruithofは，好みの照度と光源の色温度の組合せに関して，高色温度の光源は高い照度，低色温度では，低い照度が快適であるような関係を提案している。

明るさと温冷感の複合影響の存在については IshiiとHorikoshi[21]，石井と堀越[22]の報告がある。石井と堀越は，作用温度3条件(25, 28, 31℃)，照度3条件(100, 500, 1 000 lx)，光源2条件(白色蛍光ランプ，白熱電球)の条件で，実験を行った。温冷感は，25, 28℃の場合，蛍光ランプに比べ，白熱電球の温冷感は暑い方向となる傾向が示された，色相-熱仮説とほぼ一致する結果を報告している。

照明の色温度に関しては，垣鍔ら[23]〜[25]は，照度が一定の時に気温(22, 30℃)と光源の色温度(3 700, 7 000 K)の組合せが人体の生理心理反応に及ぼす複合的影響の検討を行っている。照度が1 500 lxの場合，Kruithofが提案した好みの色温度と照度の関係は夏期には成立するが，冬期には逆になる可能性を指摘している。照度が200 lxの場合は，Kruithofが提案した色温度と照度の関係は冬期には成立するが，夏期は好みが逆になる可能性があることが示唆されたとしている。

5.2.4 騒音と温熱環境，光環境などの複合

騒音によって仕事の能率が上がらない，あるいは非常に暑くて仕事ができないという経験がある。では暑くて静かな環境と涼しくてうるさい環境ではどちらがより不快になるだろうか。軍艦内で生じる高温(有効温度で22.8〜34.4℃)と空調のファン騒音(72〜90 dB)の組合せが作業成績・感情・生理機能に及ぼす影響に関する報告がある[26]。空調の導入による，乗務員の態度，作業の正確さ・速さの改善の可能性，および空調機の導入による騒音増大の悪影響の改善の検討を目的としている。その結果，一般に暑さによる作業成績の低下は騒音による低下よりもはるかに大きいので，空調騒音の低下のためにあまり費用をかける必要はないと結論している。ただし，この結論はあくまでも上記の実験条件の範囲内での知見であることに注意する必要がある。

長野ら[27]は環境音・室温・騒音の複合環境評価実験の結果から，以下の3つの可能性を指摘している。すなわち，①各環境要因に固有な尺度に対し，直接には関係しないと思われる環境要因が影響すること，②ある単一の環境要因はその環境要因に特異的な尺度だけでなく，複数の尺度上で評価される，③ある環境要因に特異的な評価がほかの環境要因に特異的な評価に影響するという副次的な効果が存在する。たとえば室内を「暗い」と感じたことによって，「涼しい」と感じる場合を指す．

長野ら[28]は，上記と同一の実験結果を別の視点から考察し，快適な環境音の効果は，室温と騒音の複合環境が不快である場合には有効であるが，そうでない場合にはあまり有効ではないことを報告している。

長野と堀越[29]は，騒音と暑熱の複合環境に関して，またNaganoとHorikoshi[30]は騒音と寒冷の複合環境に関して，非特異的な評価尺度を用いた興味深い報告を行っている。彼らは，道路交通騒音5段階(46.8, 59.2, 73.1, 80.0, 95.4 dB)，作用温度5段階(暑熱の場合27, 30, 33, 36, 39℃，寒冷の場合19, 22, 25, 28℃)の複合環境を，20項目の直線単極尺度で心理測定を行った。複合影響の定量的表現として，作用温度，等価騒音レベルを軸とした等不快線図，等快適線図を示しており，『これらは，熱と音の複合影響を量的に表現しており，熱と音の主効果だけではなく，熱と音との相互作用をも示せる』と述べている。騒音と温熱

環境の非特異的な評価に関する研究としては，先進的な成果であるといえよう．

住宅の居間でテレビ視聴中の居住者が航空機騒音に対して感じるうるささに室内の照度が与える影響に関する研究がある(ShigehisaとGunn[31])．その結果，照度の影響は単純ではなく被験者の性格特性(外向性・神経症的傾向・虚偽傾向)も関係するという．具体的には，内向者においては光はうるささに対して抑制効果をもつが，外向者においては逆に促進効果をもつという．また，実験室の照明レベルや被験者の性格特性が異なった状態での騒音のうるささの評価を比較することにはあまり希望がもてない，と述べている．すなわち，うるささという特異的反応に対するほかの要因の影響の仕方に明確な個人差が存在するならば，単一の要因のみに関する実験においても性格などの条件を詳細に記録することが必要である．また，このような実験結果は非常に限定された意味しかもたなくなってしまい，一要因だけを詳細に研究してもほかの要因との複合的影響があるのなら，実用的にはあまり役にたたないことになる．すなわち，個別要因に関する特異的な反応のみを対象とする研究であっても，複合影響が存在することをたえず意識して研究するべきなのである．

5.2.5 視覚環境と音環境の複合

樹木の高さや量，種類によって道路騒音に対して感じるうるささを減少させる可能性に関する研究がなされている[32]〜[35]．これらの結果は樹木，緑地にはある程度の減音効果があることを示している．減音効果という言葉には，樹木が騒音レベルを物理的に低下させるという面(物理的減音効果)と騒音レベルが低下したように心理的に感じるという面(心理的減音効果)の両方がある．心理的効果とは，まったく同じ大きさの騒音を聞いた場合でも視覚にはいる景観に樹木が多いか少ないかによって騒音の感じ方が異なるという意味である．

また，同じレベルの騒音が存在しても，視界にはいる景観が美しければ多少なりとも騒音のうるささが減少するかも知れないという問題意識に基づく実験結果(KastkaとHangartner[36])も報告されており，醜い景観が提示されたときよりも美しい景観が提示されたときの方が同じ騒音レベルでも5dB(A)ほど小さく感じるという．

また，街路の『喧騒感』を樹木や緑が緩和するという報告もある(鈴木ら[37])．『喧騒感』とは場所の騒がしさの印象であり，視覚的なものと聴覚的なものの両者が存在すると述べられており，騒音に特異的なうるささややかましさよりも広い概念であり，これは先に述べた非特異的な評価の一種であると考えられる．この報告ではある程度緑が多い方がかえって騒音をうるさく感じるということも報告している．すなわち，緑の多い地区は静かなはずだという考えがあるので，実際以上に騒音をうるさく感じてしまうようである．

Andersonら[38]は，この種の効果を騒音誘発効果(noise amplification effect)と呼んでいる．

岩宮ら[39]は，都市公園のサウンドスケープデザインにおいて問題となる景観と音環境の調和の問題を解決する糸口として，景観の印象に及ぼす音環境の影響，音環境の印象に及ぼす景観の影響を検討している．5種類の景観と付加音の組合せを10名の被験者に評価させる実験を行った．その結果，音と景観が調和していると評価されている場合には，通様相性を通しての共鳴現象が生じやすいこと，共鳴現象は聴覚から視覚への方向が顕著であった．また，音が景観の印象を均一化する機能をもつことも示された．

合掌ら[40]は，視覚要因と聴覚要因の複合環境の評価を行ううえで，2つの要因の『調和感』に注目している．すなわち，視覚要因と聴覚要因の複合環境評価実験を，視覚快適感，聴覚快適感，調和感が独立となるように刺激を選定し，総合快適感に対する調和感の効果を検討した．その結果，調和感は総合快適感に有意に影響しているが，その効果は視覚，聴覚の快適感によって異なることを明らかにしている．調和感は視覚・聴覚が共に不快な場合にはもっとも効果が小さく，一方の要因が快適になるに従い，調和感の影響が大きくなるが，視覚・聴覚が共に快適な場合には，逆に調和感の影響が小さくなることがわかったとしている．環境要因がアンバランスな環境では調和感の

影響が大きいことから、環境の総体的な改善を図る場合、調和感は無視できない要因であることを示唆している。

西應ら[41]は、温度条件2段階(26, 28℃)のもとで、景観スライドのみ提示(A)、景観と騒音の同時提示(B)、景観スライドと騒音の分離提示(C)を行い、と緑の存在が属性の異なった被験者の評価構造に与える影響を調べることで、複合環境評価的な考え方の必要性についての考察を目的として実験を行った。その結果、建築系被験者は非建築系被験者と比較すると、緑と騒音の影響が少なく、視覚要因以外の影響を制御が可能な被験者であること、また緑をデザインの構成要素として評価していることが明らかになった。

5.2.6 非特異的尺度を用いた研究の事例紹介

騒音・温度・照明の複合環境を非特異的に評価する研究の例がある[42]〜[47]。これらは、やや古典的な研究になるが、複合環境の評価研究としては先駆的なものであるので、紹介する価値があるといえよう。

(1) 研究の背景と目的

建築室内環境を構成する物理要因は気温、放射、気流、湿度、昼光、人工照明、騒音など多数によっている。この環境を総体として向上させるために、それらを複合的な場として研究する必要がある。総合的な評価と称するものの中には、たとえば事務室の照度、開放感、感覚温度などの要因に点数を与え、各要因ごとの点数の合計を総合指数としているものもあるが、この点数の与え方が客観的な裏付けをもつものでなければ、真の意味での総合評価にならない。

この研究の目的は適切な共通尺度を用いることによって、異種要因の複合環境が人間に与える影響を定量的に明らかにすることとしている。

(2) 研究の方法

総合評価に適した尺度としては、非特異的尺度、

表5.2-2 アンケートの質問項目
| 1. 作業をする環境としてこの室内はいかがですか？ |
| 1. 良い　　2. ふつう　　3. 悪い |
| 2. この室内の快適性はいかがですか？ |
| 1. ふつう　　2. やや不快　　3. 不快 |

具体的には、「普通」、「やや不快」、「不快」という3段階の尺度である。段階が多すぎると判断があいまいになる危険性があるので、外的基準を3段階とした。この研究では、回帰分析ではなく判別分析を適用することを意図しているので、3段階の言葉を質的なものとして用いたのである(表5.2-2)。一般的に、被験者に細かい申告を求めて単純に分析する場合と、被験者には簡単な回答を求めて、分析に複雑な手法を用いる場合があるが、ここでは後者を用いている。

被験者は18〜26歳の健康な日本人男子学生である。聴力検査の結果はすべて正常であった。着衣量は、夏期は0.5 clo、冬期は1.0 cloと概算された。実験室はグラスウールの張ってある無響室内に内装したものである。壁と天井には壁紙、床にはビニールシートが敷いてある(図5.2-1)。

実験対象とした環境要因は、室温、騒音、照度の3要因である。その理由を以下に述べる。

① いずれも単一の要因として各要因に対する特異的な評価尺度との関係がかなりの程度まで明らかにされており、今回の実験結果とのあまり多くの環境要因を同時に対象とすることは不可能であるので、今回は3要因のみを対象とした。

② 形、色彩などの視覚的な要因は人間の環境情報入力として重要なことは当然である。しかし、この研究では複合環境に対する非特異的尺度の挙動の解明を先駆的に行うことを目的としてい

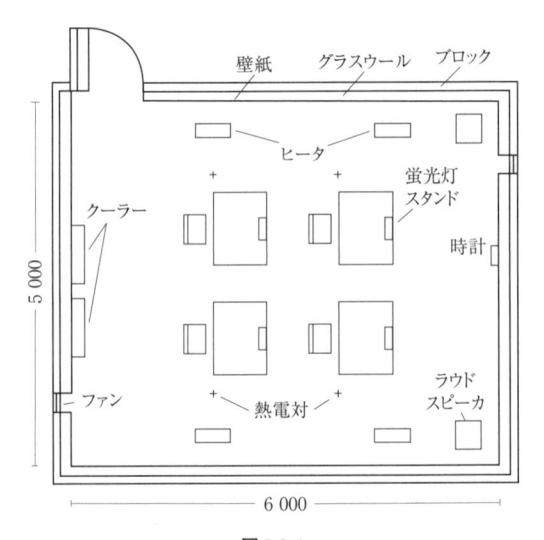

図5.2-1

るので，経験による好みの個人差が大きい視覚的要因は対象としなかった。

環境条件はそれぞれ中等度と見なされる範囲を選び不快さの申告の3つの段階をある程度までカバーするように決定された(**表5.2-3**)。騒音は高速道路沿いで録音された交通騒音が用いられた。均一な音場分布を得るために2つのスピーカは室前方の壁に向けられ，被験者は入室直後から退室まで騒音に暴露された。照明は各机上の2本の20Wの白色蛍光灯を用いグレアが生じないように配慮された。照度は供給電圧によって調節された。全般照明はなされなかった。室温は4台の電気ヒータと2台の家庭用クーラー，ファンによる導入外気によって調節された。室温の標準偏差は34℃のとき最大で約1.5℃であった。

表5.2-3 実験条件

カテゴリ番号	室温 [℃]	騒音 [Leq]	照度 [lx]
1	22 (10)	40	170
2	26 (15)	50	700
3	30 (20)	60	1480
4	34 (24)	70	……
備考	V<0.15 [m/s] RH=60 (40) ±10 [%]		

注)( )内の数値は冬期

被験者に対する生理測定・作業・アンケートは**図5.2-2**に示す手順で行われた。アンケートは作業終了時に1回だけ行った。実験開始以前2時間の飲食と30分以前のコーヒー，紅茶などの刺激物の摂取は禁じられた。一位加算作業の一種である内田-クレペリン精神検査が被験者の注意をコントロールするために採用された。この種の心理的な実験では，被験者に真の目的を伝えない場合があるが，その理由は主観申告に対して大きなバイアスがかからないようにするためである。被験者は，作業成績が主要な目的であり，できるだけ熱心に作業を行うように教示されている。左手背，足甲，大腿の皮膚温は0.3mmφのTタイプ熱電対によって，実験中ごとに測定された。熱電対とは，建築分野の実験で温度測定する際には，よく用いられるセンサである。

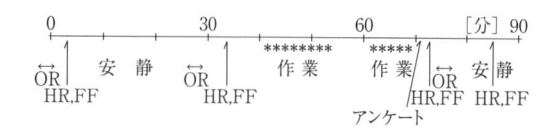

```
0            30           60   [分] 90
├──┬──────┬──┬─────┬*********┬*****┬───┤
  OR   安 静  OR    作 業   作 業   OR  安 静
  HR,FF       HR,FF              HR,FF HR,FF
                        アンケート
```

図5.2-2

1回の実験には原則として4名が参加し，1つの季節の実験は48通り(=4×4×3)の複合条件であった。このように1組の実験で最大192サンプルが得られた。しかし，4名のうち欠席が1名の場合は実験を予定どおり行ったため，実際のサンプル数は192を下回っている。信頼できる結果を得るためには多くのサンプルを用いることが望ましいので，1981～83年の3年間にわたって夏期，冬期の実験を行いそれぞれ500を上回るサンプルを得た。

(3) 実験結果・考察

まず環境条件と不快さの申告とのクロス表(**表5.2-4**)を作成した。合計の欄は，申告が特定の段階に偏っていないことを示しており，与えた環境条件がほぼ適切なものであったことを示しているといえる。

また，3つの環境要因のいずれもが，不快さの

表5.2-4 不快さの申告と環境条件のクロス表

(a) 夏 期

要因	カテゴリ	不快 普通	やや	不快	計
室温[*1] [℃]	22	79	47	8	134
	26	72	53	9	134
	30	27	83	25	135
	34	2	14	119	135
騒音[*2] [Leq]	40	61	43	36	140
	50	57	38	36	131
	60	41	57	35	133
	70	21	59	54	134
照度[*3] [lx]	170	44	78	53	175
	700	76	54	61	191
	1480	60	65	47	172
計		180	197	161	538

*1 $x^2=348.3$，有意率=0.00
*2 $x^2=34.5$，有意率=0.00
*3 $x^2=13.4$，有意率=0.01

(b) 冬 期

要因	カテゴリ	不快 普通	やや	不快	計
室温[*1] [℃]	10	9	40	85	134
	15	42	72	25	139
	20	80	41	16	137
	24	74	54	11	139
騒音[*2] [Leq]	0	71	37	26	134
	50	63	54	24	141
	60	48	54	35	137
	70	23	62	52	137
照度[*3] [lx]	170	55	77	57	189
	700	73	67	37	177
	1480	77	63	43	183
計		205	207	187	549

*1 $x^2=181.0$，有意率=0.00
*2 $x^2=46.8$，有意率=0.00
*3 $x^2=9.6$，有意率=0.05

第5章 心理・生理研究の総合的アプローチ

申告と関連することがχ^2検定によって示されたので，不快さの尺度が，文字どおりの非特異的尺度として機能していることがわかる。

林の数量化2類は，カテゴリ化された変数に対して用いられる判別分析である。市販の統計パッケージソフトなどでも利用が可能である。

不快さの申告を外的基準，3つの環境要因を説明変数とする数量化2類を適用した結果を**表5.2-5**に示す。相関比(η^2)は判別の程度を表すと同時に，結果に寄与するそれ以外の要因の有無についての情報を与えるが，この場合η^2の平方根$\eta=0.77$であり，判別の程度として十分な大きさをもつといえる。外的基準が3グループの場合には解が2つ求められるが，第2の解は$\eta=0.38$であり，基本的に第1の解を主要な解を見なしてよいことがわかる。

3年間の実験のスコアにはある程度のばらつきがあるが，基本的には類似した傾向がみられるので，3年間のデータをまとめて分析してもよいと思われる(**図5.2-3**)。

夏期の数量化結果より，この実験条件においては，室温の寄与がとくに大きいことがわかる。もっとも不快でない温度は22℃付近であり，34℃では，急激に不快さが増大することがわかる。騒音に関しては，レベルと不快さの申告は直線的には変化していない。また，この実験条件では照度の影響は非常に小さい。

冬期の数量化結果でも，第1の解が主要な解と考えられるが，ηは夏期よりも小さい。

数量化2類を適用する前提は，説明変数が互いに独立で内部相関をもたないことであるが，説明変数間には内部相関は存在しなかった。独立性を

さらに詳しく調べるために，
・申告に与える各騒音レベル別の室温の影響
・申告に与える各室温別の騒音レベルの影響
について，室温と照度あるいは騒音と照度の2変数を説明変数として数量化した(**図5.2-4**，**図5.2-5**)。

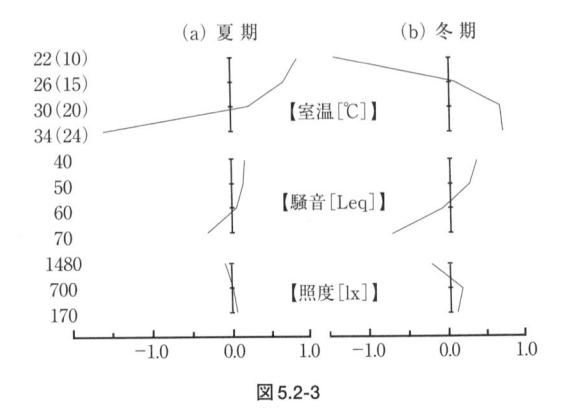

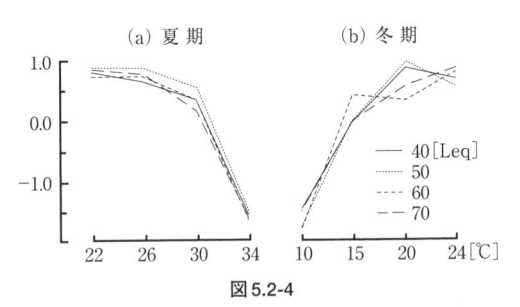

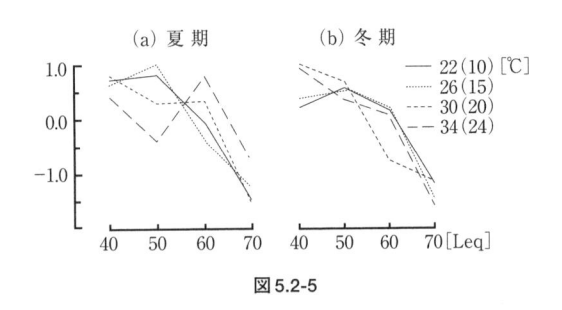

図5.2-3

図5.2-4

図5.2-5

表5.2-5 不快さを外的基準とした数量化2類によるスコア(3年間のデータによる。夏期$N=538$，冬期$N=549$)

(a) 夏期

要因	カテゴリ	スコア	PCC
室温 [℃]	22	0.762	0.762
	26	0.706	
	30	0.18	
	34	−1.637	
騒音 [Leq]	40	0.168	0.257
	50	0.151	
	60	0.052	
	70	−0.374	
照度 [lx]	170	−0.057	0.053
	700	0.006	
	1480	0.052	

PCC：偏相関係数　$\eta=0.77$

(b) 冬期

要因	カテゴリ	スコア	PCC
室温 [℃]	10	−1.48	0.569
	15	0.051	
	20	0.688	
	24	0.697	
騒音 [Leq]	40	0.436	0.325
	50	0.377	
	60	−0.097	
	70	−0.676	
照度 [lx]	170	−0.271	0.158
	700	0.207	
	1480	0.08	

PCC：偏相関係数　$\eta=0.62$

その結果，各騒音レベルにおける室温のスコアは夏期冬期とも類似している。各室温における騒音レベルのスコアは少しバラついており，あまりよく類似していない。この理由として以下の2つが考えられる。

① 非特異的不快さに与える騒音の影響は夏期の高温に少し影響され，完全に独立ではないと考えられること。

② 反応が情緒・社会的態度・性格など環境要因以外の影響を受けやすいこと。

しかし，実用的な知見としては，今回の環境条件下で異種環境要因の複合的影響は一次線形結合としてモデル化しても十分であると考えられる。

この研究での数量化結果は，それまでに誰も試みたことのないものであり，それまでの各要因ごとの特異的な評価と比較して妥当性を検討する必要性がある。Comfort-Health Index，Young[48]，杉本[49], 50]の文献と比較した結果，数量化結果は，それらの文献の結果と類似したものであり，ほぼ妥当であると結論された。

以上の研究により，室温，騒音，照度の3つの要因の中等度の環境ストレスによる総合的不快さが，各条件の重みの一次線形結合で加算的に表現されることが，実験によって示されたといえる。当時としては，非常に先駆的な成果であったといえる。

また，被験者を外向性，神経症的傾向という2つの性格特性に基づく個人差によってグループ分けして数量化した結果[51]では，あまり大きな違いはみられていない。

温熱環境条件を新標準有効温度SET*で表現した場合[46]でも，ある程度の信頼性が得られることが確認されている。

実際の建築デザイン，環境デザインにおける意志決定の仕方と学術研究と間には大きな溝があり，デザインの実務における意志決定は，厳密な学術研究よりは，かなりおおざっぱであるといえる。そう考えると，非特異的尺度を利用した近似的加算モデルを利用して設計支援を行うことには少なからぬ意義がある。これはあくまでも研究の思想，建築設計の思想の一つにすぎないが，複合環境評価研究を発展させるうえでの一つのステップとなりうるものである。

5.2.7 おわりに

複合環境評価に関する研究の考え方と研究レビューおよび具体的な研究の紹介を行った。

まず，このような環境の影響を数値化する試みのルーツはベンサムの功利主義哲学であることを指摘するとともに非特異的な評価の意義を述べた。続いて，光環境と温熱環境の複合，騒音と温熱環境，光環境などとの複合，視覚環境と音環境の複合に関する研究レビューを行った。最後に，騒音，室温，照度の複合環境を非特異的に評価した筆者らの研究を紹介した。

この研究分野は，今後の展開が期待される。

参考文献

1) 松原斎樹：中等度領域における複数の室内環境要因の評価, 三重大学環境科学研究紀要, No.10, pp.133-147, 1985
2) 松原斎樹：建築の複合環境評価研究における非特異的尺度の意義, 日本建築学会東海支部研究報告集, No.25, pp.233-236, 1987
3) 松原斎樹：暑くてうるさい空間, 大野秀夫ほか「快適環境の科学」, pp.56-68, 朝倉書店, 1993
4) 松原斎樹：複合環境評価, 日本建築学会編「人間環境学」, 朝倉書店, pp.47-52, 1998
5) 松原斎樹：各種環境要因の評価から総合化への展望, 第19回人間生活環境系シンポジウム報告集, pp.26-29, 1995
6) Matsubara, N., Ito, K., Gassho, A. and Kurazumi, Y.：Importance of nonspecific scale and the additive model in the evaluation study of the combined environment, *Archives of Complex Environmental Studies*, Vol.7, pp.45-54, 1995
7) 丸山欣哉：視感覚と聴覚とに現れる異系感性相互作用, 心理学研究, Vol.35, pp.204-216, 1964
8) 鳥居直隆：視覚と聴覚の感性間相互作用, 日本リサーチセンター紀要, Vol.1, 1962
9) 丸山欣哉：感覚間の相互関連と情報処理, 新版 感覚・知覚心理学ハンドブック, pp.80-98, 1994
10) ベンサム：道徳および立法の諸原理序説, (関嘉彦編, 世界の名著49, pp.69-210,) 中央公論社, 1977
11) Cheskin, L.：Color What they can do for you? Liveright publishing corp., (大智浩訳, 役だつ色彩, 白揚舎, 1954) p.63
12) Morgenson, M. F. and English, H. B.：The apparent warmth of colors, *Amer. J Psychol.*, Vol.37, pp.427-428, 1926
13) Houghten, F. C., Olson, H. T. and Suciu, J. Jr.：Sensation of warmth as affected by the color of the environment, *Illuminating Engineering*, Vol.35, pp.908-914, 1940
14) Berry, P. C.：Effect of colored illumination upon perceived temperature, *J Appl. Psychol.*, Vol.45, No.4, pp.248-250, 1961
15) Bennet, C. A. and Rey, P.：What's so hot aboutred?,

Human Factors, Vol.14, pp.149 - 154, 1972

16) Fanger, P. O., Breum, N. O. and Jerking, E.：Can color and noise influence man's thermal comfort?, *Ergonomics*, Vol.20, pp.11 - 18, 1977

17) Greene, T. C. and Bell, P. C.：Additional considerations concerning the effects of 'warm' and 'cool' wall colors on energy conservation, *Ergonomics*, Vol.23, pp.949 - 954, 1980

18) 大野秀夫, 久野 覚, 木田光郎, 中原信生：居住者の温冷感覚におよぼす温熱環境と色彩環境の複合効果に関する研究, 日本建築学会計画系論文報告集, No.374, pp.8 - 18, 1987

19) 大山 正：色彩心理学入門, 中公新書, 1994

20) 松原斎樹, 伊藤香苗, 藏澄美仁, 合掌顕, 長野和雄：色彩と室温の複合環境に対する特異的及び非特異的評価, 日本建築学会計画系論文集, No.535, pp.39 - 45, 2000.9

21) Ishii, J. and Horikoshi, T.：The combined effect of air temperature and illuminance on the human physiological and psychological response, *Archives of Complex Environmental Studies*, Vol.7, No.3 - 4, pp.1 - 8, 1995

22) 石井 仁, 堀越哲美：異なる作用温度, 照度レベル, 光源の組み合わせが人体の生理・心理反応に及ぼす複合的影響, 日本建築学会計画系論文集, No.517, pp.85 - 90, 1999

23) 垣鍔 直, 中村 肇, 稲垣卓造, 堀越哲美：心理・生理反応から評価した好みの色温度と室温の組み合わせに関する研究─その1 照度が1,500ルクスの場合の好みの色温度の季節差─, 日本建築学会計画系論文集, No.528, pp.67 - 73, 2000.2

24) 垣鍔 直, 茂吉雅典, 中村 肇, 稲垣卓造, 堀越哲美：心理・生理反応から評価した好みの色温度と室温の組み合わせに関する実験的研究─その2 照度が200ルクスの場合の好みの色温度の季節差─, 日本建築学会計画系論文集, No.532, pp.87 - 92, 2000.6

25) 中村 肇, 垣鍔 直, 沖 人：気温が色温度の好ましさに及ぼす影響, 日本建築学会計画系論文集, No.535, pp.1-7, 2000.9.

26) Viteles, M. S. and Smith, K. R.：An experimental investigation of the effect of change in atmospheric conditions and noise upon performance, *ASHVE Trans.*, Vol.52, pp.167 - 182, 1946

27) 長野和雄, 松原斎樹, 藏澄美仁, 合掌顕, 伊藤香苗, 鳴海大典：環境音・室温・照度の複合環境評価に関する基礎的考察 特異的評価と非特異的評価の関係, 日本建築学会計画系論文集, No.490, pp.55 - 61, 1996.12

28) 長野和雄, 松原斎樹, 藏澄美仁, 鳴海大典：環境音による快適性向上の可能性と限界に関する一考察─音・熱・光の複合環境を通して─, 日本建築学会計画系論文集, No.505, pp.45 - 50, 1998.3

29) 長野和雄, 堀越哲美：暑熱および交通騒音が心理反応に及ぼす複合影響の定量的表現, 日本建築学会計画系論文集, No.524, pp.69 - 75, 1999

30) Nagano, K. and Horikoshi, T.：Quantitative evaluation of combined cold and noisy effects on the human psychological responses, *Proceedings of the third International Conference on Cold Climate, Heating, Ventilating and Air-Conditioning*, pp.407 - 412, 2000

31) Shigehisa, T. and Gunn, W. J.：Annoyance response to recorded aircraft noise ; IV. Effect of illumination in relation to personality, *J Aud. Res.*, Vol.19, pp.47 - 58, 1979

32) 芹澤, 田代：好ましい道路植栽形式に関する心理学的考察, 土木技術資料, Vol.24, No.12, pp.40 - 45, 1982. 芹澤, 田代, 藤原：植栽による道路イメージの向上及び騒音感の緩和, 土木技術資料, Vol.25, No.12, pp.28 - 33, 1983

33) 三沢, 斎藤：樹木の騒音に対する心理的減音効果に関する実験的研究, 造園雑誌, Vol.48, No.5, pp.85 - 90, 1985

34) 白子, 川畑：交通騒音に対する住民意識と沿道植栽地の心理的効果に関する研究, 造園雑誌, Vol.48, No.5, pp.324 - 329, 1985

35) 山田, 佐々木：樹木による心理的減音効果 その1, 日本建築学会大会学術講演梗概集（D）, pp.103 - 104, 1985

36) Kastka, J. and Hangartner, R.：Do ugly streets make traffic noise more annoying? arcus, pp.23 - 29, 1986 (in German)

37) 鈴木弘之, 田村明弘：街路に沿う歩行空間の喧騒感に及ぼす緑の効果, 日本音響学会誌, Vol.45, pp.374 - 384, 1989

38) Anderson, L. M., Mulligan, B. E. and Goodman, L. S.：Effect of vegetation on human response to sound, *Journal of Arboriculture*, Vol.10, No.2, pp.45 - 49, 1984

39) 岩宮真一郎, 細野晴雄, 福田一昭：音環境と景観の相互作用─景観の印象に及ぼす音環境の影響と音環境の印象に及ぼす景観の影響─, 生理人類誌, Vol.11, No.1, pp.51 - 59, 1992

40) 合掌 顕, 田村明弘, 松原斎樹, 藏澄美仁：視覚要因と聴覚要因の調和による総合快適感向上の可能性, 日本建築学会計画系論文集, No.544, pp.55 - 62, 2001

41) 西應浩司, 松原斎樹, 合掌 顕, 藏澄美仁, 材野 博：都市景観評価に対する複合環境評価の視点からの実験的検討, 日本建築学会計画系論文集, No.522, pp.107 - 113, 1999.8

42) Horie, G., Sakurai, Y., Noguchi, T. and Matsubara, N.：Synthesized evaluation of noise, lighting and thermal conditions in a room. *Proceedings of the International Conference of Noise Control Engineering* (Krakow), pp.491 - 496, 1985

43) Horie, G., Sakurai, Y., Noguchi, T. and Matsubara, N.：Noise uncomfortableness with other environmental factors. Proceedings of the 12th Internatinal Conference of Acoustics (Toronto), Vol/Band 1, C1 - 4, 1986

44) 堀江悟郎, 桜井美政, 松原斎樹, 野口太郎：室内における異種環境要因がもたらす不快さの加算的表現, 日本建築学会計画系論文報告集, No.387, pp.1 - 7, 1988

45) 堀江悟郎, 桜井美政, 松原斎樹, 野口太郎：加算モデルによる異種環境要因の総合評価の予測, 日本建築学会論文報告集, No.402, pp.1 - 7, 1989

46) Sakurai, Y., Matsubara, N., Noguchi, T. and Horie, G.：Extension of the additive model of uncomfortableness with the utilization of SET* and application in the field (*Proc. 3rd Int. Conf. Comb. Effec. Env. Fact.*, pp.333 - 348), 1988

47) Sakurai, Y., Noguchi, T., Horie, G. and Matsubara, N.：Quantification of the synthesized evaluation of the combined environment, *Energy and Buildings*, Vol.14, pp.169 - 173, 1990

48) Young, R. W.：Single number criteria for room noise, *J. A. S. A.*, Vol.3, No.2, pp.289 - 295, 1964

49) 杉本 賢：照明環境要素の生体への影響に関する研究─照度と生理的負担の関係（その1）─, 照明学会誌, Vol.64, pp.178 - 182, 1980

50) 杉本 賢：照明環境要素の生体への影響に関する研究─照度と生理的負担の関係（その2）─, 照明学会誌, Vol.65, pp.171 - 175, 1981

51) 松原斎樹, 堀江悟郎, 桜井美政, 野口太郎：室内における温度・騒音・照度の複合環境に対する非特異的評価と性格, 第10回人間-熱環境系シンポジウム記念大会報告集, pp.148 - 151, 1986

5.3 統計的手法の留意点

　心理・生理研究には，統計的手法がよく用いられる。そこにはたいてい，なじみの薄い数学で書かれた方法論が載っている。手法の前提となる仮定も確かめず，手順をなぞっただけの適用では，得られる結果も心許なかろう。本節では，数ある手法論の解説書[1),2)]とは別の視点から，もう一度，統計的手法を適用する際の留意点を探っておく。

うまく超えたかな

平均と代表　高次モーメント　母集団　分布関数　検定・標本数

用語の意味をしっかり把握しないと…

　専門分野には，そこに特有の用語が存在する。往々にして定義を読まず，字面で判断しがちなので，中身を誤解しかねないし，そのため理解の進まないこともある。「足して2でわる」と教わった「平均」も，後に示すように，いろいろな種類が存在している。簡単な用語だからといって定義の理解に手を抜くと，あとで痛い目に会うことも多いのだから，慎重にその意味を吟味しておこう。

第5章 心理・生理研究の総合的アプローチ

■基礎知識
・検定
　たとえば論文で「有意水準5％で帰無仮説を棄却して対立仮説を支持する」などと書いてあるのだが，これとて，あくまで統計的に得られた結果に過ぎず，支持した仮説の物理的絶対性を保障するものではない。
　心理生理の分野では，物理にみられる法則のように，普遍的事実を計量可能で明確な形に表現することは難しい。一見，判断を客観的に下してくれそうな検定に走りたくなるのだが，その検定でさえ，標本数の大小によって，結果を左右できるのである。
　こうした現実は，教科書のスミに細々と書かれているのみで，なかなか堂々と表にでてこない。手法を実際に運用するには，裏の裏まで性質を知っておかないと，思わぬしっぺ返しを受けることになりかねない。

5.3.1 再考の背景

純粋な統計学とは縁のうすい建築系の学生や研究者にとって，数学という言葉で書かれた統計的手法を学ぶことはなまなかで済まない。心理学や生理学の分野には，それぞれ計量心理学，計量生理学[†1]というれっきとした専門領域が存在し，そこには数学科出身の玄人が統計的手法の教育や研究開発を担っている。一方，建築系には，あえて「計量…」と名のる領域はないし，またそれを担う人材も乏しい。しいていえば，環境系や計画系の研究者や実務者の一部がこれを担っているのが現状であろう。

統計的手法の有用さを知り，専門でないハンディを承知のうえで，これを活用したいと願うのは自然であって，特段，ここまでに悪気はない。が，しかしである。いたずらに手法を適用しても無意味な研究や報告が量産されるだけであろう。相手は数学で構築された手法なのだから，適用にあたっての仮定が存在するというものだ。門外漢の悲しさは，この仮定と現実のギャップが結果にどれだけ大きく響くものなのか，影響の加減がわからないところにある。誤用[†2]がもたらす弊害はいうまでもない。自然科学は論理の積み上げで体系ができているのだから，求めた結果がのちに誤っていたとなると，その分野の進展に大きな禍根を残すことになる。統計学的手法の適用に，あえて熟慮を求めるのは，そうした理由からである。

統計的手法は，快刀乱麻の道具にみえる。運用のためのソフトも入手しやすい環境となってきた。使ってみたい魅力にも駆られよう。しかし，ここで頭を冷やし，適用すべき手段と対象をもう一度整理してみよう。誤って使えば，得られる結果も怪しいのだから。

5.3.2 研究の性格と手法

調査や実験の性格には探索型と確認型とがあろう[5), 6)]。前者はヒトの心理的側面や社会の様相を読み解く調査に多くみうけられる。計量そのものが困難である場合が多く，ある状況を表す項目に反応した計数が求められる程度である。むろん独立変数などという都合のよい項目は明確に与えられないので，操作を施して影響をみるといった因果関係を調べることも難しい。したがって研究の中身は仮説の抽出や構造の探索が主となり，検証[†3]が行われることは少ない。

一方，生理学などにみられる確認型の実験では，生体を計測して得られる生理量から生体の状態を判断する。ここでは計量が可能で要因も特定できることが多く，要因の影響度を調べて相互の因果関係を築いていける。

見いだした関係の検証も研究目的の対象となるので，意味ある結果を導くための正しい検定は，研究上の重要な柱となる。

上に示した研究の性格の違いが，対象に適用すべき統計的手法の選別に及ぶことは必然であろう。心理畑では対象の構造解明やモデル化までを扱うため，複雑な現象をよりわかりやすく低次の空間で簡易に表現するための多変量解析が多用される。これに対し生理畑では，得られるデータが定量的であるため，検定を行うための計量分析[†4]が頻繁に行われる。

要は，対象が「計量」可能か否かにかかってくる。計量にはモノサシが必要で，普段これを尺度と呼ぶ。モノサシにも種類があって，間隔，比率，順序，名義の区別[†5]がある。統計的手法の多くは間隔，または比率を必要とし，一部は順序も扱える。生理畑の要因はたいていこの要請を満たすが，心理畑の要因は満たさないことも多い。そこで要因の尺度を間隔，または比率と仮定して統計的手法を適用するという便法がとられる。むろん仮定は

[†1] 経済学には計量経済学という領域があって，少し前から「金融工学」といってもてはやされていると聞く。文学には計量文献学というのも存在する。数学は理系だけのものでなく，科学一般の言葉であるらしい。
[†2] 人命にかかわる誤用は悲惨を極める。過去の凄惨な事例[4)]は，貴重な教訓として生かしたい。
[†3] 仮に検定などの統計的手法を適用したにしても，調査項目そのものは曖昧な事象に対する反応を聞き取ることが多く，物理事象と違って，項目間の相関も低い値に留まることが少なくない。
[†4] 生理といえども計量が困難なため，対応する項目の度数しか得られないときには，計数分析が適用される。
[†5] たいていの統計の教科書[7), 8)]に定義は載っている。

検証されなければならないが，残念なことに面倒な検証が行われることは滅多にない。

5.3.3 平均—なにが代表なのか—

分散を知らなくても平均は多くの人が知っている統計学の知識である。建築における生理研究の多くは，平均を求めてきたといっても過言ではなかろう。得られた成果を反映させる対象は，個人ではなく集団の住まう建物が多いからだ。「オフィスの温度をいくらにしたらよいか」はそうした典型である。集団を相手にする以上，個々人がどうであったかより，まず平均なのだろう。さて，統計学にいう「平均」は，上に述べた「平均」と同じだろうか。統計学の教える平均値は「mean」であって「average」ではない。後者は代表値と訳される。事例を示そう。図5.3-1は，総務省統計局が発表した平成11年（1999年）の勤労世帯の貯蓄現在高の分布[†6]である。新聞では貯蓄額の平均値が「1393万円」と紙面を飾るが，筆者のフトコロ具合からするとだいぶズレがある。図をみるとわかるように，もっとも多くの勤労世帯が貯蓄している額は「372万円」で，統計学ではこれを最頻値（mode）と呼ぶ。この程度なら「なるほどわが家もそんなものだ」と得心する。

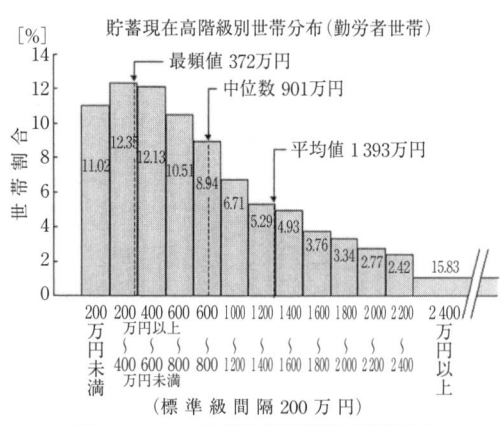

図 5.3-1　1999年勤労者貯蓄現在高世帯分布

事象は種々の要素の寄せ集めだから分布を有しよう。一つの言葉や数値でその分布をうまく言い表せるのなら簡単だが，なかなかそうもいかない。この事例はその典型で，分布は右に大きく裾をひいている。こういう分布を相手にしたとき，たしかに「平均値」は分布を代表する統計量の一つにちがいないが，必ずしも分布の全体像を正確に伝えてはいないのである。分布の「代表値」には，「平均値」や「最頻値」のほかに，分布のちょうど中心を意味する「中央値（median：中位値ともいう）」というのもある。分布の特徴を読みとるにはまず図を描いてみることが大切であり，分布の代表を表す用語を的確に使い分ける必要がある。

5.3.4 分散と高次モーメント—偏りを表すもの—

統計学を学び始めると，教科書のはじめに出てくる用語に「分散（variance）」がある。平均の等しい集団でも，分布の形（質）が異なる集団もあり，両者を判別するのに分散が役立つ。前項の平均は基本的な用語だから，建築の心理・生理研究でもたいてい報告されるものの，分散（あるいは標準偏差）まで載せた報告は，つい最近までみあたらなかった。理由はやはり目的にあると推察する。

過去においては集団の平均（正しくは代表）がどうなのかを知ることが第一義であって，仮に集団が異なっていても，その差異を活かした設計など提案できないというジレンマがあったからだろう。ところが最近になって個々人の要求が高まり，局所的な快適性を追求できる高度な設備的要件が整ってきたことや，アンビエント・タスク空調のように省エネをもくろんでの非均一空調も考案されるなど，時代の要請も変わってきた。集団を構成する個人の要求に応える設計も，提案していかなければならなくなったのである。とすれば，集団の平均のみでなくその集団の偏り，すなわち個々人がその集団のどの位置に属しているのかを知る必要も出てくる。その意味で，最近の建築における心理・生理研究も，ようやく集団の特性を考慮にいれた指標を明示する義務が派生したことになる。

分散は，単に集団のばらつきを示すが，より高次のモーメントである「歪度（skewness）」と「尖度

[†6] http://www.stat.go.jp/data/chochiku/2.htm
[†7] 歪度は3次の，尖度は4次のモーメントと平均，および分散から得られる。教科書[9]などを参照。

(kurtosis)」[†7]は，その分布の裾が左右どちらに長く歪んでいるか，ピークの尖り具合が鋭いか緩いかを示す指標となる．のちに述べる集団の差異を扱う検定などは，分布の偏りを手掛かりに問題を解くのだから，研究に際しては，平均ばかりでなく，分散を含めた偏りの指標も算出して，公表する努力を怠らないでほしい．

5.3.5 母集団と標本―全体のとらえ方―

過去をさかのぼってみると，統計学は現在の「推測統計」ではなく「記述統計」から始まっていたらしい．国力を掌握すべく，統計を国家支配の道具として利用していた時代の話[†8]もある．国内の種々の統計は，国家の威信をかけて，それこそ全数調査となる．ここではすべてが記述されているから，得られたデータはそのまま真の分布となりうる．では現在はどうだろう．母集団を把握するための全数調査は，よほどの事態が生じない限り行われないし，仮に行われてもまれ[†9]である．主たる理由は，経済的に引き合わないからだろう．が，ここで指摘しておきたいことは，全数調査でなく抽出した標本の調査でよいとする学問的裏付けが存在することである．

対象とする集団を「母集団」と呼び，そこからある方法で取り出した要素の集団を「標本」ということは，統計学から最初に学ぶ知識である．もし標本が母集団を十分に模擬していたなら，標本の性質をつかむことで母集団の特徴を把握できる．『戦後の占領政策の一環としてGHQが主導した「推計学ブーム」』[†10]に端を発した推測統計学[†11]が今日の統計学の主流であるなら，母集団の性質を標本から「推測」することは自然である．いまの統計学には，そういう背景が潜んでいる．

5.3.6 まず分布ありき―モーメントとパラメータと母数―

初学者が統計の教科書を読んでいて，最初につまずきそうになる箇所に分布の記述がある．もちろん対象が集団であることは知っているし，それが分布を形づくることも理解できる．しかし，その集団の形がわかっていないのに，なぜ先に分布の関数が決まっているのか？

標本の分布，ひいては母集団の分布を特徴づけるものとはなんだろう．ばらつきや偏りは分布の形のある側面を表していた．もしより高次のモーメント[†12]がわかったなら，その分布の形を再現できるのだろうか．教科書[9]では，すべての次数のモーメントを生成する「モーメント母関数」は，事実上，分布そのものであり，平均・分散・歪度・尖度など重要なモーメントも求めることができる，と教えている．

分布を表す一つの便法は関数表現である．観測に混入したランダム成分を表すのに便利な正規分布は，確率密度関数の代表格である．この関数に含まれる二つのパラメータ，一つは分布の中心の位置を表す平均，もう一つは尺度つまり拡がりを表す分散，これだけで正規分布は完全に記述できる．母集団がある分布関数のパラメータで規定できるとき，そのパラメータは「母数」と呼ばれ，それが平均なら「母平均」，分散なら「母分散」，その事象は「パラメトリック」であるという．推測統計では，このパラメトリックな場合，つまり分布を完全に記述できる関数の母数を推測しているのである．

5.3.7 標本―分布の分布―

母数は標本から推測することになるから，母平均は標本平均から，母分散は標本分散から推測するのが一般であろう．そこで用いられるものを

[†8] 『statistics（統計学）という語は，ラテン語で国家を意味するstatusであり，それは「国家による，データの収集，処理，利用」を意味するために，18世紀の中ごろにドイツの哲学者アッヘンウォール（Gottfried Achenwall）によって作り出された新語である』そうだ．藤越ら[10]に詳しい．
[†9] 日本で4年に一度行われる国勢調査は，ほぼ全数調査に近いと思われる．
[†10] 文献11, 12に詳しい．
[†11] 「推計学」とも呼ぶ．文献11, 12によれば，戦後Fisher[13]が導入される際，北川敏男は推測統計学と呼び，増山元三郎は推計学を用いたという．
[†12] 建築構造力学のなかに「断面2次モーメント」と称する用語が出てくる．前項にも高次モーメントが出てきた．両者は同じ用語「モーメント」で結びついており，数式上の定義が似ていることに注意しよう．

「統計量」と呼ぶ。標本は抽出試行されるので標本の平均や分散もまた，分布をもつ。つまり統計量の確率分布，標本分布の登場である。ある統計量の標本分布は母集団の分布に依存することは明らかだろう。そこで母集団ごとに規定しているいくつもの既成分布を想定し，統計量を導出したものが標本分布である。

正規分布・χ^2分布・t分布・F分布が登場する統計学の難所，初学者にとって消化不良の顕著な「標本分布」は，佐伯と松原[†13]も指摘するように，努めて統計理論家のためのネタ話であって，利用する側からみると意味のくみ取りにくい内容を多分に含んでいる。誤解を恐れずにいえば，初学者は割り切って読み流してよいと進言したい。

5.3.8 検定—集団を弁別する—

仮に集団がいくつかの統計量で代表できたとしよう。ある集団と集団の違いをみたいとき，代表値にも集団の差異は現れていることになる。生理畑では，こうした集団の違いを検出することが仮説を立証する根拠の一つと考えているので，有意性検定は重要になる。最近では，建築系の生理研究にも検定は導入されはじめたが，その適用には危うさも散見される。もっとも気になるのは有意差という「差」のとらえ方である。簡単な例を示そう。

教科書に従って2つの標本A，Bの平均値μ_A，μ_Bの差δを考える。正規分布と等分散で既知のσ^2を仮定できれば，統計量

$$t_0 = \frac{\hat{\delta}}{\text{S.E.}(\hat{\delta})} \quad (5.3\text{-}1)$$

ここに

$$\hat{\delta} = \overline{X}_A - \overline{X}_B$$
$$\text{S.E.}(\hat{\delta}) = \left(\frac{1}{n_A} + \frac{1}{n_B}\right)^{1/2} \times \left\{\frac{(n_A-1)s^2_A + (n_B-1)s^2_B}{n_A + n_B - 2}\right\}^{1/2}$$

$\overline{X}$：標本平均，s^2：不偏分散，n：標本数

を見積もって差の検定が行えるとある。

ところが有意差δは，統計的には対象分野の有意差Δと必ずしも一致しない。なぜなら，帰無仮説を

$$H_0: \delta = \mu_A - \mu_B = 0 \quad (5.3\text{-}2)$$

とするnull仮説，つまり「差」のない仮説にしているからである。本来の目的からすれば，δが対象分野で有意であるためには，その分野における有意差

$$\Delta = \mu_A - \mu_B \quad (5.3\text{-}3)$$

を統計的に有意な「差」とおくべきだろう。もちろんΔは事前に把握しておかねばならない。このとき検定すべき平均値の差δ^*は

$$\delta^* = \mu_A - (\mu_B + \Delta) \quad (5.3\text{-}4)$$

と置き代わるので，次の統計量

$$t = \frac{\overline{X}_A - (\overline{X}_B + \Delta)}{\text{S.E.}(\hat{\delta}^*)} > t(\alpha, v) \quad (5.3\text{-}5)$$

を用い，有意水準α，自由度$v = n_A + n_B - 2$で帰無仮説を棄却すればよい。

もう一つの危惧は，標準誤差（S.E.）が標本数に対して依存性をもつ点である。元の検定をみると

$$\text{検定による判断} = \begin{cases} \text{帰無仮説を棄却}(n \to \infty \text{のとき}) \\ \text{態度を保留}(n \to 0 \text{のとき}) \end{cases}$$
$$(5.3\text{-}6)$$

であるから，見かけ上の差δがいくら小さくても，標本数を大きくとれば帰無仮説を必ず棄却できる。また，差がいくら大きくても態度を保留できてしまい，実質的に検定の意味を失いかねない。不幸なことに，適用を意識した「差」の配慮は，統計の教科書ではなかなかお目にかかれない。手法を学び得てもなお適用の難しい事例の一つである。

5.3.9 標本数—数の信仰—

標本数（size）は多い方がよいのか，少なくてもよ

[†13] 文献3には『重要点を3点挙げ』たうえで，標本分布の理論的説明が『関心を削ぐものであるなら，とばしてよい』とまで言及している。初学者がかわらなくとも嘆く必要はなさそうだ。興味のある読者は文献14などを参考に学習してほしい。

いのか，いったいどちらなのだろう。調査や実験を行うとき，計画をたてるうえで重要な項目に標本数がある。卒業研究などでは，種々の理由で標本を十分確保することが難しいことから，標本数を十分に抽出した事例をなかなか聴かない。

では逆に考えて，ある答を出すには，どの程度の標本を確保したらよいのか。これは「サンプル・サイズの問題」として知られている。たとえば，こうである。

> 過去の資料から，18歳の男子の身長の標準偏差は5.8 cmであることが知られている。いま，18歳の男子の身長の平均値を信頼度95％で間推定するために，何人かを抽出して調査したい。信頼区間を2 cm以下にするためには，何人以上調査する必要があるか。（文献15から引用）

仮説を確認したいとき，統計的仮説検定を行うのはよく知られているが，その結果を保証しているのは検定力，すなわち標本数である。調査や実験の計画には仮説のツメが大事で，これが明確になりさえすれば，上の事例[†14]のように標本数はおのずと定まってくる。

他方この弁でいけば，佐伯と松原[3]に指摘される「サンプル・サイズ至上主義」に陥りかねないことも事実である。

> ある一時点における，TV番組の視聴率を統計的にサンプル調査したい。誤差は$X ± 1.0$％の形にしたい。ただし，調査には機械据え付けによって，特定の番組だけでなくすべての番組を同時に対象にし，またここでいう誤差はおおむね2 SDを意味するものとする。また機械式なので回収率は考えない。必要なサンプル・サイズ（機械の台数）nを求めなさい。（文献3から引用）

佐伯と松原[3]は，得られた10 000台という解の重みを，数学としての演算結果でなく，あくまで目的の達成という観点で考察することを勧めている。つまりは「実践としての統計学」の勧めである。はじめの事例は「標本数が足らないかも」という心配に応えてくれる統計学の頼もしさを示しているが，「多すぎて実現不可能だ」という後者の事例は，統計学を実践で使うことの悩ましさを物語っている。

5.3.10 あらためて統計的アプローチを考える―参考書とともに―

建築系の心理・生理研究を実践するうえで，統計的手法を適用する際に混乱しそうな話題をとりあげた。むろんこれがすべて[†15]ではないが，ここにあげた話題は，研究や報告の多くがおざなりに扱っていて，どうもすっきりしないと感じていることがらではなかろうか。

今の建築の心理・生理研究は，他分野に比べると卒業研究につく4年生や大学院生への人気度も高く，題材も豊富で時流に乗って勢力は増えているかもしれないが，そこで得られた成果のいったいどれほどが後生に残っていくのだろう。門外漢の杞憂に終わればよいが，将来の研究体系の礎とするには，統計的手法の正しい適用はどこかで考えなければならない問題と思う。心理学や生物学の分野のように，統計学の専門家がいつも見守っていてくれるわけではないのだから，もう一度基礎に立ち戻って研究を眺める余裕をもちたい。

最後に，この方面を学ぶうえで理解の助けとなる教科書・参考書を示して，本稿の責のいくばくかを果たそう。

・Q&A

「こうせよ(Dos)」集，「べからず(Don'ts)集」として有用なものに，繁桝ら[16]，佐久間[17]，富士ゼロックス(株)QC研究会[18]がある。

・教科書

統計学の教科書はかなり多い。ここでは，脇本[19]，

[†14] この事例は，某大学の入試問題[15]である。皮肉なことに，受験したとき解答できたはずの大学の先生も，実験者になったとたん，標本数は算定できなくなるらしい。ちなみに答えは「130人以上」である。

[†15] 「何を従属変数とし何を独立変数とすべきか」，「無相関と独立は別物か」，「交互作用と交絡を考える」，「自由度のもつ複数の意味」，「無作為抽出はダメでも無作為配布が救う」，「ノンパラは無敵か」，「実験計画法はなぜ嫌われる？」など，いくらでもありそうでキリがない。

薮谷[20]，林[21]，宮川[22]をあげておこう．大部になるが教科書[7), 9), 23)]はもっていると安心．

・わかりやすく

色刷で工夫をこらした市原[24]，タイトルどおりの吉田[25]がある．薮谷[26)~28)]の「はなし」シリーズは基礎から意味をかみくだいて説明してくれる．林[29]からは考え方を学ぶとよい．中里[30]にはていねいな図の解説がある．

・ハンドブックほか

武藤[31]，宮原と丹後[32]をあげておこう．用語から探るには，石村ら[33]がある．BASIC言語による計算プログラム集に成書[34]があって，ちょっと計算してみるのに便利．急所をおさえた解説の永田[35]，調査事例をあつめた岸野[36]がある．

・目に見える分布形

名前は知っていても形を知らない分布は多い．目で確認するのは大切なので，薮谷[37]はありがたい．横文字は読めずとも形はわかるからEvansら[38]でもコワくない!?．

・他分野

実際への応用は具体的でわかりやすい．医学・生理学系では，重松と柳川[39]，津谷と折笠[40]，折笠[41]，丹後[42)~44)]，吉村と大橋[45]．経済系では，浅野と中村[46]，小尾ら[47]．心理系では，市川[48]をあげておく．行動科学系は大半が多変量解析で，芝と南風原[50]，水野[51]，林[52]，岩坪[53]，柳井ら[54]，豊田[55]がある．

・より詳しく・より深く

より学習したい向きは，三上[14]，広津[56]，永田と吉田[57]，岩崎[58]などを．ただし，線形代数[61]などの数学的予備知識は必須だろう．

・洋書の効用

洋書でミエをはることはないが，網羅的なので重宝する．応用を意識した生理畑や経済畑のものはわかりやすい．最近のものZar[59]，Greene[60]をあげておく．

・パッケージとともに

LISP-STATを用いたTierney[62]，同じくX-lispstatの竹村[63]，あるいはS言語の渋谷と柴田[64]などがある．

参考文献

1) 日本建築学会編：建築・都市計画のための調査・分析方法，井上書院，1987
2) 日本建築学会編：建築・都市計画のためのモデル分析の手法，井上書院，1992
3) 佐伯胖，松原望：実践としての統計学，東京大学出版会，2000
4) 吉村功：統計手法の誤用Ⅰ・Ⅱ・Ⅲ，科学，Vol.41，No.8，pp.418-425・No.9，pp.496-506・No.11，pp.626-637，1971
5) 久野覚：意識調査に対するいくつかの視点，建築雑誌，Vol.95，No.1173，1980
6) 久野覚：環境心理評価（木村建一編「建築環境学2」10章），丸善，pp.47-69，1980
7) 東京大学教養学部統計学教室編：人文・社会科学の統計学，東京大学出版会，1994
8) 田中良久：心理学的測定法（第2版），東京大学出版会，1977
9) 東京大学教養学部統計学教室編：統計学入門，東京大学出版会，1991
10) Rao, C.R.: Statistics and Truth (2nd ed.), CSIR-New Delhi, India, 1993；藤越康祝・柳井晴夫・田栗正章 共訳：統計学とは何か/偶然を生かす，丸善，1994
11) 木村和範：統計的推測とその応用，梓出版，1992
12) 岩本隆茂・川俣甲子夫：シングル・ケース研究法，勁草書房，1990
13) Fisher, R. A.: Statistical methods for research workers, Oliver & Boyd Ltd., Pub., 1925；遠藤健児・鍋谷清治訳：研究者のための統計的方法，森北出版，1970
14) 三上操：統計的推測，筑摩書房，1969
15) 大学への数学 新課程版『解法の探求・確率』，8月号臨時増刊号，東京出版，1997
16) 繁桝算男，柳井晴夫，森敏昭：Q&Aで知る統計データ解析，サイエンス社，1999
17) 佐久間昭：医学統計Q&A，金原出版，1987
18) 富士ゼロックス(株)QC研究会編：疑問に答える実験計画法問答集，日本規格協会，1989
19) 脇本和昌：統計学/見方・考え方，日本評論社，1984
20) 薮谷千鳳彦：統計学入門1・2，東京図書，1994
21) 林知己夫：確率論・統計学，放送大学教材，1985
22) 宮川雅巳：統計技法，共立出版，1998
23) 東京大学教養学部統計学教室編：自然科学の統計学，東京大学出版会，1992
24) 市原清志：バイオサイエンスの統計学，南江堂，1990
25) 吉田寿夫：本当にわかりやすいすごく大切なことが書いてあるごく初歩の統計の本，北大路書房，1998
26) 薮谷千鳳彦：統計学のはなし，東京図書，1987
27) 薮谷千鳳彦：推測統計のはなし，東京図書，1997
28) 薮谷千鳳彦：推定と検定のはなし，東京図書，1988
29) 林知己夫編：統計学の基本，朝倉書店，1991
30) 中里溥志：実験データのグラフ表示，サイエンティスト社，1989
31) 武藤眞介：統計解析ハンドブック，朝倉書店，1995
32) 宮原英夫，丹後俊郎：医学統計学ハンドブック，朝倉書店，1995
33) 石村貞夫，デズモント・アレン：すぐわかる統計用語，東京図書，1997
34) ユックムス(株)編著：統計ハンドブックⅠ/統計解析編，サイエンティスト社，1988
35) 永田靖：統計的方法のしくみ，日科技連，1996
36) 岸野洋久：生のデータを料理する/統計科学による調査とモデル化，日本評論社，1999

37) 蓑谷千凰彦：すぐに役立つ統計分布，東京図書，1998
38) Evans, M., Hastings, N. and Peacock, B.：Statistical Distributions(2nd ed.), John Wiley & Sons, Inc., 1993
39) 重松逸造，柳川 洋 監：新しい疫学，(財)日本公衆衛生協会，1991
40) J. C. Bailar Ⅲ and F.Mosteller(eds.)：Medical Uses of Statistics, Massachusetts Medical Soc., 1986；津谷喜一郎・折笠秀樹監訳：医学統計学の活用，サイエンティスト社，1995
41) 折笠秀樹：臨床医学デザイン，真興交易医書出版部，1995
42) 丹後俊郎：統計学のセンス，朝倉書店，1998
43) 丹後俊郎：臨床検査への統計学，朝倉書店，1986
44) 丹後俊郎：医学への統計学，朝倉書店，1993
45) 吉村 功，大橋靖雄編著：毒性試験データの統計解析，地人書館，1992
46) 浅野 哲，中村二朗：計量経済学，有斐閣，2000
47) 小尾恵一郎，尾崎 巌，松野一彦，宮内 環：統計学，NTT出版，2000
48) 市川伸一編著：心理測定法への招待/測定からみた心理学入門，サイエンス社，1991
49) 海保博之編著：心理・教育データの解析法10講/応用編，福村出版，1986
50) 芝 祐順，南風原朝和：行動科学における統計解析法，東京大学出版会，1990
51) 水野欽司：多変量データ解析講義，朝倉書店，1996
52) 林 知己夫：数量化—理論と方法，朝倉書店，1993
53) 岩坪秀一：数量化法の基礎，朝倉書店，1987
54) 柳井晴夫，繁桝算男，前川眞一，市川雅教：因子分析—その理論と方法—，朝倉書店，1990
55) 豊田秀樹：共分散構造分析［入門編］—構造方程式モデリング—，朝倉書店，1998
56) 広津千尋：統計的データ解析，日本規格協会，1983
57) 永田 靖・吉田道弘：統計的多重比較法の基礎，サイエンティスト社，1997
58) 岩崎 学：混合実験の計画と解析，サイエンティスト社，1994
59) Zar, J. H.：Biostatistical Analysis(4th ed.), Prentice Hall Int., Inc., 1999
60) Greene, W. H.：Econometric Analysis(4th ed.), Prentice Hall Int., Inc., 2000
61) Strang, G.：Linear Algebra and its Applications(2nd ed.), Academic Press, 1976；山口昌哉，井上 昭 訳：線形代数とその応用，産業図書，1975
62) Tierney, L.：LISP-STAT, John Wiley & Sons, Inc., 1990；垂水共之，鎌倉稔成，林 篤裕，奥村晴彦，水田正弘 訳：LISP-STAT，共立出版，1996
63) 竹村彰通：統計，共立出版，1997
64) 渋谷政昭，柴田里程：Sによるデータ解析，共立出版，1992

索　引

◀ あ行 ▶

アージ理論　　11
ISO　　21
アトリウムの上下気温分布　　50
暗順応　　120, 125
暗順応時間　　121
安定係数　　96

閾値　　18, 27, 123
異系感性相互作用　　199
色温度　　123, 148, 159, 202
色の三属性　　158
因子分析　　24, 149, 153, 176
インタフェース　　19

ウエルフェアテクノハウス　　118, 124
うるささ　　203

S-R図式　　200
SET＊(新標準有効温度)　　48, 207
SD法　　149, 176
SBS　　92
$1/f$ゆらぎ　　68, 71
F分布　　214
MRT　　80
遠距離視力　　121

黄変化　　122
OER　　105
OT　　80
屋上広告塔　　165
音環境　　4
olf　　96, 105
音響空間　　4
温熱風速場　　70
温冷感　　199

◀ か行 ▶

χ^2(カイ2乗)検定　　206
χ^2分布　　214
快適域　　72
外的基準　　206
快適方程式　　70
快・不快度　　105
外部色彩　　162
香り　　89
角膜　　119

確率密度関数　　213
カラーシミュレーション　　169
間隔(尺度)　　211
換気　　89, 91
換気哲学　　91, 93
環境音　　4, 202
環境決定論　　200
環境設計　　199
環境騒音　　5
換気量　　89
寒暑感　　71
感情効果　　200
感情システム　　11
感知時間率　　72
感度の回復率　　137

記憶構造　　4
キオスク型変動風装置　　68
記号内容　　18, 20
記号表現　　18, 20
記述統計　　213
気積　　94
輝度　　130
輝度差弁別閾値　　130
輝度差弁別能力　　134
輝度対比　　119, 130
揮発性有機化合物　　92
帰無仮説　　214
嗅覚　　89
嗅覚パネル選定試験　　104
境界層　　58, 60
共鳴現象　　203
局部照明　　124
局部曝露　　71
許容レベル　　109, 110
気流感　　71
気流の感知回数　　72
近距離視力　　121
近点視力　　134
近隣騒音　　12

空間周波数　　123
矩形波　　71
critical condition　　58, 63
グレア　　132
クロマ　　158

景観構成色　159, 169
景観条例　164
形態係数　81
計量分析　211
喧騒感　203
検定　210
検定力　215

航空機騒音　5
恒常性　122
行動主義的心理学　8
光幕現象　138
功利主義　199
個人差　203, 205, 207
コンストラクト　183
コントラスト感度　119, 123

◀ さ行 ▶

サーマルマネキン　68, 70
最小次元解析　176
最大蒸汗能力　58, 63
最大視力　135
彩度　158
最頻値　212
細部識別能力　130
サイン　121
sin波　71
サウンドスケープ　4, 203
作用温度　80, 83
三点比較式臭袋法　104
散瞳　119

色彩計画　168
色相　158
色相-熱仮説　200, 201
色度　159
色弁別　122
視距離　121
刺激純度　160
事象関連電位　32, 33, 35
JIS　21, 23, 29
自然風　72
室間温度差　48
シックハウス症候群　89
シックビルディング症候群　89, 92, 93
実効輝度　134
自動車騒音　5
シナプス後電位　32
シニフィアン　18
シニフィエ　18
尺度　211
写真測光法　170
重回帰式　176
臭気　89

———の制御方法　107
臭気強度　94, 104
臭気指数　104
臭気発生量　105
臭気物質濃度　104
修正湿り作用温度　70
縮瞳　119
主体音　4
順序（尺度）　211
順応　121, 122
順応輝度　133
上下温度差　48
上下温度差係数　51
上下温度分布　71
暑熱環境　58, 59
視力　118, 119, 130
視力比　135
侵襲性　32
人体形状モデル　81
真の正答率　143
新標準有効温度（SET＊）　48, 207
心理的減音効果　203

推計学　213
水晶体　119, 122
推測統計　213
推測統計学　213
数量化2類　206
数量化理論　148
スキーマ　4
Stefan-Bolzmann（ステファン-ボルツマン）の法則　80, 81
スポット気流　71

性格特性　203
正規分布　213
整流　71
舌下温　74
絶対湿度　58, 60
説明変数　206
全数調査　213
選択的注意　199
尖度　212
潜熱　58, 59
全般照明　124

騒音　4
騒音評価　3
騒音誘発効果　203
相関係数　176
相関比　206
総合評価　204
相対視力　136

索 引

◀ た行 ▶

待機型態度　11
体臭　91〜93
体性感覚　199
多次元尺度構成法　176
タスク・アンビエント空調　68, 71
単音節明瞭度　18

知覚空気汚染　93, 96
知覚空気汚染濃度　96
注意　199, 205
中位値　212
中央値　212
中心窩　122
昼夜等価騒音レベル　4
聴覚誘発電位　32, 33
調整法　148
調和感　203

定常風　68, 70
TTS　18
t分布　214
decipol　96, 105
鉄道騒音　6

等快適線図　202
等価光幕輝度　138
等価騒音レベル　4, 202
統計的手法　211
統計量　214
瞳孔　119
頭頂部緩反応　38
等不快線図　202
特異的尺度　202
特異的な評価尺度　200, 202
特異的反応　198
特殊感覚　199
ドラフト　68, 69
トランザクション　178
トンネル効果　58, 60

◀ な行 ▶

内部相関　206

におい　89
ニオイセンサ値　104
二酸化炭素　93
二次元温冷感モデル　68, 72
日本色研配色体系　148
ニューラルネットワーク　166, 167
認知心理学　8

null仮説　214
ぬれ率　58, 59

熱損失係数　51

能動汗腺　58, 59
脳波　33
novelty　184

◀ は行 ▶

パーソナル空調　49
配色モデル　150
白内障　119
曝露-反応関係　5
発汗調節域　58, 59
back translation　190
発生原単位　108
パネル　95
パラメトリック　213
バリアフリー　118, 124
バリュー　158
判別分析　204

PMV　48
PTS　18
被験者調整法　26
比視感度　122
visibility level　120
必要換気量　89, 91〜93, 99
非定常　72
非特異的尺度　202, 204, 207
非特異的反応　198
100Hueテスト　118, 122
ヒュー　158
評価型態度　11
評価グリッド法(レパートリーグリッド発展手法)
　　166, 176
評価者　95
標準等視力曲線　119, 121
標準偏差　212
非容認率　105
標本　213
標本数　214
標本分布　214
比率(尺度)　211

familiarity　184
VOC　92
風速変化率　72
不快指数　201
不快者率　96
不感蒸泄域　58, 59
不均一環境　83
複合影響　198
複合環境　204
物体色　159
物理的減音効果　203

221

索　引

不満足者率　69
preference　180
プレザントネス　68, 72
プレザントネスの残効　76
分光透過率　118, 122
分光濃度　119
分散　212
文章了解度　18
分布　213
噴流　71

平均　212
平均値　212
平均放射温度　80, 84
変動風　68, 70
変動風空調　69

放射　81
放射パネル　83
放射冷房　83
POEM-O　50
母集団　213
保証視力　139
母数　213
母分散　213
母平均　213
ホルムアルデヒド　92

◀ ま行 ▶
マスキング　20, 21, 26, 27
マスキング閾値　22, 25, 27
マッハ・バンド　133
マンセル表色系　148, 158

ミスマッチ陰性電位　35
乱れの強さ　69
見やすさレベル　139

ムード　12
無効発汗　58, 59
無彩色　162

名義(尺度)　211

明視条件　118
明視3要素　119
明所視　125
明度　158
明瞭度　18, 19, 25

モーメント　213
モーメント母関数　213
モダリティ　199
モンテカルロ法　82

◀ や行 ▶
野性合理性　11

有意差　214
有意性検定　214
ユーザビリティ　20
有彩色　162
誘目性　163
有用性　199
床暖房　83
ユニバーサル・デザイン　18, 19, 25

◀ ら行 ▶
ランダム気流　71
ランドルト環　119, 121
乱流　71

立体角投射レンズ　81
reverse evaporation　58, 63
涼暖感　71
relative skin humidity　58, 64

Railway bonus　6
レパートリーグリッド発展手法(→評価グリッド法)

老眼　119
露点温度　58, 60

◀ わ行 ▶
歪度　212

都市・建築空間の科学
　－環境心理生理からのアプローチ－

2002年11月25日　1版1刷発行

定価はカバーに表示してあります。

ISBN 4-7655-2464-7 C3052

編　者　　社団法人 日本建築学会
発行者　　長　　　祥　　　隆
発行所　　技 報 堂 出 版 株 式 会 社

日本書籍出版協会会員
自然科学書協会会員
工 学 書 協 会 会 員
土木・建築書協会会員

Printed in Japan

© Architectural Institute of Japan, 2002

〒102-0075　東京都千代田区三番町8－7
　　　　　　　　　　　　　（第25興和ビル）
電　話　営　業　（03）（5215）3165
　　　　編　集　（03）（5215）3161
　　　　FAX　（03）（5215）3233
振　替　口　座　　00140－4－10
http://www.gihodoshuppan.co.jp

装幀　ストリーム　　印刷・製本　技報堂

落丁・乱丁はお取り替え致します。
本書の無断複写は，著作権法上の例外を除き，禁じられています。

●小社刊行図書のご案内●

建築用語辞典（第二版）	編集委員会編　A5・1258頁
建築設備用語辞典	石福昭監修／中井多喜雄著　A5・908頁
シックハウス事典	日本建築学会編　A5・220頁
騒音制御工学ハンドブック	日本騒音制御工学会編　B5・1308頁
人間工学基準数値数式便覧	佐藤方彦監修　B5・440頁
よりよい環境創造のための**環境心理調査手法入門**	日本建築学会編　B5・146頁
建築物の**遮音性能基準と設計指針**（第二版）	日本建築学会編　A5・432頁
建物の**遮音設計資料**	日本建築学会編　B5・198頁
実務的**騒音対策指針**（第二版）	日本建築学会編　B5・222頁
実務的**騒音対策指針・応用編**	日本建築学会編　B5・224頁
地域の**音環境計画**	日本騒音制御工学会編　B5・266頁
地域の**環境振動**	日本騒音制御工学会編　B5・274頁
建築設備の騒音対策―ダクト系の騒音対策・配管系の騒音対策・建築設備の防振設計	日本騒音制御工学会編　B5・274頁
鉄骨建築内外装構法図集（第二版）	鋼材倶楽部編　B5・398頁
ヒルサイドレジデンス構想―感性と自然環境を融合する快適居住の時・空間	日本建築学会編　A5・328頁
住まいのノーマライゼーションⅠ **海外にみるこれからの福祉住宅**	菊地弘明著　B5・178頁
住まいのノーマライゼーションⅡ **バリアフリー住宅の実際と問題点**	菊地弘明著　B5・184頁
環境科学―人間環境の創造のために	天野博正著　A5・296頁
環境問題って何だ？	村岡治著　B5・264頁
イギリス色の街―建築にみる伝統と創造性	連健夫著　B6・178頁

技報堂出版　TEL 編集 03(5215)3161　営業 03(5215)3165　FAX 03(5215)3233